| 오픈소스를 활용한 OpenFlow 이해하기 |

SDN 입문

서영석, 이미주 공저

YoungJin.com Y.
영진닷컴

오픈소스를 활용한 OpenFlow 이해하기
SDN 입문

Copyright © 2015 by Youngjin.com Inc.

10F. Daeryung Techno Town 13th, 24, Gasan digital 1-ro, Geumcheon-gu, Seoul 08591, Korea.

All rights reserved. No part of this book may be reproduced or transmitted in any form or by any means, electronic or mechanical, including photocopying, recording or by any information storage retrieval system, without permission from Youngjin.com Inc.

ISBN   978-89-314-4587-9

독자님의 의견을 받습니다

이 책을 구입한 독자님은 영진닷컴의 가장 중요한 비평가이자 조언가입니다. 저희 책의 장점과 문제점이 무엇인지, 어떤 책이 출판되기를 바라는지, 책을 더욱 알차게 꾸밀 수 있는 아이디어가 있으면 팩스나 이메일, 또는 우편으로 연락주시기 바랍니다. 의견을 주실 때에는 책 제목 및 독자님의 성함과 연락처(전화번호나 이메일)를 꼭 남겨 주시기 바랍니다. 독자님의 의견에 대해 바로 답변을 드리고, 또 독자님의 의견을 다음 책에 충분히 반영하도록 늘 노력하겠습니다.

이 메 일   support@youngjin.com
주   소   (우)08591 서울특별시 금천구 가산디지털1로 24 대륭테크노타운 13차 10층 영진닷컴 기획1팀

저자 서영석, 이미주 | **총괄** 김태경 | **진행** 정소현
표지 디자인 영진닷컴 임정원 | **본문 디자인** 이경숙

추천사

고인 물은 썩기 마련입니다. 정상적인 생태계가 조성될 수 없지요. 네트워크 산업은 IT 산업 중에서도 대표적인 '고인 물'이었습니다. 지난 수십 년간 이렇다 할 변화를 맞이하지 않은 채 정체된 채 흘러왔으니까요. 이런 점에서 "왜 시스코의 OS는 다른 하드웨어 장비에는 설치되지 않을까?"라는 물음은 현실에서는 바보 같은 질문이지만, 본질을 꿰뚫는 정확한 문제 제기가 아닐 수 없습니다.

수년 전부터 본격적으로 연구 개발이 진행된 SDN은 이제 그 가능성의 단계를 넘어 거스를 수 없는 네트워크 발전의 미래상으로 평가받고 있습니다. 국내에서도 이와 관련된 수많은 논의들이 진행되었지만, 여러 이유로 인해 해외만큼 활발한 움직임을 보이지 못하여 왔습니다. 하지만 한국은 세계에서도 몇 손가락 안에 드는 높은 수준의 IT 기술력을 가지고 있는 나라입니다. 비록 현재는 현실의 벽 앞에서 움츠러든 모습을 보이고 있을지 모르나, 다가오는 변화의 파도 앞에서의 유연하고 능동적인 대처가 우리의 앞길에 등불이 되어주리라 믿어 의심치 않습니다.

SDN에 관련된 기술 서적은 세계적으로도 출간 사례가 극히 드문 것으로 알고 있습니다. 이 책을 통해 한국의 유능한 엔지니어들 SDN의 유연한 기술 철학에 자극받아 산업 활성화의 디딤돌이 될 수 있기를 기대해 봅니다. 어려운 집필을 완수해주신 OpenFlow Korea의 두 기술매니저 'OF맨이야'님과 'Ruby'님께 감사의 인사를 드립니다.

— 오픈플로우 코리아 **류기훈** 대표

SDN 관련되어 처음부터 천천히 지식을 쌓을 완성도 있는 한글 서적의 필요성을 절감하고 있던 차에, 이런 좋은 소식을 듣게 되어 기쁜 마음이 앞섭니다. 한국의 네트워크 엔지니어들 또는 네트워크에 관심을 가지는 많은 개발자들에게 좋은 선물이 될 책이라 생각합니다. 외국어로 자료를 수집해야 하는 어려운 환경에서도 집필을 성공적으로 마무리해주신 저자분들께 감사드리고 싶습니다.

— 나임네트웍스 **안종석** 상무

최근 들어 해외 유수 벤더들의 방향키가 급속히 SDN으로 이동하고 있음을 느낍니다. SDN은 이제 네트워크의 유력한 대안이 아니라, 빠른 시일 내에 익숙해져야 하는 뚜렷한 기술적 트렌드가 되어가고 있는 듯하네요.

이 책을 통해 SDN에 대한 정보 부족에 힘겨워 해왔던 많은 엔지니어들의 갈증이 조금이나마 해소되기를 기대해 봅니다. 어려운 일을 해주신 저자분들, 수고 많으셨습니다.

– 아리스타 네트웍스 코리아 **어수열** 지사장

미국, 일본 등에서의 기술 선진국에서는 이미 새로운 네트워크 비즈니스 패러다임으로 자리 잡은 SDN이 이제 본격적으로 한국에도 상륙하고 있습니다. SDN의 첫 번째 한글판 기술 서적의 출간을 진심으로 축하드리며, 이 책을 통해 다양한 기술적 교류의 물꼬가 트이기를 바랍니다. 서영석, 이미주 두 저자분의 노력이 한국 SDN 산업의 활성화로 이어지기를 기대해 봅니다.

– 멜라녹스 코리아 **조태영** 지사장

때맞춰서 좋은 책이 나왔군요. SDN에 대한 업계에서의 관심은 가히 열풍인 반면, A부터 Z까지를 정리할 수 있는 입문서의 부재가 내심 안타까웠습니다. IT 신기술에 대한 지적 욕구를 채워줄 좋은 길라잡이가 될 수 있으리라 믿습니다. 집필하시느라 수고 많으셨습니다.

– 파이오링크 **조영철** 대표

머리말

국내뿐 아니라 해외에서도 OpenFlow와 SDN이 산업 영역에 본격적으로 소개된 시기는 2012년도입니다. 국내에서도 2012년 초에 OpenFlow가 처음 미디어를 통해 발표되었는데, 이때 당시 SDN은 주요 네트워크 벤더로부터 맹공을 받았던 때였습니다. 하드웨어의 기능을 단순화하여 주요 연산 기능을 잘 설계된 소프트웨어로 하자는 SDN 개념이 달갑지만은 않았을 것입니다. 기존의 하드웨어 중심의 네트워크 벤더들과 소프트웨어 벤더 간의 치열한 주도권 잡는 과정에서 발생한 치열한 경쟁에서부터 시작해서 2012년도는 SDN 역사에 있어서 매우 다양한 사건들이 발생한 한 해로 기억될 것입니다.

NFV, Google의 G-Scale, NICIRA 인수 그리고 OpenDaylight 발족에 이르기까지 SDN의 기반은 2012~2013년인 이 시기에 다 만들어졌습니다. 이런 지속적인 변화의 흐름 속에 이제는 더 이상 기존 벤더의 저항은 찾아보기 어렵습니다. 심지어 SDN은 절대 말도 안되는 이론 속에서나 존재하는 기술이라고 폄하하던 기업들도 이제는 자사가 SDN 영역에서 1인자라고 치장하고 있습니다. 이는 여러 지표상으로도 확인되고 있습니다.

세계적인 시장 조사 기관인 Gartner가 매년 발표하는 HypeCycle에 따르면 2012년도에 OpenFlow는 이제 막 시작해서 5~10년 후에나 상용화할 수 있는 기술로 분류되었습니다. 그러나 정확히 1년이 지난 2013년에 발표한 HypeCyle에서는 OpenFlow가 2~5년 이내에 이루어질 기술로 평가를 받고 있습니다. 또한 SDN/OpenFlow은 Gartner 2014년 10대 전략 기술에 포함되었을 뿐만 아니라 골드만삭스가 선정한 창조적 파괴 8대 기술에 포함되어 있습니다. 1년 사이에 시장이 얼마나 급변하는지를 알 수 있습니다.

지금까지 수십 년간 네트워크의 고착화된 구조를 혁신적으로 바꾸는 SDN에 초기 단계에서부터 함께할 수 있었던 것에 기쁨을 느낍니다. OpenFlow와 SDN의 초기 단계에서부터 함께 고생한 OpenFlow Korea 기술 매니저분들과 NAIM Networks분들과 기쁨을 함께 나누길 바라며, 이 책을 쓰는데 많은 도움을 준 이은정 매니저에게 특히 감사의 마음을 전합니다.

서영석

2012년 초 OpenFlow와 SDN/OpenFlow를 접하고, 관련 연구와 Research를 했던 1~2년 사이에 OpenFlow는 많은 변화와 발전을 이루어 왔습니다. 해외는 물론 국내에서의 관심도 급격하게 증가하였고, 짧은 기간동안 OpenFlow 시장도 급성장하였습니다. 그렇지만 또 한편으로는, SDN/OpenFlow를 처음 시작하고자 하는 분들에게는, 체계적으로 정리된 자료도 찾기 힘들고, 실무에서는 무엇부터 시작해야 할지 막막한 것도 현실입니다. 이런 고민을 가지고 있는 수많은 분들에게, 이 책은 OpenFlow Controller가 어떤 것인지 직접 설치하고 실행해봄으로서 이론으로만 접하던 OpenFlow를 제어해보고, 기본적인 개념을 잡을 수 있도록 상세한 가이드를 주고 있습니다. 따라서 Network에 생소한 S/W 개발자와 OpenSource를 활용하여 응용하기 힘든 N/W Engineer들에게, OpenSource 기반 OpenFlow Project들을 쉽게 설치하고 제어할 수 있는 Tutorial 형식의 실무적인 실습 가이드를 주고자 작성하였습니다.

이 책을 통하여, 현재의 SDN/OpenFlow의 근간이 되는, 각종 OpenFlow OpenSource Project들의 특징과 차이점들을 살펴보고, 직접 설치하고 활용해봄으로서 OpenFlow를 연구 개발하고자 하는 분들이 각자의 시스템 환경과 상황에 따라서 어떤 OpenSource Project들을 선택하고 판단할 수 있는 시각을 가질 수 있기를 기대합니다. 이 책에서 다루어지고 있는 OpenFlow Controller들을 자유롭게 제어할 수 있는 수준을 갖추게 되면, 지속적으로 발표되고 있는 OpenSource 기반 OpenFlow Project들도 쉽게 이해할 수 있는 시각과 지식을 가지게 될 것입니다.

장기간 정체되어 있던 네트워크 기술의 획기적인 혁신에 함께 참여할 수 있음을 기쁘게 생각하고, OpenFlow 입문자들에게 좋은 길잡이가 되어주기를 기원합니다. OpenFlow Korea에서 SDN 관련 활동뿐만 아니라 훌륭한 기술 매니저님과 좋은 인연을 맺게 되어 감사드리며, 마지막으로 책이 나오기까지 장기간 기술 감수를 위해 많은 시간 애써주신 KT ds 이승재 과장님에게 특별히 감사의 말씀을 전합니다.

이미주

CONTENTS

Part 01 네트워킹의 거대한 전환

CHAPTER 01 네트워크의 역사

- 1.1 인터넷의 발전사 ·· 16
- 1.2 대한민국 인터넷 발전 ·· 18
- 1.3 인터넷 트래픽의 급속한 증가 ··· 20
- 1.4 현재 네트워크 구조와 한계 ·· 24
  - 1) 운영 자동화와 중앙관리의 어려움　　　　　　　　　　　 26
  - 2) 효율과 비용 문제　　　　　　　　　　　　　　　　　　 27
  - 3) 개별 처리로 인한 네트워크 복잡성 증가　　　　　　　　 30
- 1.5 새로운 네트워크 구조의 필요성 ··· 31

CHAPTER 02 네트워크 패러다임 쉬프트

- 2.1 SDN/OpenFlow 기술의 역사 ··· 36
  - 1) Ethane/OpenFlow　　　　　　　　　　　　　　　　　 38
  - 2) ONF　　　　　　　　　　　　　　　　　　　　　　　 41
  - 3) NFV　　　　　　　　　　　　　　　　　　　　　　　 43
  - 4) OpenDaylight　　　　　　　　　　　　　　　　　　　 46
- 2.2 SDN/OpenFlow 기술 개요 ·· 47
  - 1) SDN 아키텍처란?　　　　　　　　　　　　　　　　　　 48
  - 2) Infrastructure Layer　　　　　　　　　　　　　　　　 58
  - 3) Controller Layer　　　　　　　　　　　　　　　　　　 61
  - 4) Application Layer　　　　　　　　　　　　　　　　　 66
  - 5) Overlay 기술　　　　　　　　　　　　　　　　　　　　 68
  - 6) Native OpenFlow 기술　　　　　　　　　　　　　　　 71
  - 7) Network Virtualization　　　　　　　　　　　　　　　 74

2.3 SDN/OpenFlow 벤더별 동향 ·· 80
　　1) SDN 전망과 투자 현황　　　　　　　　　　　81
　　2) Startup 틈새 시장 공략 기술 소개　　　　　　83
　　3) 주요 벤더 전략　　　　　　　　　　　　　　88

CHAPTER 03　SDN을 이용한 다양한 활용 예

3.1 참고할만한 SDN 상용 UseCase ·· 92
　　1) Google 사례　　　　　　　　　　　　　　　93
　　2) NTT 사례　　　　　　　　　　　　　　　　99

3.2 상용 SDN Solution 살펴보기 ·· 103
　　1) Cloud의 절대 강자 – NVP　　　　　　　　 103
　　2) DataCenter 솔루션 – NEC　　　　　　　　 109

3.3 SDN을 활용한 구현 가능한 UseCase ······································· 111
　　1) Elastic Tree – 데이터센터 전력 효율화　　　 111
　　2) 서비스 체이닝　　　　　　　　　　　　　　113

CHAPTER 04　SDN 동작 방식의 이해

4.1 OpenFlow Network 동작 ··· 115
　　1) OpenFlow Protocol Message의 종류　　　　116
　　2) Topology Discovery 절차　　　　　　　　 118
　　3) OpenFlow Network 내 통신　　　　　　　　121

4.2 Legacy Network와의 통신 방식 비교 ······································· 126
　　1) Legacy Network의 통신 방식　　　　　　　 126
　　2) OpenFlow Network의 통신 방식　　　　　　131

4.3 Legacy Network와의 연동 기술 ··· 159
　　1) RouteFlow　　　　　　　　　　　　　　　160
　　2) LegacyFlow　　　　　　　　　　　　　　　162
　　3) 벤더 확장 기술　　　　　　　　　　　　　　164
　　4) 다양한 방안들 – Hybrid Switch　　　　　　 169

Part 02   OpenFlow Controller 알아보기

CHAPTER 05   OpenFlow 기본 학습

- 5.1 OpenFlow 174
- 5.2 OpenFlow Operation 178
  - 1) Header Fields 180
  - 2) Counters 182
  - 3) Actions 183
- 5.3 OpenFlow Controller 185
- 5.4 OpenFlow Projects 187

CHAPTER 06   OpenSource Controller 준비하기

- 6.1 준비하기 188
  - 1) OpenFlow Tutorial VM Image 189
  - 2) Virtualization Software(VirtualBox install) 190
  - 3) X server 192
  - 4) SSH terminal 설치하기 195
- 6.2 OpenFlow Tutorial 설치 198
  - 1) VM VirtualBox 실행 199
  - 2) VM image 추가하기 199
  - 3) VM image 설치하기 201
- 6.3 VirtualBox Setting 203
  - 1) VM VirtualBox 관리자 화면 203
  - 2) 환경설정 둘러보기 204
  - 3) NAT interface 확인 204
  - 4) Host-only interface 추가 205
- 6.4 SSH 접속 205
- 6.5 Wireshark 실행 208

CHAPTER 07 가상 네트워크 구성하기

7.1 Mininet 살펴보기 212
  1) Mininet Download 212
  2) Mininet 실행하기 213
  3) Mininet CLI 214

7.2 Edit Topology 218
  1) Edit by code 218
  2) Edit by tools 222

7.3 Mininet Test 225

Part 03 OpenSource Controller 사용하기

CHAPTER 08 NOX Controller

8.1 NOX Controller 238

8.2 Download & Install 240
  1) NOX version 확인하기 240
  2) NOX destiny bootstrapping 241
  3) NOX 실행 245

8.3 NOX GUI 248
  1) NOX GUI 준비 & 실행하기 248
  2) NOX GUI 살펴보기 253

8.4 NOX 둘러보기 258
  1) Core Application 259
  2) Network Application 259
  3) Web Application 259
  4) MAC Learning 260
  5) Third-party extensions 264

CHAPTER 09 POX Controller

9.1 POX Controller ·· 266

9.2 Download & Install ··· 268
   1) POX Download   268
   2) POX 실행과 종료   269
   3) POX Controller with Mininet   271

9.3 POX GUI ·· 275
   1) POXDesk 준비 & 실행하기   275
   2) POXDesk 살펴보기   278

9.4 POX 둘러보기 ·· 284

CHAPTER 10 Floodlight Controller

10.1 Floodlight Controller ··· 289

10.2 Download & Build ··· 291
   1) JDK & Ant 설치   291
   2) Download & Build   293
   3) Floodlight Controller with Mininet   294

10.3 Floodlight GUI ·· 295
   1) Web GUI   295
   2) Avior   299
   3) Static Flow Pusher API   314

10.4 Floodlight 둘러보기 ··· 318

CHAPTER 11 OpenDaylight

11.1 OpenDaylight Controller — 320

11.2 Download & Build — 323
   1) Download & Build — 324
   2) Setup JAVA_HOME ENV — 326
   3) Start OpenDaylight Controller — 326
   4) Mininet — 327

11.3 OpenDaylight GUI — 328
   1) Web GUI 접속하기 — 328
   2) Login — 329
   3) 화면 구성 둘러보기 — 329
   4) Add Gateway IP Address — 331
   5) Add Flow — 335

Appendix RouteFlow

A.1 RouteFlow 개념 — 350

A.2 RouteFlow Download — 351
   1) Download & Build — 352

A.3 RouteFlow 기능 소개 — 353

A.4 RouteFlow Test Scenario — 355
   1) rftest1 — 355
   2) rftest2 — 358

A.5 RouteFlow GUI — 363

Part 01
네트워킹의 거대한 전환

Part 1. 네트워킹의 거대한 전환

"오늘날 보안, 라우팅, 에너지 효율 관리 등은 단지 기계 덩어리인 네트워크 장비에 의해 좌지우지됩니다. 그건 정말 바꾸기 힘들지요. 이것이 바로 인터넷 인프라가 40년 동안이나 변하지 않은 이유입니다."

– Nick McKeown

"엔터프라이즈 및 대규모 데이터센터의 라우터는 토폴로지 검색을 수행하는데 CPU 사이클의 30% 이상을 소비한다. 이것이 지금 중앙 데이터센터에서 벌어지는 현실이다! SDN이 해결책이다."

–가쉰스키, Yahoo 수석 설계자

2000년대 초, 우리나라 IT 종사자들의 자부심은 대단했습니다. 결혼 배우자감으로 IT 종사자들의 위치는 상당했고, 주식 등을 통해 단기간 내에 상당한 재력을 소유하신 분들도 많이 계셨습니다. 제 주변의 결혼 적령기이셨던 분들은 좋은 선 자리도 많이 들어왔었습니다. 일명 "IT 버블"이 붕괴되기 전까지 IT는 직업 선호도에서도 상위에 자리매김하였습니다. 아직도 그때의 영광을 회상하시는 많은 분들이 있습니다.

현대 사회에서 IT는 우리 주변에서 떼려야 뗄 수 없는 필수적인 요소가 되었습니다. 사회가 발전하면 발전할수록 IT는 더욱 끊임없이 발전해야 합니다. 어찌 보면 IT는 평생을 공부해야 하는 매우 고단한 분야일 수 있습니다. 이러한 IT에는 여러 하위 분야들이 존재하는데, 그 중에서 네트워크는 IT의 고속도로와 같은 역할을 합니다. 얼마나 고속도로가 잘 설계되어 있는지에 따라 교통의 흐름을 원활하게 해주기도 하고, 응급 상황에 잘 대처하게 할 수도 있습니다. IT 분야에서 아무리 우수한 성능의 소프트웨어들이 개발되어도 고속도로의 설계가 엉망이면 모든 것은 의미가 없어집니다.

IT 초창기 시절에는 네트워크 연구가 상당히 활발했습니다. 각 나라들은 저마다 네트워크의 주도권을 가져가기 위해 상당한 심혈을 기울였는데, 미국에서는 인터넷의 아버지라 불리는 Vint Cerf 박사님께서 네트워크 연구의 중심에 계셨고, 한국에는 한국 인터넷의 아버지라 불리는 전길남 박사님이 계셨습니다. 우리나라는 전 세계 2번째로 TCP/IP를 이용한 인터넷 연결에 성공한 나라입니다. 초기 IT의 비약적인 발전에 네트워크의 공헌은 상당히 지대했습니다.

그런데, 아이러니하게 현재의 네트워크는 IT 발전에 커다란 방해 요소로 인식되고 있습니다. 그도 그럴 것이 초창기 네트워크를 통한 데이터들은 지극히 단순했습니다. 그리고 그 누구도 네트워크가 이렇게 거대해질 줄은 상상을 못했습니다. 그러나 그 짧은 기간 동안 네트워크 활용은 폭발적으로 증가하였고, 수를 헤아릴 수 없을 정도의 많은 프로토콜이 유기적으로 연동되며, 대용량의 데이터들은 쉴 새 없이 쏟아지고 있습니다.

만약 1시간 동안 인터넷이 마비된다면 그 파장은 상상을 초월할 것입니다. 아마 사회가 마비될 수도 있을 것입니다. 점차 사회의 인프라들은 더욱 네트워크와 연동되어지고 있습니다. 이와 같이 시간이 지날수록 사용이 더욱 방대해지는 네트워크 인프라의 특성상 운영 중인 네트워크 상에서 어떠한 테스트를 한다는 것은 현실적으로 불가능해지고 있습니다.

사회의 요구와 기술의 비약적 발전에 따라 네트워크 인프라 상에서 흘러다니는 각종 소프트웨어와 프로그램들은 엄청난 속도로 발전하는데 반해, 고속도로인 네트워크는 어느 순간부터 정체되기 시작하여 현재는 네트워크가 IT의 발목을 잡고 있는 천덕꾸러기 신세로 전락하고 있습니다.

CHAPTER 1

네트워크의 역사

1.1
인터넷의 발전사

1990년대는 인터넷이라는 단어가 매우 낯설었습니다. 제가 대학생이던 당시, 집에 컴퓨터가 있던 친구들은 부러움의 대상이었습니다. 대학 수업 과제를 작성하기 위해 학교에서 밤새 A4 용지 3장을 작성하였던 기억도 있습니다. 컴퓨터를 접할 기회가 많지 않다 보니 타자수가 너무 느려 밤을 지새웠던 것입니다. 그 당시에는 대학교 도서관에서 컴퓨터를 사용할 수 있었는데, 지금은 거의 찾아볼 수도 없는 Netscape가 웹 브라우저로 최고의 인기를 끌던 시기였습니다. 사실 그 당시는 인터넷보다는 PC 통신인 천리안, 나우누리 등이 훨씬 더 대중적이던 시기였죠.

친구 중 한 명이 수업 시간에 웹 브라우저를 이용해서 인터넷 주소를 쳤는데 아무 작동도 하지 않는다고 불평을 한 적이 있었습니다. 잠시 후에 문제를 해결하였는데, 원인은 주소 입력 후에 컴퓨터 자판의 'Enter'를 치지 않았던 것이었습니다. 지금 와서 생각하면 웃기도 힘든 해프닝이지만, 그때는 웹 접속을 할 줄 안다는 것만으로도 컴퓨터를 굉장히 잘 아는 사람으로 통하던 시절이었습니다. 지금은 어린이집에 다니는 제 아이도 인터넷을 하는 시대에 살고 있습니다. 이 기간이 20년이 채 걸리지 않은 것을 생각해보면 시대가 너무 빠르게 재편되고 있는 느낌입니다.

인터넷의 기원은 1969년으로 거슬러 올라갑니다. 미국 국방성의 지원 아래 네트워크 기술을 연구하던 UCLA를 중심으로 4개 대학인 산타바바라 대학, 스탠퍼드 연구소, 유타 대학 등이 전화선을 통한 패킷 교환 방식으로 각 대학을 가로질러 연결하는 프로젝트를 진행하였고, 이를 총괄하던 곳이 ARPA(The Advanced Research Project Agency)였습니다. 이 네트워크를 ARPANET으로 명명하였는데, 사실 이 ARPANET은 냉전 체제에서 나온 산물입니다. 냉전 시대에 적의 공격으로부터 통신 시스템을 안정적으로 확보하여 데이터를 전송할 수 있는 통신 체제 구축이 당면한 문제였습니다. 이러한 이유로 최초의 네트워크인 ARPANET은 비밀스러운 군사 목적을 수행하기 위해 배타적으로 운영되었습니다.

이 네트워크에는 제한적이기는 하지만 연구 기관 및 교육 기간 등에서 일부 참여할 수 있었고, 이로 인해 자연스럽게 사용 계층이 증가하면서 파일 전송, 이메일 등의 부가 정보 교환 기능이 점차적으로 개발되었고 1983년에 이르러서 ARPANET은 군사용 네트워크인 MILNET과 순수 연구용 네트워크인 ARPANET으로 나누어지게 됩니다. 1983년부터 민간 연구용 ARPANET은 점차 일반에 공개되기 시작하면서 오늘날 인터넷이 태동할 수 있는 토대를 갖추게 되었습니다.

1986년에는 본격적으로 TCP/IP를 사용하는 NSFNET이라는 새로운 통신망이 미국에 구축되어 ARPANET를 대신하여 인터넷의 근간망(Backbone Network)으로 활용되는데, 이는 오늘날의 인터넷에 대한 골격을 갖추는 의미 있는 사건입니다. NSFNET은 미국의 교육 연구 분야를 포함한 미국 과학 재단 산하 네트워크로 5개소의 슈퍼컴퓨터 센터를 상호 접속하는 광역(56Kbps)의 고속 네트워크입니다.

이후 인터넷의 이용은 특정 집단에서 일반인으로 확대되면서 점차적으로 상업화가 이루어지며, 1989년 인터넷 호스트 수가 10만을 넘었는데, 불과 1년 뒤인 1990년에는 30만을 가볍게 뛰어 넘었습니다. 이후 1992년에는 WWW(월드 와이드 웹) 서비스가 시작되면서 인터넷 상업화는 급진적으로 발전되어 Yahoo(1994년), Amazon(1995년), eBay(1995년), Google(1998년)과 같은 회사들이 모두 이 시기에 설립되었습니다.

미국을 중심으로 인터넷을 통한 다양한 벤처들이 설립되면서, 인터넷 사용자는 기하급수적으로 증가하여, 1998년에 전 세계 인터넷 사용자는 100만명이었습니다. 그런데 2005년에는 10억을 기록하고, 불과 7년 뒤인 2012년도에는 24억명이 인터넷을 이용하고 있습니다. 초기 인터넷은 아주 단순한 형태의 통신 연결 수단만을 고려하였지만, 불과 얼마의 시간이 지나지 않은 현재는 매우 복잡하고 엄청나게 다양한 데이터들이 흘러다니는 중요한 사회 인프라가 되었습니다.

〈인터넷 주요 연혁〉

1969년	ARPA 주도하에 ARPANET 실험 개시, 미국 내 4개 연구조직을 연결한 프로젝트
1972년	전미 40개의 컴퓨터가 접속, Telnet 표준안 발표
1973년	FTP 표준안 발표
1975년	패킷 교환 통신규약 TCP/IP(인터넷 주요 통신규약) 개발
1977년	E-mail 표준안 발표
1979년	Usenet 서비스 시작
1983년	ARPANET에서 군사용의 네트워크(MILNET: Military Network)가 분리
1985년	NSFNET(National Science Foundation Network) 설립
1989년	ARPANET이 NSFNET에 흡수, 정식으로 인터넷이라 불리게 됨, WWW 개발 제안
1990년	NSF가 ARPANET의 역할을 이어받아 인터넷 운영
1991년	상업인터넷 협회 설립
1992년	인터넷 서비스로 WWW 서비스 시작
1994년	'넷스케이프' 발표
1995년	상용 Backbone 등장

1.2
대한민국 인터넷 발전

2012년은 한국 인터넷이 30주년을 맞이하는 해였습니다. 1982년 5월 6일 경북 구미의 한국 전자 기술 연구소의 컴퓨터연구실 전길남 박사팀의 연구실 컴퓨터와 서울대학교 컴퓨터공학과의 컴퓨터 간에 KT 전용선으로 연결하여 문자를 교환한 것을 국내 인터넷의 시초라 평가하고 있습니다. 이 네트워크의 이름도 SDN인데, 시스템 개발 네트워크(SDN: System Development Network)의 약자입니다. 이후, SDN은 망 프로토콜 시험에 이용되어 컴퓨터 통신망과 관련된 기술을 발전시키는 한편 과학 기술 전 분야의 발전에 필요한 정보 교환을 효율적으로 하는 토대가 되었습니다.

1990년대 중반에는 대학교와 연구소에서만 사용되던 인터넷이 일반 회사와 가정에까지 보급

되면서, 1994년 6월 한국통신이 'KORNET'을, 10월 데이콤이 'DACOM InterNet'을, 그리고 11월에는 아이네트 기술이 나우콤과 함께 '누리넷' 서비스를 시작하였습니다. 이때의 인터넷 속도는 56Kbps였습니다.

1998년 7월 두루넷은 케이블 TV를 이용하여 1Mbps 속도의 초고속 인터넷 서비스를 시작합니다. 이후, 하나로 통신과 KT가 ADSL을 이용한 초고속 인터넷 서비스 경쟁에 뛰어들면서 2002년에 초고속 인터넷 가입 가구 수가 천만을 돌파하는 진기록을 세웁니다. 이후 지속적인 초고속 인터넷 서비스의 확산을 통해 2004년에 이르러 30여 개의 서비스 업체가 참여하는 국내 주요 산업으로 발전하게 됩니다.

이러한 인프라를 바탕으로 한국에서는 다양한 창의력이 넘치는 시도들이 이루어졌는데, 그중에서 Daum(1995년), Naver(1997년), Lineage(1998년), I Love School(1999년), DialPad(1999년) 등은 전 세계 초기 인터넷 벤처들과 비교해도 절대 늦지 않았을 뿐만 아니라 내용 면에서도 매우 뛰어난 아이템으로 인정받았습니다.

〈국내 인터넷 발전 주요 연혁〉

1982년	서울대와 전자 기술 연구소 간 SDN 구축 (대한민국 최초의 인터넷 1982년 5월)
1983년	국가기간전산망(National Backbone Computer Network) 사업 시작 – 정부, 금융, 국방, 보안, 교육
1990년	한국통신 HANA 망이 하와이대학과 연결(56Kbps)
1991년	시스템 공학연구소와 샌디에고 슈퍼컴퓨터 센터 간 연결(56Kbps)
1993년	HANA/SDN이 56Kbps에서 256Kbps로 확충
1994년	한국통신(KT), 데이콤에서 인터넷 상용 서비스 시작
1995년	초고속 정보통신망 구축 사업 시작
1996년	7천 이상의 호스트 컴퓨터가 연결됨
1999년	정보통신부 – 한국인터넷정보센터(KRNIC) 설립 승인
2000년	각종 초고속망 구축 기술로 각종 초고속망 서비스가 이루어짐 (하나로, 두루넷, 드림라인, 신비로)
2001년	초고속 광 전송망 구축(155Mbps ~ 40Gbps)
2001년	정보통신부 – 인터넷 신 주소체계 'IPv6 도입을 통한 차세대 인터넷 기반 구축 계획' 수립
2004년	한국 인터넷 이용자 수 3천만 명 돌파
2012년	대한민국 인터넷 30주년

1.3
인터넷 트래픽의 급속한 증가

미국국립과학재단(NSF: National Science Foundation)에 따르면, 2020년까지 인터넷 사용 인구가 50억명에 이를 것으로 예측하고 있습니다. 또한, 점차적으로 사용 환경도 확대되면서, 기존에는 인터넷을 하기 위해서는 인터넷이 되는 곳으로 이동해야 했지만, 현대 사회는 점차적으로 인터넷을 하고 싶을 때는 그 자리에서 바로 인터넷을 이용할 수 있는 환경으로 변하고 있습니다.

이러한 인터넷 이용자의 폭발적인 증가와 이를 이용한 다양한 서비스의 제공은 당연하게 트래픽 급증 현상을 발생시키고 있습니다. 누가 먼저라고 할 것도 없이 모든 통계 보고서는 이에 대한 지적으로 가득합니다.

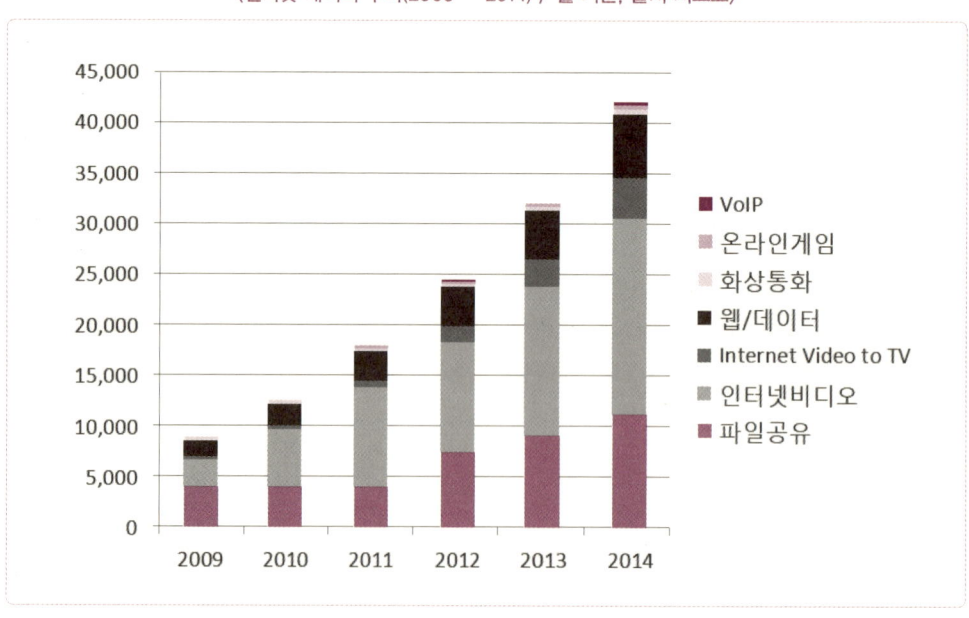

〈인터넷 데이터 추이(2009 ~ 2014) / 월 기준, 출처 시스코〉

CISCO에서 발표한 인터넷 데이터 추이에 따르면 UCC 등 인터넷을 통한 멀티미디어 서비스의 확대, IPTV, 스마트 TV 등 방송통신 융합 서비스의 출현으로 최종 소비자 대상 인터넷 트래픽이 2009년부터 연평균 34%씩 증가하여 2014년에는 2011년의 2배인 월 42,070PB에 달할 것으로 전망하고 있습니다. 가히 폭발적인 증가입니다.

이러한 서비스를 제공하기 위해 서비스 제공자들의 고민은 이만저만이 아닌 것 같습니다. 경쟁은 날이 갈수록 치열해지고, 소비자들의 기대치를 만족시키기 위해서는 끊임없는 투자가 이루어져야 합니다. 하지만 하염없이 투자하기에는 매우 큰 문제점이 있습니다.

〈Revenues & Traffic/Cost De coupled〉

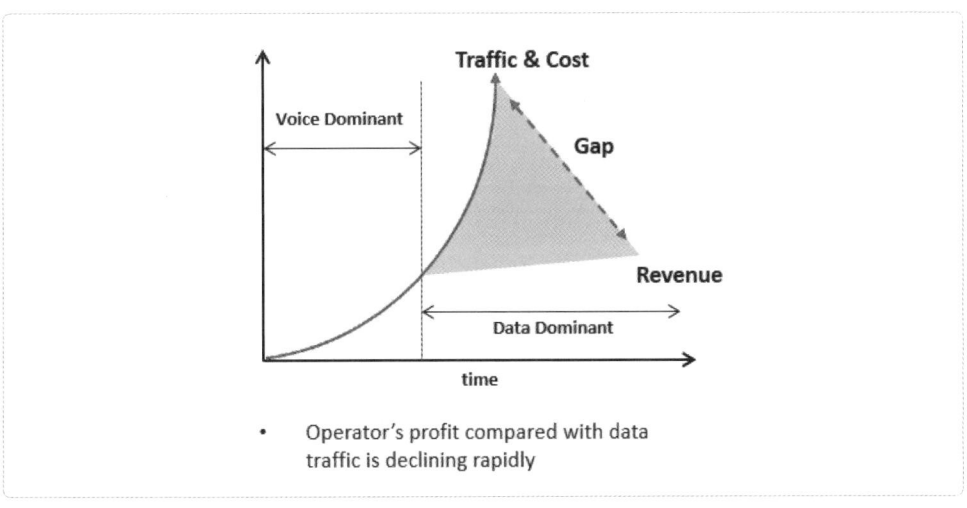

- Operator's profit compared with data traffic is declining rapidly

서비스를 제공하는 사업자의 입장에서는 다양한 서비스를 제공함으로써 얻을 수 있는 이득이 투자 및 사용 비용 대비 높아야 합니다. 하지만 지금의 문제점은 Traffic 사용량과 서비스를 제공하기 위한 비용은 급속도로 증가하는 반면에 이를 통해 얻을 수 있는 수익은 매우 완만하게 증가함으로써 어느 시점부터는 사업하면 할수록 손해가 됩니다.

이러한 현상을 무어의 법칙(Moore's Law)을 통해 설명하는 사람들도 있습니다. 무어의 법칙에 따르면 데이터 저장 능력은 보통 18개월마다 2배씩 증가한다고 합니다. 따라서 제품의 성능은 지속적으로 증가하는 반면 단위 가격은 빠르게 하락하게 됩니다. 그런데 네트워크 시장에서는 이러한 법칙이 일반적으로 적용되지 않는 이상한 구조를 가지고 있다고 합니다. 네트워크 단위 당 단가는 매우 완만한 곡선을 그리며 하락합니다. 어느 시점에서는 수익보다 더 비용이 들게 되는 것입니다.

〈무어의 법칙과 네트워크 단위 단가〉

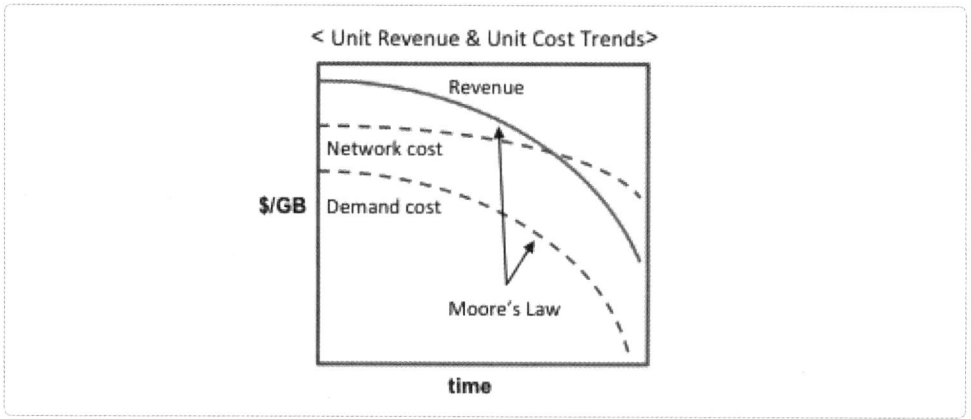

이러한 원인으로 자주 지목되는 것은 네트워크의 구조입니다. 지금 사용되고 있는 네트워크 구조의 특징은 2가지인데, 한 가지는 네트워크와 관련된 모든 기능이 하나의 장비에서 수행된다는 것이고, 또 한 가지는 한 번만 처리하면 되는 동일한 기능이 장비별로 연속적으로 수행된다는 것입니다. 이로 인해 현재 네트워크는 매우 복잡하고 유연하지 못하게 되며 초기 도입 시에 정한 기능들 외에 추가로 기능을 더하거나 변경하는 것은 불가능합니다. 네트워크를 이용한 다양한 서비스와 데이터는 폭발적으로 증가하지만 이를 처리해야 하는 네트워크가 유연하지 않기 때문에 네트워크 단위당 비용이 쉽게 떨어지지 않게 되는 것입니다. 네트워크의 규모가 커지면 커질수록 이러한 문제는 더욱 크게 대두됩니다.

전 세계적으로 이를 해결하기 위한 많은 움직임들이 있습니다. 이 책의 주 내용인 SDN도 이러한 이유에서 나왔습니다. 그렇다면 왜 복잡한 구조가 문제가 되는지 간단히 살펴보고자 합니다. 네트워크 장비는 패킷을 전송하는 기능과 최적의 경로를 연산하는 기능으로 크게 구분할 수 있는데, 이 모든 기능을 해당 제조사에서 전부 만들어서 판매를 합니다. 이를 혹자는 블랙 박스(Black Box)라고 부르는데, 최종 사용자 입장에서는 그냥 그 장비를 가져다 쓰게만 되어 있지 그 안에 어떤 기능을 추가할지 또는 장비에 어떤 프로그램을 설치할지는 전혀 선택할 수 없습니다. 어느 시장이나 마찬가지지만 이런 Black Box 시장은 경쟁이 제한적이고, 제조사 종속 기술이 난무하게 됩니다. 당연히 제한적 경쟁은 성능과 기능의 혁신이 더뎌질 수밖에 없습니다. 이는 서버 시장과 비교해보면 쉽게 이해할 수 있습니다.

폭발적으로 증가하는 트래픽과 다양한 Application 사용에 직접적 영향을 받는 시장은 아마도 서버와 네트워크 시장일 것입니다. 그런데 두 시장의 대응하는 방식이 다릅니다. 서버 시장은 하드웨어를 만드는 회사, OS를 만드는 회사 그리고 그 위에 동작하는 Application을 만드는 회사가 각각 존재하고 각 영역별로 무한 기술 경쟁을 합니다. 그리고 서로 간 연동하기 위해서 정확한 표준 아래에서 개발됩니다. 이로 인해 매우 유연하면서 혁신적인 기술들이 계속해서 등장합니다. 기술력만 뒷받침되면 얼마든지 새로운 회사가 들어와 기존의 회사들을 위협할 수도 있습니다. 지속적인 경쟁 속에 10년 전의 서버와 지금의 서버는 완전히 다릅니다.

하지만 네트워크 시장은 Black Box라 불리는 완제품으로 제공합니다. 그래서 특정 기술에 기술력이 있는 회사여도 네트워크 시장에 진입하기 어렵고, 당연히 이러한 높은 진입 장벽으로 인해 벤더들의 혁신에 대한 노력은 상대적으로 둔감합니다. 오히려 제조사 독점 기술을 잘 만들어 타사 장비와는 호환이 안되는 전략을 펼치고 있습니다. 표준 기술이 있음에도 불구하고 제조사들은 여전히 자신들의 독점 기술만을 제공하고 있는 경우도 많습니다. 이렇게 제조사 중심의 시장이 되다 보니 새로운 서비스를 적용하는 것은 거의 불가능한데, 한 보고서에 따르면 새로운 기술이 제품에 적용되기까지 10년 이상이 걸린다고 합니다.

설령 새로운 기술이 네트워크 장비에 적용된다 하더라도 문제는 여전히 존재합니다. 지금의 네트워크 구조 상 새로운 기술을 운용 중인 실망에 적용하는 것은 거의 불가능합니다. 큰 네트워크 규모라면 더욱 어려워지는데, 이유는 각 개별 장비에서 동일한 패킷에 대해 반복적인 일을 연속적으로 수행하기 때문입니다. 예를 들어 해외 여행을 떠날 때 보안 검색대에서 짐을 검사합니다. 미국을 갈 때는 비행기 타기 바로 전에 간단한 짐 검사를 또 합니다. 이럴 때는 좀 짜증날 때도 있는데, 만약 보안 검색대에서 했던 것과 똑같은 검사를 티켓팅 할 때, 탑승 수속할 때, 비행기 좌석에 앉기 전에 그리고 비행기에 내릴 때 등 모든 단계에서 수행한다고 하면 정말 힘들 것 같습니다. 아마 탑승 하루 전에 미리 와서 대기할 필요가 있을 때도 있을 겁니다. 한번 정확하게 수행한 것에 대한 신뢰를 통해 작업의 효율을 높여줄 필요가 있습니다.

현재 네트워크 구조는 똑같은 일을 모든 네트워크 장비에서 수행하고 있습니다. 예를 들어 패킷이 전송되는 경로 연산 시 모든 장비가 개별 연산하여 패킷이 전송될 경로를 정의합니다. 이런 경우, 새로운 서비스를 적용하기 위해서는 전체 네트워크를 중단하게 됩니다. 개별 장비에 설정을 해야 하고, 각 장비에서 정확하게 해당 기능을 수행하고 있는지 확인을 해야 합니다.

이로 인해 현재의 네트워크 구조에서는 새로운 기능을 구현하기 위한 초기 도입 단가가 매우 높을 뿐만 아니라 운용을 위해 드는 비용이 매우 높아집니다. 하지만 현대 사회는 모든 것을 인터넷과 연결하기 위한 다양한 시도가 더욱 많아지고 있습니다. 유무선 데이터 트래픽의 증가뿐만 아니라 클라우드, 가상화, 빅데이터, 사물인터넷 등 다양한 트렌드와 신기술들이 네트워크 환성으로 빠르게 흡수되고 있습니다. 더 많은 트래픽이 몰리기 전에 더 이상 방치해서는 안 된다는 의견에 힘이 실리고 있습니다.

이를 해결하기 위한 다양한 시도 중 가장 적극적으로 논의가 진행되는 것은 네트워크 장비의 구조를 바꾸는 것입니다. 새로운 혁신이나 기능 구현은 불가능하므로 구조 변경을 통해 네트워크 산업을 서버 산업과 같이 경쟁을 통한 혁신과 표준에 기반한 연동을 통해 신속하고 유연한 네트워크 환경을 제공하자는 시도입니다.

1.4
현재 네트워크 구조와 한계

세계적인 IT 시장 조사기관인 ESG(Enterprise Strategy Group)는 2012년도에 네트워크 운용 시 겪는 불편한 요소를 조사한 적이 있습니다. 상당히 많은 요소들이 현재 네트워크의 구조에서 오는 문제들이었습니다. 예를 들어, 분산 구조하에서는 각 기능이 장비마다 수행되므로 각각의 설정을 변경해야 합니다. 이 때문에, 구성 변경 시간이 너무 오래 걸리고, 적시에 서비스를 제공하지 못하는 문제점으로 귀결됩니다. 이를 위해서 네트워크 관리 프로그램들이 나오고는 있지만, 이 또한 장비마다 관리하는 문제로 인해 프로그램 종류도 너무 다양해지고, 어떤 관리 프로그램이 필요한지 알기도 힘듭니다.

〈ESG : 네트워크 운용에 어려운 점들〉

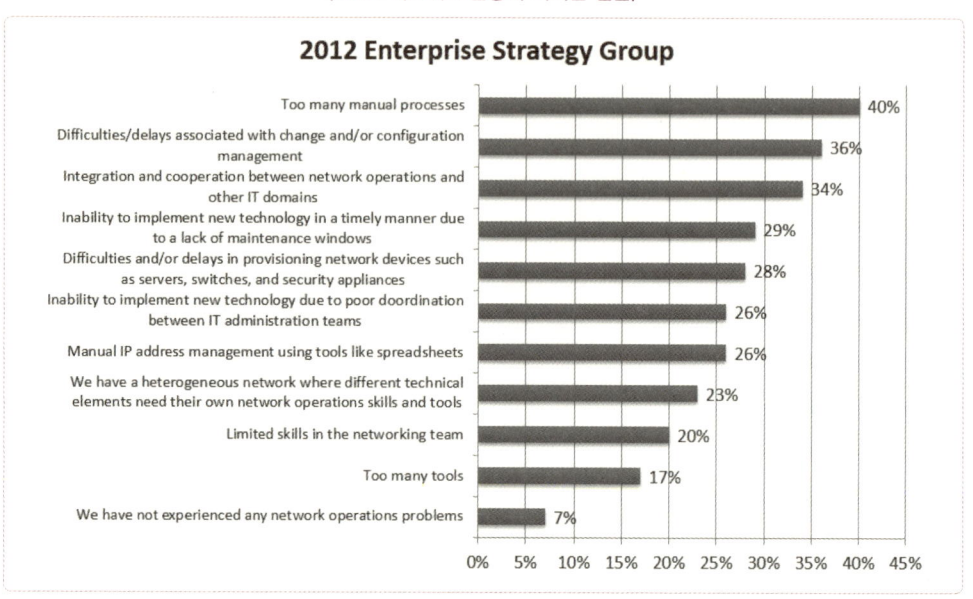

물론 이와 같은 문제는 비단 최근에만 발생한 문제는 아닙니다. 동일한 문제는 예전부터 있어 왔지만 지금까지 우리는 지난 20여 년간 동일한 형태의 장비 운용만 하고 있습니다. 지난 20여 년 동안 거의 변하지 않는 구조와 기능 구현들에 대해 다른 영역의 IT 관계자들은 매우 신기해합니다. 이미 그들은 시장의 변화에 매우 능동적으로 대처하며 발 빠르게 움직이고 있지만 네트워크 영역에서는 이러한 요구사항을 전혀 반영하지 못하고 있습니다.

현재 네트워크 환경에서 발생하는 대부분의 이슈가 네트워크 장비 구조 때문이라는 지적에 대해서 반대하는 사람들은 없지만, 문제는 왜 이것이 문제인지에 대해서 그리 잘 아는 사람은 없습니다. 그냥 막연하게 유연하지 못한 구조를 통한 답답함 정도로만 이해를 합니다. 하지만 우리는 좀 더 정확히 이해할 필요가 있습니다. 네트워크 장비의 구조는 우선 3개의 기능으로 구분할 수 있습니다.

- Data Plane : 패킷 송수신 기능 담당
- Control Plane : 패킷 경로 설정, 관리 및 제어하는 기능 담당
- Management Plane : 동작 상태 및 성능 관리 기능 담당

인터넷이 초기 도입되던 시기는 인터넷 자체가 매우 불안정했습니다. 따라서 당시에는 인터넷 확장에 대한 고민보다는 오히려 여러 요인으로 발생되는 불안정한 통신 오류를 해결하는 것이 급선무였습니다. 이를 위한 가장 좋은 방법은 개별 네트워크 장비에서 필요한 모든 기능을 다 구현하는 것입니다. 새로운 패킷이 장비로 들어오면 이 장비 내에서 해당 패킷이 어디로 가야 할지를 결정하고 경로의 정확성 유무를 판단한 후, 문제 발생 시 문제의 발생지점 파악 및 분석하는 것이 무엇보다 중요했습니다.

이러한 연유로 네트워크 장비 구조는 Data Plane, Control Plane 그리고 Management Plane이 모두 하나의 장비 안에 구성되었습니다. 이런 네트워크 장비 구조에서는 해당 네트워크를 통과하는 패킷은 장비를 거쳐갈 때마다 각 장비에서 동일한 패킷 처리 절차를 수행하게 됩니다.

⟨복잡한 현재 네트워크 장비 구조⟩

```
Feature ····· Feature          Routing, management, mobility management,
                               Access control, VPNs, ...

                               Million of lines    5400 RFCs    Barrier to entry
Operating System               of source code

Specialized Packet             Billions of gates   Bloated      Power Hungry
Forwarding Hardware
```

Many complex functions baked into the infrastructure
OSPF, BGP, multicast, differentiated services,
Traffic Engineering, NAT, firewalls, MPLS, redundant layers, ...

이러한 Black Box 구조에서는 최초 장비 출고 시에 이미 다양한 서비스를 구현할 수 있는 기능들이 올라간 상태에서 출고됩니다. 장비는 출고 시부터 한정된 용량에 매우 많은 기능들이 탑재되기 때문에 태생 자체가 복잡해집니다. 여기에 고객의 기능 선택사항은 없습니다. 내가 원하는 기능이 10개이더라도 이미 5,400개의 RFC가 탑재되어 자원을 나눠 쓰는 현재의 장비를 사용하게 됩니다. 그렇다고 새로운 기능을 이곳에 추가하는 것도 불가능합니다.

그러나 IT 환경은 변하고 있습니다. 과거와 같이 네트워크 영역만 별도로 존재하여 좀 불편하더라도 참고 견디는 장인 정신이 더 이상은 미덕일 수 없습니다. IT의 다른 부서와의 협업이 중요해졌고, 실시간 서비스 제공이 매우 필요한 상황이 되었습니다. 일반적으로 느끼는 현 구조의 문제점을 확인해보도록 하겠습니다.

1) 운영 자동화와 중앙관리의 어려움

지금의 네트워크 장비의 구조는 이미 살펴본 것처럼, 개별 장비에서 Control Plane, Data Plane, Management Plane 기능을 동시에 수행합니다. 그렇기 때문에 네트워크 구성의 변경이나 확장이 필요한 경우 관리자들은 해당되는 모든 라우터, 스위치, 방화벽, 인증 장비 등에서 일일이 변경된 정책과 설정을 입력해야 합니다. 때로는 이러한 변경 작업을 수행하기 위해서 전체 네트워크를 다운시키고 작업을 진행하는 경우도 있습니다. 이러한 작업에서 장비의 수량이 많아지면 많아질수록 휴먼 에러 발생률 및 작업 시간도 매우 크게 증가합니다.

그 수많은 장비별 설정을 일일이 확인해야 하고, 이상 유무를 정확히 파악하여야 합니다. 특히나 여러 이유로 다양한 벤더의 장비가 도입되어 있는 경우에는 장비별 구현 방식에 따른 특징들도 정확히 확인해야 합니다. 하지만 대부분 벤더 간 연동은 막상 해보지 않고서 미리 예상하는 것은 거의 불가능합니다. 이로 인해 작업 중 문제가 발생하면, 다운 타임을 오래 가져갈 수 없기 때문에 다시 예전의 네트워크 구성으로 원복한 후 문제점을 추정하여 다시 작업하는 일을 반복하는 경우가 많이 있습니다. 물론 이러한 문제는 동일한 벤더의 장비를 사용하고 있는 중에도 종종 발생하는 문제입니다.

만약 이미 구축된 환경에서 변경을 위한 테스트를 미리 할 수 있다면 이러한 문제점을 최소화시킬 수 있을 것입니다. 하지만 현실적으로 이러한 것이 불가능하다면 최소한 벤더별/장비별로 동일한 기능 구현 및 설정 체계를 통일한다면 운영 자동화 및 중앙 관리가 가능해져서 매우 효율적인 네트워크 구성 및 운용이 가능할 것입니다. 하지만 현재의 네트워크 장비의 아키텍처 상에서는 이러한 기대는 불가능합니다.

2) 효율과 비용 문제

네트워크에서 가장 중요한 기능은 아마도 STP와 Routing Protocol일 것입니다. 우선 STP(Spanning Tree Protocol)부터 살펴보도록 하겠습니다. 네트워크 디자인 시 안정성을 확보하기 위해 장비를 이중화로 구성합니다. 그런데 이중화의 매우 큰 문제는 루프 발생 가능성입니다. 종종 루프로 인해 전체 네트워크가 다운되는 증상이 발생합니다.

〈루프 발생 예〉

루프를 방지하기 위해 가장 많이 사용되는 방법은 STP를 설정하는 것입니다. STP의 기본 개념은 이중화된 링크의 한 구간을 논리적으로 끊는 것입니다. 그래서 위와 같이 트래픽이 무한 반복되지 않게 하는 것입니다. 다른 쪽 링크에 문제가 생기면 논리적으로 끊어 놓은 링크를 자동으로 활성화시켜 활성화된 곳으로 통신이 이루어지게 합니다. 그러나 이러한 STP에는 치명적인 문제가 있습니다. 하나는 장애 복구 시간이 오래 걸리는 것이고 또 다른 하나는 링크 한쪽을 끊는 것이기 때문에 비효율적 회선 사용이 이루어지게 됩니다.

〈STP 예〉

〈Spanning tree Instance Comparison〉

	STP	PVST+	RSTP	MST
Algorithm	Legacy ST	Legacy ST	Rapid ST	Rapid ST
Definition	802.1D	Cisco(독점기술)	802.1w, 802.1D	802.1s, 802.1Q
Instances	One	Per VLAN	One	구성 가능
Trunking	없음	802.1Q, ISL	없음	802.1Q, ISL

STP에는 다양한 종류가 있고 저마다 장애 복구 시간이나 동작 방식이 다릅니다.

〈다양한 종류의 STP〉

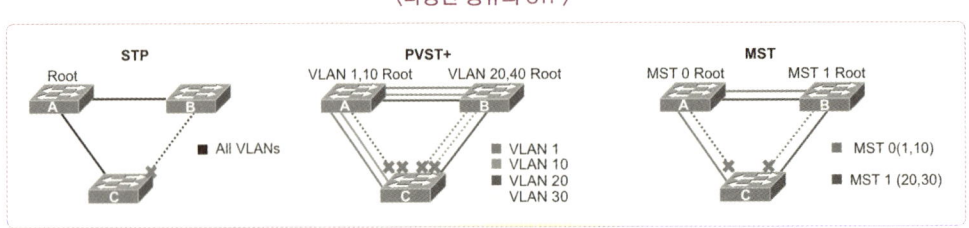

가장 기본이 되는 STP는 장애 복구 시간이 약 50초 걸립니다. 이를 줄이기 위해서 나온 기술 중 RSTP는 3초 이내에 장애 복구가 되지만, 이는 이론적인 시간일 뿐이고 대량의 트래픽이 흐르는 경우는 수분 이상 절체되어집니다. 이로 인해 이미 모든 통신이 끊어지게 됩니다.

〈STP 회선 복구〉

Block (BPDU aging time = 20s)	해당 Port로 Root의 BPDU가 유입되지 않는 것을 확인하는 단계
Listening (Forwarding delay = 15s)	BPDU를 기다려 보는 단계 (15초간 BPDU가 오지 않으면 DP 상태가 됨)
Learning (Forwarding delay = 15s)	MAC address를 학습하는 단계 (타 경로로 학습된 MAC address가 있을 수 있음)
Forwarding	정상적으로 통신하는 단계

STP의 또 다른 문제점은 성능인데, 한쪽 링크를 논리적으로 다운시키기 때문에 구성된 자원의 50%만 사용하게 됩니다. 네트워크 간 연결이 많아질수록 논리적으로 다운되는 링크는 더 많아지므로 비효율적인 운영이 이루어집니다.

이러한 비효율적 운용은 현재 우리가 절대적으로 신뢰를 보내고 있는 라우팅에서도 여전히 발생합니다. 일반적으로 가장 많이 사용되는 OSPF를 라우팅 프로토콜로 사용한다고 가정을 하고, A에서 C 구간으로 트래픽을 보낸다고 가정해 보겠습니다. A와 B 구간의 대역폭이 100G이고, B에서 C 구간의 대역폭이 100G이기 때문에 A에서 C로 가는 경로의 최적 경로는 A → B → C로 가는 구간일 것입니다.

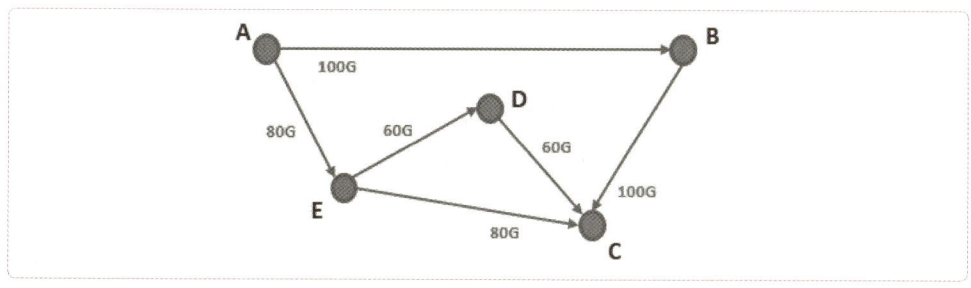

그러면 나머지 경로는 사용되지 않게 됩니다. 내가 만약 보내야 되는 트래픽이 1G이고 모든 회선에 충분한 대역폭을 가지고 있다고 하면 A → E → C를 경유하는 것도 좋은 경로이지만 이 상황에서는 선택되지 않습니다. 모든 트래픽은 A → B → C로만 갑니다. 회선의 이용률이 매우 낮아지죠.

그렇다면 한 가지 더 가정을 해봐서 내가 보내려고 하는 트래픽이 20G인데 B-C 구간의 대역폭 중에서 이미 다른 사용자에 의해서 90G가 사용 중이라고 하면 자동적으로 A → C로 흐르는 트래픽이 우회할까요? 절대 그렇지 않습니다. 다른 차 순위 경로들에 충분한 대역폭이 남아 있음에도 처음 선택된 최적의 경로인 A → B → C를 통해서 트래픽은 전송됩니다. 매우 비효율적으로 회선을 사용하게 됩니다. 이것이 지금 저희가 사용하고 있는 라우팅 프로토콜입니다. 이를 해결하기 위해서 기존의 라우팅 방식에 OER(Optimized Edge Routing) 또는 PFR(Performance Routing)으로 불리는 방안들이 소개되고 있지만, 특정 벤더에 종속된 기술일뿐더러 사용할 때 제약이 매우 많아서 사실상 거의 사용되지 않고 있습니다.

네트워크 설계 시 가장 기본적으로 구현되어야 하는 L2/L3 영역에서 조차도 STP와 Routing 등에서 매우 비효율적 운용이 이루어지고 있습니다. 이 때문에, 네트워크는 설계 시부터 예상 최대치를 고려한 고비용을 지출할 수 밖에 없는 방식으로 구축되고 있습니다.

3) 개별 처리로 인한 네트워크 복잡성 증가

지금까지의 네트워크 동기화 방식은 네트워크 구조에 대한 전체적인 정보 교류를 바탕으로 한 프로토콜들이 장비 내에서 개별처리를 통한 네트워크의 복잡성을 가중시키는 것이었습니다. 프로토콜 간 정보 동기화를 위해서 처리해야 하는 그 수많은 메시지 정의와 이로 인해 발생할 수 있는 오류에 대한 방안까지 제시됩니다. 그렇다고 딱히 최선의 선택이 이루어지지는 않습니다. 조금 전에 살펴본 라우팅을 한 번 더 살펴보면, 일반적으로 네트워크 라우팅 알고리즘을 짤 때 하나의 Control Plane에서 네트워크 전체를 관장하는 중앙 집중 방식으로 구현한 후에 이를 분산 방식으로 바꾼다고 합니다. 이유는 중앙 집중 방식이 매우 간편하고 효율적이기 때문에 해당 알고리즘이 정확하게 동작하는지 확인하기 위해 중앙 집중 방식으로 테스트하고, 구현할 때 이상이 없으면 지금의 네트워크 구조에 맞게끔 다시 분산 방식으로 구현하기 위해서입니다.

이도 이럴 것이 네트워크 라우팅에서 가장 많이 사용되는 알고리즘 중 하나인 Dijkstra 알고리즘의 중앙 집중형 동작 방식 원리는 4페이지의 문서로 설명이 가능한데, 이를 현재의 네트워크 구성 방식인 분산 시스템으로 구현하려면 100페이지가 넘는 문서로 설명해야 합니다. 분산 시스템 상에서 장비간 일관된 네트워크 정보를 유지하도록 하기 위해서는 매우 복잡한 설명이 추가되기 때문입니다.

실제 OSPF를 위한 RFC 2328은 245페이지에 달하는 분량으로 프로토콜 동작 방식을 설명하고 있습니다. 불과 4페이지면 되는 설명이 60배가 넘는 복잡한 설명이 필요하게 됩니다. 더욱이 장비를 생산하는 벤더마다 RFC에 근거하지만 구현하는 방식에 특성이 있어 이 기종 간 호환성 이슈가 발생하는 경우가 자주 있습니다. 네트워크를 위한 최적의 선택도 아니면서 복잡성만 매우 가중시키는 경우입니다.

지금까지 현 네트워크 구조의 문제점을 살펴보았는데, 이에 대한 해결은 아직 이루어지고 있지 않습니다. 이는 안 하는 것일 수도 못하고 있는 것일 수도 있습니다. 안 하는 것이라면 굳이 하지 않아도 전혀 문제가 없다는 자신감 때문일 것입니다. 그러나 못하고 있는 것이라면 이를 위한 해결 방안을 찾아야 하는데, 이에 대한 다양한 의견이 존재합니다. 그러나 대부분 전문가들의 의견은 현재 네트워크 구조의 변경과 생태계의 변화를 통해서 해결 가능하다고 합니다.

1.5
새로운 네트워크 구조의 필요성

지금의 네트워크 구조로 인해 매우 다양한 문제들이 발생하고 있고 누가 보아도 비효율적 운영이 이루어지고 있지만 사실 네트워크의 구조를 바꾸는 것은 쉽지 않은 이야기입니다. 쉽게 바꿀 수 있었다면 이미 바뀌었겠죠. 하지만 아직까지는 누구도 엄두를 내지 못하고 있습니다. 이미 한없이 설치되어 있는 환경에서 어디를 어떻게 바꾸어야 하는지는 가늠조차 되지 않습니다. 그럼에도 네트워크의 변화를 요구하는 목소리가 커지고 있습니다. 이제는 더 이상 그러한 요구를 무시하기에는 당면한 문제가 더욱 심각해지고 있습니다.

이번 장에서는 새로운 네트워크 구조의 필요성에 대해 살펴보려고 합니다. 한정된 지면 상에서 모든 영역에 대해 살펴보는 것은 사실 매우 어려운 일입니다. 그래서 기존 Legacy Network 제조사에서도 매우 강조하는 영역이면서 새로운 네트워크 구조의 필요성이 가장 강조되는 영역인 데이터센터를 중심으로 살펴보려고 합니다.

세계적인 IT 리서치 전문기관인 Gartner의 2010년 조사에 따르면 2014년도의 데이터센터 트래픽의 흐름이 바뀐다고 합니다. 흔히 이를 East-West 트래픽이라고 하는데 서버간 통신 트래픽이 전체 트래픽의 80%를 차지할 것이라고 합니다. 이를 지원하기 위해서는 네트워크 디자인이 전체적으로 바뀌어야 합니다. 지금까지의 네트워크 디자인은 Core Switch/Distribute Switch/Access Switch로 구분되는 전통적인 3Tier 구조였습니다. 3Tier 구조는 데이터센터뿐만 아니라 모든 네트워크의 기본 틀입니다. 이러한 구조는 주로 인터넷으로 흐르는 트래픽과 다른 네트워크 영역으로 넘어가는 트래픽이 많다는 전제에 기반하고 있기 때문에 원활한 North-South 트래픽 흐름에 최적의 구조입니다. 하지만 최근의 데이터센터의 트래픽은 East-West 트래픽이므로 데이터센터에 맞는 네트워크 구조가 요구되고 있습니다.

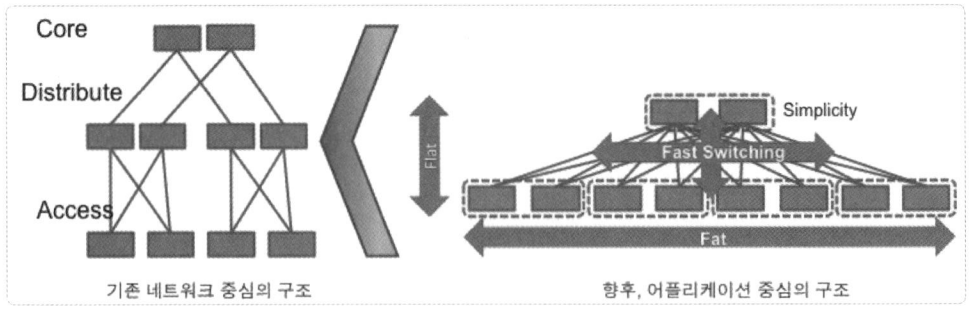

〈변화하는 데이터센터 네트워크 디자인〉

데이터센터에 요구되는 네트워크 디자인을 간단히 요약하면 아래와 같습니다.

- Flat Network : 네트워크 홉 최소화
- Fat Tree : 대규모 서버 Access 환경 및 최적 경로
- Fast Switching : 낮은 네트워크 대기 시간을 보장
- Simplicity : 구성, 운영 및 관리 용이성

East-West 트래픽 환경의 특징은 옆으로 늘어나는 네트워크입니다. 2014년도 데이터센터 전체 트래픽 중 80%가 한없이 늘어서 있는 옆의 어떤 서버와 통신이 되는 것입니다. 그러기 위해서는 홉이 최소화되어 있어야 하고, 최적 경로를 통해서 가장 빠르게 전송되어야 합니다. 그런데 지금의 3Tier의 구조에서는 불필요한 홉을 거쳐야하며, 더욱이 STP에 의해서 효율적인 네트워크 운용이 불가능합니다.

이 서버가 만약 VM이라고 한다면 VM의 생성 및 이동에 따른 네트워크 설정을 수동으로 일일이 해주어야 하기 때문에 즉시적인 구성 및 관리가 이루어질 수 없는 구조입니다. 또한 현재의 구조에서는 VLAN의 한계, MAC Address 및 Broadcast 처리 한계로 인해 데이터센터는 대규모 Layer 2 환경에 최적화된 구성을 원하지만 이를 지원하지 못하는 상당히 다양한 제약 사항들이 발생하게 됩니다.

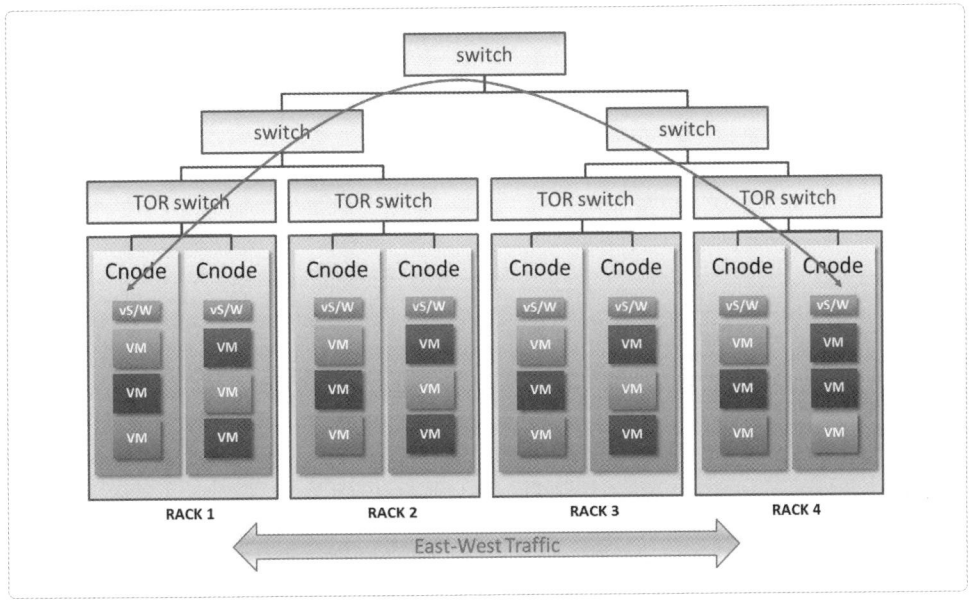

〈현재 네트워크 구조에서의 East-West 간 트래픽 흐름〉

대표적인 East-West 트래픽이 요구되는 빅데이터 시스템은 수천 대의 노드 간 연산을 위한 네트워크 구성이 필요합니다. 이를 위해서는 네트워크 가용성과 유연하고 빠른 통신이 무엇보다 중요합니다. 따라서 동시에 여러 경로로 빠르게 통신하기 위해서 연결된 모든 링크가 활성화되어 언제든지 활용 가능해야 하고 특정 경로로만 트래픽이 몰려서도 안됩니다. 또한 특정 링크 장애 시에도 통신에 영향을 주어서는 안됩니다.

하지만 현재의 3Tier 네트워크 디자인에서는 STP에 의해서 논리적으로 링크가 비활성화되어 장애 시 상당 시간 통신에 영향을 받는 구조입니다. 이를 해결하기 위해서 네트워크 장비 제조사에서는 네트워크 장비 가상화 기술과 이중화 기술을 제공하고 있지만 모두 제조사 독점 기술로 활용도가 매우 낮습니다.

이러한 제약은 클라우드 시스템에서도 예외는 아닙니다. 클라우드 환경에서는 가상 머신들의 자유로운 이동, 빠른 IT 자원의 할당 등과 같은 민첩성과 자동화 기능이 충족되어야 합니다. 하지만 현재 클라우드 환경을 가장 방해하는 요소로 네트워크가 꼽히고 있습니다. 클라우드의 생명은 요청 즉시 이루어지는 서비스이지만 기존의 네트워크 환경에서는 일일이 수동 작업을 해야 하므로 실시간으로 서비스가 이루어지지 않습니다. 또한 VM 이동 시 어디로 어떻게 이동했는지 기존 네트워크 환경에서는 알 수 있는 방법이 없습니다.

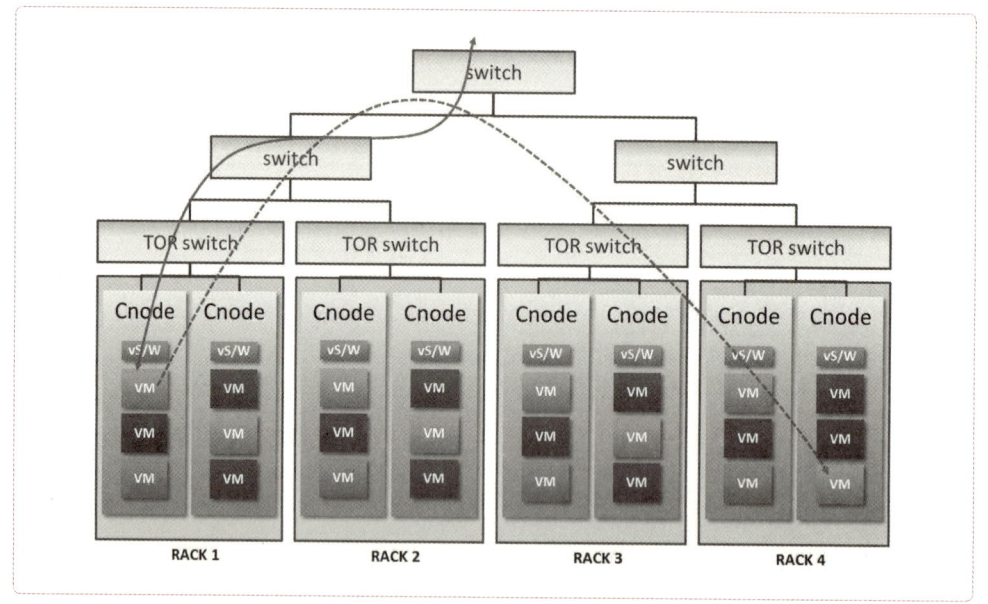

〈클라우드 환경에서의 VM 트래픽 흐름과 VM 이동〉

빅데이터, 클라우드뿐만 아니라 최근 데이터센터에 새로운 시도들이 많이 일어나고 있습니다. 이러한 시도 중 가장 많은 제약 사항이 되는 영역은 네트워크 영역이라는 말들이 많습니다. 물론 이를 해결하기 위한 다양한 시도들도 있지만, 기존의 자원을 이용하는 것에는 이제 한계를 보이고 있습니다. 이제는 단순히 네트워크 구조를 바꾸는 게 필요한 것이 아니라 장비 구조 자체를 바꾸어 매우 유연하면서 사용자가 원하는 환경을 즉시적으로 구현할 수 있는 아키텍처가 필요합니다.

현재의 네트워크 장비 구조인 Black Box는 동일한 기능과 성능을 가지고 데이터센터, 캠퍼스 네트워크, 통신사업자 등에 동일하게 설치되었습니다. 그러나 이제는 점차적으로 영역에 따라 다른 네트워크 구조가 필요해지고 있습니다. 이에 대한 공감대는 이미 네트워크 장비 제조사에서도 형성되어 저마다의 방식으로 장비의 구조를 바꾸는 모습들이 보이고 있습니다. 비단 이러한 노력은 데이터센터뿐만 아니라 네트워크 전체 영역에서 진행되고 있습니다.

최근 장비 제조사들은 데이터센터에 최적화된 장비를 신제품으로 출시하고 있습니다. 이들 장비들은 데이터센터에 특화된 기능들을 포함하고 있으며, 각 벤더들은 자사의 제품이 얼마나 데이터센터에 최적화되었는지 설명하는데 온 힘을 다하고 있습니다. 하지만 현실에서는 여전히 해당 장비를 캠퍼스 네트워크에서 심심찮게 보게 됩니다. 캠퍼스 네트워크에는 전혀 필요도 없는 데이터센터 기능을 그대로 탑재한 매우 고가의 Black Box 장비가 캠퍼스 네트워크에 실제 필요한 기능은 탑재하지 않은 채 도입되고 있습니다.

하지만 이제 곧 모든 네트워크는 데이터센터와 통신사업자 네트워크의 요구가 변하듯이 저마다의 영역에서 차별화된 기능과 구성이 필요해질 것입니다. 때에 따라서는 완전히 상반되는 개념으로 구현되어야 합니다. 지금과 같은 Black Box를 통해서는 데이터센터의 새로운 솔루션에 적절히 대응 못하듯 모든 영역에서 매우 비효율적이고 시대의 흐름을 따르지 못하는 네트워크 구현이 될 것입니다.

시대의 변화에 따른 네트워크 영역에 요구되는 변화에 적절히 대응하기 위해서는 매우 유연한 네트워크 장비 구조가 필요합니다. 지금까지 네트워크 장비 제조사에서 다양한 요구사항들을 해결하기 위한 부분적인 시도들을 진행하였지만, 이제는 현재의 네트워크 구조에서 감당할 수 없음을 인정하고 새로운 방식의 변화를 시도하고 있습니다.

이러한 노력 중 하나에 SDN이 있습니다. SDN은 초기 스탠퍼드 대학에서 캠퍼스 네트워크의 구조를 바꾸기 위해 시작되었지만 이후, 이에 대한 가능성을 확인하여 통신서비스 사업자와 기업 네트워크의 유연성 및 효과적인 관리 기능을 제공하는 기술로 인식되고 있습니다. SDN의 가장 중요한 목표는 하드웨어 중심의 Black Box 시장을 소프트웨어 기반의 유연하고 지능적인 White Box 시장으로 전환시키는 것입니다. 이를 통해 그동안 기존 네트워크 구조에서 제공하지 못했던 운영의 효율성과 확장성, 그리고 가용성을 제공하는데 그 목표가 있습니다.

SDN에는 이미 다양한 이해관계자들이 적극적으로 참여하고 있는데, 주요 참여자로는 구글, 야후, 페이스북 등 클라우드 서비스 및 데이터센터를 운영, 제공하고 있는 사업자군과 함께 통신 네트워크 운영을 통해 서비스를 제공하는 도이치텔레콤, 버라이즌, NTT 등의 통신사업자군이 포함되어 있습니다. 이는 장비제조사의 전략에 따라 좌지우지되던 기존의 네트워킹 산업 환경에 대한 불만을 토대로, 유연한 아키텍쳐 구성을 통해 사용자 주도의 빠른 서비스 제공을 유도하겠다는 의도를 가지고 있으며, SDN을 통한 네트워킹 시장의 근본적 변화를 발빠르게 주도하고 있습니다.

CHAPTER 2

네트워크 패러다임 쉬프트

2.1
SDN/OpenFlow 기술의 역사

SDN을 혹자는 Disruptive Technology라고 부릅니다. 우리나라 말로는 '파괴적 기술'이라고 부릅니다. 사실 파괴적 기술이라는 말은 매우 멋있어 보이는데 약간 마케팅적 용어인 듯한 느낌도 동시에 듭니다. 그런데 우리 인류는 이러한 Disruptive Technology를 통해 발전해 왔다고 합니다. Wikipedia에 따르면 대표적인 예가 기차 시대에서 자동차 시대로 변한 것이라고 합니다.

초기에 Disruptive Technology는 틈새 시장으로 접근하는데, 주류 시장은 이미 기존 강자들이 견고히 지키고 있어서 손쉽게 자신의 강점을 잘 드러낼 수 있으면서 상대적으로 가격이 저렴한 기술을 이용해 원하는 시장을 초기 목표로 정하고 접근한다고 합니다. 하지만 곧 지속적인 성능 향상으로 주류 시장을 파고들어 모든 시장을 대체하게 되는데, 기존 제품의 한계로 인해 잠재적인 소비가 제한되거나 불편한 상황에서 새로운 가치 제공을 통해 기존의 주류 시장을 밀어내고 새로운 주류가 되는 것입니다.

지금의 SDN 흐름을 볼 때 상당히 일치하는 부분이 많이 발견됩니다. SDN은 기존의 네트워크의 한계를 극복하고, 사용자 중심의 네트워크를 구현하기 위해 나왔습니다. SDN이 현재 가장 주목을 받고 있는 영역은 Cloud DataCenter와 Enterprise DataCenter 영역입니다. 그 이유는 SDN의 특성을 가장 잘 보여줄 수 있는 영역이기 때문입니다. 불과 얼마 전까지만 하더라도 SDN은 기존의 네트워크 강자들에게 말도 안되는 기술이라는 비아냥을 들으며 많은 무시를 당했습니다. 하지만 SDN에 대한 가능성을 인식한 미국과 일본은 Startup을 중심으로 엄청난 투자를 통해서 지속적인 기술개발이 이루어졌고, 이제는 단순히 Cloud DataCenter와 Enterprise DataCenter 영역을 벗어나 전체 네트워크 분야로 확대되고 있습니다.

그러면 과연 이들이 지금의 네트워크 강자들과 어깨를 나란히 하며, 새로운 주류로 등장할 수 있을까요? 그리고 정말 SDN이 Disruptive Innovation임을 증명할 수 있을까요? 이에 대한 답은 시간이 지나서야 알 수 있겠죠. 하지만 네트워크 역사를 잠깐 살펴보는 것도 의미는 있을 듯합니다. 지금의 네트워크 강자는 누가 뭐래도 CISCO입니다. 전 세계 네트워크 시장의 60% 이상을 석권하고 있지요. 그런데 CISCO는 불과 30여 년 전만 하더라도 아주 작은 벤처에 불과했습니다.

CISCO가 벤처이던 당시에도 여전히 IT의 강자들은 존재했습니다. 그러나 CISCO는 Router라는 것을 통해 틈새 시장을 공략하였습니다. Router가 처음부터 주목 받았던 것은 물론 아니지만, 정확한 판단과 지속적인 성능 개선으로 지금의 주류로 변하였습니다.

CISCO가 제시한 Router 이후 한동안 Network 산업에는 Disruptive Technology가 등장하지 않았습니다. 그런데 최근 IT 환경의 급작스런 변화로 인해 네트워크 구조 상의 문제점들이 날로 심각해지고 있습니다. 그러나 이미 고착화된 현재의 네트워크 구조 상에서는 이를 해결하기가 쉽지 않은 상황이 되었습니다. 이러한 틈새를 SDN 기술이 들어오고 있습니다. SDN 시장은 비즈니스에서 상당히 초기임에도 불구하고 엄청난 투자와 인수가 이루어지고 있습니다. 이미 시장은 여러 번의 경험을 통해 감각적으로 어떤 것이 Disruptive Technology인지 알고 있기 때문입니다. 오히려 시장의 빠른 움직임에 기술이 속도를 못 맞추는 듯한 느낌마저 듭니다. 이는 분명 감각적으로 제2의 CISCO가 되고자 하는 꿈을 가진 자들의 도전을 더욱 자극하고 있습니다.

이 시점에서 SDN의 흐름을 확인하는 것은 의미가 있을 것입니다. SDN의 기원을 확인하고 이러한 SDN이 현재 어떠한 방향으로 나아가고 있는지에 대해 찾아본다면 그 다음의 방향을 예측할 수 있을 것입니다. 이번 장에서는 SDN의 시작점이라 할 수 있는 Ethane에서부터 SDN의 뼈대를 이루고 있는 단체들에 대해서 확인하도록 하겠습니다.

⟨SDN 주요 Event TimeLine⟩

2013년 8월	OpenFlow Specification 1.4 발표
2013년 4월	OpenFlow Specification 1.3.2 발표
2013년 4월	OpenDaylight Project 발표
2012년 10월	NFV 발표
2012년 9월	OpenFlow Specification 1.3.1 발표
2012년 7월	VMWare에서 NICIRA 인수
2012년 4월	Google에서 G-Scale SDN/OpenFlow 적용 사례 발표
2012년 4월	OpenFlow Specification 1.3 발표
2012년 3월	HP, OpenFlow 적용 상용스위치 발표
2011년 12월	OpenFlow Specification 1.2 발표
2011년 5월	NEC OpenFlow 적용 상용 솔루션 발표
2011년 3월	ONF 설립
2011년 2월	OpenFlow Specification 1.1 발표
2010년	Big Switch 설립
2009년	OpenFlow Specification 1.0 발표
2007년	NICIRA 설립
2006년	Ethane 발표

1) Ethane/OpenFlow

OpenFlow의 시작을 Ethane으로 보는 것이 일반적인 견해입니다. Ethane의 초기 목적은 복잡한 네트워크 운영 환경에서 단순한 관리와 강력한 보안 기능을 제공하는 것에 초점을 두고 있습니다. 이를 위해서 Control Plane과 Data Plane을 분리하여 중앙에 위치한 Controller에 의해 운용되는 실험이 주된 목적이었습니다.

Ethane은 2006년 가을에 연구되기 시작하였고, 2007년 Sigcomm 학회에서 스탠퍼드 대학 교수와 학생들이 Ethane을 발표하면서 학계에서 엄청난 주목을 받기 시작했습니다. 이 연구를 이끄신 분들이 최근에 SDN 영역에서 가장 주목을 받고 있는 Nick McKeown 교수, Scott Shenker 교수 그리고 NICIRA의 Martin Casado입니다.

⟨Ethane 동작 방식 Centralized, reactive, per-flow control⟩

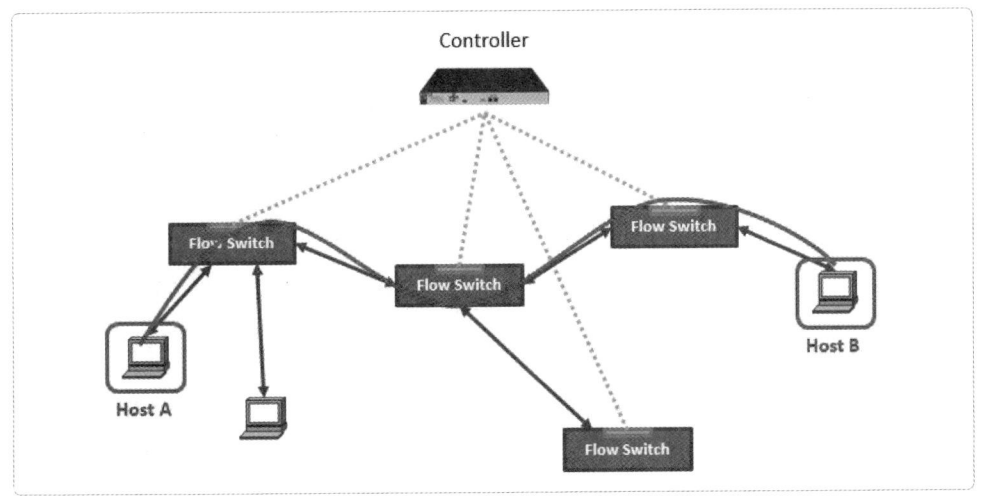

논문의 제목은 'Ethane: Taking Control of the Enterprise'입니다. 이를 위해서 스탠퍼드 대학 네트워크에서 약 4개월 동안 300 host 이상을 테스트하였다고 하는데, 지금 SDN이 주목받고 있는 영역과는 다소 차이가 있습니다.

그런데 정작 가장 충격을 준 사건이 2008년도에 발생합니다. 그것은 2008년 Sigcomm에서 상용 스위치인 HP 5400 Switch와 Cisco Catalyst 6K에서 OpenFlow가 동작되는 사건이었습니다. 이어 NEC와 Juniper의 하드웨어에서도 OpenFlow가 동작하는 것에 당시 참가자들은 매우 신선한 충격을 받았다고 합니다. 지금까지는 소프트웨어적으로 잘 구현한 스위치 상에서 모의 테스트를 진행하는 수준이었다고 한다면 이후부터는 실제 상용 장비에 기반을 두고 테스트가 진행되었는데, 이러한 이유가 현재의 SDN이 되는 매우 중요한 기반이 되었습니다.

OpenFlow Specification version 1.0이 2009년 12월 'OpenFlow.org'에 의해 처음으로 공개된 이후 2011년 2월에는 Specification version 1.1을 발표합니다. 1.1 버전 사양에서부터 flow matching을 위한 다중 테이블을 지원하고 그룹을 추상화시키는 Group 지원이 포함되어 Multicasting과 Broadcasting 구현이 가능하게 되었습니다. 이후, OpenFlow 사양의 표준화는 ONF(Open Networking Foundation)로 이관되어 2011년 12월에 1.2 버전을 발표합니다. 1.2 버전부터 OpenFlow는 IPv6에 대한 지원이 포함되었으며, 고 가용성을 지원하기 위한 다중 Controller 간 Role 정의가 포함됩니다.

1.3 버전부터 Table Miss(Flow Table에 있는 어떠한 항복과노 일치하시 않는 경우)에 대한 처리가 기존의 Table Miss Flag 지정 방식에서 Table-Miss Flow Entry 처리로 변경되어 더 유연한 처리를 제공하게 되었고, IPv6에 대한 지원도 강화되어 IPv6 확장 헤더에 대한 처

리도 가능해졌습니다.

OpenFlow는 v2.0(가칭)에서 현재 ASIC(Application Specific Integrated Circuit) 최적화에 대한 고려가 부족한 Flow Table 구현 방안에 대해 추가적인 해결 방안을 정의할 예정입니다.

⟨OpenFlow Specification 버전 별 지원 사항⟩

버전	릴리즈 날짜	
1.0	2009년 12월 31일	최초의 공식 릴리즈 싱글 Flow Table 지원
1.1	2011년 2월 28일	MPLS shim header 지원 다중 Flow Table, Group 지원 Multipath 지원 다중 VLAN tagging 지원 가상포트 지원
1.2	2011년 12월 5일	ONF(Open Networking Foundation)로 표준 관리 이관 ONF에서 사양 승인 Extensible match 지원 IPv6 지원 다중 Controller 지원
1.3	2012년 4월 13일	Flexible Table Miss 지원 IPv6 확장 헤더 처리 지원 Provider Backbone Bridge(PBB) 지원 MPLS BoS(Bottom of Stack bit) 지원 Controller, Switch 간 보조 연결에 대한 사양 정의
1.3.1	2012년 9월 6일	Controller, Switch 간 OpenFlow 버전 협상 방식 개선
1.3.2	2013년 4월 25일	OpenFlow Message 개선
2.0	미정	Flow Table 등 하드웨어 최적화 지원

현재 상용 스위치에서 OpenFlow를 지원한다고 하였을 때는 주로 OpenFlow Specification version 1.0을 지원하고 있습니다. 초기 단계에 만들어진 Specification이기 때문에 제약 사항이 매우 많이 있는데, 서서히 SDN에 대한 시장의 요구가 높아지면서 대부분의 벤더에서는 1.3을 지원하는 전략으로 바뀌고 있습니다. 하지만 여전히 SDN 진영의 선구자라고 자처하는 단체와 사람들의 불만이 높습니다. 벤더에서 OpenFlow 1.3을 지원하지 않는다면 해당 벤더의 스위치를 가지고 있는 고객은 SDN을 구현하지 못하기 때문에 여전히 벤더 종속성이 존재할 수밖에 없기 때문입니다.

그래서 이들은 또 다른 노력을 진행하고 있습니다. 바로 벤더의 하드웨어에 영향을 안 받는 오픈소스의 Switch를 만드는 전략입니다. 이는 OpenFlow가 그 만큼의 기술이 성숙되었다는 자신감의 표현이기도 합니다. 이와 관련하여서는 SDN Infrastructure 부분에서 다루도록 하겠습니다. 이제 분명한 것은 OpenFlow는 Research에서 벗어나 실제 운용을 위한 준비를 마쳐가고 있습니다. 실제 운용을 위해 Specification이 더욱 정교해지고 있으며, 산업 요소들이 속도를 맞춰주고 있습니다. Ethane에서 시작한 OpenFlow는 이제 Disruptive Technology의 면모를 발휘할 때를 기다리고 있습니다.

2) ONF

OpenFlow라는 개념이 실무 영역에 있는 사람들에게는 매우 새로운 기술처럼 여겨지지만, 사실 Research에 계신 분들에게는 전혀 새롭지 않은 기술입니다. 아직도 Research 영역에 계신 분들은 이 SDN/OpenFlow에 대해서 회의적인 분들이 계시는데, 그도 그럴 것이 지금까지 비슷한 개념의 연구가 있었고, 그것들이 이렇게 활성화되지 못했는데 OpenFlow도 동일한 절차를 밟을 것이라는 생각때문입니다.

그런데, 이 OpenFlow는 기존의 비슷한 연구 주제들과 약간 다른 것이 있는데, 그것은 표준화를 위한 단체의 활발한 활동과 그 단체에 기존의 네트워크 벤더들이 적극적으로 참여하고 있다는 것입니다. 기존의 연구는 지극히 paper를 위한 연구였습니다. 따라서 상용 단계의 요구나 필요는 거의 반영되지 않았습니다. 하지만 OpenFlow는 CISCO, HP 등 대형 벤더가 참여하고 있으며 상용 장비를 대상으로 연구가 이루어졌고, ONF라는 단체를 통해 상용화에 대한 정확한 방향 설정이 이루어지고 있습니다. 이는 ONF의 이사회를 보아서도 알 수 있습니다.

ONF는 2011년 구글, 마이크로소프트, 야후 등 8개의 이사회를 중심으로 설립되었습니다. ONF 설립 이후 스탠퍼드 대학을 중심으로 진행되던 표준화 정의 업무 등 대부분의 SDN 관련 업무가 ONF로 이관되었습니다. 이사회의 특징을 보면 장비제조사는 이사회 명단에 없습니다. 대신 이사회의 주 멤버들은 네트워크 서비스 제공자들로서 장비 제조사의 입장에서 보면 네트워크 장비 소비자들이 이사회를 이끌고 있는 것입니다.

지금까지의 네트워크 산업은 네트워크 장비 제공자 중심으로 이루어졌지만 ONF에 의해서 이루어지는 네트워크 산업은 소비자에 의해서 이루어진다는 큰 변화가 생겼습니다. 이는 곧 네트워크 장비 벤더 주도의 네트워크 생태계가 네트워크 사용자 주도의 생태계로 변화되는 큰 움직임을 말하고 있습니다.

〈ONF 이사회〉

ONF의 회원사는 현재 네트워크 서비스 제공자, 네트워크 장비 제조사, 최종 네트워크 사용자 등 100개 이상의 다양한 기업들이 가입되어 있습니다. 한국의 경우 삼성전자, KT, SKT, ETRI 등 4개 기관사가 포함되어 있습니다. 회원사들은 특정 Working Group에서 활동할 수 있는데, ONF의 공식적인 활동은 거의 TAG와 Working Group에서 도맡아서 하고 있습니다. 하지만 이 Working Group에서의 활동에 강제성이 있는 것이 아니기 때문에 실제 Working Group에서 활동하는 기업은 몇몇 정해져 있습니다.

Working 그룹은 상황에 따라 새로 만들기도 하고 없애기도 하는데, 현재 ONF에는 10개의 Working 그룹과 6개의 Discussion 그룹이 있습니다. 재미있는 것은 이 Discussion 그룹 중에 Japanese 그룹이 따로 있어서 일본어로 서비스를 제공합니다. ONF 내에서의 일본의 위상을 알 수 있는 부분이겠죠.

그러나 가장 중요한 역할을 하는 조직은 TAG(Technical Advisory Group)입니다. 이 조직의 역할은 차세대 SDN의 방향 설정 및 중대한 기술적 이슈들에 대한 해결 방안을 제시하는 조직입니다. 또한, 벤더 간 미묘한 신경전도 사실 이곳에서 이루어지기 때문에 TAG 멤버 임기는 1년 단위로 진행되며, 의장의 임기는 분기별로 돌아가면서 맡습니다.

ONF에서 OpenFlow의 Specification을 정의하고 있으며 가장 적극적으로 OpenFlow 활용 방안들을 제시하고 있습니다. 그런데 재미있는 것은 ONF에서는 굳이 OpenFlow가 아니어도 된다고 이야기를 합니다. 그 이유는 ONF의 궁극적인 가치는 SDN에 두고 있다고 말합니다. 실제, ONF에 가입되어 있는 많은 회사들 중에서 OpenFlow를 지원하지 않고 있는 회원사들이 꽤 있습니다. 특히 이사회인 회사들 중에서는 자사 솔루션에 SDN은 적용하였지만 OpenFlow를 이용하지 않는 곳도 있습니다. 그럼에도 불구하고 사실상 ONF와 OpenFlow는 뗄 수 없는 관계인 것은 모두가 알고 있는 사실입니다.

지금의 SDN에서 벤더 간 가장 치열하게 주도권 싸움을 하고 있는 곳은 Southbound API 입니다. 일부 벤더에서는 이곳에 자사의 독점기술을 넣으려고 거액을 투자하며 부단히 노력하고 있습니다. ONF는 이러한 움직임에 대해 가장 강력하게 반대하고 있는 단체입니다. ONF는 SDN의 궁극적인 가치가 Open Networking에 있다는 신념을 가지고 있습니다. 이를 위해 ONF는 이 Southbound API 영역에 Open Interface를 제안하고 있는데, 현실적으로 가장 성숙한 Interface는 OpenFlow로서 아직까지는 사실상 SDN의 표준 Southbound Interface로 인식되고 있습니다.

ONF 이외에도 전통적인 공식표준화 기구인 ITU-T, IETF에서 SDN을 논의하고 있거나 논의 예정 중에 있으며, IETF의 경우 현재 SDN 논의는 Working Group 이전 단계에 있는 소규모 커뮤니티인 BoF(Birds of Feather)에서 논의가 추진 중에 있습니다. 2011년 11월 IETF의 제1차 SDN BoF가 개최되었고, 이 자리에서 BoF가 네트워크 장비를 제어하는 소프트웨어와 Application이 소통할 수 있도록 SDN 관리자(Orchestrator)와 API 등을 표준화하는 것을 목표로 정하였습니다.

3) NFV

2012년 10월에 독일 다름슈타트에서 열린 SDN World Congress에서 AT&T, BT, 도이치텔레콤 등을 포함한 13개의 통신사업자들이 NFV(Network Function Virtualization) 결성을 발표하였습니다. 이는 통신 시장의 네트워크 주도권을 가져옴으로써 새로운 형태의 네트워크 장비 시장 생태계를 조성하고, 이를 통해 비용 절감 및 효율성 증대 그리고 신속한 서비스대응력 강화 등을 기치로 내건바 있습니다.

처음 이 NFV가 발표되었을 당시만 하더라도 사람들의 반응은 못 미더워하는 분위기였습니다. 지금까지 이런 형태의 시도들은 많았지만 사실 현실적으로 쉽지 않았기 때문입니다. 하지만 최근에 느껴지는 분위기는 이 NFV가 대세로 굳어지는 듯한 분위기입니다. SDN의 흐름과 같이 벤더들은 저마다 NFV에 최적화된 솔루션을 발표하고, 통신사업자들도 매우 적극적으로 NFV를 검토하고 있기 때문입니다.

NFV가 추구하는 것은 말 그대로 흩어져있던 네트워크 기능들을 고집적 장비에 몰아넣어 비용 절감 및 효율성 극대화에 목적이 있습니다.

〈NFV 개념도〉

기존의 네트워크 개념은 각 요소를 하드웨어 단위로 구분하였습니다. 그래서 개별 단위로 분류하는 경향이 강했습니다. 하지만 이로 인해 자원의 낭비가 심해졌고, 전력 사용량도 매우 높았습니다. 이러한 문제를 해결하기 위해 NFV는 개별 성능에 초점을 둔 것이라기 보다는 오히려 잘 설계된 아키텍처에 의해 물리적 자원을 최소화하여 전체의 효율성을 향상시키고 시스템의 복잡성을 감소시키는 것에 초점을 두고 있습니다. 그렇다면 NFV와 SDN 상호 간 연관 관계는 어떨까요?

〈NFV와 SDN의 연관 관계〉

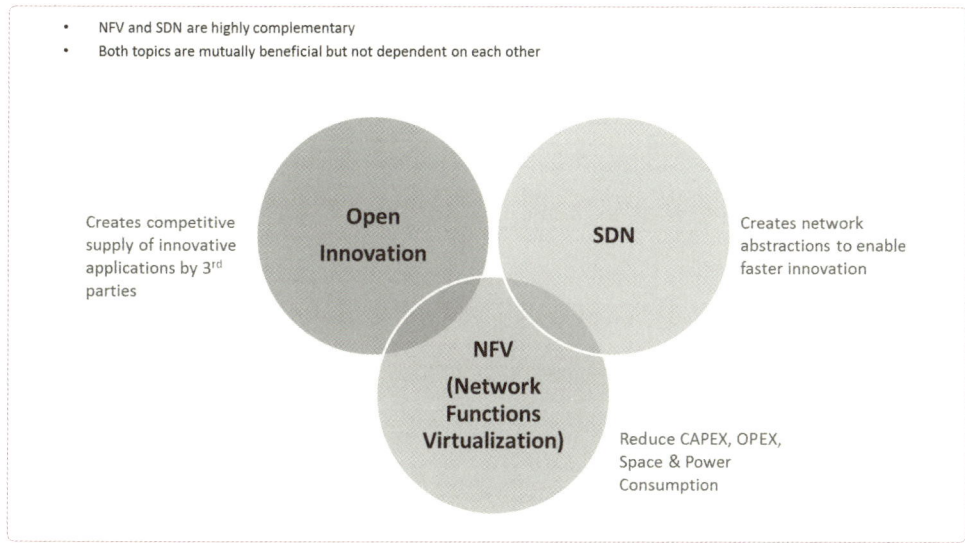

NFV가 반드시 SDN을 사용하는 것은 아닙니다. 기존에 나와 있는 수많은 기술을 이용하여 본래의 취지에만 맞으면 됩니다. 하지만 NFV의 취지를 위해서는 NFV와 SDN이 매우 상호 보완적인 관계인 것만은 분명합니다. 현재 SDN에 적극적인 주요 벤더들은 동시에 NFV의 주요 벤더들입니다. NFV와 SDN을 통해 오픈된 경쟁 시장을 조성함으로써 다양한 선택 및 비용 절감 그리고 효율적 운영을 가능하게 할 뿐만 아니라 '고객이 주도권을 가지는 자신만의 네트워크' 구성으로 원하는 서비스를 개발하여 새로운 수익 창출의 기회까지 도모해 나갈 수 있게 됩니다.

〈SDN과 NFV 비교표〉

Category	SDN	NFV
출범 동기	Control Plane과 Data Plane 분리 중앙화된 관리 네트워크 프로그래밍	특정 장비에 귀속된 네트워크 기능을 일반 서버에 재배치
적용 위치	Campus, Data center/cloud	Service provider network
사용 장비	Commodity server와 Switches	Commodity servers와 Switches
Applications	Cloud orchestration과 Networking	Routers, firewalls, gateways, CDN, WAN accelerators, SLA assurance
대표적 Protocol	OpenFlow	아직 제정 안됨
규격 제정	Open Networking Forum(ONF)	ETSI NFV Working Group

4) OpenDaylight

SDN이 비즈니스 영역으로 나오면서 기존의 Legacy 벤더들이 네트워크 환경에서 주도권을 잃게 될지 모른다는 우려감이 팽배했습니다. SDN을 주도하던 곳들은 스탠퍼드 대학 출신의 젊은 박사들이 세운 NICIRA나 Big Switch였고 이들은 의도적으로 기존 Legacy Network 와의 차별점을 강조하며 Infrastructure를 무시하는 듯한 인상을 풍기고 있었습니다.

이런 분위기 속에서 Service Provider를 중심으로 하는 ONF 단체와 통신사업자를 중심으로 하는 NFV 단체들 사이에서 Legacy 벤더들은 단순히 회원으로서만 가입되었을 뿐 어디에서도 주도권을 가지고 오지 못하는 모습이었습니다.

이에 2013년 ONS에서 CISCO, Juniper 그리고 Brocade를 중심으로 하는 OpenDaylight 프로젝트가 발표되었습니다. 이 프로젝트를 많은 분들은 OpenSource Controller를 개발하는 것으로 이해하겠지만 OpenDaylight는 SDN Platform을 제공하는 것으로서 Controller는 물론 Southbound API를 제공하는 것에 초점을 두고 있습니다. 이 프로젝트에 기존 네트워크 시장에서 주도권을 가지고 있던 대부분의 네트워크 장비 제조사들이 가입되어 있습니다. OpenDaylight의 참여 멤버는 3단계로 구분되는데 가장 많은 기부와 인력을 지원하는 멤버들은 Platinum으로 구분되며 여기에는 CISCO, Juniper 그리고 Brocade, IBM 등이 가입되어 있고, 그 다음 등급인 Gold에는 NEC와 VMWare 그리고 마지막 등급인 Silver에는 HP, Huawei 그리고 Arista 등이 포함되어 있습니다. 기존 네트워크 벤더들은 ONF와 NFV에 의해 자칫 주도권을 잃을 뻔했던 SDN 영역에서 OpenDaylight를 통해 매우 성공적으로 안착한 모습을 보이고 있습니다. 오히려 OpenDaylight 때문에 Big Switch 의 Floodlight 프로젝트가 상대적으로 고전하고 있는 모습까지 연출되고 있습니다.

OpenDaylight에 가장 적극적인 회사는 CISCO와 IBM입니다. CISCO는 자사에서 보유하고 있는 ONE Controller Platform에서 Controller Core 영역을 OpenDaylight에 기증하였고, Southbound API 영역에는 OnePK를 제안하였으며, IBM은 자사의 네트워크 가상화 플랫폼인 Dove를 기증하겠다고 발표하였습니다. 그리고 벤더들 주도로 이루어진 프로젝트이다 보니 자사의 솔루션을 OpenDaylight에 넣기 위해 초기 단계부터 매우 많은 공을 들이고 있는 모습이 비춰지고 있습니다.

OpenDaylight의 특징은 Southbound API를 굳이 OpenFlow로 하지 않으려는 것입니다. 벤더들이 각자 가지고 있는 솔루션을 SDN Platform 안에 넣는 것이 목적입니다. 이러한 전략이 통할 수 있는 것은 OpenDaylight의 강력한 지지 벤더 중에는 상당 수가 불과 얼마 전까지만 하더라도 SDN을 애써서 반대하던 곳들입니다. 그런데 이제 SDN이 시장에서 상당한 영향력을 미치게 되자 자사에게 유리한 Southbound API를 탑재하는 전략으로 선회를 하였습니다.

OpenDaylight가 SDN인가에 대해서 많은 말들이 나오고 있습니다. 초기 제안되는 상당한 기술들은 굳이 Controller가 없이도 원래 잘 동작하던 기능들이기도 하고 어떤 것들은 Controller를 통하지 않고도 네트워크 장비에서 지속적으로 수행하는 기능들도 존재하기 때문입니다. 이에 대한 반감으로 Big Switch는 초기에 OpenDaylight를 주도적으로 이끌고자 하였지만, CISCO에 주도권을 빼앗기면서 현재는 OpenDaylight를 탈퇴하여 자사의 OpenSource Controller Project인 Floodlight에 집중하고 있습니다. 그리고 ONF에 매우 적극적으로 참여하면서 기존 벤더들과의 차별성을 강조하고 있습니다.

2.2
SDN/OpenFlow 기술 개요

"미래는 이미 와 있다. 단지 널리 퍼져 있지 않을 뿐이다"

명절이 되면 우리는 의례 것 전쟁을 치릅니다. 고향에 내려가기 위해 차표를 미리 예약해야 하는 것으로 시작해서 평상 시에 비해 2~3배 이상 걸리는 귀향길에 최대한 빨리 내려갈 수 있는 방법을 찾기 위해 많은 노력을 들입니다. 아무리 교통 방송을 잘 보고, 정체 예상 시간을 피한다 하더라도 어느 시점에 차들이 많이 몰리고, 어느 구간이 빠르게 갈 수 있는지 정확한 정보를 얻기는 사실 불가능합니다.

그런데, 만약 중앙통제실이 있어서 모든 교통 세부 사항을 실시간으로 감지할 수 있다면, 그래서 전체 차량의 흐름을 효율적으로 관리하는 시스템이 있다고 한다면 어떨까요? 좀 더 나아가 공상과학 영화에서 흔히 볼 수 있는 것과 같이 모든 차량을 중앙통제실에서 지능적으로 관리함으로써, 탑승객은 가고자 하는 목적지와 원하는 시간만을 입력하면 알아서 안전하고 최적화된 길로 전송되어질 수 있다면 얼마나 좋을까요? 그때는 굳이 지금과 같이 눈치를 보며 힘들게 장거리 운전을 하지 않아도 언제든 내가 원하는 시점에 갈 수 있을 것입니다.

지금 우리가 사용하는 네트워크 상황도 비슷합니다. 트래픽은 개별장비의 연산에 의해서 전송됩니다. 상대편 장비와 프로토콜을 맞추어 서로 통신은 하지만 트래픽에 대한 연산은 개별 장비에서 이루어지기 때문에 특정 구간에는 엄청난 부하가 발생할 수 있지만 동일한 경로의 다른 구간에는 아무 트래픽도 흐르지 않는 경우가 빈번합니다. 이로 인해 네트워크의 회선 사용률이 매우 낮습니다. 비효율적 회선 이용으로 인해 비용은 엄청나게 증가하게 됩니다.

전 세계 인터넷 트래픽의 7%가 Google에서 사용된다는 보고서가 있습니다. 이러한 비효율적 회선 사용 문제에 가장 큰 타격을 받는 곳이 Google일 것입니다. Google에서는 이를 해결하기 위해 WAN Fabrics를 도입하였다고 2012년 ONS에서 발표하였는데, 이 WAN Fabrics 덕분에 전체 트래픽을 균등하게 분산할 수 있었고 이 덕분에 40% 회선 사용률을 95% 수준으로 올렸다고 합니다. 매우 획기적인 일로 기록되고 있는데, 이 WAN Fabrics의 핵심 기술이 SDN/OpenFlow입니다.

그렇다면 SDN/OpenFlow는 무엇일까요? 손쉽게 설명하면 SDN은 네트워크의 모든 교통수단(네트워크 장비)를 지능화된 중앙 관리 시스템(Controller)에 의해서 관리하는 기술입니다.

1) SDN 아키텍처란?

SDN은 'Software Defined Networking'의 약자입니다. 소프트웨어 정의 네트워킹이라고도 불립니다. 이름에서 알 수 있듯이 SDN의 핵심 내용은 네트워크 장비에서 하드웨어 기능과 소프트웨어 기능을 분리해 내는 것입니다.

NOKIA는 마이크로소프트에 인수되기 전에도 큰 회사였지만, 사실 스마트폰 광풍이 몰아치기 이전에는 핸드폰 시장에서 삼성보다도 더 큰 영향력을 행사하던 회사였습니다. 기존의 핸드폰 시장에서 삼성이 NOKIA를 추월하는 것은 정말 힘든 일이었습니다. 하지만 애플로 대변되는 스마트폰의 등장과 함께 NOKIA 시장 점유율은 빠르게 하향 곡선을 그리더니 최근 몇 년도 안된 사이에 NOKIA의 영향력은 많이 사라져 보입니다. 많은 사람들은 이러한 애플로 대변되는 스마트폰을 Disruptive Technology라고 합니다.

스마트폰을 처음 접하는 사람들에게는 애플은 참으로 독특한 개념이었습니다. 스마트폰 이전의 피처폰들은 출고 시에 나온 기능 위에다가 내가 원하는 기능을 추가로 선택해서 더하는 것이 불가능했습니다. 만약 내 피처폰에서 앵그리버드나 애니팡을 하고 싶다면 그 기능이 지원되는 피처폰으로 바꾸는 것이 유일한 방법이었습니다.

그런데 애플의 아이폰은 내가 앵그리버드를 하고 싶으면 그냥 설치하면 되고 지겨워지면 그냥 지우면 됩니다. 내가 원하는 것은 앱스토어에서 다운받아서 설치하면 되는 신세계가 열린 것입니다. 이러한 아이폰의 개념이 너무 독창적이었기 때문인지 스티브잡스가 글로벌 IT 기업들에게 설명하고 다닐 때, 말도 안되는 소리라며 구박을 받았다는 것은 익히 잘 알려진 이야기입니다.

스마트폰의 이런 독창적인 개념은 하드웨어와 소프트웨어의 분리된 구조에 기반을 두고 있습니다. 기존의 피처폰은 출고되는 당시에 이미 해당 하드웨어에 어떤 소프트웨어들이 설치될지 결정되었다고 한다면 아이폰은 출고된 이후에 어떤 앱스토어를 통해 어떤 소프트웨어를 설치할지 사용자가 결정하는 구조입니다. 애플이 핸드폰 시장의 주류로 정착할 즈음 이어서 나온 안드로이드 진영의 스마트폰들은 이러한 하드웨어와 소프트웨어가 더욱 확실히 분리되는 구조로 만들어졌습니다. 하드웨어인 스마트폰은 삼성, LG 등에서 만들고, 운영체제 소프트웨어는 Google의 안드로이드를 사용합니다. 그리고 스마트폰에서 사용되는 Application 소프트웨어는 원하는 사람이면 누구나 만들어서 올릴 수 있는 구조로 출시되었습니다.

이러한 구조는 하드웨어를 가장 잘 만드는 회사가 하드웨어에 집중하고, 운영체제를 가장 잘 만드는 회사는 운영체제에 집중하고, App을 가장 잘 만드는 곳은 App에만 철저하게 집중하되 서로 간 표준된 규약만 정확하게 지키면 됩니다. 즉, 스마트폰 시대는 각 요소를 가장 잘할 수 있는 Player들이 해당 영역에 집중하여 서로 해당 영역의 플레이어 간 경쟁을 통해 기술의 혁신을 이루고 이에 대한 선택은 소비자에 의해서 결정하게 하는 구조입니다.

이런 점에서 SDN이 지향하는 구조와 상당히 유사한 점을 가지고 있습니다. SDN은 네트워크 장비라는 하드웨어에서 소프트웨어 영역을 분리하는 것으로부터 시작합니다.

네트워크 장비의 구조는 크게 3가지 구성 요소로 구분할 수 있습니다.

- 데이터 전송을 담당하는 Data Plane 영역(하드웨어 영역)
- 운영체제 기능을 담당하는 Control Plane 영역(소프트웨어 영역)
- 네트워크 지능화 기능을 담당하는 Application 영역(소프트웨어 영역)

〈SDN 아키텍처〉

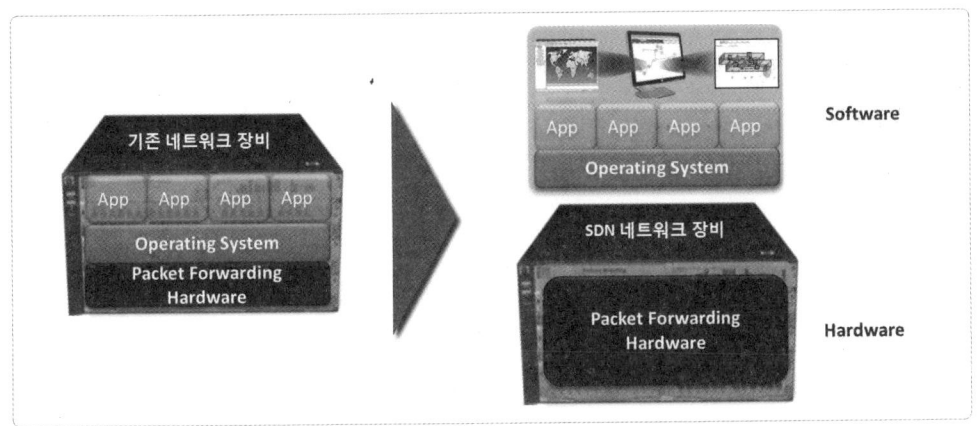

초기 인터넷에서는 안정성의 문제를 이유로 개별적 네트워크 장비 안에 이 3가지 구성 요소가 동시에 필요했습니다. 그런데 인터넷 사용이 순간적으로 폭증하면서 인터넷 사용에 대한 요구가 매우 복잡하게 되었고 지금과 같은 구조에서 이를 수용하기에는 구조적 문제로 인해 한계에 다다르게 되었습니다.

이러한 구조적 복잡함으로 인해 발생되는 많은 문제들을 해결하기 위해 현재 Legacy 장비에서는 부가적인 기능들을 포함시키고 있습니다. 그런데 복잡한 구조 위에 또 다른 기능들을 추가하는 결과에 대한 복잡함은 더욱 증가하게 되었고, 장비 내 자원을 더욱 많이 소비하게 되어 결과적으로는 고가의 장비가 되는 모순이 발생하게 되었습니다. 더 큰 문제는 장비 간 호환성 이슈가 발생하는데, 해당 기능들이 벤더 간 호환성이 보장되는지에 대해서는 설치 이전까지는 아무도 장담할 수 없게 되었습니다.

지금의 네트워크 구조가 과거에는 어쩔 수 없는 선택이었지만, 이제는 더 이상 수용하기에는 한계에 도달했다는 것이 전문가들의 견해이며, 이에 대한 변화의 요구가 거세지고 있습니다. 이미 살펴본 바와 같이 지금 가장 주목받는 차세대 네트워크 구조는 하드웨어와 소프트웨어를 분리하는 것입니다. 네트워크 장비는 전송에 특화된 하드웨어이므로 전송에 최적화 시키고 나머지 연산이나 기능 구현과 관련한 소프트웨어 기능은 별도로 분리하자는 주장입니다. 이러한 주장은 굳이 우리가 지금 말하고 있는 SDN이 아니더라도 이미 몇몇 벤더들에 의해서 주장이 되었고, 해당 제품군을 가지고 있는 유명한 네트워크 벤더들도 있습니다. 이렇게 하드웨어와 소프트웨어를 분리하게 되면, 소프트웨어는 자연스럽게 네트워크 전체를 관장하게 되는 중앙 집중형으로 구성됩니다.

중앙 집중형 환경에서는 소프트웨어 영역과 하드웨어 영역을 분리함으로써, 전체 네트워크는 중앙의 Control Plane을 통해 단일화하여 통제를 받음으로써, 효율적인 통신이 이루어지며, 일괄적인 정책 적용을 통해 빠르면서도 안전한 네트워크 운용이 이루어지게 됩니다. 이러한 구조에 Open Interface를 이용하여 벤더의 종속성에서 벗어나자는 움직임이 SDN입니다.

많은 분들이 SDN의 필요성에 대해서 궁금합니다. 지금의 네트워크 구조에 많은 문제점이 있다고는 하지만 정상적으로 동작하고 있으며, 지금까지 그렇게 지내왔는데 앞으로 자사 네트워크 활용이 폭증할 것 같지도 않고 운영 방식에 변화가 생길 것 같지도 않다는 의견을 주시기도 합니다. 그래서 SDN 도입에 매우 주저합니다. 필자는 개인적으로 현재 운영 중인 네트워크에 특별한 요구가 없다면 굳이 SDN으로 서둘러 바꾸지 않아도 된다고 생각합니다. SDN은 만병 통치약이 아니기 때문에 요구가 있는 곳에만 도입하면 됩니다.

SDN이 네트워크 운영자들에게 줄 수 있는 가장 큰 혜택은 네트워크 주도권입니다. 지금까지 우리는 벤더에서 정의한 방식에 따라 네트워크를 디자인하고 그에 맞춰 색칠을 해왔습니다. 네트워크 디자인을 그림 그리는 것으로 비유한다면 SDN을 통해 우리는 마음껏 그림을 그릴 수 있는 멋진 화방도구를 가지게 됩니다. 이제 그림을 그릴 캔버스를 골라야 합니다. 나에게 주어진 주도권을 이용하여 멋진 나만의 그림을 그리길 원한다면 좋은 재질의 캔버스를 사면 되는 것이고, 그림에 자신이 없다면 이미 모양이 그려져 있는 캔버스 위에 색칠하면 됩니다.

지금까지의 네트워크 산업은 장비 제조사에서 하드웨어 및 소프트웨어를 일체 제공하였기 때문에, 신기술의 적용 및 기능 개선은 철저히 제조사의 이해 관계에 따라 적용되는 매우 폐쇄적인 구조였습니다. 무엇인가 나의 네트워크에 최적화된 기능을 구현하는 것 자체가 꽉 막혀있었습니다.

그러나 SDN은 사용자의 필요에 따라 자신의 환경에 맞는 소프트웨어를 개발 또는 도입할 수 있는 개방형 구조로 바뀝니다. 이 덕분에 나의 네트워크 환경에 필요한 기능만을 선택하여 최적화된 네트워크로 구현하는 것이 가능해 집니다.

〈기존 네트워크 방식과 SDN 방식 비교〉

	기존 네트워크	SDN
네트워크 관점	하드웨어 중심	소프트웨어 중심
구성 주도권	하드웨어 제공 벤더	사용자
기술 개방성	폐쇄적 구조	개방형 구조
연동 호환성	독자 프로토콜	표준 프로토콜
관리 효율성	비효율/고비용 운용	효율적/합리적 운용
신기술 수용	벤더의 필요에 따름	사용자 요구에 따라 수용
시장의 공정성	독과점 형태	공정 경쟁

이러한 기능 구현을 위해 SDN의 네트워크 구조는 3개의 Layer로 분리되어 있습니다. 그리고 각 Layer는 Open Interface를 통해 서로 통신합니다. Network Control Layer와 Infrastructure Layer 간 Interface는 종종 Southbound API라 부르기도 합니다. 이 영역에 포함되는 것이 OpenFlow입니다. 그리고 Network Control Layer와 Application Layer 간 Interface를 Northbound API라 부릅니다. 나중에 좀 더 살펴보겠지만, 현재 SDN Controller마다 저마다의 Northbound API를 제공하기 때문에 이에 대한 표준화의 요구가 매우 강력합니다.

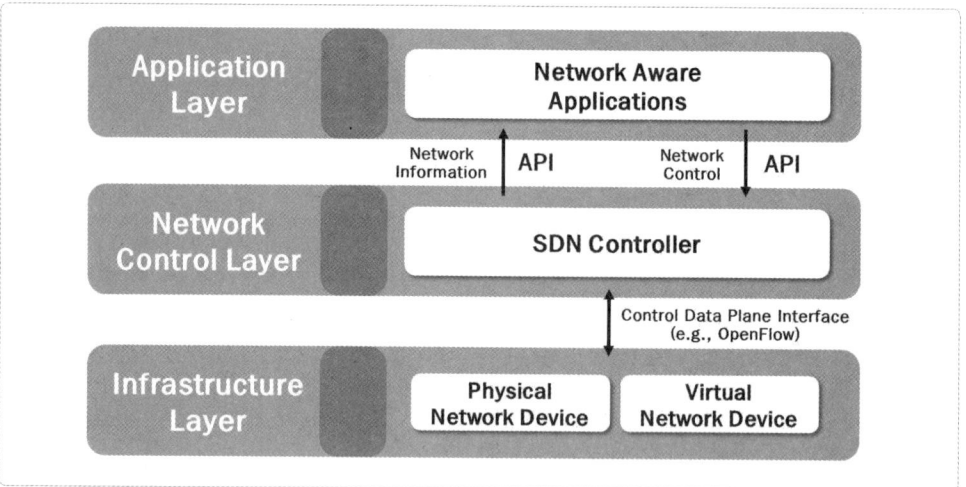

〈SDN Architecture〉

더 설명하기에 앞서 용어를 정리하도록 하겠습니다. SDN을 설명하다 보면 어쩔 때는 Data Plane이라 부르고 어떤 경우에는 Infrastructure라 부릅니다. 이는 어느 것에 초점을 두었는지에 따라 다소 차이가 납니다. 만약 SDN의 개별 장비의 측면에서 보았을 때는 데이터 전송을 담당하는 영역이 Data Plane이고 운영체제 기능을 담당하는 영역을 Control Plane이라고 부르지만 SDN 구조의 측면에서 보았을 때는 Data Plane을 Infrastructure Layer, Control Plane을 Network Control Layer라 부릅니다. 즉 개별 Data Plane들의 집합체를 Infrastructure라 부릅니다.

그렇기 때문에 Infrastructure Layer에는 실제적으로는 다양하고, 수 많은 Data Plane들이 존재합니다. 그런데 SDN이 표방하는 Infrastructure Layer는 논리적으로 마치 한 대의 네트워크 장비가 동작되는 것처럼 운용되는 것에 목적을 두고 있습니다. 혹자는 이를 두고 Big Switch(한 대의 커다란 스위치)라 부르기도 합니다.

이른바 Big Switch가 구현되기 위해서는 모든 개별 스위치들은 Control Layer와 긴밀하게 통일된 정보를 주고 받아야 합니다. 이를 위한 프로토콜 중 가장 널리 사용되는 것이 OpenFlow 프로토콜입니다. 어떤 이들의 주장에 따르면 SDN은 Control Plane과 Data Plane의 분리에만 신경 쓴다고 비난하기도 합니다. 하지만 이는 사실이 아닙니다. Control Plane과 Data Plane의 분리를 언급하는 이유는 OpenFlow의 필요성을 언급하기 위한 것입니다. OpenFlow는 SDN의 가치를 증명하기 위한 하나의 중요한 요소입니다. OpenFlow와 같은 벤더의 종속성에서 벗어날 수 있는 표준화된 Interface 가치를 통해서만 SDN이 표방하는 Infrastructure를 만들어 낼 수 있기 때문입니다.

OpenFlow를 통한 통신을 위해 Controller와 개별 스위치 간에는 보안 상 안전하게 Secure Channel을 통해 연결됩니다. Secure Channel을 통해 다양한 정보들이 통신되는데 패킷 처리를 위한 Flow Table도 Secure Channel을 통해 전달됩니다.

〈Control Plane과 Data Plane 연결도〉

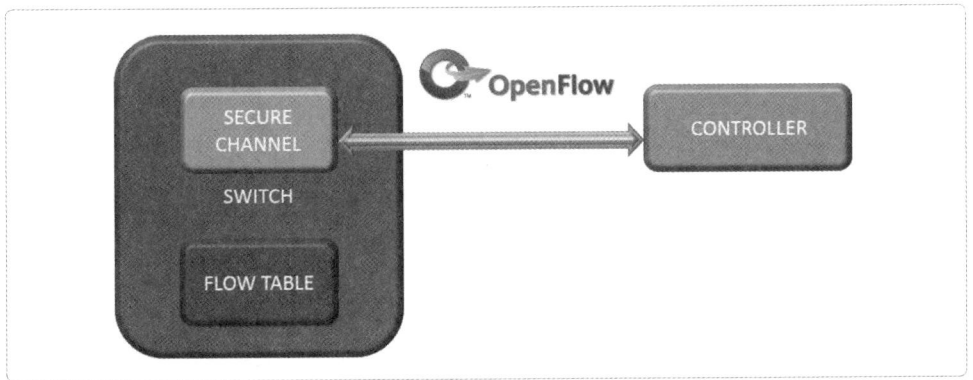

많은 분들이 오해하고 있는데, 개별 Data Plane마다 서로 다른 Flow Table을 가지게 됩니다. OpenFlow는 표준 인터페이스로 주고 받는 Message에 대한 표준을 제시하는 것이지 Flow Table의 장비별 동기화를 하는 프로토콜이 아닙니다. Flow Table은 OpenFlow의 Specification 버전에 따라 차이가 있는데, 현재 대부분의 OpenFlow를 지원하는 벤더에서는 Specification v1.0을 지원하고 있으므로 여기서는 1.0을 중심으로 살펴보도록 하겠습니다.

Flow Table은 크게 Rule, Action 그리고 Stats로 구성됩니다.

- Rule : 어떠한 패킷을 처리할지를 정의하는 영역입니다. Specification v1.0 Flow Table의 Rule은 12 Tuple로 구성되어 있습니다. 이는 Layer 1에서부터 Layer 4단계까지 12개의 구분자를 가지고 패킷을 처리합니다.
- Action : Rule에 의해서 정의된 패킷을 어떻게 처리할지를 정의합니다. 만약 Forward 명령어를 사용하면 패킷은 지정한 포트를 통해서 전송이 되지만 Drop 명령어를 사용하면 해당 패킷은 폐기됩니다. 이 외에도 헤더 변경 등 다양한 옵션들이 존재합니다.
- Stats : 해당 Flow Table에 얼마나 많은 Packet이 매칭되었고, 얼마나 큰 Byte가 전송되었는지를 보여줍니다. 이를 이용하여 다양한 전송 정보를 획득할 수 있으며, 이 정보는 Controller에게도 전송됩니다.

⟨OpenFlow v1.0 Flow Table⟩

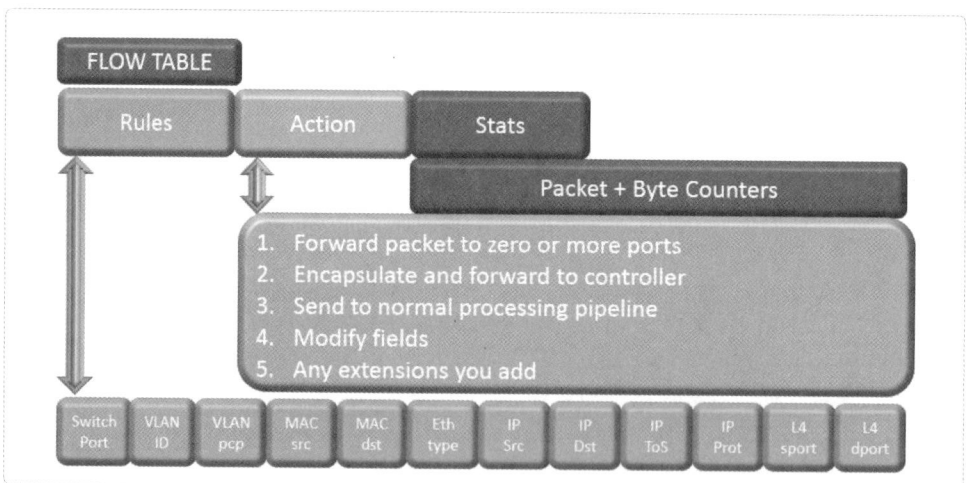

Controller는 OpenFlow를 통해서 스위치의 정보를 가져옵니다. 이 정보 안에는 스위치 간 연결 정보와 해당 스위치의 살아있는 포트들과 각 포트의 속도와 듀플렉스 정보들도 포함되어 있습니다. 이를 기반으로 Controller는 네트워크의 Topology를 구성하게 됩니다. 이 때 특정 패킷 경로에 대한 문의가 Controller에 오면 Controller는 지능적으로 파악한 전체 Topology를 바탕으로 최적화된 경로를 계산하고 각 해당 스위치에 Flow Table을 내려 보냅니다.

⟨Flow Table 설정 예⟩

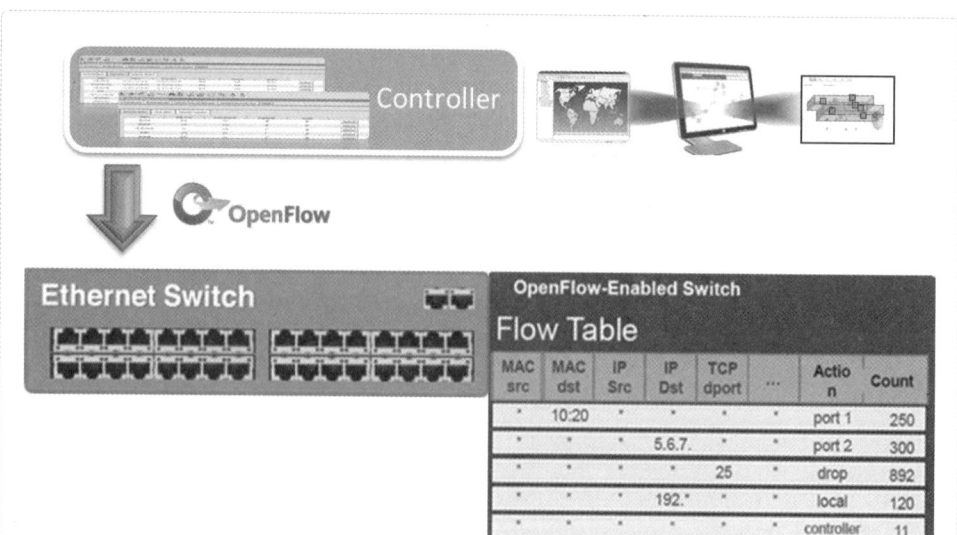

그런데 때로는 관리자의 판단에 의해서 경로를 변경시켜야 하는 경우가 있습니다. 예를 들면 특정 사용자 그룹은 임시로 연결해준 그룹으로서 대역폭을 보장해주지 않아도 되는 경우가 종종 있습니다. 이런 사용자의 트래픽은 Controller에 의해서 파악된 최적의 경로가 아닌 사용자 판단에 의한 경로로 전송되어야 합니다. 대부분의 Controller에서는 이러한 기능을 모두 제공하는데, 이를 편의 상 ReActive 방식과 ProActive 방식이라고 부릅니다.

〈ReActive/ProActive 방식 비교〉

일반적으로 OpenFlow의 동작 원리가 설명될 때 소개되는 방식이 ReActive 방식입니다. ReActive 방식은 첫 번째 패킷이 스위치에 도착하면 스위치에서는 이 패킷에 대한 경로를 알지 못하므로 Controller에 전송합니다. 그러면 Controller에 의해서 파악된 최적의 경로로 패킷이 전송되도록 해당 스위치에 Flow Table을 전송합니다. 이때 Flow Setup이 되는 동안은 물론 길지는 않지만 Latency가 존재합니다.

ProActive 방식은 Controller가 패킷이 오기 전에 미리 Flow Table을 스위치에 전송합니다. 이럴 경우 패킷이 스위치에 도착하면 해당 Flow Table이 있으므로 Flow Setup Time이 불필요합니다. 따라서 Latency에 있어서 매우 좋습니다. 이런 경우는 주로 Wildcard로 처리가 됩니다. 실제 운영 단계에서는 ReActive 방식과 ProActive 방식을 상황과 환경에 맞춰 혼용해서 사용합니다.

그렇다고 ProActive 방식이 사용자에 의해서 일일이 다루어지는 것은 아닙니다. 네트워크를 지능화시키는 것은 Application Layer에서 담당하는데, 특정 상황에 대해서는 Application에서 ProActive를 통해 자동으로 Flow Table이 내려가도록 구성할 수 있습니다. 예를 들어 특정 경로에 과부하기 발생했다고 한다면 Legacy Routing 방식에서는 이를 처리할 수 있는 방법이 극히 제한적입니다. 하지만 SDN에서는 Controller에서 전체 네트워크를 관장하기 때문에 특정 경로에서 과부하가 발생하였다는 것을 손쉽게 파악할 수 있습니다. 이 정보를

Application과 공유해서 해당 경로에 대한 선별적 트래픽 우회 또는 Policing 적용 등을 즉시적으로 수행할 수 있게 됩니다.

〈SDN 트래픽 제어 개념도〉

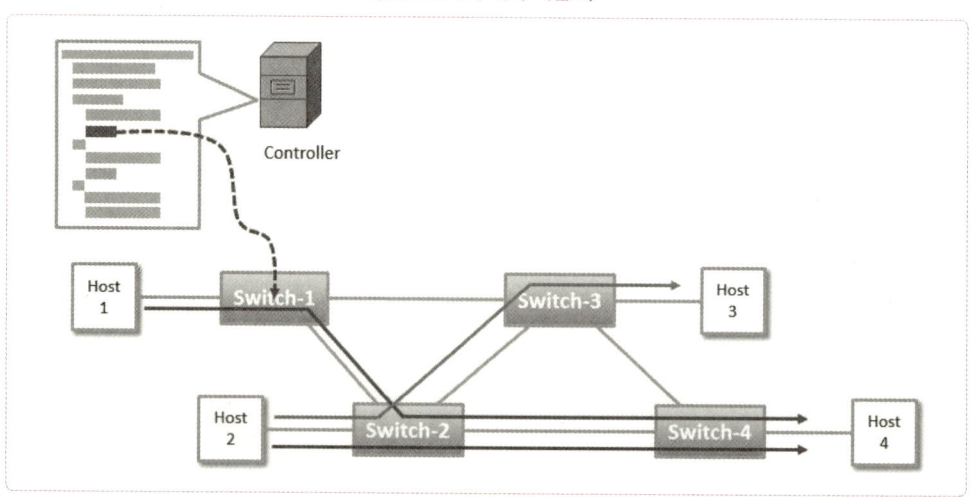

OpenFlow를 통해서 운영에 필요한 많은 정보를 가져올 수 있습니다. 하지만 어떤 경우에는 SNMP나 SFLOW 등을 통해서 더 다양한 정보를 이용해야 하는 경우도 있습니다. 이런 경우는 Application 연동이 필요합니다. 예를 들어, 내부 호스트에게 DDoS 공격이 발생하였을 때, SFLOW를 통해 이상 증후를 감지할 수 있습니다. 이를 Application과 연동하면 이상 증후를 발견한 Application은 Northbound API를 이용해서 Controller에게 해당 호스트를 Destination으로 하는 공격을 Drop시키도록 Flow Table을 내릴 수 있습니다. 또는 Legacy Network와의 연동을 위해서 Application을 이용한 ProActive 방식이 사용될 수도 있습니다. 이러한 것이 즉시적으로 구현 가능한 이유는 해당 네트워크 장비가 무엇이든 상관없이 공통된 OpenFlow를 사용하기 때문입니다.

Legacy Network에서 이러한 작업을 하기 위해서는 모든 스위치마다 개별 설정을 해야 하는데, 만약 다양한 벤더의 스위치를 가지고 있는 경우라면 제조사마다 명령어 체계가 제 각각입니다. 또한 장비마다 동작 방식이 상이하기 때문에 서로 다른 제조사의 장비를 연동하려고 하면 해당 장비의 전문 엔지니어가 구성해야 하고, 각 장비마다 별도의 호환성 체크 및 모니터링이 필수적으로 이루어져야 합니다. 이러한 이유로 아무리 간단한 네트워크 작업이라도 한밤중에 하는 경우가 많이 있습니다.

하지만 SDN에서는 중앙의 Controller를 통해 전체 네트워크에 필요한 설정 작업을 단순화할 수 있습니다. Application에서 Northbound API를 잘만 이용한다면 중앙의 Controller

에서 모든 네트워크에 대한 설정을 수행함으로 Infrastructure에서는 아무런 설정을 해줄 것이 없게 됩니다. 지금까지 SDN은 OpenFlow의 Flow Table을 이용하여 경로를 제어하는 것으로만 이해되고 있습니다.

하지만 SDN 진영에서 시도하고 있는 SDN의 방향은 Infrastructure는 하나의 Big Switch로 그대로 두고 어떠한 설정의 변경도 없이 Controller와 Application에 의해서 네트워크가 자유롭게 구현되는 것입니다. 즉 Infrastructure는 고속도로와 같이 그냥 깔리는 것이고, 그 위에 가치를 세우는 것은 Controller와 Application에 의한 Software에서 구현하는 것입니다. 이러한 구상이 기존의 Legacy Network 벤더들과 충돌하는 이유입니다.

〈Controller에 의한 설정〉

그렇다면 지금의 OpenFlow가 과연 기존의 모든 네트워크 설정까지 대체할 수 있을까요? 사실 필자의 개인적 생각으로는 아직까지는 그렇지 않은 것 같습니다. 물론 가까운 미래에는 OpenFlow의 Specification이 기존 네트워크의 핵심 기능을 모두 수용하고, 각 제조사의 장비에서 모두 OpenFlow를 지원할 시기가 분명 올 것으로 예상합니다.

하지만 지금 제조사에 의해서 제공되는 OpenFlow는 아직 초기 단계에 있습니다. OpenFlow를 지원한다고는 하지만 정작 Specification은 v1.0을 지원하며, 이마저도 모든 기능을 수용하는 것은 아닙니다. 이로 인해 아직까지는 부족한 기능들이 매우 많습니다.

더욱이 벤더마다 OpenFlow 구현을 위한 설정 체계도 다른 상황이어서 SDN을 도입하는 것이 오히려 더 복잡한 결과를 초래하기도 합니다. 이 때문에 아직까지는 완벽한 대체보다 SDN Application을 통해 기존 Legacy 설정과 OpenFlow 설정 방식을 혼용하여 사용해야 하는 경우가 많습니다.

SDN의 핵심 기능 구현에서는 단순화된 명령어 체계에 의해서 간편한 설정이 가능해지지만, 벤더의 특정 기능을 이용하여 더 강화된 기능을 구현하기 위해서는 지금과 같은 설정 체계를 따라야 합니다. 하지만 이는 초기 단계의 SDN/OpenFlow의 제약 사항이지 궁극적인 한계는 아닙니다. 이러한 제약 사항이 발생하는 이유 중에는 기존 Legacy 벤더들의 의도적인 부분도 물론 있습니다. 이로 인해서 벤더에 영향을 받지 않는 스위치를 직접 개발하는 움직임이 SDN 진영에서 일어나고 있습니다. 이와 관련하여 계속해서 살펴보도록 하겠습니다.

2) Infrastructure Layer

데이터 전송을 담당하는 영역인 Data Plane 영역을 다른 말로 Infrastructure라 부릅니다. 초기 SDN은 너무 Software 영역만을 강조하는 분위기였기 때문에 Infrastructure 부분을 상대적으로 소홀히 다루었습니다. 하지만 SDN이 상용 네트워크에 도입되어지기 시작하면서 Infrastructure 영역이 다시 재조명되고 있습니다. 아무리 Controller와 Application이 잘 디자인되었어도 패킷 전송을 수행하는 Infrastructure에서 속도 또는 기능 저하가 발생할 수 있기 때문입니다. 실제 지금 가장 논란의 중심에 있는 것은 상용 칩을 사용하는 스위치군에서 12Tuple을 모두 사용했을 때 Flow Table의 수가 1,000개도 안 되는 경우가 많습니다. 이 외에도 다양한 문제점들이 있는데, 당연한 이야기겠지만 기존 Legacy 벤더 입장에서는 SDN이 그리 달가운 것만은 아닙니다.

기존 Legacy 벤더들이 OpenFlow를 지원한다고 했을 때는 대부분 기존에 있던 Legacy 장비에 OpenFlow Agent 기능만을 올린 것이 대부분입니다. 이로 인해 오히려 장비 가격이 상승하였습니다. 많은 분들이 SDN을 도입하면 Infrastructure Layer에서 비용 절감 효과를 가지고 온다고 이해하고 계시지만 지금의 현실은 오히려 가격이 상승하고 있는데, 그 이유는 기존 제품 위에다가 OpenFlow 기능을 올리기 때문에 기존 제품 가격에 OpenFlow Software 가격을 더 얹어서 받고 있습니다. 그렇다고 성능이 좋아지는 것도 아닙니다. 지금 Legacy 제품은 SDN/OpenFlow를 수용하기에 매우 불편한 구조입니다.

Legacy 벤더들이 마케팅적으로는 SDN에 매우 친근한 듯 대하지만 현실로 들어가면 이해 관계가 서로 얽혀있어서 SDN을 적극적으로 지지하는 것도, 그렇다고 반대하는 것도 아닌 애

매모호한 입장입니다. 그래서 대부분 Legacy 벤더들은 자신들만의 방식으로 SDN 정의하고 있습니다. 이로 인해 SDN 본래의 취지에서 변질된 SDN 정의가 난무하고 있습니다. 심지어 Control Plane과의 분리없이 단순히 네트워크 장비에 API를 이용해 동작시키는 것까지도 SDN이라 정의하고 있는 어이없는 상황에까지 이르고 있습니다.

이에 대해 원래의 SDN을 지지하는 영역에서는 기존 벤더들의 힘을 빌리지 않고 저마다의 방식으로 SDN Infrastructure를 구현하고 있습니다. 이 중에서 가장 눈에 띄는 것은 Google에서 직접 10G용 대형 스위치를 만든 것과 Facebook에서 OpenSource ToR 스위치 프로젝트를 시작한 것 그리고 Big Switch를 중심으로 시작된 Switch Light 프로젝트입니다. Facebook의 ToR 스위치 프로젝트는 기존 벤더들의 종속성에서 벗어난 시도라는 점에서 매우 의의가 있습니다. 이 프로젝트는 서버의 생태계 변화에 많은 영향을 준 Facebook의 Open Compute 프로젝트의 연속선 상에 있습니다.

Google은 G-Scale 영역에 SDN을 도입하면서 불필요한 기능들을 Infrastructure 영역에서 제거하기를 원했습니다. 사용 안하는 기능으로 인해서 장비에 괜한 부하를 주고 싶지 않았고, 불필요한 비용을 발생시키길 원하지 않았습니다. 여러 벤더들에게 의사를 물어보았지만 여의치가 않아 Google은 직접 장비를 제작하기로 결정하였습니다. Google은 네트워크 장비에 OpenFlow를 비롯한 최소한의 기능만을 올려서 사용 중에 있습니다. Google과 Facebook에 영향을 받아 미국의 글로벌 기업들을 중심으로 자사의 환경에 최적화된 스위치를 제작하여 사용하는 것에 관심이 몰리고 있습니다. 실제로 몇 개의 기업에서는 외주 제작을 위한 제품 규격서를 배포하고 있습니다. 예전에는 Black box로만 치부되던 네트워크 장비 영역이 서서히 열리고 있습니다.

여기에 Big Switch에서 발벗고 나서서 OpenSource에 기반을 둔 Switch 프로젝트를 주도하고 있습니다. 일명 Switch Light라고 부르고 있습니다. 이 프로젝트의 특징은 소프트웨어 스위치와 물리적 스위치를 위한 방식을 모두 제공한다는 것인데, 기존 벤더들이 저마다의 이유로 SDN Infrastructure에 적극적이지 않은 것에 대한 불만의 표출로 인식됩니다. 지금 OpenFlow가 동작하는 제품들을 보면 제약 사항이 매우 많습니다. 벤더마다 OpenFlow 기능 중 지원 되지 않는 기능이 상이하고 심지어 OpenFlow라는 표준 프로토콜을 사용하면서 서로 간 호환성 보장이 안되는 경우도 존재합니다. 이에 대해 Switch Light는 표준화된 기능을 제공하기 위해 스위치의 운영체제를 바꾸는 프로젝트입니다.

이전 장에서도 잠깐 다루었던 내용인데, 원래의 SDN에서 바라보는 Infrastructure Layer는 말 그대로 고속도로와 같은 Infrastructure의 역할에만 충실한 것입니다. 네트워크 장비에서 불필요한 현란한 기능들을 제공하는 것이 아니라 그냥 성능에 문제없이 잘 깔려만 있는 것입니다. 그러면 그 위에 Controller와 Application들을 이용하여 자유자재로 네트워크를 구성하겠다는 것입니다. 초기 기본적인 설정이 완료되면 더 이상 네트워크 운용 및 변경을 위해서 Infrastructure Layer에서는 추가적인 설정이나 변경이 필요 없어야 한다는 논리입니다. 이 Infrastructure가 Hypervisor에 들어가는 소프트웨어 스위치이든 물리 스위치이든 전혀 상관없이 Infrastructure는 단지 하나의 Big Switch로서 동작하길 바라고 있습니다. 여기에 더 나아가 초기 기본적인 설정도 하지 않는 방안들이 제안되고 있습니다. 네트워크에 연결만 하면 나머지는 Controller와 Application이 다 알아서 모든 것을 처리해주는 방식이 되는 것입니다.

실제로 Big Switch의 상용 Controller를 다루어 보면 Controller에서 스위치의 각 포트까지도 통제할 수 있도록 구현되어 있습니다. 심지어 Port Security 기능도 구현이 가능한데, 스위치의 설정 변경없이 Controller 상에서 해당 스위치의 포트를 직접 통제하여 Flow Table을 사용하지 않는 방식으로 Port Security를 구현하였습니다. 이러한 기능들은 OpenFlow의 Specification이 더욱 정교해질수록 매우 강력한 힘을 발휘할 것으로 여겨집니다. 중앙으로 모든 통제권이 넘어오게 되면 Automation과 Orchestration이 유연해지기 때문입니다.

SDN 진영이 꿈꾸는 이런 Infrastructure를 구현하기 위해서 현재의 하드웨어를 OpenFlow에 최적화된 구조로 바꾸는 것이 필수적입니다. 실제 이러한 작업들이 진행되고 있습니다. Switch Light가 OpenFlow에 최적화된 스위치의 운영체제를 바꾸는 작업이라면 Texas Instruments와 Nick McKeown 교수를 중심으로는 OpenFlow에 최적화된 하드웨어 구조 개선에 한창입니다. 이제 멀지 않아 SDN에서 제시하는 Infrastructure가 현실 속에 등장할 수 있을 것으로 여겨집니다.

그러면 정말 SDN 환경에서 네트워크 장비의 가격이 내려갈 것인가에 대해서는 아직 아무도 장담하지 못하고 있습니다. SDN 진영에서는 SDN을 좀 더 빨리 알리고 싶어서 돈과 관련된 이야기를 하지만 현실은 다를 수 있습니다. 특별한 기능과 성능을 요구하지 않는 영역의 네트워크에서는 대부분의 기능을 제거하고 꼭 필요한 기능과 성능만을 제공하도록 사용하면 가격적인 면에서 매우 유리할 수 있습니다.

하지만 SDN이 전개가 되면 될수록 Infrastructure에서 불필요한 기능을 제거하지만 좀 더 지능화된 기능들은 오히려 추가되길 바라는 분위기입니다. 예를 들어 Infrastructure 영역에서 Application을 인지하길 바라는 것입니다. 현재는 Layer 1에서 Layer 4단계의 패킷만을 처리할 수 있습니다. Layer 7단계의 Application에 대한 구분 및 처리를 위한 방안이 현재는 없습니다. 이를 위해 별도의 DPI 장비를 활용한 방안들이 제시되고 있지만, 더 유연한 방안이 필요합니다. 이에 대해 SDN 진영은 Application Aware Infrastructure를 제시하고 있는데 이는 Infrastructure를 지능화하겠다는 의미가 내포되어 있습니다. 그렇다면 불필요한 기능을 제거함으로서 일정 비용 절감은 이룰 수 있겠지만 지능화를 위한 더 많은 비용이 발생할 수 있게 됩니다.

그리고 이러한 Infrastructure를 지능화하는 시도들은 Legacy Network 시장의 강자들에게 다시 좋은 기회를 만들어줄 수 있습니다. Infrastructure를 지능화하는 것은 그 누구보다 그들이 더 잘하는 영역이니까요. 앞으로 2~3년 후에 Infrastructure가 어떻게 바뀔지 아직은 아무도 모릅니다. 하지만 시간이 지날수록 이 영역은 더욱 치열해질 전망입니다.

3) Controller Layer

SDN하면 가장 먼저 떠올리는 것이 Controller입니다. 그도 그럴 것이 기존의 Legacy와 SDN의 가장 먼저 보이는 차이점은 Control Plane의 위치입니다. 초기에 가장 인기를 끌었던 Controller는 NOX입니다. 최근에는 정말 많은 OpenSource 기반의 Controller들이 등장하면서 NOX의 인기가 시들하여졌지만, 사실 얼마 전까지만 하더라도 NOX를 기반으로 한 많은 연구가 진행되었습니다. 아직까지도 SDN 자료를 검색하면 NOX를 기반으로 한 연구자료들을 심심치 않게 볼 수 있는데, 우리에게 익숙한 Flowvisor, RouteFlow들도 초기에는 모두 NOX하고만 연동되었습니다.

최근에는 NOX말고도 Trema, RYU, POX 그리고 Floodlight 등 다양한 OpenSource Controller들이 소개되고 있는데, 이러한 OpenSource Controller들 중에는 특정 벤더에서 주도적으로 제공하는 것들이 있습니다. 이는 OpenSource를 통해 명성을 확보한 후 잘 다듬어 상용 Controller로 제공하고자 하는 의도가 있습니다. NEC의 PFC와 Big Switch의 BNC가 대표적인 예입니다.

〈많이 사용되는 OpenSource Controller들〉

Controller 종류	주관
Beacon	Stanford 대학
Floodlight	Big Switch Network
FlowER	Travelping GmbH
Jaxon	University of Tsukuba
Mul	KulCloud
NodeFlow	CISCO Systems

NOX	ICSI
POX	ICSI
Ryu	NTT Communication
Trema	NEC

기술에 매우 적극적인 성향이신 분들 중에서 SDN을 처음 접하신 분들은 일단 인터넷에서 찾은 가이드를 참고해서 OpenSource Controller를 다운로드 후 설치를 하십니다. 그리고는 바로 실망을 하시지요. 매우 성의 없어 보이는 UI와 일일이 수작업으로 진행해야 하는 테스트 절차들에 SDN을 마케팅에 의해 부풀려진 무엇이라고 생각하십니다. 이는 가공되지 않은 OpenSource를 이용한 한계 때문인데 말이죠.

Controller가 넓게 분포되어 있는 스위치와 라우터를 OpenFlow 표준 프로토콜을 이용하여 통제한다는 것은 생각만큼 그리 쉬운 작업은 아닙니다. 이러한 업무를 담당하는 Controller는 기본적으로 전체 네트워크의 Topology를 관리하여야 하며, 이를 통해 OpenFlow Switch 정보와 최적 경로를 연산한 후, 전체 네트워크에 대한 Monitoring도 담당하여야 합니다. OpenSource Controller는 이러한 기능을 잘 제공하는 것에 초점을 두고 있습니다. 그 위에 UI를 올리고 좀 더 편리하게 하는 것은 OpenSource Controller를 이용하는 분들의 노력이 필요한 부분입니다.

Controller 구현은 크게 두 부분으로 나눌 수 있습니다. 공통부와 Application입니다. 공통부는 OpenFlow와 직접적으로 관련된 영역입니다. 일반적으로 대부분의 Controller에서 Topology Management, Path Management, Link Discovery 그리고 Flow Management 기능은 공통적으로 제공합니다. 이를 이용해서 네트워크를 지능화하는 영역이 Application 영역인데, 이는 Controller마다 제공하는 범위와 기능이 다릅니다. 일반적으로 이 영역에서 제공되는 기능이 Routing, Security 그리고 Monitoring입니다. 그런데 이러한 Controller 내에서 제공하는 Application과 Application Layer에서 제공하는 Application을 최근에는 구분할 필요가 생겼습니다.

그래서 일반적으로 Controller 내에서 제공하는 Application은 SDN Application이라 부르고 Application Layer에서 제공하는 Application은 Business Application이라 부르지만, 이는 사용자의 이해를 돕기 위해 만들어진 용어이지 엄격하게 구분되지는 않습니다. 즉 어떤 Controller에서는 SDN Application인 것이 다른 Controller에서는 Business Application이기도 합니다.

〈SDN Controller 개념도〉

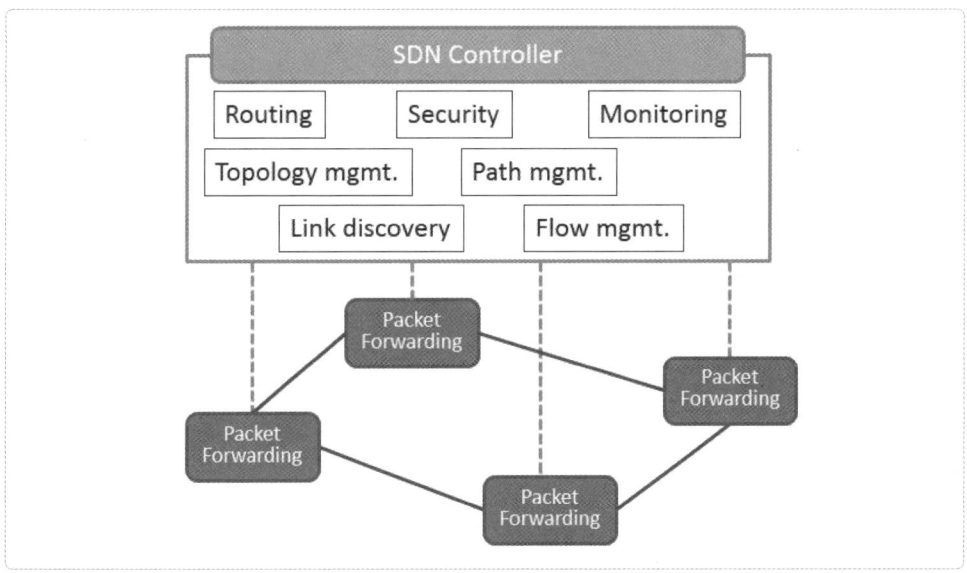

그냥 막연하게 생각할 때는 Controller 안에 필요한 모든 Application을 넣어서 구현하면 되지 않을까 생각하지만 너무 많은 기능들을 Controller 안에 두면 Controller가 너무 무거워질 수 있습니다. 그렇게 되면 상황에 따라서는 비효율적인 운용이 될 수 있습니다. 하지만 Controller 기능들을 너무 최소화하여 대부분의 기능들을 별도로 구성한다면, 반응 속도가 늦어질 수 있는 문제가 있습니다. 따라서 Controller를 잘 설계하는 것은 매우 중요합니다.

실제 지금 상용 Controller 간에도 이러한 Application에 어떤 것을 포함시킬지를 두고 전략이 갈리고 있습니다. 사용자 입장에서는 모든 Application이 Controller에 있었으면 합니다. 왜냐면 편리하니까요. 그런데 만약 이 Controller를 재부팅해야 하는 상황이 발생했다고 했을 때, Application이 많이 있을수록 부팅이 늦어집니다. 현재 Legacy Network에서도 백본 스위치의 부팅시간에 매우 민감해하는데, 백본 스위치보다 더 중요한 역할을 하는 Controller의 부팅시간은 운영자들 입장에서는 매우 민감할 수밖에 없습니다. 다양한 Application이 포함되어 있는 한 상용 Controller의 경우는 부팅시간이 6분 이상 걸립니다. 하지만 꼭 필요하다고 판단되는 Application만을 포함시킨 다른 상용 Controller의 경우는 30초 이내에 모든 부팅이 완료됩니다.

모든 판단의 기준을 부팅시간으로 측정할 수는 없을 것입니다. 왜냐면 최소한의 Application만 포함시킨다는 것은 원하는 기능을 이용하기 위해서 Northbound API를 이용하겠다는 것인데, 이런 Northbound API를 이용한 Application을 많이 사용할수록 서비스 제공에 대한 시간이 늦어질 수밖에 없고 더욱이 추가 개발을 진행해야 하기 때문입니다.

따라서 Controller 내에서 어떠한 기능을 제공할 것인지는 매우 중요하게 고민해야 합니다. 만약 OpenSource를 이용한 Controller를 자체 망에 적용하실 계획이 있으시다면 어떠한 Application을 Controller 내에 도입할지에 대해 많은 전문가분들과 상의하시기를 권해드립니다.

많은 분들이 고민하시는 부분이 Controller의 성능입니다. 얼마나 많은 Flow를 받아줄 수 있으며, 얼마나 빠르게 이를 처리할 수 있느냐는 질문을 하십니다. Control Plane과 Data Plane이 분리되어있기 때문에 발생할 수 있는 Delay에 대한 문의인데, 물론 매우 중요한 요소인 것은 분명합니다. 이를 의식해서인지 최근 상용 단계의 SDN을 제공하고 있는 벤더들은 자사의 고객들 중에서 Controller의 성능과 관련하여 불만을 제기하는 곳은 없었다는 해명 아닌 해명을 하는 벤더들이 많아지고 있습니다. 제 경험으로는 Controller를 어떻게 디자인할 것인지, 네트워크 설계는 어떻게 할 것인지가 매우 중요합니다.

Controller의 디자인과 관련하여서는 가장 많이 논의되는 방식은 3가지 정도 됩니다.

- Centralized Controller : 현재 가장 많이 사용되는 방식
- Distributed Controller : Google의 G-scale에 적용된 방식
- Multilayer Controller : 광역단위의 본사-지사 간에 적용 가능한 방식

〈Centralized Controller〉

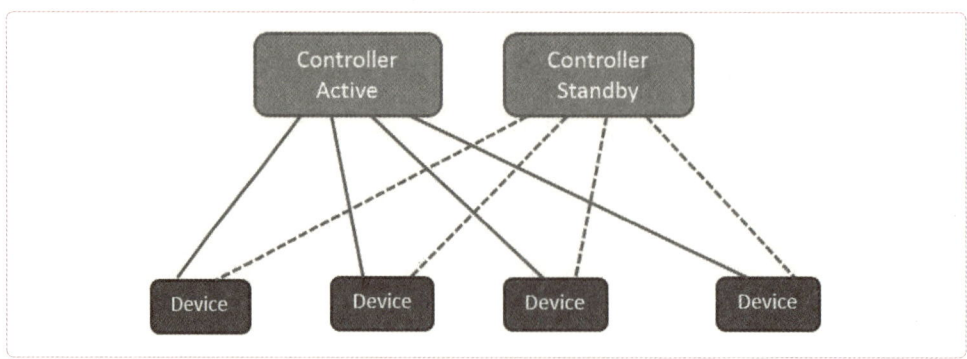

⟨Distributed Controller⟩

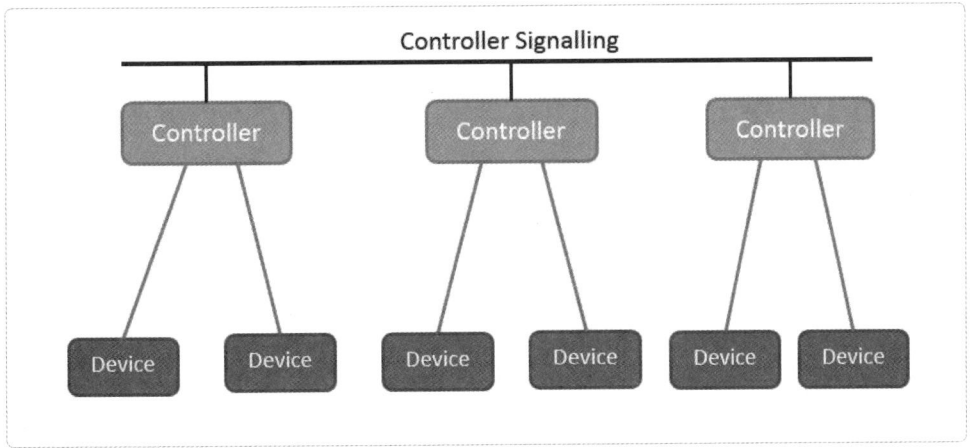

⟨Multilayer Controller⟩

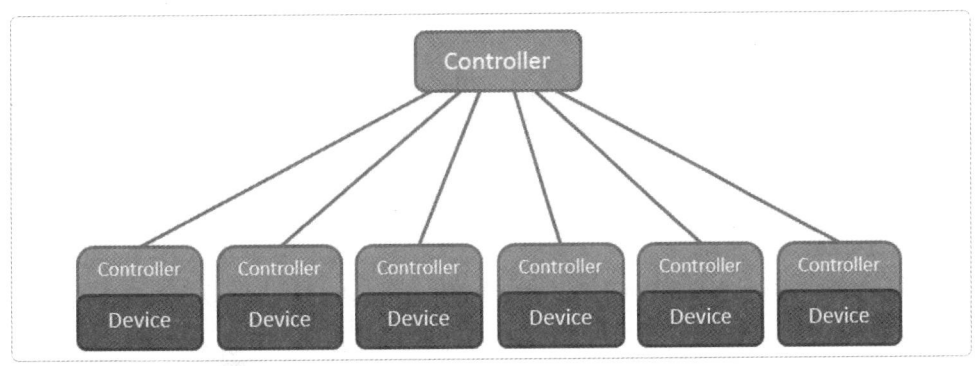

현재 가장 많이 사용되고 있는 방식은 Centralized Controller 방식입니다. 2대 이상의 Controller가 Active-Standby로 구성되는 것으로 Active의 Controller에 장애가 발생하였을 때 이를 Standby Controller에서 바로 넘겨받는 구조로 되어 있습니다. OpenFlow Specification v1.0에서는 이와 관련된 정의가 없습니다. 그래서 초기에 이중화도 안되는 SDN이라는 비아냥을 많이 듣기도 하였는데, 이는 매우 억지스러운 공격입니다. OpenFlow v1.0을 지원하는 상용 Controller들은 모두 Controller 이중화를 지원하고 있으며, 대부분의 상용 스위치에서도 Controller 이중화 방안을 제시하고 있습니다. OpenFlow Specification v1.2에서부터는 정식으로 Switch 입장에서 Controller를 이중화하는 방안이 명시되어 있습니다.

Distributed Controller의 경우는 Google의 G-scale에서 사용되고 있습니다. 주로 전 세계적으로 연결이 되는 SDN 네트워크나 매우 큰 데이터의 잦은 통신이 일어나야 하는 환경에 맞는 Controller 구성 방식입니다. 이를 위해서는 Controller 간 정보를 어떻게 동기화할 수 있는지가 매우 중요한 요소입니다. 예전 한 논문에서는 Distributed Controller 중 한 지역의 Controller가 다운되었을 경우 얼마나 빠르게 다른 지역의 Controller가 넘겨받아야 하는지를 수식으로 풀어서 설명한 것을 보았는데 이미 미국 연구센터 등에서는 미국 전체 네트워크를 SDN화 하였을 때를 위한 방안들도 고민하고 있다는 느낌을 받았습니다.

Multilayer Controller가 도입되기 알맞은 곳은 본사와 다수의 지사가 연결되는 은행이나 보험사 또는 체인점 등에 유용할 것으로 여겨집니다. 특히나 지사가 매우 많은 경우 각 지사에 전문 인력을 투입하는 것은 불가능합니다. 더욱이 지방에서 전문인력을 찾는 것도 그렇게 쉬운 일이 아닙니다. 이런 경우에는 Multilayer Controller 디자인이 매우 효율적일 것입니다. 지사의 WAN 회선이 그리 좋지 않은 환경에서 지사의 모든 네트워크 장비가 본사와 통신하는 것은 그리 바람직하지 않죠. 그래서 본사에서는 정책을 결정하면 지사의 Controller가 업데이트하는 방식으로 구현할 수 있습니다. 이 외에도 환경에 맞게 Controller를 디자인할 수 있는 방법은 다양합니다.

연구 과제로만 존재하던 SDN이 비즈니스 영역으로 넘어오면서 초기 개념과 방향에 많은 변화가 생기고 있습니다. 이는 Controller 영역에서도 마찬가지입니다. SDN이 소개되던 초기에는 SDN의 핵심은 Controller라는 인식이 강하였지만, 이제는 Controller도 하나의 Infrastructure로 간주되는 분위기입니다. Application을 통해서 내가 원하는 네트워크를 구현하기 위한 하나의 Infrastructure라는 개념이 자리 잡기 시작하고 있습니다.

하지만 여전히 SDN에서 가장 중심을 차지하고 있는 것은 Controller입니다. Controller를 통해서 Northbound API와 Southbound API가 제공되며, Application을 통해 구현하려는 네트워크는 Controller의 정확한 동작 이해를 통해서만이 구현될 수 있습니다. 미국 대부분의 Startup 회사들이 Application에 집중하여 제2의 NICIRA를 꿈꾸고 있지만 정작 가장 많은 투자를 받은 Startup들과 CISCO, HP와 같은 대형 벤더에서는 자사의 차별화된 Controller 개발에 집중하고 있습니다. 앞으로의 SDN 시장은 분명 독특한 아이디어를 가진 Application과 매우 안정적이면서도 다양한 기능을 정확히 구현하는 Controller의 조합이 대세가 되는 시대가 될 것입니다.

4) Application Layer

네트워크 영역에서 오래 계셨던 분들과 SDN을 이야기하다 보면 가장 설명하기 어려운 부분이 Application Layer입니다. 한 유명한 벤더에서는 SDN을 폄하하기 위해서 SDN은 Control Plane과 Data Plane만을 다루기 때문에 매우 제한적인 기술이라고 말하고 다닌다고 합니다. 하지만 SDN의 3 Layer Architecture에는 Application Layer가 매우 중요하게 존재하며, 네트워크의 지능화는 이 Application Layer를 통해서 나온다고 믿고 있습니다.

SDN에서 Application의 영역은 실제로 매우 광범위합니다. Layer 4에서 Layer 7에 이르는 서비스를 제공하는 솔루션도 Application이고 운영을 위해 개발된 툴들도 Application입니다. 그리고 모니터링을 하는 것도 Application입니다. Infrastructure Layer와 Controller를 제외하고 거의 대부분이 Application이라고 해도 될 정도로 넓은 의미로 사용되고 있습니다. 그래서 어떤 벤더에서는 자사의 솔루션이 어떤 SDN Controller 또는 Infrastructure와의 연동이 전혀 없음에도 불구하고 이를 SDN Application이라 광고하고 있습니다.

그럼 어떤 것이 SDN을 위한 Application일까요? 모든 기능이 SDN을 지원하기 위해서 새로 개발이 되어야 할까요? 네트워크를 더욱 지능화하기 위해서 SDN 기능들을 추가한 Application이 출시된다면 더할 나위 없이 반가운 소리지만 아직까지는 그렇게 적극적인 기업들은 없습니다. 기존에 원래 가지고 있던 Application을 그대로 두고 Controller의 Northbound API와 연동만 되도록 한 것들이 대부분입니다.

기존에 이미 Application 영역에서 강자로서 역할을 하던 기업들에게는 SDN이 다가온다고 해도 그리 걱정될 것이 없는 이유입니다. Northbound API만을 제공해주면 되기 때문인데 이런 이유로 Layer 4에서 Layer 7에 이르는 서비스를 제공하는 벤더들은 SDN에 상대적으로 협조를 잘하는 편입니다. 오히려 시장에 선두적 이미지를 강화하려는 노력을 하고 있습니다.

그러나 아직까지 North Bound API가 표준화되지 않았습니다. 지금까지 어느 상용 Controller 제공 벤더에서도 이를 위한 노력을 하지 않고 있습니다. 이는 자사 Controller의 경쟁력과 차별성을 가지고 가려는 듯한 움직임으로 이해가 됩니다. 자사 Controller의 Northbound API에 Application을 맞추게 함으로써 주도권을 가지고 가려는 전략으로 풀이되고 있습니다.

그러나 정작 SDN을 지능화시키는 Application은 위에서 언급한 기존에 이미 제공되던 Application들이 아닙니다. 오히려 Infrastructure와 Controller 그리고 3rd party Application을 잘 조합하여 나의 네트워크에 최적화시키는 관리 Application일 것입니다. 이러한 Application들은 주로 사사의 환경에 최적화되도록 개발되어야 합니다.

'구슬이 서 말이라도 꿰어야 보배'라는 속담이 있습니다. SDN의 가치가 드러나는 곳은 나의 네트워크를 위해 구현되는 관리 Application입니다. 유연한 네트워크를 구현할 수 있는

Infrastructure와 다양한 기능을 정확하게 구현할 수 있는 Controller가 있고, 이미 검증받은 Business Application이 있다고 하였을 때, 이를 어떻게 최적화시킬 것인가는 관리 Application의 몫입니다.

관리 Application이라고 했을 때, 이는 단순히 Legacy 환경에서 사용되던 NMS을 의미하지 않습니다. NMS는 매우 수동적인 입장에서 장비에서 던져주는 값을 수집해서 보기 편하게 제시해주는 기능이 거의 전부였습니다. 하지만 SDN 영역에서의 관리 Application은 네트워크 관리에 매우 동적으로 참여하게 됩니다. 이 관리 Application이 실제 캔버스에 그림을 그리는 툴이 됩니다. 이 관리 Application 영역에 속하는 기능들이 Automation, Orchestration, Visualization 그리고 Virtualization입니다.

이러한 Application만을 전문으로 만들어 주는 개발사들이 최근 미국을 중심으로 속속 생기고 있는데 국내에서도 SDN이 본격적으로 도입되기 시작하면 이를 위한 요구들이 급속도로 늘어날 것으로 예상이 됩니다. 이를 위해서는 단순히 프로그래밍만 잘하면 되는 것은 아닙니다. 네트워크에 대한 이해가 선행되어야 합니다. 만약 SDN을 통해서 우리나라에 기회가 올 수 있다면 아마도 이 Application에서 해답을 찾을 수 있을 것 같습니다. 이미 Infrastructure와 Control Layer는 해외 벤더에 비해 많이 뒤쳐져 있는 상황입니다. 하지만 이 Application Layer는 새로 시작되는 영역이며 네트워크 지능화를 위해 어떻게 할지 기발한 아이디어만 가지고 있으면 좋은 결과를 가져올 수 있는 틈새 시장입니다. 우리나라에도 세계적으로 이름을 내걸 수 있는 좋은 벤처가 생겼으면 좋겠다는 꿈을 한번 가져 봅니다.

5) Overlay 기술

SDN이 수면 위로 올라오기가 무섭게 Overlay 기술로 구현해야 된다느니 Hop by Hop이 진정한 SDN이라느니 참으로 다양한 의견들이 오가고 있습니다. 벤더 간에는 자존심 싸움을 하듯이 기술의 주도권을 잡으려고 많은 노력을 하고 있습니다. 하지만 원래의 Overlay 기술과 SDN 시장에서 인식되고 있는 Overlay 기술 간에는 상당한 차이가 있어 보입니다. 예를 들어 Overlay 기술의 대표적인 기술은 분명 VXLAN입니다. 그런데 우리는 VXLAN이 무엇을 위해 왜 나왔는지 정작 잘 알고 있지 못한 것 같습니다. 이번 장에서는 SDN과 상당히 밀접한 관련이 있어 보이는 Overlay에 대해서 단계별로 확인해 보고 이러한 기술이 어떻게 적용되는지 살펴보도록 하겠습니다.

우선 Overlay란 무엇일까요? 영어사전을 찾아보면 '(무엇의 표면에 완전히) 덮어씌우다.'라고 정의되어 있습니다. SDN 영역에서 Overlay 기술이 언급되면 우린 의례 것 SDN이 구현되지 않은 물리적 네트워크를 단순히 지나가는 경로로 인식하는 기술로 인식합니다. 이렇게 된 이유는 Nicira에서 제안한 NVP 솔루션 때문입니다. NVP에서 구현하는 SDN은 Hypervisor 내에 구성되는 네트워크에 대해서는 OpenFlow를 이용하지만, Hypervisor 간 연결되는 물리적 스위치가 위치한 구간은 STT라는 터널링 기술을 이용하여 단순히 지나가는 통로로 인식시킵니다. 즉, OpenFlow Network 간 연결이 Legacy Network을 통해 지나가야 하는 상황에서 이 구간을 터널링을 통해 구현하는 기술이 Overlay SDN입니다.

Overlay SDN이 가장 많이 도입되는 곳은 DataCenter 영역입니다. Hypervisor 내에는 OpenFlow를 도입하는 것이 그리 어렵지 않지만 기 설치된 물리적 스위치 구간에 OpenFlow 도입하는 것이 쉽지 않은 현재의 데이터센터 네트워크 환경에서 이러한 Overlay 기술은 매우 현실적인 대안으로 여겨지고 있습니다.

〈Overlay 개념도〉

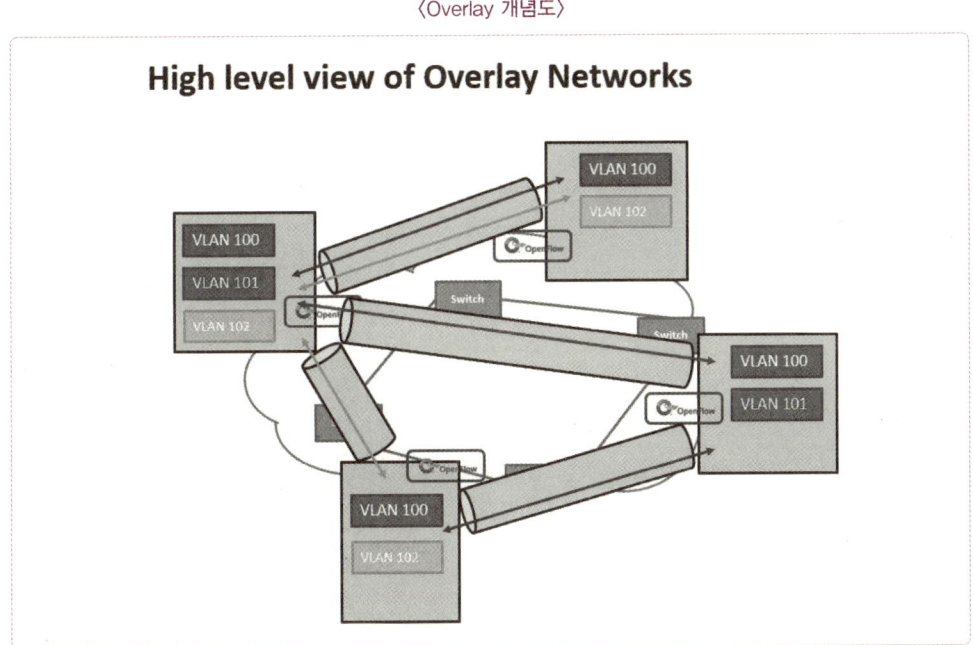

그러나 이미 눈치채셨겠지만 사실 Overlay라는 것은 전혀 새로운 기술 용어가 아닙니다. 하지만 기존의 네트워크 모델을 이용하기에는 현재와 같이 급변하는 새로운 네트워크 환경을 효율적으로 운영하는 것에 한계가 있습니다. 이로 인해 Overlay를 이용한 SDN이 주목을 받게 되었습니다.

그렇다면 한번 구체적으로 Overlay 기술이 필요한 이유를 살펴보도록 하겠습니다. 이를 확인하기 위해서는 우선 현재 네트워크 모델의 제약 사항을 알아야 합니다. 가장 대표적인 제약 사항은 VLAN 개수의 제약으로 인한 확장성의 한계, 지원 가능한 MAC Address 수의 한계

그리고 Large Scale L2 도메인 구현의 한계입니다.

- VLAN의 확장성 한계 : 기존의 네트워크 기술을 이용하여서는 최대 4,096개의 VLAN만을 생성할 수 있습니다. 그러나 Multi-Tenancy 환경에서 4,096개만 지원되는 현재의 VLAN 수로는 확장성에 심각한 문제가 야기됩니다.
- 지원 가능한 MAC Address 수 한계 : Hypervisor를 이용한 가상화 환경에서는 VM의 가상 NIC의 MAC Address 및 이와 연결되는 가상 Switch의 MAC Address 등의 증가로 효율적인 네트워크 관리가 현실적으로 매우 어렵습니다.
- Large Scale L2 도메인 : Hypervisor 환경에서 VM의 자유로운 이동이 매우 중요한 요소이지만, 현재 네트워크 구성 또는 지리적 제약 등의 이유로 제약 사항이 많습니다.

지속적으로 확장되고 있는 Cloud 및 Multi-tenancy 환경에서 이러한 문제들을 해결하기 위한 방안들이 제시되고 있는데, 그 중에서 현재의 요구사항에 가장 현실적인 해결책으로 여겨지는 것이 L2 over L3 Overlay 프로토콜입니다. L2 over L3 Overlay 프로토콜에는 많이 들어보셨을 VXLAN과 NVGRE이 포함됩니다.

이 두 기술 모두 Tunneling에 기반을 둔 방식으로 1,600만 개 이상의 가상 네트워크를 지원하는 Overlay 기술로서, VXLAN의 주요 제안자는 VMWare이며, L4 UDP Encapsulation 기반입니다. 이에 반해 NVGRE의 주요 제안자는 Microsoft로서 GRE 기반입니다.

〈VXLAN과 NVGRE, STT 비교〉

	NVGRE	VXLAN	STT
제안	Microsoft	VMWare	Nicira
Overlay 특징	기존 GRE 기반	L4 UDP 기반	NIC의 TCP Offloading 기반
가상 네트워크	24bit(1,600만 개 이상)	24bit(1,600만 개 이상)	32bit(거의 무한정)
장점	Ethernet over IP로 오버헤드가 적음	기존 장비를 이용해서 Load Balance 지원 용이	가장 많은 가상 네트워크 구현 및 우수한 성능
단점	Load Balance 기능 제약	확장 시 성능 제약	TSO 기능 필요 Load Balance 기능 제약

Overlay 기술 중에서 가장 먼저 제안된 것은 NVGRE로서 2011년 8월입니다. 그 다음 달에 VXLAN이 제안이 되었지요. STT가 제안된 것은 2012년 2월입니다. 아직 더 성숙해야 하는 기술들이기 때문에 현재까지는 몇 가지 문제점들을 가지고 있습니다.

가장 많이 지적되는 문제점은 무엇보다도 Multicast의 사용입니다. VXLAN이 가장 잘 알려진 솔루션이므로 VXLAN을 예로 설명하겠습니다. VXLAN은 Multicast 기반으로 Tree를 구성합니다. VM들이 생성한 트래픽이 VXLAN을 통해 Multicasting 되기 때문에 이를 위해서는 L2 Switch에서 IGMP Snooping 구성이 필요하며, L3 이상의 구현에서는 IP Multicast가 구현되어 있어야 합니다.

VMWare는 각 VXLAN마다 별도의 Multicast Group으로 구성하는 것을 권장합니다. 그렇다면, 50개의 VXLAN을 사용한다면 50개의 Multicast Tree가 필요하다는 것인데, 이럴 경우에 CPU, Memory 그리고 무엇보다도 TCAM에 심각한 낭비를 가져올 수 있습니다. 그래서 혹자는 VXLAN의 확장성에 의심하곤 합니다.

이에 대한 해결 방안들이 제시되고 있습니다. 그 중 한 가지는 Multicast를 사용하지 않는 새로운 방식에 대한 제안입니다. 이 제안은 CISCO에서 주도적으로 진행하고 있는데, Nexus 1000v를 이용하여 Unicast를 이용하는 방법을 제시하고 있습니다.

그리고 또 한가지는 L2 over L3 Overlay 개념에 Control Plane 방식을 도입하는 것에 대한 제안입니다. 이는 NVP의 아키텍처에서 영감을 받은 것인데, NVP 경우는 Controller에서 Host에 대한 제어를 하기 때문에 Multicast의 이슈에서 상대적으로 자유롭습니다. VXLAN 상에서 Multicast 이슈가 발생하는 주 이유는 VXLAN segment 상에서 새로운 Host가 참여하였을 때 이를 확인할 수 있는 매커니즘이 없기 때문에 이를 확인하기 위해서 Multicast를 사용하는 것입니다. 이를 중앙에서 관리해주는 Controller가 있다고 한다면 불필요한 Multicast는 효율적으로 관리할 수 있게 됩니다.

Overlay 기술도 살펴보면, L2 over L2 기술, L2 over L3 기술 등 매우 다양합니다. 여기서는 우리에게 가장 잘 알려진 VXLAN을 중심으로 NVGRE와 STT에 대해서만 살펴보았습니다. 일부 벤더들에서 화려하게 설명되고 있지만, 사실은 아직 더 성숙해야 하는 기술인 것은 분명합니다. 하지만 그 가능성에 있어서는 의심할 여지는 없어 보입니다.

6) Native OpenFlow 기술

Overlay를 이용한 SDN을 구현한 NICIRA의 NVP 솔루션은 물리적 스위치에 대한 고려를 하지 않습니다. 사실 NICIRA도 물리적 스위치에 대한 로드맵을 가지고 있었지만 최종적으로는 포기하고 오직 Hypervisor 안의 네트워크에만 집중하기로 하였습니다. 이유는 아주 간단한 것입니다. 물리적 인프라까지 OpenFlow를 도입하기에는 진입 장벽이 너무 높기 때문이었을 것입니다.

하지만 SDN에서 바라보는 Infrastructure는 소프트웨어 스위치만을 언급하는 것이 아니니다. 소프트웨어 스위치이건 물리적 스위치이건 하나의 Big Switch로서 놓여 있는 것이지요. 이를 일컬어 Hop by Hop SDN 기술이라고 부릅니다. 이 기술을 실현하기 위해 부단히 노력하고 있는 곳은 Floodlight로 유명한 Big Switch Networks입니다. 참고로 Big Switch를 구현하려는 진영에서는 그들의 기술을 Hop by Hop으로 불리는 것을 싫어합니다. 애써 그들은 그들의 기술을 'Native SDN'이라고 이름을 짓고 있습니다.

〈Native SDN 방식과 Overlay SDN 방식 비교〉

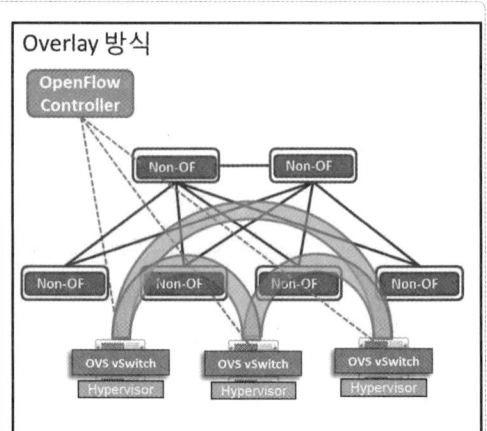

벤더들도 저마다의 이해관계에 따라서 접근하는 방식이 조금씩 다릅니다. Overlay 방식을 적극적으로 지지하고 있는 진영은 VMWare(Nicira), Juniper, IBM이고 Native SDN 방식을 지원하고 있는 진영은 Big Switch, HP, NEC 등이 주로 활동을 하고 있습니다.

현재 시장은 Native SDN 방식보다 Overlay 방식에 좀 더 초점을 두고 있습니다. 그 이유는 기존에 설치되어 있는 인프라를 바꾸는 것에 저항 심리가 작용하고 있기 때문입니다. 이러한 틈에서 Overlay는 확실한 대안으로서의 역할을 감당하고 있습니다. 하지만 물리적 자원에 대한 관리 및 운영 이슈가 존재하기 때문에 과도기적 기술로 이해되기도 합니다. 사실 엄밀한 의미의 SDN 영역에서 볼 때 Overlay 기술이냐 Native SDN 기술이냐를 구분하는 것 자체가 좀 모순이기는 하지만 시장에서 그렇게 분류가 되고 있기 때문에 저도 그렇게 표현을 하고 있습니다.

SDN이 표방하는 네트워크로 진행하기 위해서는 시장은 좀 더 무르익을 필요가 있습니다. 그때가 되면 SDN의 진정한 가치를 구현하기 위해 Native SDN에 대한 많은 요구가 생길 것으로 여겨집니다. 하지만 아직까지는 현실적 문제들로 인해 Native SDN 진영에서 제시하고 있는 모델은 Hybrid 형태의 SDN입니다.

누구나 쉽게 예상할 수 있겠지만 SDN을 디자인함에 있어 고려될 수 있는 모델은 Pure Overlay, Pure OpenFlow 그리고 Hybrid Network입니다.

- Pure Overlay : Hypervisor 상의 vSwitch에만 OpenFlow 기능을 올리고, 물리적 스위치는 OpenFlow와 무관하게 동작
- Hybrid Network : 기본적으로 Hypervisor 상의 vSwitch에 OpenFlow 기능을 올리고, OpenFlow 기능이 필요한 물리적 스위치에만 OpenFlow 기능 수용
- Pure OpenFlow : 모든 vSwitch와 물리적 스위치에서 OpenFlow 기능 수용

〈SDN 구현 모델〉

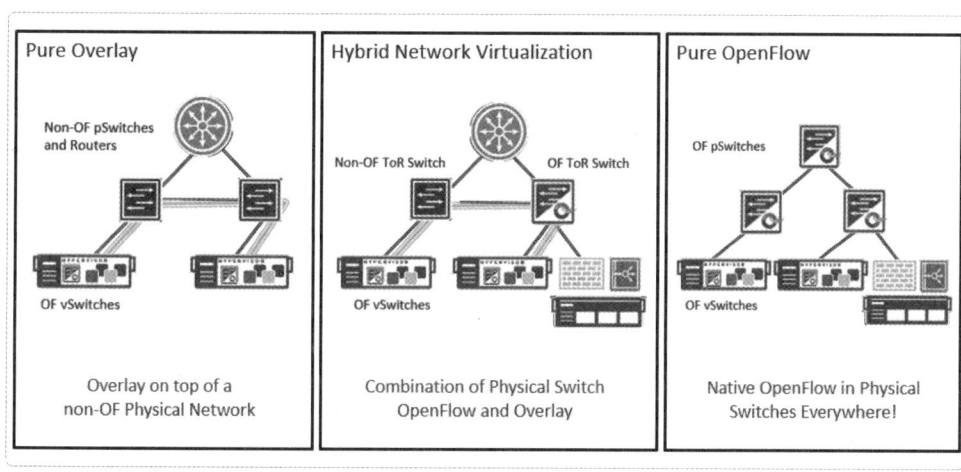

Hybrid Network를 구현함에 있어서 몇 가지 고려해야 할 사항들이 있습니다. 그 중에서 가장 신경이 쓰이는 부분은 '어떻게 Legacy Network와 연동을 할 것인가'입니다. 이에 대한 다양한 솔루션들이 제시되고 있습니다. 이와 관련하여서는 4장에서 자세하게 다루도록 하겠습니다.

Pure OpenFlow 구성과 관련해서 주목할 점은 모든 통제권을 Controller가 가져올 수 있다는 점입니다. Switch Light를 기억하나요? Switch Light는 Big Switch에서 제안하고 있는 스위치 모델로서 소프트웨어 스위치와 물리적 스위치 모두를 동일한 방식으로 통제할 수 있게 됩니다. 이러한 스위치들은 말 그대로 White Box의 역할을 하게 되며 관리자는 Controller에서 자신의 그림을 그리게 됩니다. 즉 Pure OpenFlow로 넘어가는 순간 Switch의 모든 주도권은 Controller에게 빼앗기게 됩니다. 아직까지는 OpenFlow Specification이 불안정하고 개선되어야 할 여지가 남아있어서 Controller 벤더들도 시간을 기다리고 있기는 하지만 지금과 같은 기술 속도라고 한다면 머지 않아 본격적인 시장의 변화

가 이루어질 것으로 판단됩니다.

지금까지는 기존 네트워크 벤더들을 중심으로 이 속도를 줄이기 위해 부단히 노력했지만 시장은 이제 SDN의 물결로 넘어오고 있고 반대의 목소리를 내던 벤더들도 SDN의 세상으로 들어오고 있어 이 속도는 더욱 빨라질 것으로 여겨집니다. 아마도 우리가 생각하고 있는 SDN보다 실제 SDN은 더 가까이에 자리 잡고 있을지도 모릅니다.

7) Network Virtualization

SDN이 가장 주목받게 된 이유는 Network Virtualization 때문입니다. 네트워크의 특성 상 굉장히 다양한 네트워크가 혼재되어 구성됩니다. 그런데 이러한 네트워크의 기본 성질은 연결, 이동성 보장과 동시에 접근 통제가 함께 이루어져야 합니다.

하지만 지금의 네트워크 구조는 VLAN을 통한 네트워크 분리로 네트워크 활용 목적에 따라 네트워크를 구분하는 것이 아니라 사용자의 위치를 기반으로 네트워크를 구분함으로써 매우 정적인 방식의 네트워크 구성이 이루어집니다. 즉, 네트워크의 기본 성질인 연결, 이동성 보장과 동시에 접근 통제가 함께 이루어지는 것이 구조적으로 매우 어렵습니다. 이를 해결하기 위한 다양한 방식들이 벤더들을 중심으로 제시되고 있지만, 억지성이 강해서 시장에서는 거의 사용되지 않고 있는 기술들이 대부분입니다.

네트워크 가상화는 사용자의 위치와 상관없이 업무의 목적에 맞게 네트워크를 분리하는 것에 초점을 두고 있습니다. 아래 그림과 같이 실제 물리적 네트워크는 사용자의 위치에 맞게 놓이지만 이를 논리적 View로 보면 가상 네트워크에 의해서 별도의 망에 위치하도록 구성이 됩니다. 그리고 서로의 가상 네트워크가 다른 가상 네트워크를 방해하지 않습니다. 서로 완벽히 분리되어 있는 것으로 인식되는 것이지요. SDN에서 Network Virtualization은 이에 기반을 두고 있습니다.

〈Network Virtualization 개념도〉

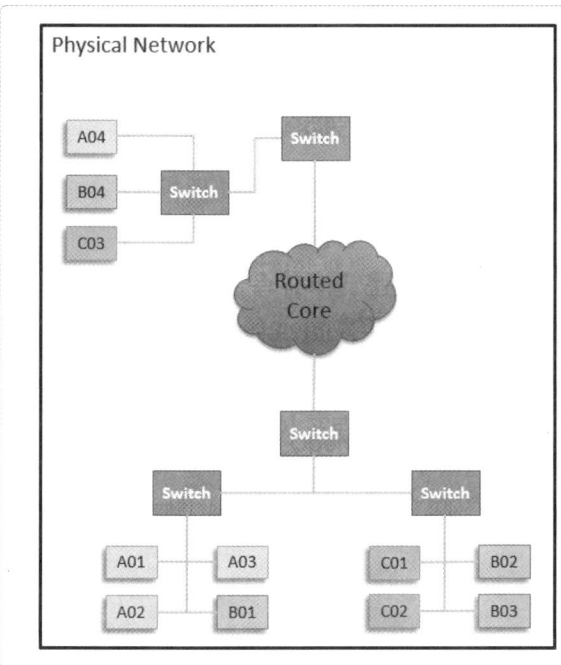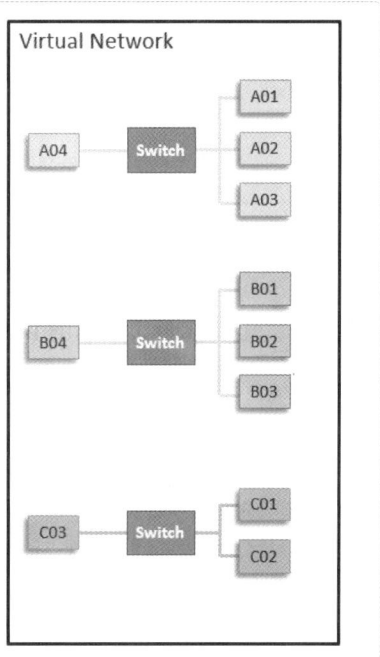

이러한 가상 네트워크는 필요에 따라 동적으로 손쉽게 생성하였다가 사용을 다하면 다시 즉시적으로 제거할 수 있게 됩니다. 그리고 그룹의 단위에 따라 QoS를 통해 트래픽을 제어할 수도 있습니다. 이 모든 것이 SDN의 Controller와 Application을 통해 손쉽게 구현됩니다.

만약 이러한 유사한 기능을 Legacy Network에서 구현하려면, 우선 매우 고가의 장비를 구매하기 위해 예산을 확보해야 하고, 그 후에 스위치 벤더의 특성을 저마다 잘 분석하여 호환성 여부부터 확인해야 합니다. 그리고 전체 네트워크 장비마다 매우 복잡한 설정을 해야 하고 정상 동작 여부를 확인해야 하지만, 제대로 동작을 안 하는 경우가 대부분입니다.

예전 어느 세미나에서 한 벤더의 담당자가 SDN의 기능들을 분석하면서 Legacy를 이용해서 안되는 기능들이 없다며 SDN을 폄하한 적이 있습니다. 이에 대해 한 질문자가 해당 기능을 지원하는 Legacy 제품군과 구현을 위한 절차를 질의한 적이 있는데, 대부분 최고 사양의 장비와 매우 복잡한 구성이 필요하였습니다. 그 발표자가 말한 대로 '초기 단계에 지나지 않는 SDN'에서 조차 매우 간단하게 구현할 수 있는 기능들이었음에도 Legacy에서는 매우 어렵게 구현되었습니다.

그럼 이제 SDN 환경에서 어떻게 Network Virtualization이 이루어지는지 확인해 보겠습니다. 먼저 알고 있어야 하는 내용은 초기 Research에서 나온 Network Virtualization과 상용 단계에서 고민되는 Network Virtualization의 접근이 많이 다르다는 것을 이해해야 합니다. Research에서 시작된 Network Virtualization은 Flowvisor를 이용하여 가상 네트워크별로 다른 Controller를 통해 통제를 받도록 하였지만, 상용 단계의 Network Virtualization은 하나의 Controller 상에서 다양한 가상 네트워크를 통제하도록 구현합니다. 따라서 상용 단계에서는 여러 개의 Controller가 필요하지 않습니다.

OpenFlow를 이용한 Network Virtualization은 아래 그림으로 간단하게 설명할 수 있습니다. 이 그림은 Flowvisor를 한 번이라도 접하신 분은 매우 익숙한 그림으로서 가운데 아래에 놓여 있는 물리적 네트워크를 바탕으로 하여 개발자들이 자신이 원하는 테스트를 진행하기 위해서 5개의 가상 네트워크로 망을 분리해서 사용하고 있는 것을 표현한 그림입니다.

〈Network Virtualization 활용 예〉

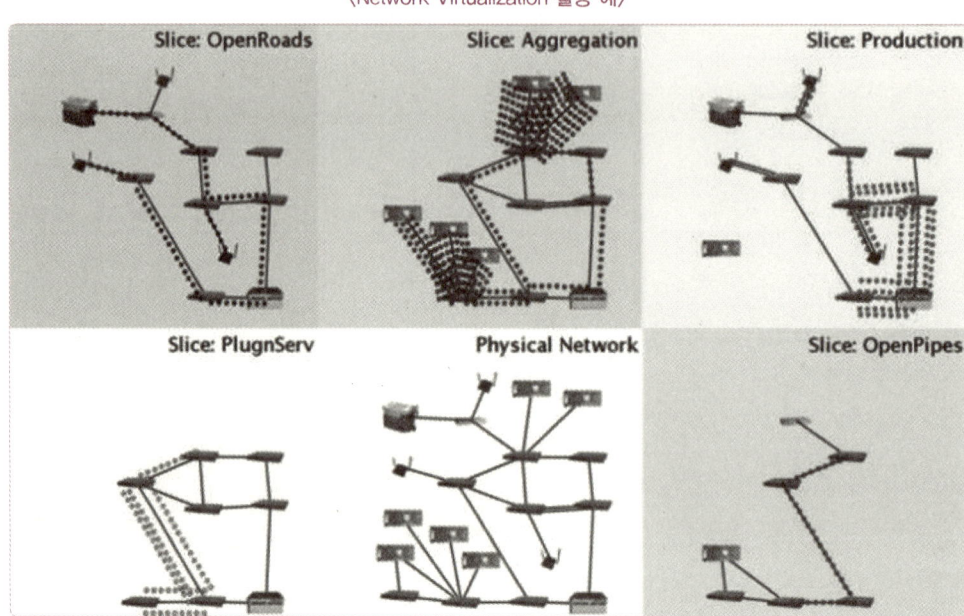

즉 하나의 공통된 물리적 Infrastructure 하에서 사용자는 자신이 원하는 가상 네트워크를 생성하여 경로를 제어할 수 있게 됩니다. OpenFlow 백서에 보면 지금의 네트워크가 공룡화석과 같아서 무엇인가를 연구하고 싶어도 실제 운영 망에 연구할 수 없어서 OpenFlow를 이용한 네트워크를 통해 네트워크 자원을 슬라이스로 잘라서 제공함으로써 가상화된 프로그램이 가능한 네트워크 구현을 통해 네트워크 인프라 혁신을 제공하는 것에 목적을 두고 있습니다.

이를 위해 가장 중요한 역할을 하는 것은 Flowvisor입니다. 이를 Slicing Layer라고 표기하기도 합니다. 이를 논리적으로 보면 Infrastructure Layer와 Control Layer 사이에 Virtualization Layer를 생성하는 것인데, 공통된 Open interface를 통해 Infrastructure Layer와 통신을 하지만 각각의 Control layer 상의 Network Operating System들은 독

립적으로 동작하도록 하는 것입니다. 이를 통해 공통된 Infrastructure 상에서 독립된 네트워크를 생성할 수 있습니다. 이 Flowvisor를 주도적으로 연구한 곳은 당연히 스탠퍼드 대학인데, 이를 주도했던 사람들이 Big Switch Networks 초기 멤버들입니다.

〈Network Virtualization 개념도〉

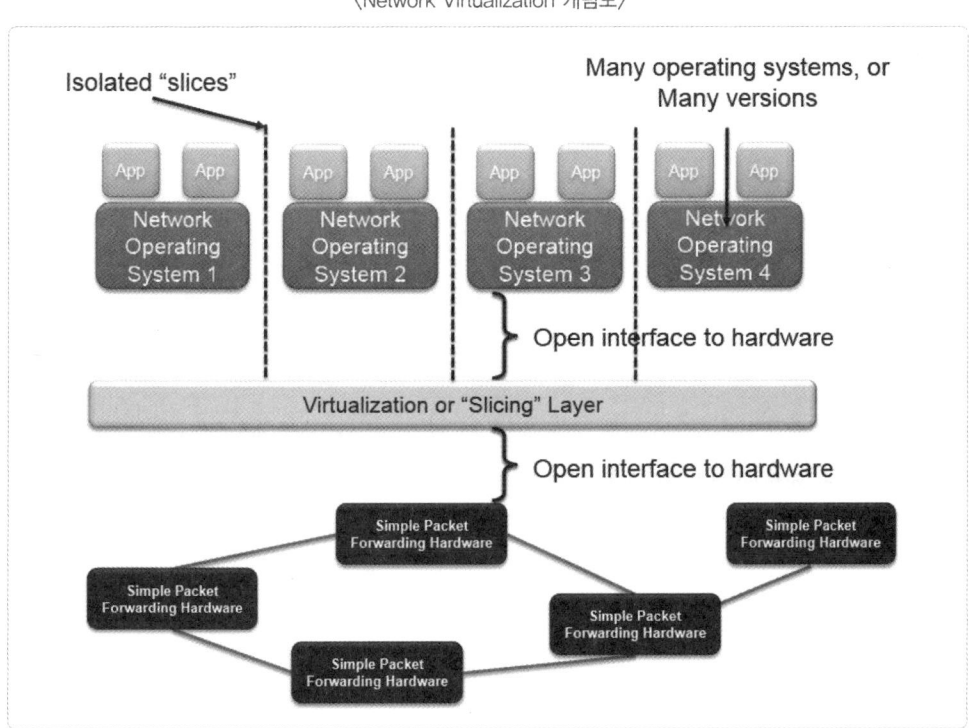

SDN에서의 Network Virtualization 모델을 서버 가상화 모델과 비교해서 생각하는 경향도 있습니다. 이유는 SDN에서 말하는 Network Virtualization은 하드웨어를 Infrastructure로 분류하고 그 위에 소프트웨어를 이용하여 원하는 그림을 그리는 개념이 비슷하기 때문입니다. 여기에 더하여 시장이 인식하는 초기 방향도 비슷하다고 합니다.

서버 가상화가 최근 대세로서 자리 잡고 있는 것에는 이견이 없어 보입니다. VMWare에서 국제 Conference를 개최하면 그 어떤 행사보다도 가장 많은 사람들이 모인다고 합니다. 서버를 하시는 분들이나 네트워크를 하시는 분들도 공통적으로 서버 가상화 솔루션에 매우 높은 관심을 보이고 계십니다. 서버 가상화 기술의 성숙도에 대한 의문도 거의 사라져 가고 있습니다. 하지만 불과 3년 전만 하더라도 VMWare에 대한 시장의 반감은 매우 컸다고 합니다.

OpenFlow와 마찬가지로 서버 가상화는 스탠퍼드 대학의 교수와 일부 학생들로 시작된 Research용 테스트였습니다. 초기에 서버 가상화에 대해서 많은 우려와 비난이 있었다는

VMWare 창업자의 인터뷰 기사를 본 적이 있는데, MS를 비롯한 수많은 굵직한 IT 기업들이 만나주지도 않았다고 합니다. 물론 당시의 기술은 지금보다 형편없었겠지요. 그들은 아마도 그 때 당시의 기술만을 고민하였던 것 같습니다. 하지만 기술은 지속적으로 발전 가능한 것이고 이를 위해 부단히 노력해야겠지요. 지금의 VMWare의 기술에 대해서 비하하는 사람은 아마 없을 것입니다.

VMWare를 인수한 EMC는 요즘 VMWare의 덕을 톡톡히 보고 있습니다. 이제 시장은 EMC는 잘 몰라도 VMWare는 너무 잘 알고 있습니다. 한 때 VMWare는 Microsoft에 견줄 수도 없는 아주 작은 회사였지만 지금은 서버 가상화 영역에서는 오히려 기술을 선도하고 있다는 평을 받고 있습니다. 서버 가상화 기술이 주목을 받을 수 있었던 가장 큰 이유는 공통된 하드웨어 자원의 분리된 운용을 통해 제공되는 매우 높은 효율성에 대한 치명적 매력 때문일 것입니다. 이제 서버 가상화 기술은 대세로 굳어졌고, Cloud 환경으로 넘어가면서 더욱 필수적인 요소가 되었습니다.

이러한 서버 가상화의 기본 개념이 이제는 SDN을 통해 네트워크 영역에도 들어오게 되었는데, 공통된 하드웨어 자원을 이용하여 사용자가 원하는 다양한 네트워크를 그려나갈 수 있습니다. SDN의 상용 버전에서는 이러한 Network Virtualization을 자사의 Controller 내에서 구현하는 전략으로 접근하고 있습니다. 이러한 전략을 사용하는 주된 벤더가 NEC, NVP 그리고 Big Switch입니다. 이들은 Infrastructure Device를 그대로 두면서 Controller의 관리 툴을 이용해서 Controller가 구분한 가상 스위치를 생성하며, Network Virtualization을 수행하는 구조입니다.

NEC의 Network Virtualization 기능을 간단히 살펴보도록 하겠습니다. 물리적 네트워크가 아래와 같이 연결되어 있을 때 가상 네트워크 3개를 동시에 생성할 수 있습니다. 이때 스위치상의 설정은 변경되지 않습니다. 모든 것은 Controller에서 수행하는 것이니까요. 만약 서버를 다른 스위치에 옮겨 꽂아도 설정 변경없이 이 서버는 여전히 동일한 가상 네트워크에서 동작합니다.

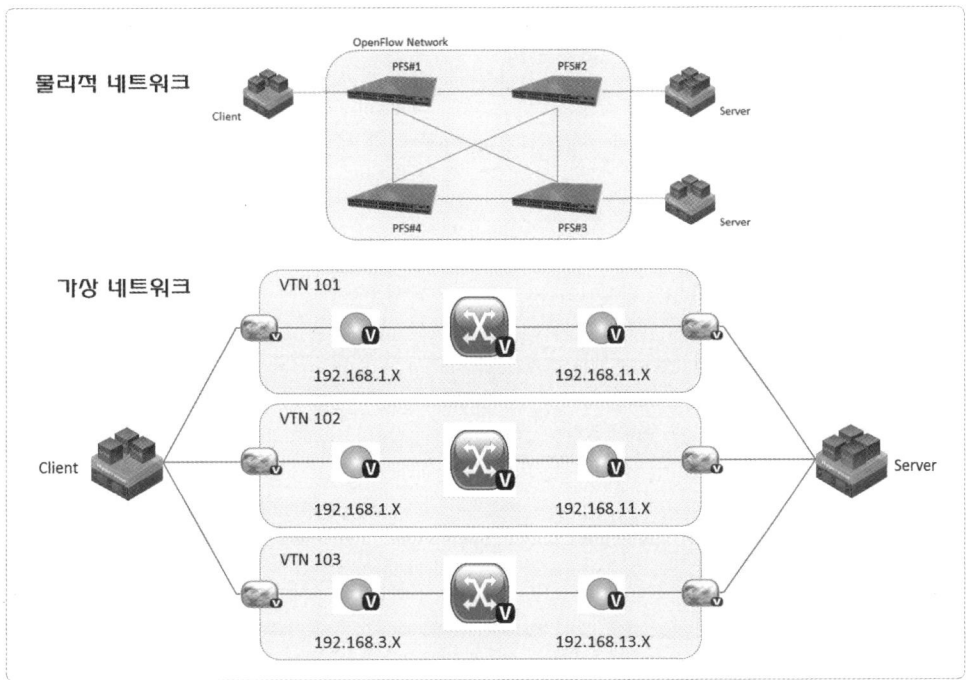

⟨NEC Network Virtualization⟩

VTN 101과 VTN 102의 IP Network가 동일하지만 서로에게 영향을 주지 않습니다. IP address가 같아도 서로 다른 가상 네트워크에 소속되어 있기 때문에 존재조차 모르게 되는 것이지요. 이러한 가상 네트워크는 물리적인 네트워크에 영향을 주지 않으면서 자유롭게 생성, 삭제가 가능해집니다. 이러한 기능은 비단 NEC만의 기능이 아니라 NVP와 Big Switch에서도 제공합니다. 서로 부르는 명칭이 다르고 초점을 둔 곳이 조금씩은 다르지만 기본적으로 가지고 있는 개념은 동일합니다.

가상 네트워크를 이용한 다양한 활용이 이루어지고 있습니다. Cloud DataCenter와 Enterprise DataCenter에서는 이미 매우 중요한 기반 요소로서 자리를 잡았습니다. 최근에 미국을 중심으로 나오고 있는 스타트업 회사들의 대부분은 Network Virtualization과 관련된 솔루션을 가지고 있습니다. 분명 이에 대한 활용 범위는 더욱 넓어질 것입니다. 이러한 분위기와 맞물려 이제는 Enterprise Network와 Campus Network에서도 네트워크 가상화의 활용 방안들이 고민되고 있습니다.

이와 흐름을 같이하여 네트워크 가상화로 분산된 네트워크 자원을 어떻게 하면 효율적으로 관리할 수 있는지에 대한 고민이 동시에 이루어지고 있습니다. 지금까지는 IT 자원 중에서 서버, 스토리지 그리고 네트워크에 대한 고민은 개별적으로 이루어졌지만 3가지 구성 요소 모두 동적 자원 변경 및 생성, 삭제가 가능해지면서 Orchestration에 대한 요구가 증가하고 있습니다. 또 다른 새로운 시장이 열리고 있습니다.

SDN이라는 Disruptive Technology로 인해 IT 시장에서는 기존에는 생각지 못했던 변화들이 생기고 있는데 우선은 없던 시장이 생기는 것이며, 필요를 그리 느끼지 못했던 영역에 매우 중요한 필요들이 생기고 있는 것들입니다. 이는 이제 벤더들의 흐름까지도 바꾸고 있습니다.

2.3
SDN/OpenFlow 벤더별 동향

스탠퍼드 대학을 중심으로 리서치용으로 처음 시작한 OpenFlow가 2011년을 기점으로 상당히 빠르게 변화하고 있습니다. 초기 SDN 시장을 선점하기 위해 다양한 단체들과 용어들이 생겨나기 시작했고, 'Open'을 기조로 달고는 있지만 여전히 벤더 종속으로 묶어두려는 노력들이 존재합니다. 초기의 SDN에 대한 정의는 조금씩 변하고 있습니다.

이러한 변화에 가장 큰 영향을 미친 사건 중 하나가 OpenDaylight의 발표입니다. 사용자에게 네트워크 주도권을 넘기고 Open Interface를 통해 벤더 종속성에서 벗어나 사용자 중심의 혁신을 가져오겠다는 것이 처음 의도였지만 OpenDaylight은 벤더 중심의 제안 Platform으로 벤더 제안 프로토콜이 주를 이루는 특징을 가집니다. 더욱이 OpenDaylight에는 SDN의 핵심 아키텍처를 따르지 않아도 되는 기술들이 녹아 있습니다.

OpenDaylight는 대부분 메이저 벤더들의 주도로 이루지고 있습니다. 이에 맞서는 또 다른 SDN 진영이 있는데, 이들은 주로 미국의 실리콘밸리에 위치한 Startup 회사들입니다. 각 회사마다 인원은 30명도 안되는 벤처들이 대부분이라고 합니다. SDN은 메이저 벤더들과 Startup의 경쟁 구도로 그려지고 있습니다. 혹자는 이를 보고 다윗과 골리앗의 싸움에 비유하고 있습니다.

그런데, 이런 Startup들이 메이저 벤더들에게 아직까지는 그리 크게 밀리지 않고 있습니다. 오히려 SDN 진영에서 가지고 있는 명성은 Startup 회사들이 더 높아 보입니다. 이것이 가능한 이유는 기본적으로 확실한 기술력을 가지고 있기 때문인데, 여기에 더해 Startup에게 투자되는 어마어마한 자금력이 큰 원동력이 되고 있습니다. SDN이 본격적으로 비즈니스 영역에서 논의되기 시작한 2012년 한해만 450M 달러가 Startup에 투자되었다고 합니다. 이러한 투자를 통해 이들은 안정적으로 최소 2~3년 동안 끊임없이 기술을 발전시킨 후에 본격적인 사업을 시작합니다. 3년 동안 여전히 제품 개발만 하며 비즈니스 영역에 나타나지 않는 기업들도 꽤 많이 있습니다.

이러한 기업들이 기존의 벤더들과 비슷한 아이템이었다면 시장에서도 별로 호응이 없었을 것이지만 이들은 SDN을 통해 기존 Legacy 시장의 약점을 정확히 짚고 빈틈을 잘 노리고 들어왔습니다. 더욱이 때를 같이 하여 시장은 새로운 솔루션을 요구하면서 이들은 네트워크 업계의 가장 큰 손인 CISCO와 어깨를 나란히 할 정도의 영향력을 행사하고 있을 정도로 급성장하게 되었습니다.

SDN은 아직 초기 시장이기 때문에 앞으로 어떤 변화들이 무궁무진하게 생길지 가늠하기조차 어렵겠지만 분명 지금은 격동의 시기이고, 이 시기를 잘 선점하면 향후 네트워크 업계를 호령할 기회가 분명하게 생길 것입니다.

CISCO도 불과 몇 십 년 전에는 아주 작은 Startup 회사였지만, 시대에 맞는 아이디어와 안정적인 투자로 지금은 세계에 우뚝 선 거대 기업이 되어 있다는 것에 주목할 필요가 있습니다. 그 당시 세계적인 기업들은 현재 사라지거나 다른 회사에 인수되었습니다. IT는 아직도 시시각각 시장이 변하고 있다는 것을 반증하고 있습니다.

1) SDN 전망과 투자 현황

매년 4월이 되면 전 세계 IT 관련자들이 ONS에 참석하기 위해 실리콘밸리로 모여듭니다. ONS는 Open Networking Summit이라는 행사로 SDN을 함께 공유하기 하기 위해 매년 개최되는 행사입니다. 이 행사는 SDN 기술의 현재 수준을 가늠하고 앞으로 어떻게 발전할 수 있는지 예측할 수 있는 매우 의미 있는 행사인데, Business 상에서는 또 다른 중요한 의미가 있습니다.

ONS 기간에는 상당한 글로벌 인사들을 만나볼 수 있는데, 이들은 굳이 ONS에 참석하지 않습니다. 이 분들은 ONS에 참석하여 자사 기술을 소개하는 Startup 회사들을 만나는 것이 목적입니다. 이 기간에는 전 세계에 흩어져 있는 수많은 Startup들이 한자리에 모이기 때문에, 이보다 더 효율적으로 자신의 목적을 달성할 수 있는 기간은 없어 보입니다.

각 회사의 주요 임원들은 어떤 Startup 회사에 투자해야 하는지 또는 어떤 기술을 자사에 도입해야 하는지 신중히 검토하여 며칠 동안 쉴 틈 없이 미팅하는 경우가 다반사입니다. 앞으로 변화의 주역이 될 SDN 시장을 잘 선점하기 위한 중요한 미팅 자리인 셈입니다.

2013년도 IDC의 자료에 따르면, 2013년에 SDN에 의해서 신규로 창출되는 시장이 $360M이라고 합니다. 그런데 2016년에는 $3.7B으로 10배 이상 성장한다고 예상치를 발표했습니다. 우리나라 돈으로 약 4조 시장인데, 이는 신규로 만들어지는 시장으로서 이러한 시장이 형성되기 위해 기존 Legacy 장비 시장의 3분의 1 이상이 SDN에 의해 영향을 받을 것으로 예상하고 있습니다. 즉 네트워크 장비 3대 중 1대는 SDN이 준비된 제품이 되어, 고객이 원하면 언제든지 그 장비를 활용해서 SDN 구성으로 바꿀 수 있게 되는 것을 의미합니다. 엄청난 변화가 이뤄지게 되는 것입니다.

실제로 2012년도에 OpenFlow를 지원하는 장비는 HP와 NEC 스위치 밖에 없었습니다. 더욱이 그때는 국내에서 NEC 스위치를 살 수도 없었습니다. 그런데 HP는 당시에 연구용으로 보급되던 이미지라 성능에 매우 큰 문제가 있었습니다. 그러나 불과 1년이 지난 2013년에는 HP와 NEC를 포함해서 11개의 벤더 사에서 OpenFlow를 지원하는 Switch를 구매할 수 있게 되었습니다. 성능에 있어서도 많은 향상이 이루어졌습니다. 그리고 2014년에는 상당수의 벤더에서 전 기종에 OpenFlow를 지원하는 계획이 세워지고 있습니다. 단 1년 만에 벤더사의 기반 전략이 바뀌고 있는 것을 의미합니다. 이러한 현상은 IDC의 예측에 상당한 힘을 실어주고 있습니다.

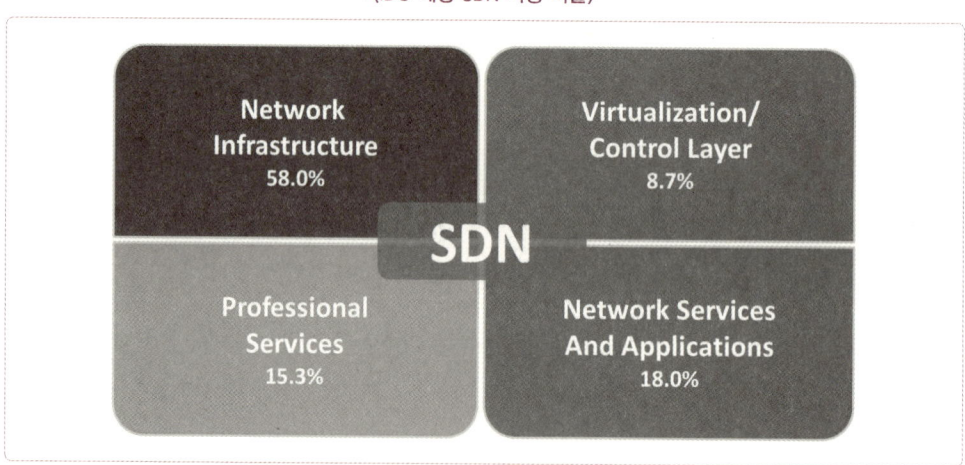

〈IDC 예상 SDN 시장 비율〉

여기에 더해 이제 얼마 지나지 않아서 OpenFlow에 최적화된 칩들이 나올 예정입니다. 이렇게 되면 더 다양한 벤더들이 OpenFlow를 지원할 것으로 여겨집니다. 지금은 거의 기존 Legacy 벤더들에 의해서 OpenFlow 스위치들이 제공되고 있지만 이러한 칩들이 제공되기 시작하면 중국과 대만을 비롯하여 성능은 우수하지만 매우 저렴한 스위치들이 공급될 것으로 여겨집니다.

그런데 IDC의 자료에 따르면 Virtualization/Control Layer는 전체 시장의 8.7% 밖에 차지하지 않는데, 가장 많은 투자는 실제 이 시장에 이루어지고 있습니다. 이는 어떤

Controller를 사용하는지에 따라 SDN Platform 전체에 영향을 받기 때문에 실제로는 전체 시장을 주도할 수 있는 강력한 무기가 됩니다. 이에 자금력과 기술력이 단단한 기업들은 이 영역에서의 주도권 싸움을 하고 있습니다.

⟨SDN Controller 보유 Startup 투자 규모 (단위 : $M)⟩

투자규모	Big Switch	Plexxi	NICIRA	Pluribus	MidoKura
Seed	1.4				6.8
Series A	13.75	8.5	4.465	1.5	17.3
Series B	31.5	20	9	17.5	
Series C		20	26	23	
Total	46.65	48.5	39.465	42	24.1

위의 기업들은 모두 Controller를 보유한 기업들로서, Big Switch, NICIRA 그리고 Pluribus는 OpenFlow를 기반하고 있으며 Plexxi와 MidoKura는 별도의 Southbound API를 지원하고 있습니다. 이들 기업은 현재는 Controller에 매우 집중하는 모습이지만 이미 자체 기술을 통해 Infrastructure와 Application Layer 관련 핵심 기술들을 모두 보유하고 있습니다.

시장에서 종종 Big Switch와 NICIRA의 이야기를 많이 들을 수 있습니다. 이 두 회사의 기술력이나 파급력은 이미 기존의 회사들과 어깨를 나란히 할 수 있는 정도입니다. 하지만 SDN Startup들 중에는 이 외에도 눈여겨볼 회사들이 있습니다. 특히 SDN 기술을 이용해 틈새 시장을 잘 공략하는 회사들이 있는데, 이들은 단순히 연구 단계에서 벗어나 실제 현재 네트워크의 문제점을 정확히 지적하고 이에 대한 해결 방안을 제시하고 있습니다. 이번에는 이러한 Startup들의 대표적인 기술을 살펴보도록 하겠습니다.

2) Startup 틈새 시장 공략 기술 소개

:: Plexxi

SDN 진영에서 Plexxi라는 회사를 주목할 필요가 있습니다. Plexxi에 대한 투자 규모는 2012년까지 Big Switch를 압도하는 $48.5M 약 500억원 이상이었습니다. Plexxi의 주력은 대부분의 Startup 회사가 초점을 두고 있는 데이터센터이며, 제품으로는 Controller와 Switch입니다.

데이터센터의 트래픽 흐름이 점차적으로 East-West 방향으로 집중되고 있는 것은 이미 잘 알려진 사실입니다. 하지만 지금까지의 데이터센터 구성은 South-North 방향의 트래픽에 적합한 구성입니다. 지금도 데이터센터를 3Tier로 구성하는 경우가 많습니다. 그렇게 되면 트래픽은 자연스럽게 위로 중앙 스위치를 경유해서 지나가야 하는데, 현재 트래픽 패턴에 적합하지 않습니다.

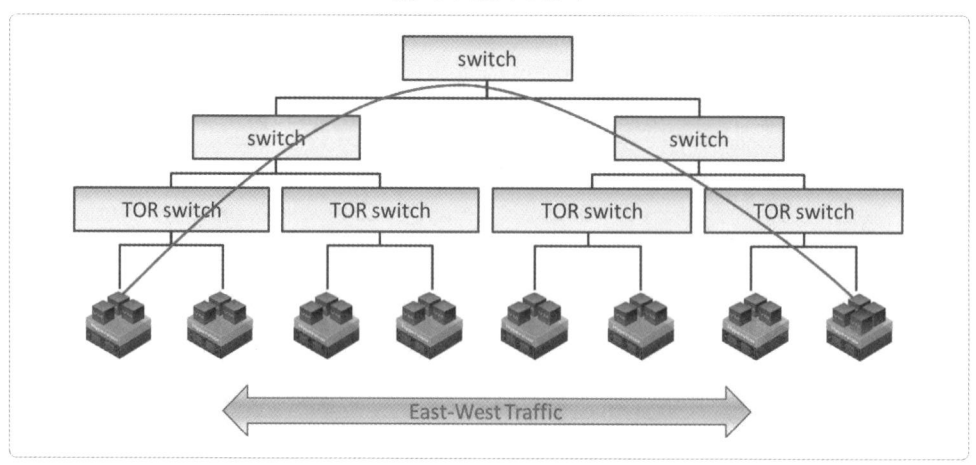

〈현 데이터센터 구성도〉

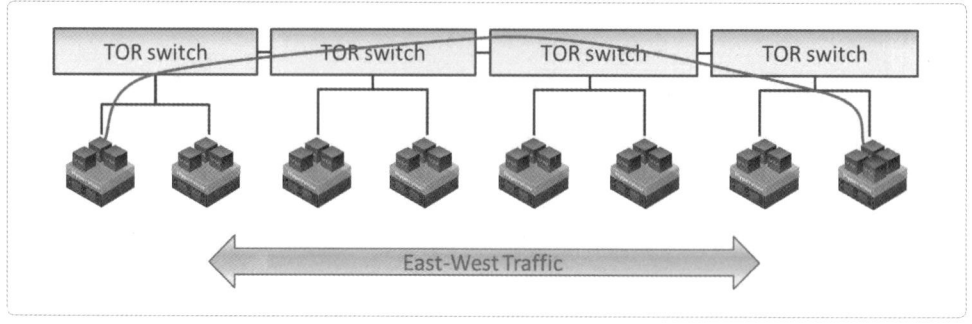

〈실제 필요한 구성도〉

이를 어느 정도 해결하기 위해서 최근 데이터센터는 2Tier 구성으로 가져가려고 장비 가상화 기술을 비롯하여 다양한 노력을 하고 있지만 현실적으로 1Tier까지는 낮추지 못하고 있습니다. Plexxi는 이를 해결한 솔루션으로 ToR(Top of Rack) 스위치의 업링크 포트에 WAN에서 사용하는 WDM 기술을 적용하여 Ring 형태로 구성하지만 논리적으로 Full Mesh 구성이 되고, 각 스펙트럼에 동적으로 대역폭을 할당할 수 있도록 함으로써 같은 물리적 경로를 통해 전달되는 Traffic도 논리적으로 분리된 경로를 통해 전달됨으로써 대역폭을 보장받을 수 있게 됩니다.

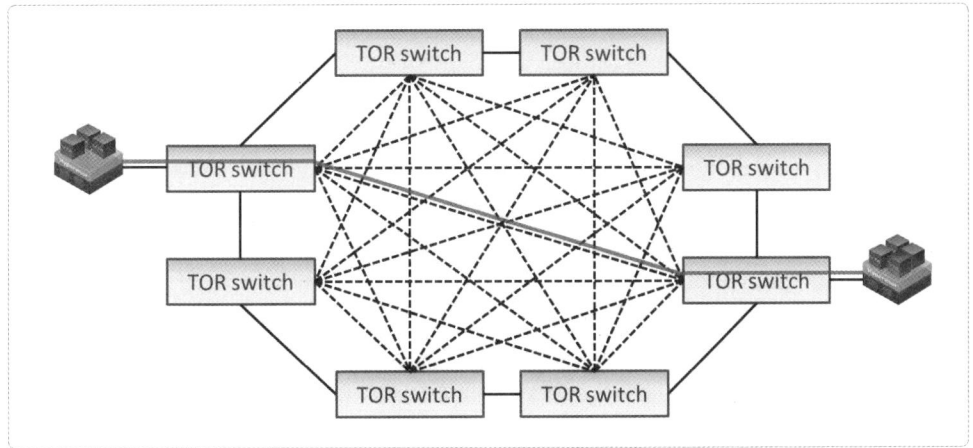

〈Plexxi 구현 방안〉

:: vArmour

vArmour가 초점을 두고 있는 영역은 데이터센터에서의 Security입니다. 데이터센터가 빠르게 가상화 환경으로 변하면서 효율성 극대화를 위해 서버 담당자들은 새로운 VM들을 어디에서나 생성하고 싶어합니다. 하지만 보안적 이슈로 종종 네트워크 담당자들과 마찰이 발생합니다. 또한 VM이 이동을 해야 하는 경우 그에 맞는 보안 설정을 다시 해주어야 하는 일들이 자주 발생합니다. 매우 비효율적 운영이지만 보안을 위해 불가피한 상황입니다. 이러한 VM 환경에서 동적으로 보안 이슈를 해결하는 것에 초점을 둔 회사가 vArmour입니다.

vArmour의 솔루션을 간단하게 설명하면 OpenFlow를 이용하여 Firewall 기능을 강화시킨 것입니다. vArmour의 특징은 SDsec service Layer를 통해 Security Processing을 담당하는데 VM이 어디에 있든지 상관없이 Application을 인지할 수 있는 DPI를 이용하여 상태 기반 패킷 프로세싱을 진행합니다. 그리고 이 정보는 Controller와 지속적으로 교환되면서 이상 트래픽 발견 시 Controller에 의해서 해당 경로는 격리됩니다. vArmour의 간단한 동작 방식은 아래와 같습니다.

⟨vArmour 동작 방식⟩

ASG(Application Security Gateway)가 감염된 서버의 로그(Rogue) Application을 감지하면 SDN 컨트롤러로 신호를 전송합니다. 그러면 컨트롤러에서는 오픈플로우 스위치 내의 포워딩 플레인(Forwarding Plane)을 변경하여 감염된 서버를 격리하여 치료한 뒤에 다시 운영되도록 구현합니다. 이러한 동작이 VM들이 이동하여도 동일하게 동작할 수 있도록 하였습니다.

vArmour 솔루션은 Controller와의 호환성이 매우 중요한데, 현재 Floodlight와 Big Switch의 상용 컨트롤러인 BNC와는 잘 동작하는 것으로 확인되고 있습니다. 이러한 틈새 솔루션은 향후 클라우드 및 데이터센터에 매우 필요한 요소로 자리잡을 것으로 예상됩니다.

:: QosMos

SDN이 활성화되면 될수록 가장 중요한 요소 중 하나는 지극히 제 개인적 생각이지만 DPI (Deep Packet Inspection)입니다. SDN을 통해서 네트워크를 지능화할 수 있다고 합니다. 그러면 지능화할 수 있는 방법이 무엇일까요? 그건 바로 Application Layer에 의해서입니다. 그런데, 이 Application들이 네트워크를 지능화하기 위해서는 명확한 Packet 구분을 할 수 있어야 합니다.

제가 SDN 관련 프로젝트를 진행하다 보면, 결국 핵심은 얼마나 정확하게 트래픽을 구분할 수 있는가 입니다. 최근에 SDN Application 개발은 주로 L4~L7단계에서 이루어집니다. 이를 위해서도 기본적인 DPI 기술이 필요합니다.

⟨SDN & DPI 연동⟩

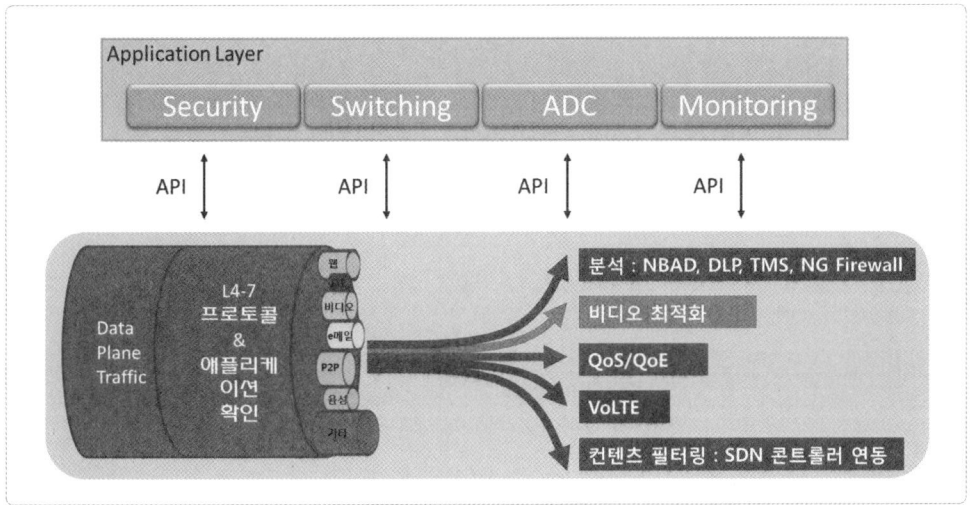

OpenFlow에 의해서 정의되는 구분자는 Layer 1 ~ Layer 4단계까지 입니다. 그렇게 되면 동일한 TCP 80포트를 사용하는 다른 사용자 Application들을 구분할 수 없습니다. 네트워크에 정책을 설정하고 지능화시키는 것에 매우 큰 제약 사항이죠. 이를 해결하기 위해 Qosmos에서는 meta data를 이용하는 방안을 제안하고 있습니다.

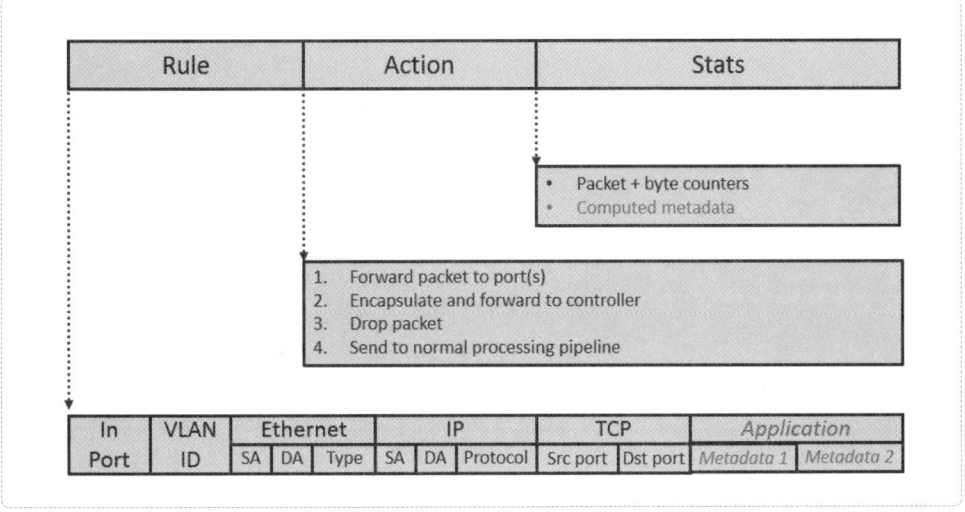

현재 SDN Application 중에서 보안과 관련하여 DPI를 사용하는 경우 일반적으로 1,000개를 구분할 수 있습니다. Qosmos의 경우는 약 6,000개를 인식할 수 있으므로 보다 정교한 관리가 이루어질 수 있습니다.

3) 주요 벤더 전략

SDN을 통한 네트워크 시장의 재편 속에서 기존 네트워크 주요 벤더들의 움직임도 부산해지고 있습니다. 자사의 이해 관계에 따라서 행동이 바뀌고 있는데, OpenFlow를 적극적으로 지지하는 벤더, 자신만의 길을 걷기로 결정한 벤더, 그리고 OpenFlow 뿐만 아니라 SDN을 견제하며 애써 무시하는 벤더로 구분할 수 있을 것 같습니다.

OpenFlow를 적극적으로 지지하는 벤더는 HP와 NEC입니다. 이 두 벤더는 스탠퍼드 대학에서 OpenFlow를 연구할 때부터 적극적이었던 곳으로 기존에 CISCO에 비해 매우 낮은 시장 점유율을 가지고 있었는데, SDN을 통해서 만회하려는 다부진 노력을 보이고 있습니다.

Arista와 IBM에서 제시하고 있는 SDN의 비전을 살펴보면 부분적으로는 OpenFlow를 수용하지만 큰 윤곽에서는 자사의 특화된 기능 제공에 더욱 큰 비중을 두고 있는 느낌입니다. Arista의 경우는 스스로를 스위치 포트가 많은 서버라고 표현할 정도로 스위치 안에 다양한 Application들을 설치할 수 있습니다. 우리나라에서는 그리 활성화되지 않았지만 외국에서는 Arista Switch 내에 다양한 Application을 설치하여 좀 더 유연하고 지능화된 네트워크 구현을 하기도 합니다. IBM 또한 OpenFlow를 지원하는 스위치와 Controller가 있지만 이보다는 Dove를 이용한 솔루션에 좀 더 초점을 두고 있습니다.

이에 반해 CISCO와 Juniper의 SDN에 대한 반응은 아직까지 구체화되어 있지 않아 보입니다. 어떨 때는 SDN을 선도하는 기업으로 자처하지만 어떨 때는 SDN에 적대적인 언급을 하기도 합니다. 그럼에도 불구하고 두 회사 모두 OpenSource Controller를 지원하고 있습니다.

CISCO의 경우 OpenDaylight에 매우 적극적인 기업이며, Juniper의 경우는 Open Contrail을 선보이고 있습니다. 하지만 SDN을 적극 지지하고 SDN에 친화적이라는 느낌이 전달되기에는 아직 이른감이 있어 보입니다.

SDN 시장은 Startup과 기존 Legacy 벤더의 경쟁처럼도 비춰지지만 Legacy 벤더 간에도 서로의 주도권을 잡기 위한 치열한 경쟁이 이루어지고 있습니다. 아직 누가 승리할지 어떠한 전략이 이 새로운 기회에 주도권을 가질지 판단을 할 수는 없습니다. 하지만 시장이 흔들리고 있는 것만은 분명합니다.

:: CISCO

CISCO의 SDN에 대한 전략은 아주 간단합니다. 정교한 하드웨어와 Application에 의한 SDN입니다. 더욱 복잡하고 정교해지는 네트워크의 요구 사항을 해결하기 위해서는 현시점 SDN만으로는 부족하기 때문에, 하드웨어 및 Application을 더욱 지능화하는 SDN이 필요하다는 주장입니다.

CISCO도 스스로 인정하듯이 SDN에 대응이 늦었습니다. 초기에 SDN을 강력하게 반대했지만 순식간에 시장은 SDN에 대한 요구가 높아졌고 이에 대한 준비가 필요해지게 되었습니다. CISCO는 이미 이런 상황을 많이 경험해 보았기 때문에 매우 노련하게 대응하였는데, 가장 먼저 한 일은 ONE(Open Network Environment)을 발표한 것입니다. 물론 그 당시 ONE과 관련한 솔루션은 어떠한 것도 없었지만 시장은 ONE에 대해서 호감을 갖기에 충분했습니다. 그 후에 매우 많은 회사를 인수하며 SDN과 관련한 CISCO 식의 Portfolio를 만들어 나갔습니다.

CISCO의 SDN 전략은 시장에 매우 인상적이었지만 여전히 벤더에 종속적인 기술일 수밖에 없다는 비판은 여전히 강력했습니다. 이에 CISCO는 OpenDaylight를 주도적으로 이끌면서 SDN Open 진영에 적극적으로 활동하는 모습을 보이려 노력하고 있습니다.

CISCO 역시 초기 SDN 전략은 DataCenter입니다. 이 전략의 핵심은 2012년 인수한 Insieme Networks 기술에 바탕을 둔 데이터센터의 Application 중심 인프라, 즉 ACI (Application Centric Infrastructure)입니다. ACI는 데이터센터에서 사용되는 다양한 Application을 보다 쉽게 운용할 수 있도록 하는 것에 초점을 두어 유튜브, 넷플릭스 등과 같은 동영상 서비스나 사내 다양한 솔루션과 결합돼 구동되는 기업용 Application을 효과적으로 지원하는 것에 목표를 두고 있는데, 이를 위해서는 지능화된 Infrastructure가 반드시 필요합니다. 그리고 이를 잘 운용하기 위해서는 매우 잘 구현된 Application이 필요합니다. 이는 CISCO가 그 어느 벤더보다도 잘하는 영역인 것은 분명합니다.

초기에 SDN은 CISCO를 위협하는 강력한 흐름이라고 하였지만, CISCO는 매우 잘 대응하고 있는 모습입니다. 아직은 변수가 많은 영역이라 섣불리 단정할 수는 없지만 CISCO에게는 어쩌면 또 다른 기회일 수도 있을 것 같습니다. 오히려 SDN을 이용해 CISCO에 더욱 종속적인 네트워크 환경을 만들 수도 있겠다는 생각입니다. 앞으로 몇 년 후 다윗과 골리앗의 싸움에서 누가 웃고 있을지 사뭇 궁금합니다.

:: Juniper

CISCO만큼이나 SDN을 반대했던 Juniper도 Contrail System을 인수하여 SDN에 합류하였습니다. 그런데 Juniper에서 강조하는 SDN은 CISCO와 다르게 Hypervisor 안에서의 Overlay 가상화입니다. 물리적 스위치는 기존 네트워크를 그대로 사용하는 구조로 NICIRA에서 제안하는 SDN과 매우 흡사합니다.

Contrail System은 Juniper의 CTO가 이직했던 회사로 이직한 지 채 1년이 지나기도 전에 다시 Juniper가 Contrail을 인수한 재미있는 이력이 있습니다. Juniper가 그리는 SDN은 Contrail system에서 제공하는 Controller를 이용하며 Hypervisor 내의 소프트웨어 스위치를 통제하고 물리적 네트워크를 경유할 때는 Overlay 기술을 통하되 기존 Juniper의 핵심 기술인 Q Fabric을 이용하는 방식입니다.

즉, Juniper의 SDN 전략은 기존 Juniper의 Infrastructure를 그대로 이용한 상황에서 새로운 사업을 확장하는 가상 솔루션은 Contrail system의 기술을 적용하라는 메시지입니다. 여기에 더해 OpenFlow의 단점을 부각하여 이를 대신할 프로토콜로 XMPP를 권장하고 있습니다. 또한 ProActive 방식을 통해 Controller에서 패킷 포워딩 정보를 미리 설정하도록 하는 방식을 선택하였습니다.

:: HP

SDN이 부각되면서 가장 수혜를 받은 벤더는 아마도 HP일 것입니다. 한국의 경우에도 벤더들 중에서 OpenFlow를 가장 먼저 발표한 곳이 HP인데 초기 HP는 상용을 목적으로 OpenFlow를 발표한 것은 아닙니다.

HP Lab이라는 연구 조직을 통해서 OpenFlow 연구를 지원한 것이 전부인데, 연구용이다 보니 성능적인 이슈나 기능 구현에 있어서 한계가 있었습니다. 특히 HP에서 주력하고 있는 Switch 군은 H3C를 인수한 제품들인데 이곳에는 OpenFlow가 지원되지 않는 한계를 가지고 있었습니다.

하지만 OpenFlow와 SDN이 1년 사이에 매우 큰 관심을 가지게 되자 HP는 이를 전략적 사업으로 정하고 비즈니스 영역에서 활용될 수 있도록 많은 연구와 투자가 이루어지고 있습니다. 현재 HP는 OpenFlow를 지원하는 가장 많은 스위치 제품을 가지고 있으며, 자체 Controller를 통한 다양한 솔루션군과 고객사를 확보하고 있습니다.

HP의 SDN 전략은 Native OpenFlow 방식을 이용하여 최대한 자사의 솔루션과 결합하여 판매를 하는 것입니다. HP의 전략이 주목되는 이유는 다른 기업들은 저마다 데이터센터에 집중하고 있는 반면에 HP는 데이터센터뿐만 아니라 일반 기업 또는 Campus 망에 적용될 수 있는 솔루션을 발표하고 있는 점입니다. 그 중 대표적인 경우가 Sentinel로서 침입탐지 솔루션인 IPS와 로그 분석 솔루션인 ArcSight를 자사 SDN 솔루션과 결합하여 강력한 보안 솔루션을 만들어내었고 이는 SDN에서 매우 주목할만한 UseCase로 자리 잡고 있습니다.

:: NEC

Controller와 스위치를 가장 일찍 상용화한 곳은 NEC입니다. NEC는 일본 기업이지만 SDN과 관련하여서는 NEC America에서 주도하였습니다. HP와 함께 OpenFlow를 가장 적극적으로 지지하는 벤더입니다. 이미 일본과 미국에 상당한 고객사를 확보하고 있습니다.

NEC는 가장 오래된 상용 SDN 벤더답게 OpenFlow Specification v1.0에 제약적인 기능을 보완하기 위해서 자체 솔루션을 제공하고 있는데, 예를 들어 QoS와 IPv6 기능이 제공되고 있습니다. 또한 GUI를 통해 SDN 네트워크에서 실시간 트래픽 추적 및 모니터링이 지원되며, 즉시적인 가상 네트워크 생성 등 SDN 구현과 관련한 상당히 완성도 있는 솔루션을 제공하고 있습니다. 그러나 이러한 기능 개선의 이면에는 다른 OpenFlow Switch와는 호환되지 않는 기능들이 다수 있기 때문에 NEC Controller 사용 시 NEC Switch만을 사용해야 하는 불편함은 존재합니다. 최근에는 OpenFlow Specification 1.3을 지원하는 Controller와 Switch를 벤더 중에서 가장 먼저 출시하였습니다.

현재 SDN 구현 중 Switch에서의 Flow Table 수 제약이 가장 큰 걸림돌로 여겨지고 있는데, 일반적인 Switch의 경우는 보통 2,000개의 Flow Table을 지원하는 것에 반해 NEC 스위치에서는 하드웨어적으로 64,000개 ~ 160,000개의 Flow Table을 지원하고 있기 때문에 탁월한 성능을 제공하고 있습니다.

〈주요 Legacy 스위치 벤더들의 SDN 전략 비교표〉

	OpenFlow	벤더 기술	확장 기술	Controller 보유	SDN 전략
Arista	지원	DirectFlow	JSON	없음	Hybrid
Brocade	지원	없음	OpenScript	없음	Hybrid
CISCO	지원	OnePK API	다양한 API	있음	Native/Hybrid
HP	지원	없음	없음	있음	Native/Hybrid
IBM	지원	Dove	없음	있음	Overlay
Juniper	지원	없음	XMPP	있음	Overlay
NEC	지원	없음	확장 기능 제공	있음	Native/Hybrid

대부분의 Legacy 벤더들은 시장의 요구가 갑자기 증가하여 급하게 전략을 발표하느라 실제로는 SDN 전략을 아직은 세우고 있는 과정입니다. 위의 비교표는 급하게 내놓은 것이 대부분이어서 시간이 흐름에 따라 시장의 분위기를 보며 전략이 바뀔 수 있습니다. 그러나 어떤 벤더든 자사의 이익이 되는 방향으로 접근하고 그에 맞는 목소리를 내놓을 것입니다.

CHAPTER **3**

SDN을 이용한 다양한 활용 예

3.1
참고할만한 SDN 상용 UseCase

OpenFlow가 소개된 초기 OpenFlow에 대한 활용 예는 주로 경로를 제어하는 것에 집중되어 있었습니다. 이때 당시에 소개된 대부분의 UseCase들은 상용 망에 대한 기술들이라기 보다는 효율적인 연구 과제를 테스트하기 위한 환경을 어떻게 꾸밀 수 있는지에 초점을 두고 있습니다. 당연히 그런 의미에서 캠퍼스 네트워크에 집중된 연구들이 많았습니다. 한동안 연구 과제에 지나지 않았던 SDN은 Google을 비롯해 다양한 회사들이 데이터센터에 SDN을 접목함으로써 이제는 캠퍼스 네트워크에서 단순히 경로를 제어하는 수준을 넘어서서 유연하고 지능화된 네트워크를 구현하는 것에 초점을 두고 있습니다.

사실 아직까지 SDN에서 주목할만한 UseCase가 발표되지 않았다는 견해가 많습니다. 이에 대한 다양한 분석이 있습니다. 아직은 완전히 성숙한 기술이 아니기 때문이라는 견해도 있고, 처음부터 말도 안 되는 기술인데 소문만 무성했다는 견해도 있습니다. 어떤 분들은 Google을 비롯한 풍성한 개발 인력과 자본이 뒷받침되는 기업들에서 사용할 수 있는 기술이라고 분석하는 분들도 있습니다.

지금은 초기 시장이기 때문에 참으로 다양한 말들이 오가고 있지만, SDN이 더 이상은 연구 과제에 한정되는 기술이 아니라는 것에는 모두가 동의하는 분위기입니다. 이미 수많은 회사들이 SDN 관련된 제품 발표를 진행하였고, 적은 수이기는 하지만 SDN을 도입한 기업들이 생기고 있습니다. 그런데 이런 도입의 대부분은 데이터센터와 연계된 기술에 초점을 두고 있습니다.

이번 장에서는 SDN을 이용한 활용 예를 살펴보려고 합니다. 가장 일반적으로 알려져 있는 Google과 NTT의 도입 사례를 중심으로 벤더들에서 제시하는 기술들을 가볍게 살펴보고 일반적으로 고민할 수 있는 SDN 활용 예를 알아보도록 하겠습니다.

1) Google 사례

SDN/OpenFlow은 몇 년간 Research에서 뜨거운 연구 주제였지만, Business 영역에서는 잘 알려져 있지 않았습니다. 그러던 SDN이 Business 영역에서도 매우 뜨거운 감자가 된 계기가 2012년도에 2가지 사건이 발생되는데, 그 중 가장 뜨거운 것은 Google의 G-Scale 소개였습니다. Google은 2012년 4월 오픈 네트워킹 서밋(Open Networking Summit)에서 OpenFlow를 통해 자사의 네트워크망을 구성하여 관리가 복잡하고 비효율적이었던 기존의 백본이 성공적으로 개량하였다고 공식 발표를 하였습니다. 세계에서 가장 큰 인터넷 트래픽을 소비하는 Google의 상용망에 OpenFlow를 도입하였으며, 이를 통해 회선 사용률을 95% 이상까지 끌어 올렸다는 발표로 순식간에 시장은 SDN에 보이는 반응이 완전히 바뀌게 되었습니다.

Google은 사용자 트래픽이 유입되는 인터넷 구간인 I-Scale 영역과 Google 데이터센터 간 연결 구간인 G-Scale 영역이 있습니다. 그리고 G-Scale을 통해 연결되는 데이터센터는 전 세계에 13곳이 있습니다.

〈G-Scale을 통해 연결되는 데이터센터〉

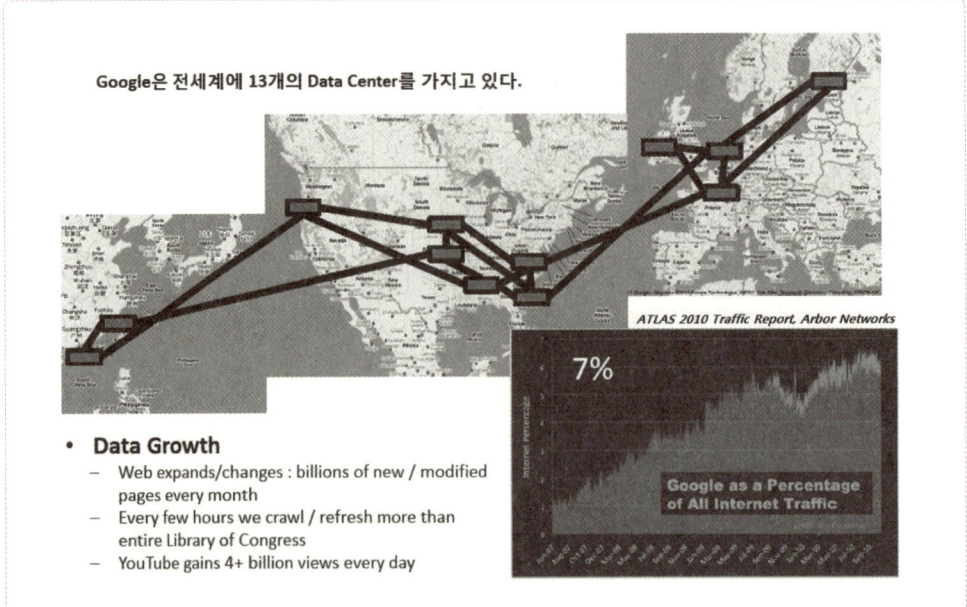

2010년도 자료에 따르면 전 세계 인터넷 트래픽의 7%가 Google에서 사용된다고 합니다. 이렇게 많은 트래픽이 몰리면서 Google에서는 심각한 문제에 직면하게 됩니다. 일반적으로 부피가 커지면 단위 비용이 작아져야 하는데 네트워크 영역에 있어서는 부피가 커지는 것에 비해 줄어드는 단위 비용이 매우 적은 반면, 이 늘어난 부피를 관리하기 위한 관리 비용은 매우 심각하게 높아지는 문제점이 발생했다고 합니다. 뿐만 아니라 장애 또는 구성 변경 시 발생하는 네트워크 다운 타임이 매우 길고 현 네트워크 구성의 한계에 따른 수동적인 운용 방식으로 인해 따라 업무의 비효율성의 개선이 급선무였다고 합니다.

이를 해결하기 위해 Google에서는 G-Scale 망을 중앙 집중화된 네트워킹 구성으로 전환하는 계획을 수립합니다. 2010년도에 시작된 이 'WAN Fabrics' 사업은 2012년에 이르러 전 세계 13개 지역에 이르는 데이터센터들을 연결하여 네트워크 회선의 활용도를 평균 95%로 늘릴 수 있었습니다.

〈SDN 도입 후 일일 네트워크 활용률〉

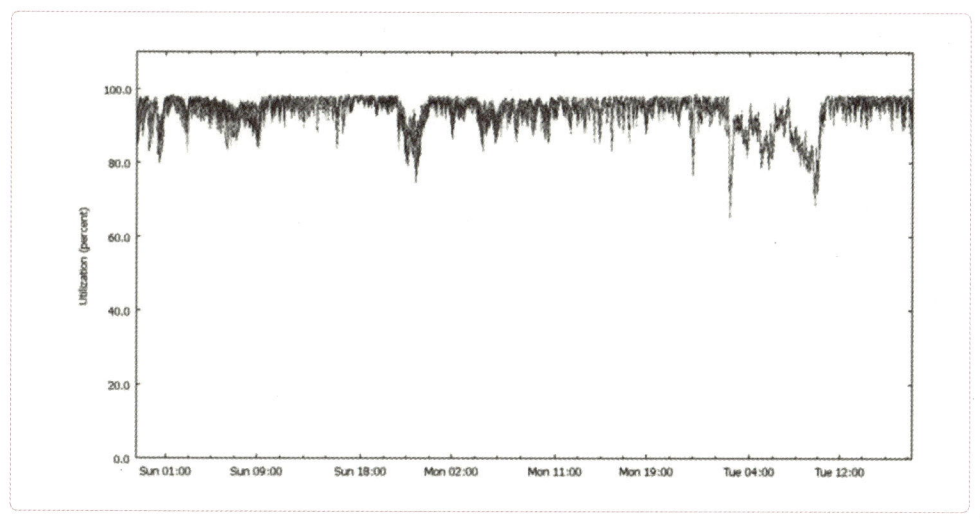

Google의 WAN Fabrics 기본 개념은 G-Scale의 전체 WAN 구간을 하나의 System처럼 동작시키는 것에 초점을 두고 있습니다. 이를 위해서 Control Plane을 중앙에 위치시키고, 각 사이트와 WAN 구간에서 발생하는 이벤트를 중앙에서 처리하도록 하였습니다.

예를 들어, 트래픽 전송 시 기존의 Legacy 방식에서는 최적의 경로를 찾아 전송하게 됩니다. 그런데 최적의 경로는 개별 트래픽을 전송시키는 것에 있어서 매우 효율적일 수는 있지만, 전체 네트워크 사용 관점에서는 매우 낭비가 큽니다. 예를 들어 라우팅 프로토콜 중에서 가장 많이 사용되는 OSPF의 경우 Cost를 기준으로 최적의 경로를 찾게 됩니다.

아래 그림에서와 같이 A에서 B로 트래픽을 전송한다고 하였을 때, 최적의 경로는 100G 네트워크를 통해서 가는 것입니다. 나머지 다른 경로로는 트래픽이 전송되지 않습니다. 매우 회선 사용률이 낮아질 수밖에 없습니다.

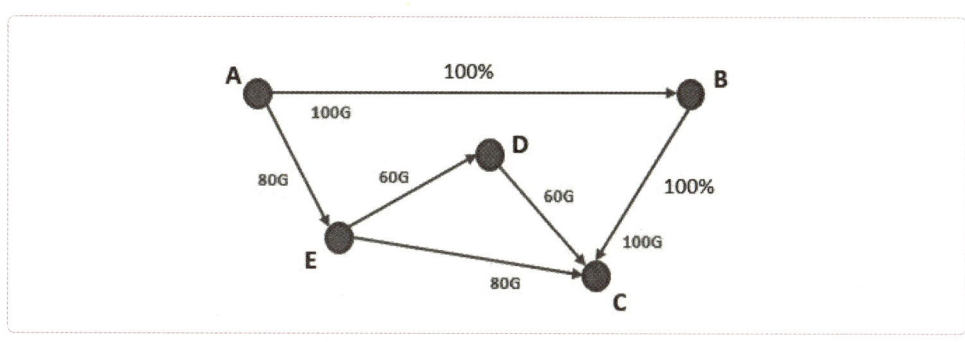

Google의 WAN Fabrics는 이러한 비효율적인 낮은 회선 사용률을 최대한 없애는 것에서부터 시작합니다. 아래 보는 것과 같이 모든 회선을 두루 사용하여서 최대한 회선 사용률을 높이도록 하고 있습니다.

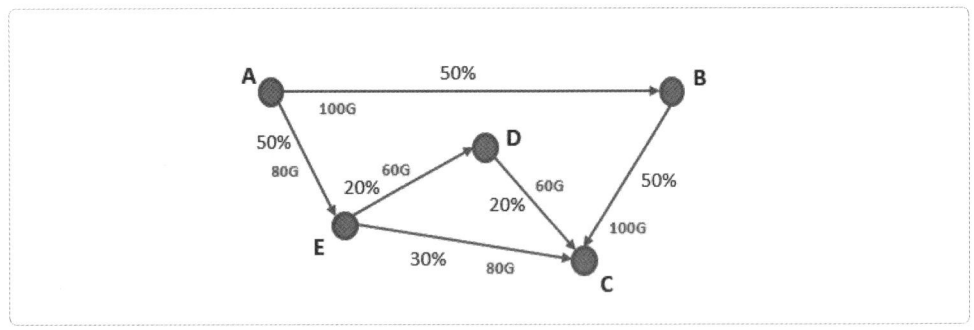

WAN Fabrics를 통해 Google이 궁극적으로 얻고자 한 것은 다음과 같습니다.

- 높은 네트워크 자원 활용률
- Routing 최적화 및 Traffic Engineering
- Non-equal Cost/Shortest path
- 실시간적인 네트워크 현황 파악 및 자동화
- 운영자에게 편리한 최적화된 기술

그런데, 모든 트래픽에 대해서 회선을 나누어 쓰게 하면 될까요? 그렇지 않을 겁니다. 트래픽 종류에 따라서는 빠르게 처리되어야 하는 것이 있고, 어떤 것은 좀 느리게 처리되어도 되는 것이 있을 것입니다.

예를 들어서 WEST에서 EAST로 흐르는 트래픽이 2가지 종류 있다고 가정해 보겠습니다.

- 100Gb/s의 대역폭이 필요한 매우 낮은 Latency를 요구하는 트래픽
- 200Gb/s의 대역폭이 필요한 일반적인 트래픽

그렇다면 우선 순위는 낮은 Latency를 요구하는 트래픽이 더 높기 때문에 더 우선적으로 처리되어야 하는 트래픽입니다.

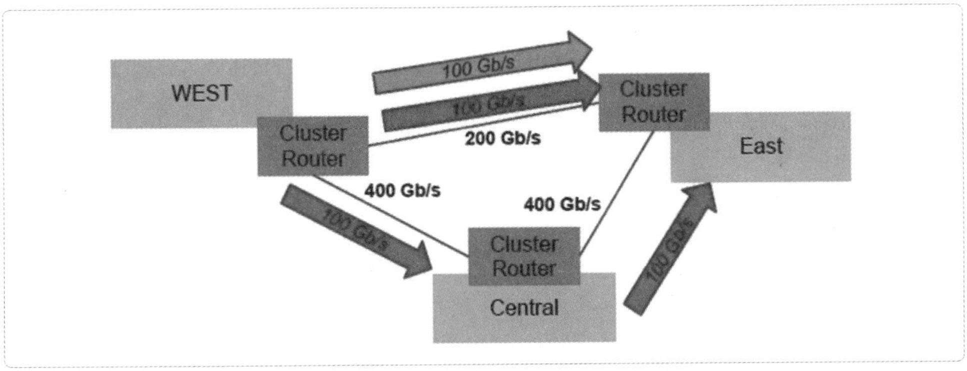

:: West → East demand

• 100Gb/s low latency
• 200Gb/s bulk transfer

West에서 East로 전달되는 가장 빠른 경로는 200Gb/s 구간입니다. 따라서 WAN Fabrics는 200Gb/s 경로의 대역폭 중 100Gb/s를 Low Latency 트래픽에 우선 할당합니다. 그 후에 나머지 100Gb/s를 bulk Transfer 트래픽에 할당하게 되죠. 그리고 남은 100Gb/s는 차순위 경로인 400Gb/s를 통해서 전달됩니다.

그렇다면 WAN Fabrics에서 가장 빠른 경로의 기준은 무엇일까요? 의외로 답은 간단하였는데, RTT(Round Trip Time)가 기준입니다. 아래 그림과 같이 320Gbps 트래픽을 전송한다면 기존의 방식에서는 대역폭이 높은 곳으로 우선 전송할 것입니다. 하지만 WAN Fabric에서는 RTT가 낮은 240Gbps 경로를 우선 채우고, 나머지 80Gbps를 차 순위 경로로 전송합니다.

〈RTT 순위 경로〉

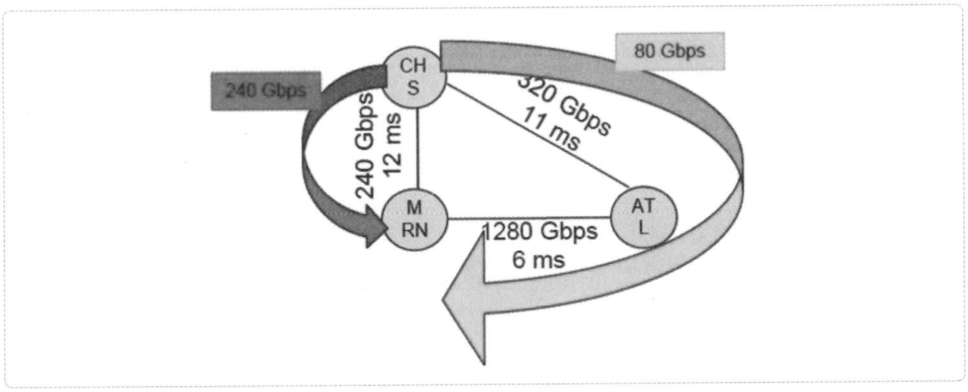

그런데 이를 구현하기 위해서는 전체 네트워크의 회선 사용량과 실시간적으로 필요한 대역폭 산정이 매우 중요한 요소입니다. 그렇지 않다면, 제공 가능한 대역폭보다 더 많은 트래픽이 해당 경로로 순간적으로 몰려올 수 있고, 이 때문에 트래픽이 순간적으로 Drop되는 상황이 발생할 수 있습니다. 따라서 Google은 WAN Fabrics에 4가지 주요 기술을 적용하였습니다.

- Global Broker : 각 사이트의 필요 대역폭 산정
- TE(Traffic Engineering) Server : 필요 대역폭을 위한 경로 설정
- SDN Gateway : TE(Traffic Engineering) Server와 OFC(OpenFlow Controller) 간 연동
- Quagga : 기존 네트워크와 연동

〈Google의 WAN Fabrics〉

이와 같이 구현한 Google의 WAN Fabrics는 정확히 SDN의 Architecture를 따르고 있습니다. 더욱이 Google은 Data Plane과의 통신을 위해 OpenFlow를 이용하고 있습니다. Google의 WAN Fabrics 발표 이후에 SDN/OpenFlow에 대해 비관적이던 여론은 SDN을 '꿈의 네트워크'로 인식하기 시작합니다. 그 이후로 더 이상 기존 네트워크 벤더에서 주로 나오던 SDN/OpenFlow에 대한 비하적인 공격이 사라지고, 기존 벤더에서도 SDN/OpenFlow에 대한 Portfolio를 제공하기 시작하였습니다.

2) NTT 사례

Google의 사례로 인해 상대적으로 잘 알려지지 않은 사례이지만, 매우 의미 있는 SDN 구현이 NTT를 통해서 이루어졌습니다. NTT Communications에서는 OpenStack과 OpenFlow를 이용해서 IaaS Platform을 구현하였습니다.

혹시나 하는 마음에 IaaS에 대해서 간단히 설명해 드리면, IaaS는 Cloud 서비스의 한 종류입니다. 클라우드 서비스에는 SaaS, PaaS 그리고 IaaS 등이 있는데, IaaS는 Infrastructure as a Service의 약자입니다. IaaS는 기업에서 많이 서비스되는 Platform 으로써 서버, 스토리지, 네트워크를 가상화 환경으로 만들어서 필요에 따라 자원을 사용할 수 있게 하는 서비스입니다.

〈IaaS 서비스〉

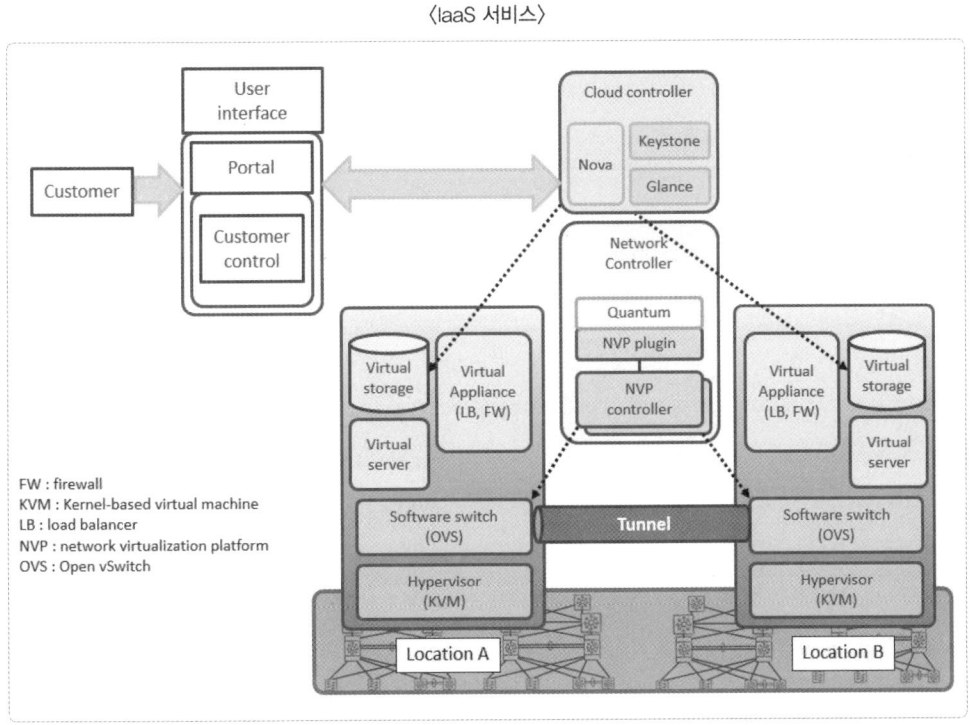

이 중에서 SDN이 담당하는 부분이 Network Virtualization입니다. 기존의 네트워크 구성은 VLAN을 이용하는 방법밖에 없었습니다. 그런데 이렇게 구현할 경우 사전 작업이 너무 많아지고, 즉시적인 서비스 제공에도 많은 어려움이 생기게 됩니다. 이를 해결하기 위한 방법으로 NTT에서는 SDN/OpenFlow를 이용한 Overlay 방식을 선택하였습니다.

〈VLANs 방식과 Overlay 방식 비교〉

(a) Virtual network using VLANs
(b) Virtual network using OpenFlow overlay

기존의 방식에서는 동일한 영역에 있어야 하는 Virtual Server들을 같은 VLAN에 할당하여 물리적인 스위치 또는 라우터를 거쳐서 통신하게 하였습니다. 이를 위해서 물리적인 라우터와 스위치에서는 미리 해당 설정을 수행해야 하며, 만약 변경이 있을 시에는 제공되는 서비스에 영향을 줄 수밖에 없는 환경이었습니다.

하지만 Overlay 방식을 통해 가상 스위치에서 Tunnel 방식으로 연결함으로써 물리적인 스위치에서는 설정의 변경없이 즉시적인 서비스를 제공할 수 있게 되었습니다. 사실 이곳에 도입된 기술이 2012년 VMWare에 인수된 NICIRA의 기술입니다.

NTT의 IaaS Platform 중 Networking 영역에서 구현하려고 했던 내용은 Cloud 환경에 맞는 유연한 네트워크 제공이었습니다. 수많은 가상 네트워크가 Cloud 서비스 사용자들의 요청에 의해 만들어 질 수 있는데, 이때 서비스 네트워크마다 다른 요청을 할 수 있습니다. 예를 들어 어떤 사용자들은 특정 서버와의 통신을 위해서는 Firewall을 경유하도록 하기도 하고, 어떤 사용자들은 임시로 서비스를 제공하도록 하기도 합니다. 이러한 다양한 요구 사항을 유연하게 제공하기 위해서 NTT에서는 SDN을 이용한 가상 네트워크를 통해 유연한 설정을 담당하도록 하였습니다.

⟨Cloud Platform⟩

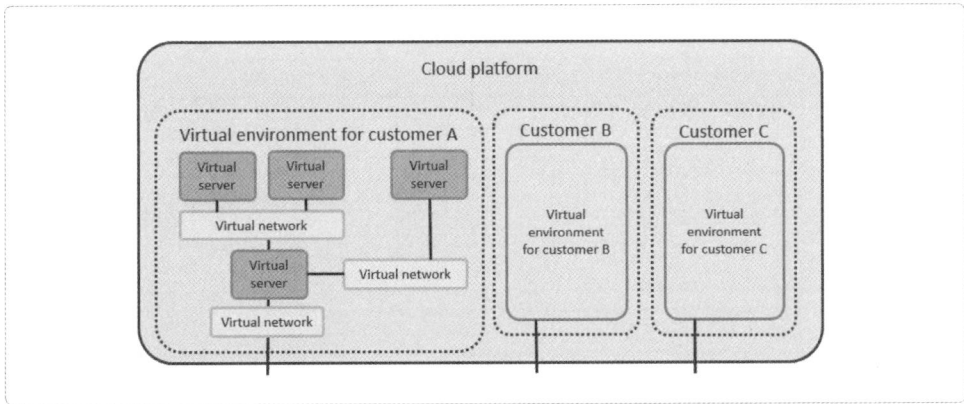

그렇다면 OpenStack과 OpenFlow가 어떻게 서로 유기적으로 연결되어 유연한 서비스를 제공할 수 있을까요? OpenStack에서 Network Control 기능은 Quantum Service에 의해서 제공됩니다. 가상 네트워크 생성, 구성, 제거를 위한 API가 제공됩니다. 이 기능을 수행하기 위해 Quantum Plugin이 사용됩니다.

⟨Quantum Plugin⟩

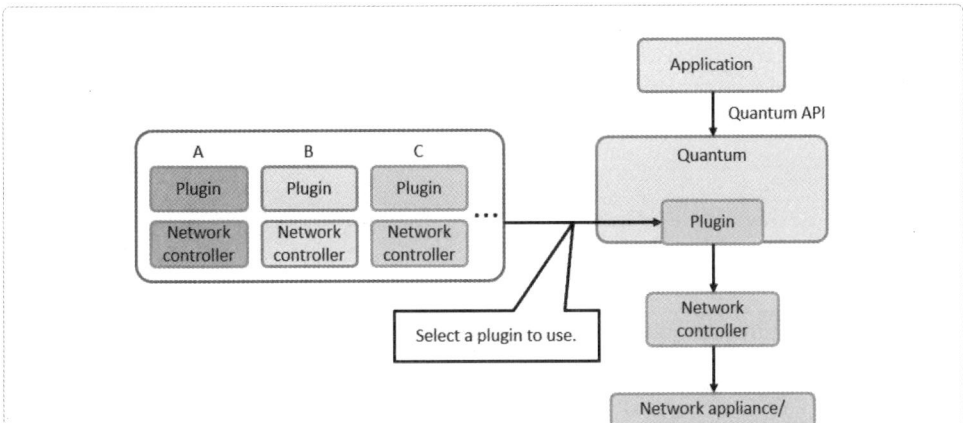

유연한 가상 네트워크를 기반으로 긴급한 재난, 전력 비용 감소, Business의 연속성 등을 이유로 순간적으로 Virtual Machine을 이동해야 하는 것이 가능하게 되었습니다. NTT는 OpenFlow를 이용한 Overlay Virtual Network을 구성하였기 때문에, 타 지역에 있는 가상 스위치 간에 순간적으로 Tunnel을 생성할 수 있습니다. 이때 당연히 물리적 스위치 또는 라우터의 구성 변경은 전혀 필요 없습니다.

⟨Overlay Virtual Network⟩

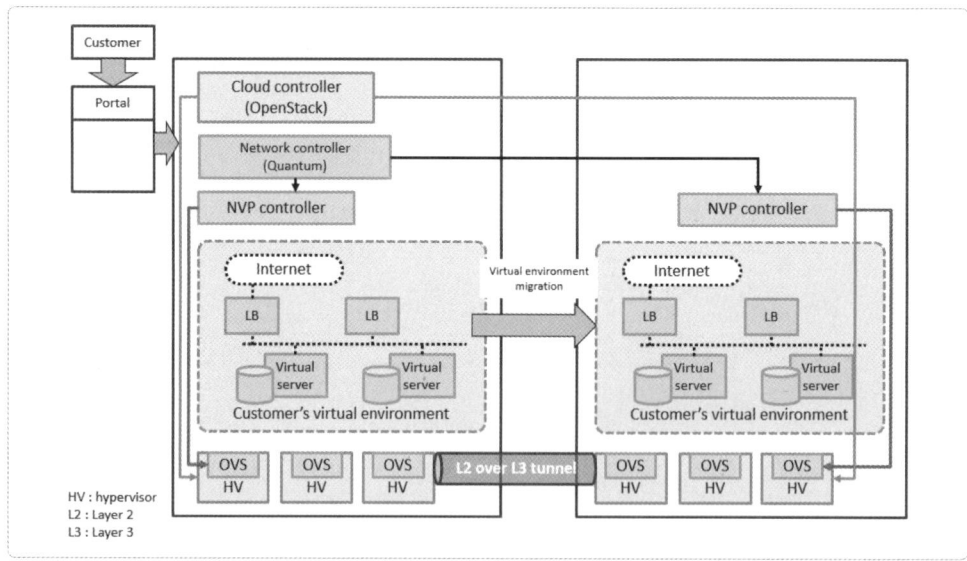

NTT는 OpenFlow를 OpenStack과 연동하여 매우 의미있는 UseCase를 발굴하였으며, 이를 바탕으로 해서 전 세계에 위치한 NTT Communications Enterprise Cloud Data Center에 도입하고 있습니다.

⟨NTT Communications Enterprise Cloud Data Center⟩

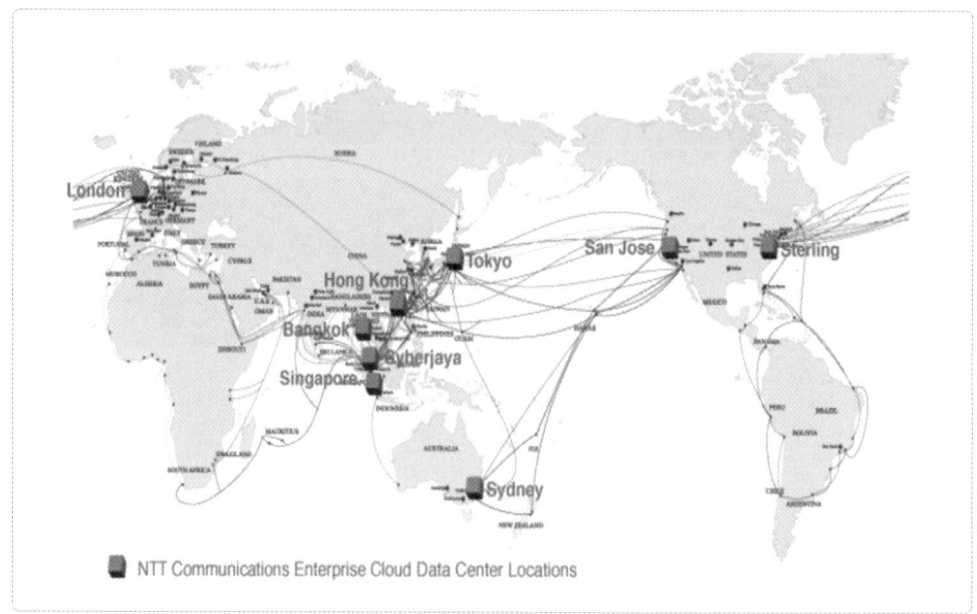

3.2 상용 SDN Solution 살펴보기

1) Cloud의 절대 강자 - NVP

최근 Cloud에 대한 관심도가 매우 뜨겁습니다. Cloud 환경에서 네트워크는 사용자의 요청에 맞춰 동적으로 제공되어야 하지만 현재 Legacy Network에서는 이것이 사실상 불가능합니다. 이 때문에 Cloud Service를 제공하기 위해서 네트워크 담당자는 요청이 있을 때마다 네트워크 구성 정보를 바꾸어주어야 하는 매우 큰 문제점이 있습니다. 이 때문에 Cloud 환경에서 SDN이 매우 큰 주목을 받고 있습니다. 네트워크 가상화 기능뿐만 아니라 적시에 자동으로 네트워크를 생성하고 구성할 수 있는 최적의 대안이 되기 때문입니다.

현재 Cloud Service로 가장 주목을 받고 있는 NTT communications, eBay, Dreamhost, Rackspace들이 모두 NICIRA의 SDN 솔루션을 사용하고 있습니다. 그럼 이번에는 NICIRA에서 제공하는 클라우드 네트워크 가상화 솔루션에 대해 살펴보겠습니다.

NICIRA는 2007년 6월에 설립되어, 2011년 7월에 상용 솔루션인 NVP(Network Virtualization Platform)을 출시하였습니다. 창립 당시 발표한 Mission이 특이한데 'To virtualize the network'입니다. 철저하게 NVP는 Network Virtualization에만 집중하고 있음을 알 수 있습니다.

〈NVP 구성의 기본 개념〉

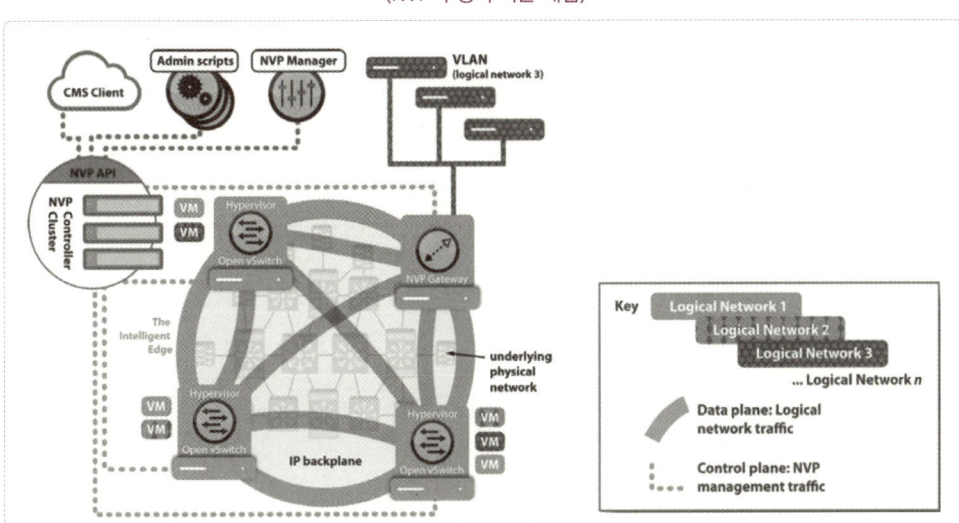

NVP Controller를 Cluster로 구성하여 Hypervisor 내의 가상 스위치인 OVS(Open vSwitch)와 OpenFlow로 통신을 합니다. 그리고 저 뒤에 흐릿하게 표시되어 있는 장비 같아 보이는 것들이 실제 물리적 네트워크 장비들입니다.

SDN이 Control Plane과 Data Plane의 분리라는 것은 이미 알고 계시죠? 그런데 NICIRA는 여기에 한발 더 나아가서 Software 영역과 Hardware 영역의 분리까지 외치고 있습니다. 즉, 물리적 네트워크에 영향을 받지 않고 오직 Software적으로 구현하는 것에 초점을 두었습니다.

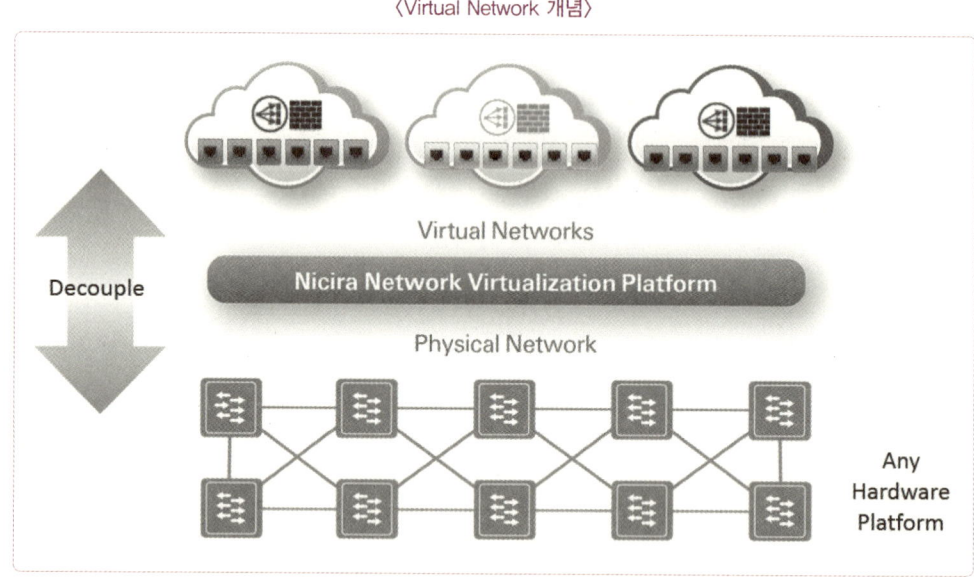

〈Virtual Network 개념〉

NVP 입장에서 물리적 네트워크는 단순히 Hypervisor의 OVS들과 NVP Controller 간에 IP 통신을 위한 수단에 지나지 않습니다. 실제로 NVP 솔루션은 하드웨어 네트워크와 연동을 위한 OpenFlow를 지원하지 않습니다. 그렇게 되면, NVP 솔루션의 정책에 영향을 받는 것은 VM(Virtual Machine)들입니다.

그러면, 물리적 네트워크의 정책에 영향을 받지 않고, 멀리 떨어져 있는 OVS 간 통신은 어떻게 이루어질까요? 이는 Tunnel 방식을 이용하는데, 앞에서도 Overlay를 살펴보았지요? 실제 SDN 영역에서 Overlay 기술이 주목을 받게 된 결정적 계기가 Nicira의 솔루션 때문입니다.

〈Nicira의 솔루션〉

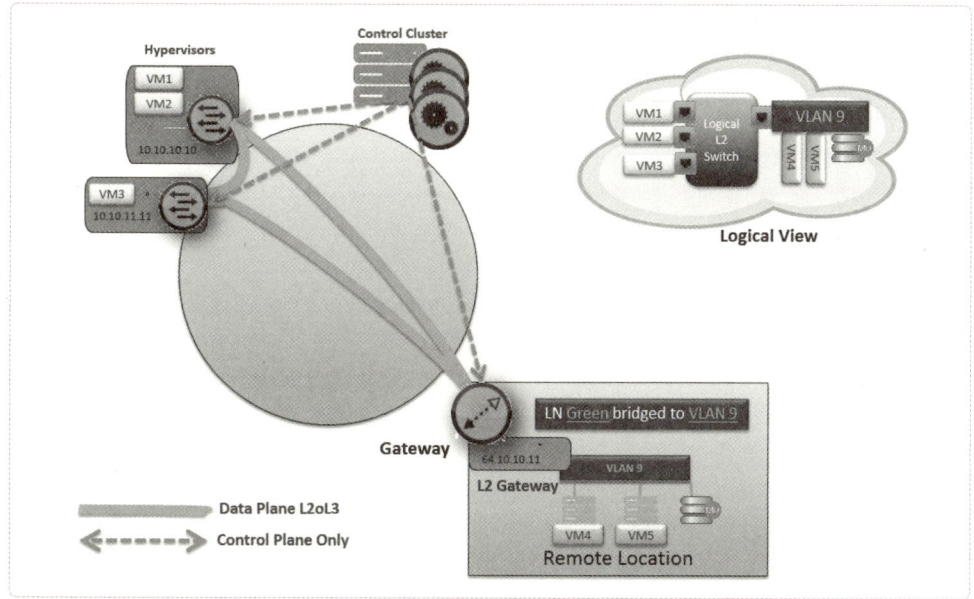

위의 그림에서와 같이 다른 Hypervisor에 VM들이 위치하여도 Tunnel을 통해서 서로의 정보를 확인할 수 있으며, Controller 입장에서 바라보는 Logical View에서는 하나의 L2 Switch에 다 같이 존재하는 것으로 파악합니다.

만약 새로운 Hypervisor가 생성이 되고, 일부 VM들을 새로 생성한 Hypervisor에 옮긴다면 NVP에는 어떤 변화가 생길까요? 결론적으로 말씀드리면, 물리적 위치 변화는 있겠지만, 가장 중요한 Logical View 즉, 가상 네트워크에는 어떠한 변화도 없습니다.

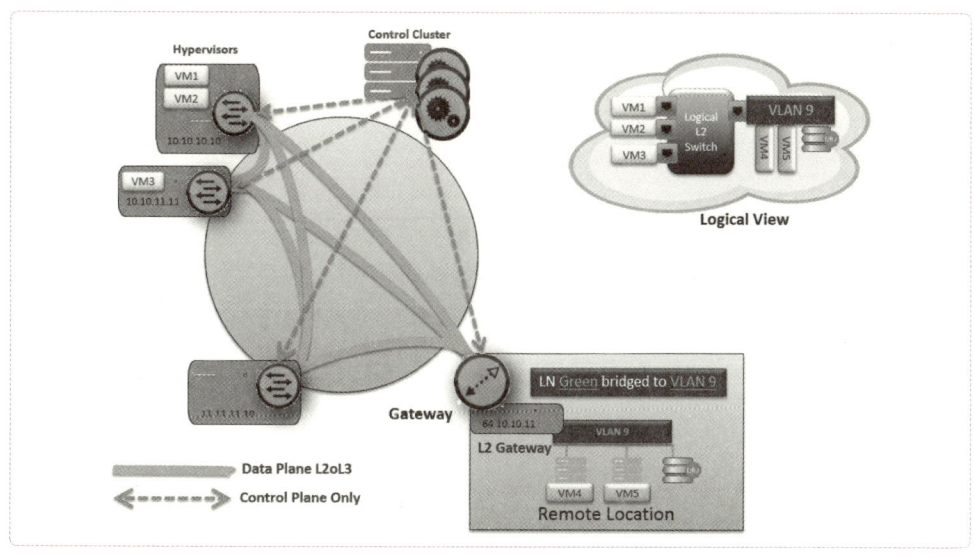

새로운 Hypervisor를 구성하여 OVS를 구동하면, OVS는 OpenFlow를 통해 Control cluster와 통신을 시도하고, Control cluster의 관리에 따라 모든 OVS들과 tunnel을 구성합니다. 그리고 VM이 새로 구성된 Hypervisor에 이동을 합니다. 물리적 위치 변경이 있어도 Control cluster가 인식하는 Logical View에는 변화가 없음을 확인하실 수 있습니다.

그러면 가상 네트워크가 다른 여러 개의 VM들이 혼재해 있을 때는 어떻게 동작할까요?

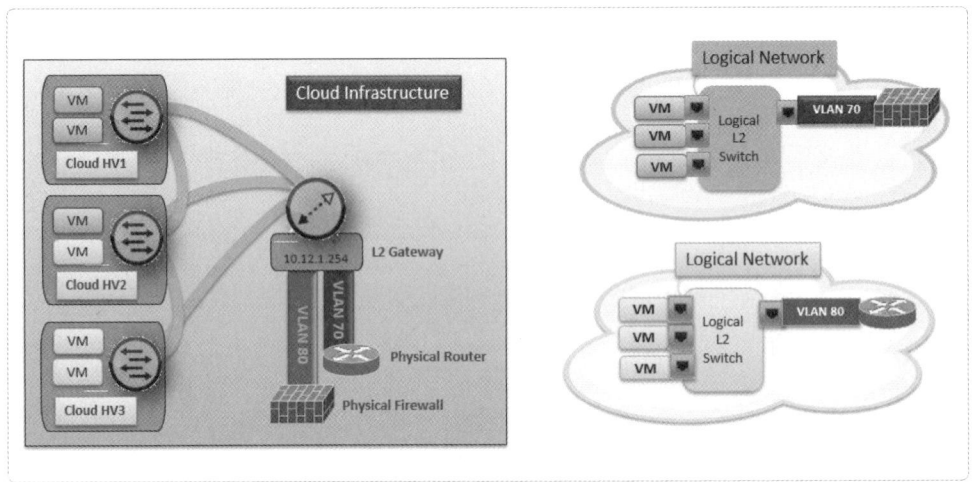

NVP 솔루션은 가상 네트워크 구현을 위한 Logical Switch를 생성합니다. 그리고 이 Logical Switch에 VM들을 매핑시킵니다. VM에는 VM들을 구분할 수 있는 ID들이 생성되는데, NVP는 이 ID를 이용해서 VM들의 위치를 확인할 수 있고 Logical Switch에 정확히 매칭할 수 있습니다. 이렇게 생성된 다른 가상 네트워크에 속한 VM들의 IP address와 MAC address를 동일하게 설정한 후에 같은 Hypervisor 안에 동작시켜도 서로에게 영향을 주지 않습니다. 이미 가상 네트워크로 나누어져 있기 때문에 서로의 존재를 인식하지 못하게 됩니다.

그럼, Controller Cluster는 어떻게 Hypervisor내 VM들의 물리적 구성 내역과 Logical View의 정보를 일치시킬까요? Controller Cluster에서는 2가지 정보를 실시간 확인하는데, 이 중에서 물리적 구성 내역을 Transport Network라고 부릅니다. 그리고 가상 네트워크를 Logical Network라고 부르죠. Controller Cluster는 이 정보를 Hypervisor 별로 확인을 합니다.

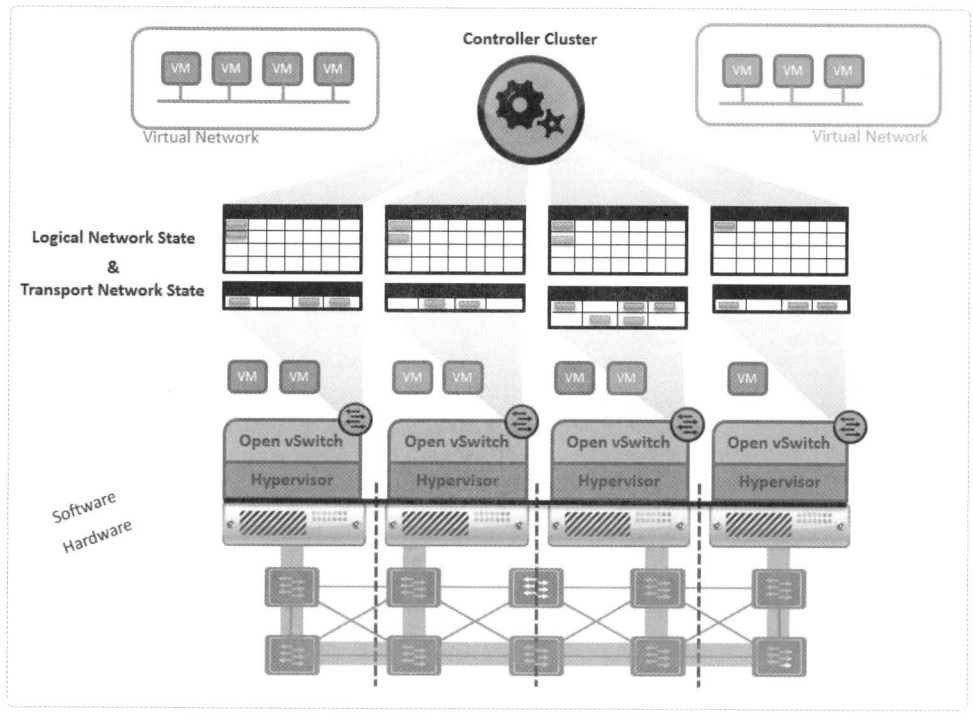

vMotion 등을 통해 VM이 다른 Host로 이동하면, Controller Cluster는 실시간으로 Logical Network State 정보와 Transport Network State 정보를 업데이트합니다. 하지만 보시는 것처럼 Virtual Network는 그대로입니다.

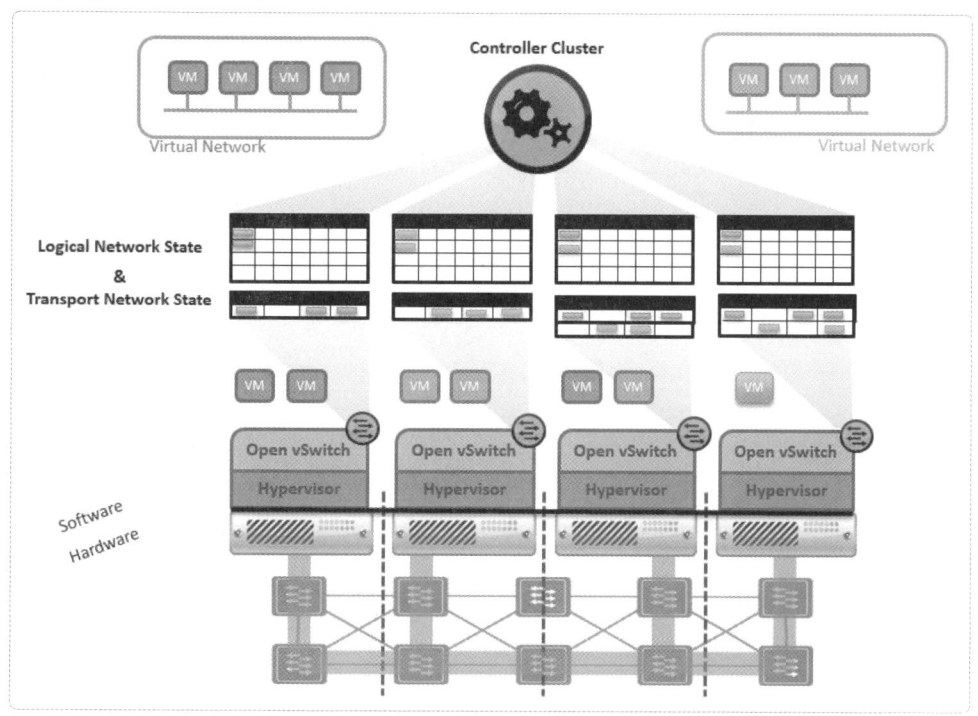

위의 내용을 토대로 Cloud를 위한 Network Virtualization 기반 요소가 마련되었습니다. 그럼 실제 Cloud 시스템과 어떻게 연동되는지 확인해 보겠습니다.

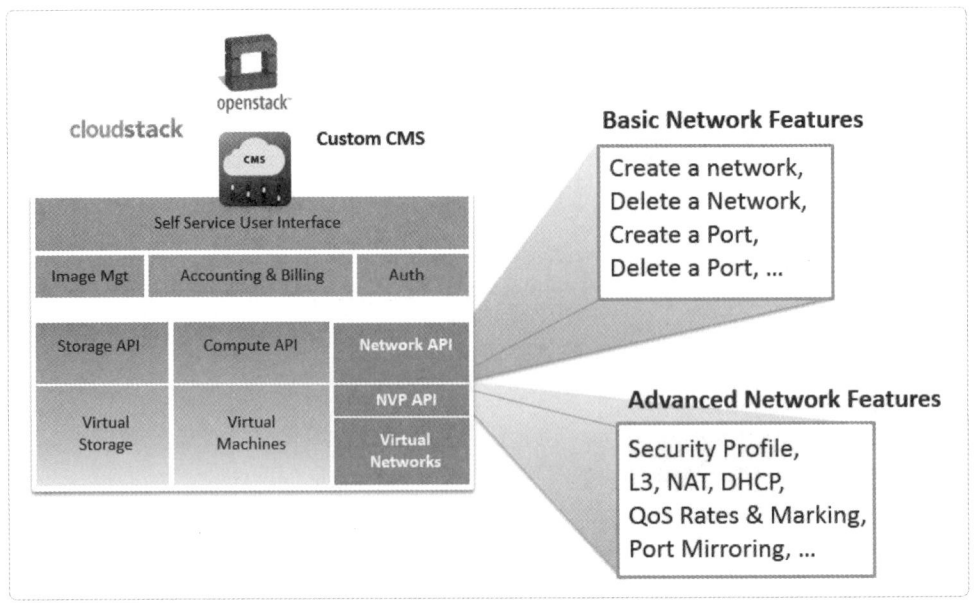

① 고객이 새로이 Cloud Service를 신청합니다.

② 새로운 고객은 CMS(Cloud Management System)에 접속합니다.

③ CMS는 API를 이용해서 NVP Controller Cluster에 새로운 고객을 위한 Logical Switch를 생성하도록 합니다.

④ 고객이 CMS를 통해 자신이 사용할 VM을 요청합니다.

⑤ CMS는 해당 VM을 생성하면서 NVP Controller Cluster에게 Logical Switch에 Logical Port를 생성하도록 합니다. 그리고 이 새로 생성된 Logical Port에 지금 막 생성한 VM을 매핑합니다. (새로 생성된 VM VIF ID 이용)

⑥ VM이 가동되면 OVS는 자신에게 연결된 새로운 VM VIF ID를 Controller에게 알려줍니다.

⑦ Controller는 OVS Configuration을 분석하고 필요한 연결을 만듭니다.

⑧ 두 번째 VM이 동일한 방식으로 생성됩니다.

⑨ NVP는 새로운 고객이 생성한 VM이 존재하는 Hypervisor 간에 Tunnel을 생성합니다.

⑩ 새로 생성되는 모든 VM에 동일하게 동작하여, 새로운 고객의 VM들은 하나의 Logical Switch에 존재하게 됩니다.

Nicira 솔루션은 클라우드 환경에서 가장 중요한 요소인 VM(Virtual Machine)에 대한 자유로운 이동 보장 및 논리적 재분배를 통해 운용의 편리성 및 서버 구성의 효율성을 제공하여 운영 비용 및 전력 비용을 상당히 줄일 수 있는 솔루션으로 평가됩니다.

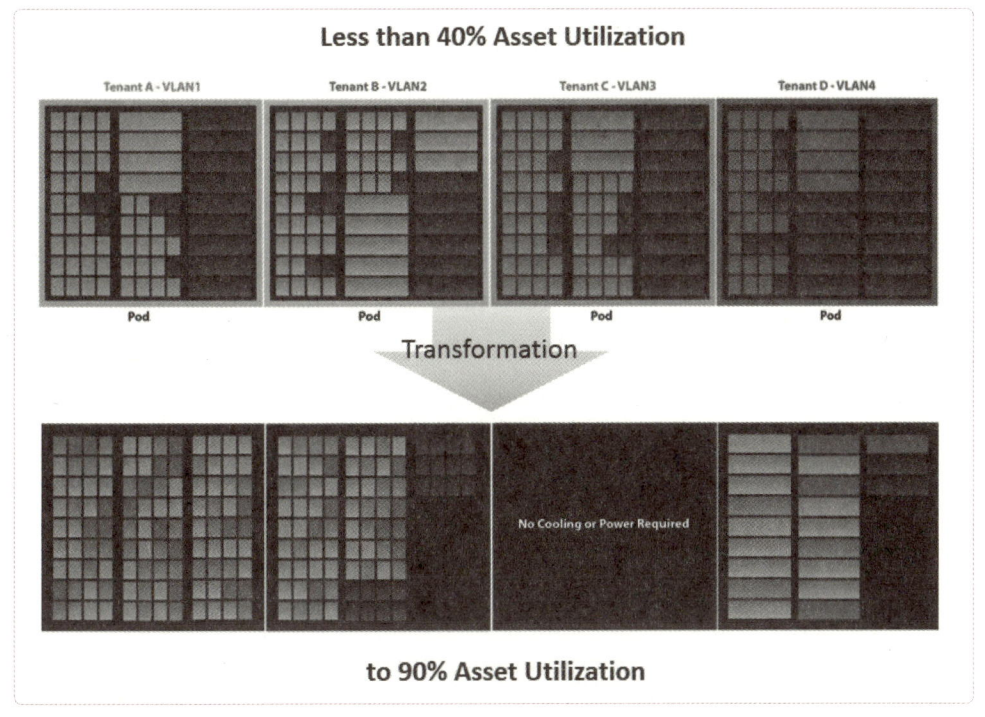

2) DataCenter 솔루션 – NEC

네트워크 제조사로서는 우리나라에 다소 낯선 NEC가 OpenFlow 영역에서는 매우 많은 활동을 하고 있습니다. Controller와 물리적 스위치를 동시에 제공하는 네트워크 장비 제조사는 NEC가 최초입니다. NEC가 제공하는 SDN 솔루션은 미리 정의한 네트워크를 기반으로 동작하도록 하는 특징이 있습니다. 초기 NEC 솔루션을 접하는 사람들이 매우 당황했던 부분인데, 일반적인 SDN 솔루션들은 OpenFlow Enabled Switch가 Controller와 연결이 되면 자동으로 호스트들 간은 통신을 할 수 있지만 NEC 솔루션은 Controller에서 미리 가상 네트워크를 구현해야만 통신을 할 수 있습니다.

이렇게 구현되는 이유는 NEC의 SDN에서 물리적 스위치는 패킷이 단순히 지나가는 경로일 뿐이기 때문입니다. 실제적인 모든 네트워크는 Controller에서 그림을 그린 가상 네트워크에서 동작하게 됩니다. 따라서 호스트들이 통신하기 위해서는 미리 Controller에 의해서 호스트들을 구분할 수 있는 가상 네트워크들이 생성되어 있어야 합니다. 그러나 이러한 가상 네트워크는 즉시적으로 생성되며, 가상 네트워크를 추가하거나 제거할 때 물리적 스위치에서 변경해 줄 설정은 없기 때문에 기존에 운영 중인 네트워크에 어떠한 영향을 주지 않습니다. 완전히 독립된 형태의 네트워크로 동작하며, 이러한 가상 네트워크를 구현하기 위해서 Flowvisor 등이 필요하지 않습니다. 즉, 하나의 Controller 상에서 완전 다른 가상 네트워크를 동작시킬 수 있습니다.

〈가상 네트워크 구현〉

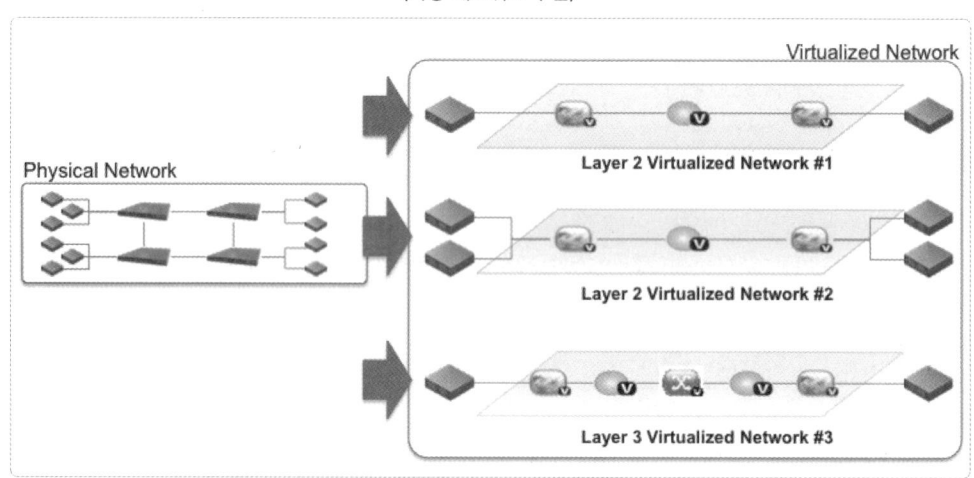

이러한 가상 네트워크는 동시에 100개까지 구현할 수 있으며, 특징으로는 가상 라우터를 생성하여 가상 네트워크 안에서 라우팅을 동작시킬 수 있습니다. 물론 이 라우팅은 Legacy Network와도 연동되어 외부로부터 SDN 가상 네트워크로 접근이 가능합니다. 이 가상 네트워크는 Controller에 의해서 구현되는 것이므로 물리적 OpenFlow Enabled Switch와 상관없이 어느 곳에나 연결하여도 해당 Host는 미리 정의된 가상 네트워크에 연결되어 통신이 가능합니다.

〈물리적 구성〉

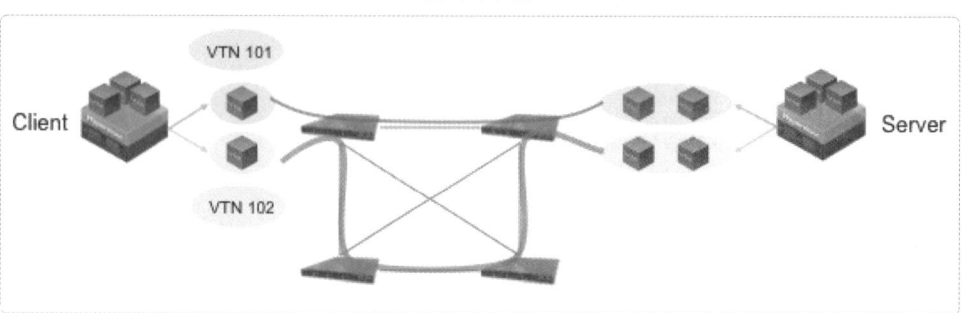

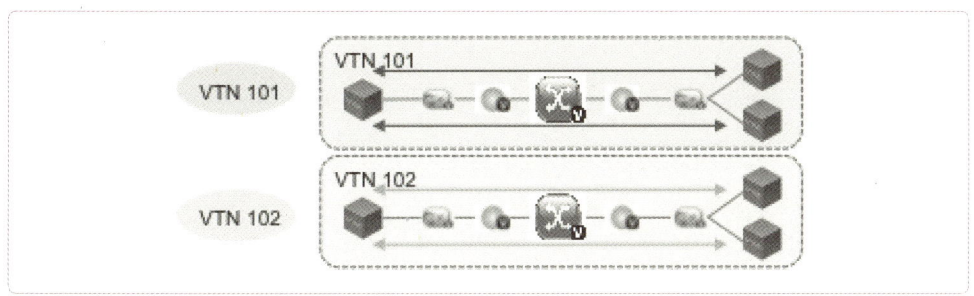

〈가상 네트워크 구성〉

동일한 물리적 구성 안에 Controller를 통해 2개의 가상 네트워크를 생성하였습니다. 그리고 가상 네트워크 VTN 101은 Controller에 의해서 파악된 최적의 경로를 통해 통신하도록 하였고, VTN 102는 사용자에 의해서 정의된 가장 우회하는 경로로 통신이 되도록 하였습니다. 물론 이러한 경로 변경은 가상 네트워크별로 우회하도록 할 수도 있고, Application 별로 우회하도록 할 수도 있습니다. 이는 물리적 경로는 다르지만 논리적 경로는 같게 됩니다. 따라서 물리적 네트워크 구성 정보 창에는 현재 구성되어 있는 물리적 정보가 그대로 보이면서 Flow Table 별 경로를 정확하게 표시하지만, 가상 네트워크 구성 정보 창에는 VTN 101과 VTN 102의 정보가 동일하게 나오게 됩니다.

초기 SDN 시장에서 안정적인 기술을 제공하면서, 이미 상용 단계의 서비스를 제공하고 있는 회사 중의 하나인 NEC는 이제 물리적 스위치의 영역에서 벗어나 Hypervisor 상에서 동작하는 소프트웨어 스위치까지 제공하고 있습니다. 하지만 아직까지는 OpenFlow Specification을 통해서 제공되는 기술들의 한계로 인해 NEC에서는 벤더 확장 기술을 많이 사용하고 있어 타 제조사의 스위치들과의 호환성에 이슈가 있습니다. 하지만 SDN의 유연함과 성능을 맛보기에는 매우 좋은 솔루션입니다.

3.3
SDN을 활용한 구현 가능한 UseCase

1) Elastic Tree - 데이터센터 전력 효율화

데이터센터의 가장 머리 아파하는 영역 중 하나가 막대한 전기 사용량입니다. 데이터센터의 규모가 날로 팽창하면서 데이터센터 내에서 사용되는 전력의 양도 매우 늘어나고 있습니다.

각종 장비들에서 사용되는 전력뿐만 아니라 장비들에서 나오는 열을 식히기 위해 사용되는 전력의 양이 무시무시하다고 합니다.

데이터센터 전력 사용의 약 20%는 네트워크 영역에서 일어난다고 하는데, 이는 결코 작은 수치가 아닙니다. 하지만 네트워크 장비들은 안정성을 고려하여 장비 이중화뿐만 아니라 링크 이중화도 되어 있는데, 이 모든 장비는 항상 전력이 켜져 있습니다. 그렇지만 모든 장비와 링크가 패킷 전송에 사용되는 것은 아닙니다. 이미 설명하였듯이 현재 네트워크 환경에서 패킷은 최적의 경로로만 전송되기 때문에 불필요한 전력이 낭비되고 있습니다. 하지만 현재의 기술로는 이를 극복할 수 있는 방법이 없습니다. 이 문제에 착안하여 해결 방안을 모색한 것 중에 Elastic Tree가 있습니다.

이 Elastic Tree의 목적은 Traffic의 사용량이 많은 경우에는 전력을 많이 사용하고, Traffic의 사용량이 적은 경우에는 전력을 적게 사용하도록 하는 것에 있습니다. 따라서 Traffic은 최적의 경로를 찾아서 흐르는 것이 아니라 전력을 최소화할 수 있는 경로를 찾아서 흐르게 됩니다.

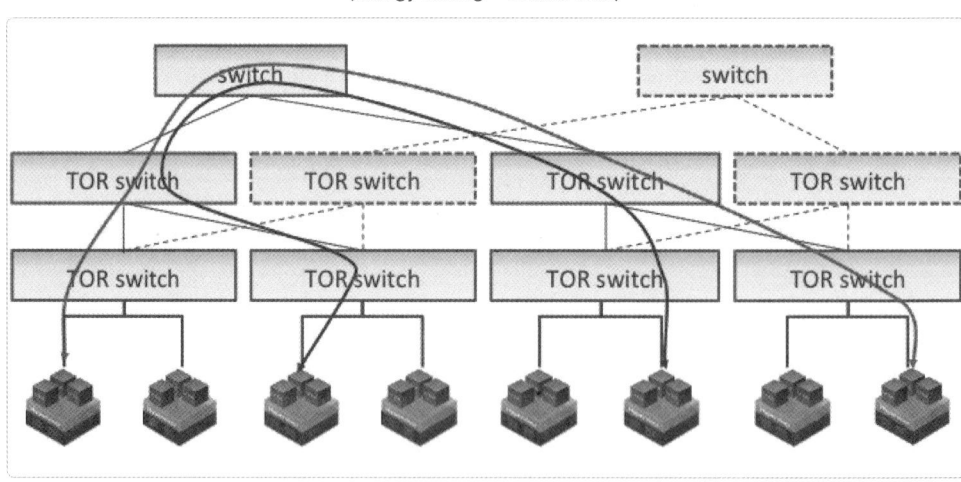

〈Energy Saving - Elastic Tree〉

지금의 장비에서도 이러한 기능 중 일부가 구현되어 있습니다. 일부 벤더에서 지원하는 기능들은 대부분 장비의 해당 포트에 많은 트래픽이 몰리면 전력을 최대 지원하고 트래픽이 몰리지 않는 경우 전력을 최소화하도록 디자인되어 있는 수동적 방식입니다. 이를 통해서도 일부 효율적 전력 사용을 할 수 있다고 합니다. 하지만 이는 매우 수동적인 방식으로 트래픽을 우회시키거나 하지는 않습니다.

하지만 Elastic Tree의 경우에는 Traffic을 우회시키는 기능이 있어서 Traffic의 양에 따라서 능동적으로 장비 및 링크의 전력을 조절할 수 있게 됩니다. 이러한 기능은 다양한 곳에서 응용 가능할 것으로 보입니다.

최근 서버 가상화 추세에 따라 일부 Hypervisor에서는 사용량이 많지 않은 경우 VM들을 한 곳으로 몰아서 운영하다가 사용량이 많은 경우는 다시 분산시켜서 전력 사용의 효율성을 제공하는 기능들이 있습니다. 이를 Elastic Tree와 연동한다면 훨씬 좋은 전력 효율화를 가지고 올 수 있을 것으로 기대됩니다.

2) 서비스 체이닝

최근 SDN을 활용한 UseCase들은 상당수가 서비스 체이닝을 이용한 방식입니다. 서비스 체이닝에 대해서 간단하게 설명하면 사용자나 Application 별로 제공되는 서비스를 다르게 하는 방식입니다. 네트워크는 특성상 다양한 Application과 다른 우선 순위의 트래픽들이 같은 경로로 흐르게 됩니다. 그런데 네트워크를 이용한 서비스가 점차 늘어나면서 같은 경로를 흐르던 트래픽별로 다른 서비스를 제공해야 하는 경우가 발생합니다. 현재의 네트워크 구현 방식으로는 이를 동적으로 제공하는 것이 불가능합니다.

〈서비스 체이닝〉

지금의 네트워크에서 Firewall을 거쳐 흐르게 하려면 OF Switch 사이에 Firewall을 두는 것이 기본 구성입니다. 그럴 경우 모든 트래픽은 반드시 Firewall을 통과해야 하므로 불필요한 고성능 장비가 요구됩니다. 하지만 서비스 체이닝을 통한 구현에서는 원하는 트래픽만을 Firewall을 통과하도록 할 수 있습니다.

이러한 기능이 다른 Application과 연동하게 되면 매우 유연하면서도 강력한 서비스를 제공하는 툴이 될 수 있는데, 예를 들어 서비스 체이닝을 이용한 보안에서 활용될 수 있습니다. 평상 시에는 최적의 경로를 통해 트래픽이 흐르다가 트래픽 모니터링에서 이상 징후가 발생한 트래픽 발견 시 해당 트래픽을 Firewall 또는 IPS 경로로 우회시킬 수 있습니다. 이는 트래픽 모니터링과 관리 Application에 의해서 Controller에 경로를 변경하도록 하는 비교적 간단한 방법이지만 네트워크 유연성 제공 및 운용의 편리성 면에서 매우 좋습니다.

SDN을 활용한 많은 연구가 진행되고 있습니다. WiFi에 SDN을 접목하는 것도 이미 다양한 방안이 제시되고 있습니다. SDN을 이용한 서버 로드밸런싱이나 경로 로드밸런싱에 대한 많은 자료들도 쉽게 찾아볼 수 있습니다. 이외에 보안 영역, 전송 영역 등에서도 SDN을 이용할 수 있는 방안들에 대한 많은 자료들이 발표되고 있습니다.

하지만 아직까지 이런 제품들이 상용화되어 소개되기에는 이른감이 있습니다. 초기 시장에서 SDN이 가능성을 보여주었다고 한다면 이제 SDN은 단순히 가능성이 아닌 SDN을 통한 기대 효과를 제시할 수 있어야 합니다. 아직까지 데이터센터 영역을 제외하고는 기존에 잘 사용하던 솔루션들을 왜 SDN화된 솔루션으로 바꾸어야 하는지에 대한 답이 명확하지 않습니다. 이로 인해 SDN이 마치 데이터센터 기술로 오해를 받기도 합니다. 이는 SDN 진영에서 반드시 풀어야 할 숙제일 것입니다.

CHAPTER 4

SDN 동작 방식의 이해

4.1
OpenFlow Network 동작

지금까지 SDN에 대해 전반적인 이야기를 하였습니다. 하지만 아직까지 SDN이 정확히 어떻게 동작하는지 확인하지는 않았습니다. 지금의 고질적인 네트워크 문제를 해결할 수 있다고 주장하는 SDN 기술을 좀 더 명확하게 이해하기 위해서는 Controller와 스위치들의 동작 방식을 확인하는 것이 도움이 될 것입니다.

이번 장에서는 Controller의 기본 동작 방식에 대해서 집중적으로 살펴보도록 하겠습니다. 주된 내용은 Controller가 어떻게 Topology를 인식하고, 전송 경로 및 네트워크 모니터링을 수행 하는가와 관련된 내용이고 또 다른 한가지는 호스트 간 어떻게 통신을 하는지에 대한 내용입니다. 특별히 이번 장에서는 각 통신 시마다 주고 받는 패킷을 직접 캡처하여 이해를 높이도록 하였습니다.

1) OpenFlow Protocol Message의 종류

OpenFlow는 Controller와 Switch 간 정보를 주고 받기 위한 대표적인 Southbound API 입니다. OpenFlow가 정교하면 할수록 더욱 유연하고 효율적인 네트워크 프로그래밍이 이루어지게 됩니다. 이를 위해서 OpenFlow에서는 Controller와 Switch 간에 다양한 정보를 주고 받게 되는데, 이를 OpenFlow Protocol Message라 부릅니다. 이를 크게 구분하면 총 3가지 Type으로 구분할 수 있습니다.

- Controller-to-Switch
- Asynchronous
- Symmetric

각 Type의 Message 안에는 여러 개의 상세한 Message들로 구성되는데, 이는 OpenFlow Specification이 바뀔 때, 용어 중 일부가 변경되거나 추가되고 있습니다. 여기서는 최근 Specification에 맞춰 용어를 사용하도록 하겠습니다. 기본 개념은 같으므로 용어가 달라도 이해하는 것에는 큰 어려움이 없을 것입니다.

Controller-to-Switch Message는 말 그대로 Controller가 생성하여 Switch에 전달하는 Message로써, 주로 Switch의 상태를 관리하거나 점검하기 위해 사용합니다. 이 Message 의 대표적인 것으로는 Features, Configuration, Packet Out 그리고 Barrier가 있습니다.

이 중에서 Feature와 Packet Out에 대해서 간단하게 알아보도록 하겠습니다.

- **Features** : 이 Message는 주로 OpenFlow Channel을 형성할 때 사용되는 것으로서 해당 Switch 의 Capability를 확인하기 위해 사용됩니다. Controller에서는 features request를 원하는 Switch에 전송하며, 해당 Switch는 Feature reply를 통하여 Controller에 응답하여야 합니다. 이 reply 안에는 Switch에서 수행 가능한 Action 값들 및 port들의 연결 속도, duplex 등이 정보로 제공됩니다.
- **Packet Out** : Packet In Message를 통해 스위치로부터 수신한 Packet을 해당 스위치 상의 특정한 포트로 전송하기 위해 사용됩니다. 이 Packet Out을 이해하기 위해서는 Packet In과 함께 확인할 필요가 있습니다. 이 부분에 대해서는 잠시 후 확인하도록 하겠습니다.

Asynchronous Message는 Switch가 생성하는 Message로서, Switch의 상태 변경 및 Network Event를 Controller에서 업데이트하기 위해 사용합니다. 주요 Message에는 Packet In, Flow-Removed, Port-status와 Error가 있습니다.

이 중에서 Packet In과 Flow-Removed에 대해서 간단하게 알아보도록 하겠습니다.

- Packet In : Switch가 Controller에게 Packet을 전송하여 Packet에 대한 Control을 받기 위해 사용됩니다. Packet이 왔을 때 해당 Packet에 대한 Flow Table이 없으면 이를 Controller에 보내는 것은 이미 잘 아실 것입니다. 이 때 사용되는 Message입니다. 또는 Flow Table의 Action에 Controller로 보내라고 정해져 있을 때도 사용됩니다.
- Flow-Removed : Flow Table에서 삭제할 Flow Entry 정보를 Controller에 주기 위해서 사용됩니다. 이는 Controller가 Switch에 해당 Flow에 대한 삭제를 요청하였거나 Flow timeout이 발생하였을 때에 Flow Expiry process에 의해서 발생합니다.

Symmetric Message는 Controller와 Switch에서 모두 생성되며, 상대방의 요청이 없어도 전송되는 특징을 가지고 있습니다. Hello, Echo, Experimenter가 주요 Message입니다.

이 중에서 Hello와 Echo에 대해서 간단히 살펴보겠습니다.

- Hello : Controller와 Switch 간에 연결을 시작할 때 사용합니다.
- Echo : Controller와 Switch 간 연결에 이상이 없음을 확인하기 위해 주로 사용되는데, Echo에 대해서는 반드시 Echo Reply를 전송합니다.

그럼 Controller와 OpenFlow Switch 간 Session 연결은 어떠한 순서로 이루어질까요?

① TCP Session Established

② Hello 교환

③ Feature Negotiation

④ Configuration Message 교환

⑤ Stats Message 교환

⑥ Vendor Message 교환

⑦ Flow Mod 전송

⑧ Stats Message 교환

⑨ Echo Message 교환

자세한 통신은 다음 내용을 확인하도록 하겠습니다.

2) Topology Discovery 절차

앞에서 설명한 기본적인 OpenFlow Protocol Message를 이용하여 OpenFlow Network에서 Controller가 어떻게 Topology를 Discovery 하는지 확인해보도록 하겠습니다. 절차는 아주 간단합니다. OpenFlow Enabled Switch에서 Controller와의 통신을 위해 기본적인 설정을 하면 Controller에서는 스위치들이 존재하는 것은 알 수 있지만 서로 어떻게 연결되어 있는지 알 수가 없습니다. 이유는 지금까지 확인한 Message들은 Controller와 Switch 간 서로 정보를 확인하기 위한 것이 전부였으니까요.

그래서 아래 그림과 같이 이미 Switch 간에는 물리적 링크들이 서로 연결되어 있음에도 Controller가 인식하고 있는 네트워크 Topology는 서로 간에 어떠한 연결도 되어 있지 않은 상황입니다. 그럼 어떠한 원리로 Controller는 실제 네트워크의 Topology 정보를 확인할까요? 여기서 우리는 LLDP와 Packet In 그리고 Packet Out Message의 절묘한 만남을 확인하실 수 있습니다.

OpenFlow Enabled Switch 포트의 status 정보를 스위치에서 Controller에 보내면서 Topology Discovery가 이루어집니다. 먼저 빠른 이해를 돕기 위해 간단하게 절차를 설명하면 다음과 같습니다.

① Switch의 포트가 Down에서 Up으로 변경됩니다.
② 이 포트의 변경 사항을 Switch에서 Controller에 보냅니다.
③ Controller는 LLDP가 Switch의 변경된 포트를 통해 전송되도록 Packet Out Message로 생성하여 전송합니다.
④ 이것을 수신한 Switch는 Packet Out Message에 담긴 LLDP를 인접한 Switch에게 전달합니다.
⑤ LLDP를 받은 인접한 Switch는 해당 LLDP를 어떻게 처리해야 할지 모르기 때문에 이 Packet을 Controller에 Packet In Message로 보냅니다.
⑥ Controller는 이를 통해 스위치 간 연결 정보를 확인하게 됩니다.

이와 관련한 절차를 자세하게 알아보도록 하겠습니다. OpenFlow를 이해하는데 꼭 필요한 부분입니다.

〈Topology Discovery〉

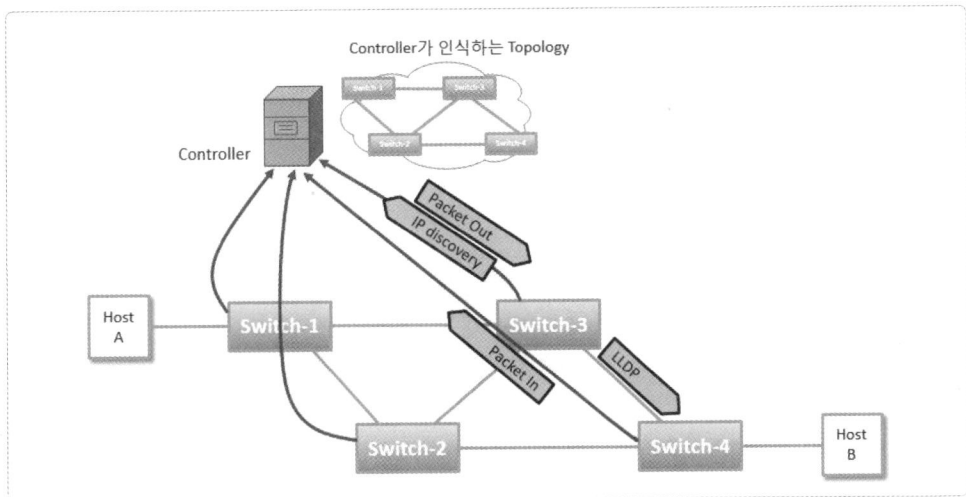

① OpenFlow Enabled Switch는 Controller에게 Interface Up/Down event를 알리기 위해 IF discovery 메시지(Port Status Message)를 전송합니다.

- Port Status Message는 OpenFlow Enabled Switch의 IP를 Source로 Controller의 IP를 Destination으로 하여 OpenFlow Enabled Switch에서 생성되어 전달됩니다.
- Port Status Message에는 이 Message를 전달하는 이유, port의 번호와 MAC 주소 정보, 그 외 다양한 기능 정보들이 있습니다.

〈Port Status Packet Capture(The port was added)〉

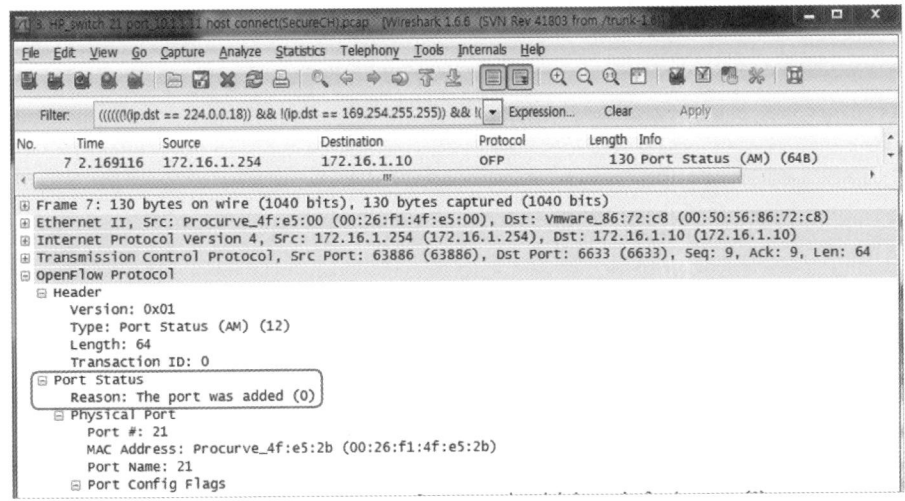

② Controller는 Event를 받은 해당 Switch의 interface를 통해 LLDP 패킷이 전송되도록 Packet Out Message를 전송합니다.

- Packet Out Message는 Controller에서 OpenFlow Enabled Switch의 특정 port로 packet을 전달하기 위한 Message입니다.
- Packet Out Message는 Controller의 IP를 Source로 OpenFlow Enabled Switch의 IP를 Destination으로 항상 Controller에서 생성되어 전달됩니다.
- LLDP packet이 OpenFlow Enabled Switch를 통해 전달될 수 있도록 Output Action을 지정되어 Packet Out Message로 생성됩니다.
- Packet Out Message를 수신한 OpenFlow Enabled Switch는 그 내부의 LLDP packet을 지정된 Output Action에 따라 처리합니다.

〈Packet Out Message Capture〉

```
No.   Time       Source                Destination        Protocol    Length Info
  8  2.178002   Procurve_4f:e5:2  LLDP_Multicast   OFP+LLDP   151 Packet Out (CSM) (85B) => Chassis Id = 00:26:

⊞ Frame 8: 151 bytes on wire (1208 bits), 151 bytes captured (1208 bits)
⊞ Ethernet II, Src: Vmware_86:72:c8 (00:50:56:86:72:c8), Dst: Procurve_4f:e5:00 (00:26:f1:4f:e5:00)
⊞ Internet Protocol Version 4, Src: 172.16.1.10 (172.16.1.10), Dst: 172.16.1.254 (172.16.1.254)
⊞ Transmission Control Protocol, Src Port: 6633 (6633), Dst Port: 63886 (63886), Seq: 9, Ack: 73, Len: 85
⊟ OpenFlow Protocol
  ⊟ Header
       Version: 0x01
       Type: Packet Out (CSM) (13)
       Length: 85
       Transaction ID: 0
  ⊟ Packet Out
       Buffer ID: None
       Frame Recv Port: None  (not associated with a physical port)
       Size of action array in bytes: 8
     ⊟ Output Action(s)
       ⊟ Action
            Type: Output to switch port (0)
            Len: 8
            Output port: 21
            Max Bytes to Send: 0
         # of Actions: 1
  ⊟ Frame Data: 0180c200000e0026f14fe52b88cc0207040026f14fe50004...
     ⊟ Ethernet II, Src: Procurve_4f:e5:2b (00:26:f1:4f:e5:2b), Dst: LLDP_Multicast (01:80:c2:00:00:0e)
          ⊞ Destination: LLDP_Multicast (01:80:c2:00:00:0e)
          ⊞ Source: Procurve_4f:e5:2b (00:26:f1:4f:e5:2b)
             Type: 802.1 Link Layer Discovery Protocol (LLDP) (0x88cc)
          ⊟ Link Layer Discovery Protocol
             ⊟ Chassis Subtype = MAC address, Id: 00:26:f1:4f:e5:00
                  0000 001. .... .... = TLV Type: Chassis Id (1)
                  .... ...0 0000 0111 = TLV Length: 7
                  Chassis Id Subtype: MAC address (4)
                  Chassis Id: Procurve_4f:e5:00 (00:26:f1:4f:e5:00)
             ⊟ Port Subtype = Port component, Id:
                  0000 010. .... .... = TLV Type: Port Id (2)
                  .... ...0 0000 0011 = TLV Length: 3
                  Port Id Subtype: Port component (2)
                  Port Id:
             ⊟ Time To Live = 120 sec
                  0000 011. .... .... = TLV Type: Time to Live (3)
                  .... ...0 0000 0010 = TLV Length: 2
                  Seconds: 120
             ⊟ Unknown - Unknown
                  1111 111. .... .... = TLV Type: Organization Specific (127)
                  .... ...0 0000 1100 = TLV Length: 12
                  Organization Unique Code: Unknown (0x0026e1)
                  Unknown Subtype Content: 0000650026f14fe500
             ⊟ Unknown TLV
                  0001 100. .... .... = TLV Type: Unknown (12)
                  .... ...0 0000 1000 = TLV Length: 8
             ⊟ Unknown TLV
                  1110 011. .... .... = TLV Type: Unknown (115)
                  .... ...0 0000 0001 = TLV Length: 1
             ⊟ End of LLDPDU
                  0000 000. .... .... = TLV Type: End of LLDPDU (0)
                  .... ...0 0000 0000 = TLV Length: 0
```

③ LLDP를 받은 이웃한 스위치는 Controller에 unknown packet을 알리기 위해 Packet In Message를 전송합니다. 이런 일련의 과정을 통해 Controller는 전체 네트워크 Topology를 인식하게 됩니다.

이와 같은 방법으로 실제 물리적 네트워크의 Topology와 Controller가 인식하는 Topology가 일치하게 됩니다. 물론 이를 얼마나 정확하고 빠르게 인식시킬 수 있는가가 Controller에서는 매우 중요한 기술입니다. 일부 Controller와 Switch를 모두 보유한 벤더에서는 벤더 독자 기술을 이곳에 접목해서 더 빠르고 다양한 정보를 주고 받게 하여 완성도를 높이려고 노력하고 있습니다. 하지만 이는 어디까지나 독자 기술이므로 일반적으로 사용되지는 않고 있습니다.

3) OpenFlow Network 내 통신

위와 같이 파악된 Topology를 통해 Controller는 SPF 알고리즘을 이용하여 최적의 경로를 계산하여 호스트 간 통신이 가능하게 합니다. 그림 여기에서는 Host A에서 Host B로 통신을 시도할 때 Controller는 어떻게 동작하는지 확인하도록 하겠습니다.

〈Routing 기능〉

① Host A로부터 패킷이 들어오면 해당 스위치는 첫 번째 패킷을 Packet In Message를 이용하여 Controller에 전송합니다.

〈Packet In Message Capture〉

② Controller는 MAC과 IP Table을 업데이트하고, 최적 경로를 연산합니다.

③ Controller는 최적 경로 상에 있는 Switch에 Flow Table이 생성되도록 Flow Modification Message를 전송합니다.

- Flow Modification Message는 Controller가 OpenFlow Enabled Switch에게 Flow Table을 생성하도록 하기 위해 사용하는 Message입니다.
- Flow Modification Message는 Controller의 IP를 Source로 OpenFlow Enabled Switch의 IP를 Destination으로 항상 Controller에서 생성되어 전달됩니다.
- Flow Modification Message에는 flow를 match할 조건 값들과 flow entry에 대한 설명, Output Action 값 등이 있습니다.

〈Flow Modification Message Capture〉

```
No.  Time        Source      Destination  Protocol      Length  Info
  51 9.350772   10.1.1.12   10.1.1.11    OFP+ICMP      244  Packet Out (CSM) (988) => Echo (pi

⊞ Frame 51: 244 bytes on wire (1952 bits), 244 bytes captured (1952 bits)
⊞ Ethernet II, Src: Vmware_86:72:c8 (00:50:56:86:72:c8), Dst: Procurve_4f:e5:00 (00:26:
⊞ Internet Protocol Version 4, Src: 172.16.1.10 (172.16.1.10), Dst: 172.16.1.254 (172.1
⊞ Transmission Control Protocol, Src Port: 6633 (6633), Dst Port: 57780 (57780), Seq: 9
⊟ OpenFlow Protocol
   ⊟ Header
       Version: 0x01
       Type: Flow Mod (CSM) (14)
       Length: 80
       Transaction ID: 0
   ⊟ Flow Modification
     ⊟ Match
       ⊟ Match Types
         .... .... .... .... .... ...0 =  Input port: Exact (0)
         .... .... .... .... .... ..0. =  VLAN ID: Exact (0)
         .... .... .... .... .... .0.. =  Ethernet Src Addr: Exact (0)
         .... .... .... .... .... 0... =  Ethernet Dst Addr: Exact (0)
         .... .... .... .... ...0 .... =  Ethernet Type: Exact (0)
         .... .... .... .... ..1. .... =  IP Protocol: Wildcard (1)
         .... .... .... .... .1.. .... =  TCP/UDP Src Port: Wildcard (1)
         .... .... .... .... 1... .... =  TCP/UDP Dst Port: Wildcard (1)
         .... .... .... ..00 0000 .... =  IP Src Addr Mask: /32 (0)
         .... .... 0000 00.. .... .... =  IP Dst Addr Mask: /32 (0)
         .... .... ...0 .... .... .... =  VLAN priority: Exact (0)
         .... .... ..1. .... .... .... =  IPv4 DSCP: Wildcard (1)
       Input Port: 22
       Ethernet Src Addr: Vmware_86:16:c8 (00:50:56:86:16:c8)
       Ethernet Dst Addr: Vmware_86:0a:ae (00:50:56:86:0a:ae)
       Input VLAN ID: 65535
       Input VLAN priority: 0
       Ethernet Type: IP (0x0800)
       IP Src Addr: 10.1.1.12 (10.1.1.12)
       IP Dst Addr: 10.1.1.11 (10.1.1.11)
     Cookie: 0x0020000000000000
     Command: New flow (0)
     Idle Time (sec) Before Discarding: 5
     Max Time (sec) Before Discarding: 0
     Priority: 0
     Buffer ID: None
     Out Port (delete* only): 0
     ⊟ Flags
         .... .... .... ...1 = Send flow removed: Yes (1)
         .... .... .... ..0. = check for overlap before adding flow: No (0)
         .... .... .... .0.. = Install flow into emergecy flow table: No (0)
     ⊟ Output Action(s)
       ⊟ Action
           Type: Output to switch port (0)
           Len: 8
           Output port: 21
           Max Bytes to Send: 65535
       # of Actions: 1
```

그렇다면 장애 시 Controller는 우회 경로를 어떻게 확보할 수 있을까요? 이는 OpenFlow를 이용한 네트워크 구성 시 매우 중요한 요소입니다. Legacy의 환경에서는 STP 등의 원인으로 상당한 시간 동안 네트워크 단절을 경험하게 됩니다. 하지만 Controller에 의해서 통제되는 OpenFlow Network에서는 매우 빠른 절체 시간을 경험하게 됩니다.

〈장애 시 Routing 기능〉

① 최적 경로 상에 장애 발생 시 (장비 또는 링크 장애 시) Controller는 경로를 재설정합니다.

- Port가 down되면 OpenFlow Enabled Switch는 이에 대한 정보를 Controller에게 알리기 위해 Port Status Message를 생성하여 전송합니다.
- 장비 또는 링크 장애 시 발생된 Port Status Message의 command field를 보면 Switch의 port가 제거되어서 이것을 Controller에게 알리기 위해 Port Status Message가 생성되었음을 알 수 있습니다.
- 이 Port Status Message를 수신한 Controller는 이전에 알고 있던 Topology를 수정하고 다른 경로를 재계산할 것입니다.

〈Port Status Message Capture(The Port was removed)〉

```
No.  Time      Source        Destination   Protocol  Length Info
107  21.183191 172.16.1.253  172.16.1.10   OFP       130 Port Status (AM) (64B)

⊞ Frame 107: 130 bytes on wire (1040 bits), 130 bytes captured (1040 bits)
⊞ Ethernet II, Src: Procurve_4f:e5:00 (00:26:f1:4f:e5:00), Dst: Vmware_86:72:c8 (00:50:56:86:72:c8)
⊞ Internet Protocol Version 4, Src: 172.16.1.253 (172.16.1.253), Dst: 172.16.1.10 (172.16.1.10)
⊞ Transmission Control Protocol, Src Port: 49967 (49967), Dst Port: 6633 (6633), Seq: 2213, Ack: 1375, L
⊟ OpenFlow Protocol
  ⊟ Header
      Version: 0x01
      Type: Port Status (AM) (12)
      Length: 64
      Transaction ID: 0
  ⊟ Port Status
      Reason: The port was removed (1)
    ⊟ Physical Port
        Port #: 21
        MAC Address: Procurve_4f:e5:2b (00:26:f1:4f:e5:2b)
        Port Name: 21
      ⊞ Port Config Flags
```

② 대체 경로 상에 있는 해당 Switch에 Flow Table이 전송됩니다.

- 경로 재계산이 끝난 Controller는 대체 경로 상에 있는 Switch에게 Flow Modification Message를 전송합니다.
- Flow Modification Message의 command field를 보면 기존의 Flow 정보를 수정한다는 것을 알 수 있습니다. 아래 시나리오에서는 목적지 Host가 port 21에서 port 13으로 옮겨감으로써 flow entry의 Output Action 값이 수정되었습니다.

〈Flow Modification Message Capture〉

```
No.   Time        Source          Destination       Protocol    Length Info
144   25.622551   172.16.1.10     172.16.1.253      OFP         146 Flow Mod (CSM) (80B)

⊞ Frame 144: 146 bytes on wire (1168 bits), 146 bytes captured (1168 bits)
⊞ Ethernet II, Src: Vmware_86:72:c8 (00:50:56:86:72:c8), Dst: Procurve_4f:e5:00 (00:2
⊞ Internet Protocol Version 4, Src: 172.16.1.10 (172.16.1.10), Dst: 172.16.1.253 (172
⊞ Transmission Control Protocol, Src Port: 6633 (6633), Dst Port: 49967 (49967), Seq:
⊟ OpenFlow Protocol
    ⊟ Header
        Version: 0x01
        Type: Flow Mod (CSM) (14)
        Length: 80
        Transaction ID: 0
    ⊟ Flow Modification
        ⊟ Match
            ⊟ Match Types
                .... .... .... .... .... .... .... ...0 =  Input port: Exact (0)
                .... .... .... .... .... .... .... ..0. =  VLAN ID: Exact (0)
                .... .... .... .... .... .... .... .0.. =  Ethernet Src Addr: Exact (0)
                .... .... .... .... .... .... .... 0... =  Ethernet Dst Addr: Exact (0)
                .... .... .... .... .... .... ...0 .... =  Ethernet Type: Exact (0)
                .... .... .... .... .... .... ..1. .... =  IP Protocol: Wildcard (1)
                .... .... .... .... .... .... .1.. .... =  TCP/UDP Src Port: Wildcard (1)
                .... .... .... .... .... .... 1... .... =  TCP/UDP Dst Port: Wildcard (1)
                .... .... .... .... ..00 0000 .... .... =  IP Src Addr Mask: /32 (0)
                .... .... .... 0000 00.. .... .... .... =  IP Dst Addr Mask: /32 (0)
                .... .... ...0 .... .... .... .... .... =  VLAN priority: Exact (0)
                .... .... ...1 .... .... .... .... .... =  IPv4 DSCP: Wildcard (1)
            Input Port: 23
            Ethernet Src Addr: Vmware_86:0a:ae (00:50:56:86:0a:ae)
            Ethernet Dst Addr: SamsungE_0a:d3:dc (e8:03:9a:0a:d3:dc)
            Input VLAN ID: 65535
            Input VLAN priority: 0
            Ethernet Type: IP (0x0800)
            IP Src Addr: 10.1.1.11 (10.1.1.11)
            IP Dst Addr: 10.1.1.110 (10.1.1.110)
        Cookie: 0x0020000000000000
        Command: Modify all matching flows (1)
        Idle Time (sec) Before Discarding: 5
        Max Time (sec) Before Discarding: 0
        Priority: 0
        Buffer ID: None
        Out Port (delete* only): 0
        ⊟ Flags
            .... .... .... ...1 = Send flow removed: Yes (1)
            .... .... .... ..0. = Check for overlap before adding flow: No (0)
            .... .... .... .0.. = Install flow into emergecy flow table: No (0)
        ⊟ Output Action(s)
            ⊟ Action
                Type: Output to switch port (0)
                Len: 8
                Output port: 13
                Max Bytes to Send: 65535
            # of Actions: 1
```

그럼 기존의 Legacy Network에서 이루어지는 Host 간 통신과 OpenFlow Network에서 이루어지는 Host 간 통신에는 어떤 차이점이 있을까요? 이를 확인해 보는 것도 매우 의미가 있을 것 같습니다. 이에 대한 자세한 정보는 다음 장에서 살펴보도록 하겠습니다.

4.2
Legacy Network와의 통신 방식 비교

제가 처음 OpenFlow를 접하게 되었을 때 가장 놀랐던 것 중 하나가 바로 OpenFlow Enabled Switch에서 ARP 정보를 볼 수 없는 것이었습니다. 지금은 당연하게 받아들이지만 그 때는 Switch에 버그가 있다고 생각을 하였습니다.

OpenFlow는 Control Plane과 Data Plane이 분리된 아키텍처라는 것은 이미 다 알고 있습니다. 그럼 ARP는 어디에 존재할까요? 맞습니다. Control Plane에 존재합니다. 따라서 OpenFlow Enabled Switch에서는 ARP 정보를 확인할 수 없습니다. 각 Switch의 ARP 정보는 중앙화된 Controller에 의해서 관리를 받게 되는데, 별 것 아닐 것 같은 이러한 변화가 네트워크 영역에서 엄청난 변혁을 이끌고 있습니다. 바로 SDN의 시작이니까요.

1) Legacy Network의 통신 방식

우선 Legacy의 통신 방식을 간단하게 살펴보도록 하겠습니다. 이미 많은 분들은 당연하게 여기고 잘 아실 수도 있는 부분이겠지만, 후에 나올 OpenFlow Network의 통신 방식을 이해하기 위해서 이 부분도 눈여겨 보실 필요가 있습니다.

Legacy Network에서는 자신이 가지고 있지 않은 ARP 정보를 얻기 위해서 기본적으로 Broadcast를 발생합니다. Broadcast를 받은 스위치는 해당 Broadcast를 받은 포트를 제외하고 나머지 포트에 Broadcast를 전송하게 됩니다. 이로 인해 스위치가 많을수록 관리가 복잡하게 되는데, 특히나 네트워크의 고질적인 문제인 Loop이 발생할 가능성이 매우 높아집니다.

다음의 간단한 시나리오를 통해 Legacy Network에서의 통신 방식을 확인해 보도록 하겠습니다.

- 시나리오 : 4대의 Legacy 스위치로 연결된 호스트 중에서 Host 2가 Host 1에게 ping 시도

〈Host 2에서 Host 1 IP 주소로 통신 시도〉

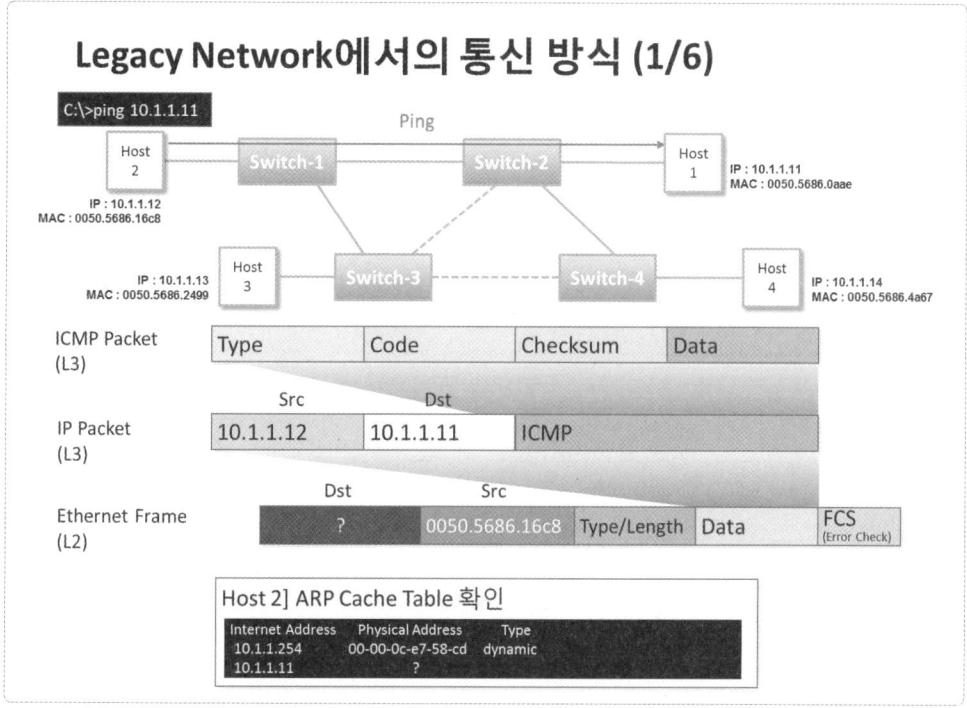

① Host 2에서 Host 1 IP 주소로 통신을 시도합니다.

- Host 2(10.1.1.12)는 Host 1(10.1.1.11)에게 Ping을 시도합니다.
- Host 2에서 ICMP packet이 Frame으로 생성되기 위해 자신의 ARP Table을 확인합니다.
- 초기 통신 시도 시 ARP Cache Table에 목적지 IP에 대한 MAC 정보가 없을 것입니다.
- Host 2는 목적지 MAC 주소를 모르기 때문에 해당 ICMP Packet을 전송하지 못합니다.

⟨Host 2에서 ARP Request packet 전송⟩

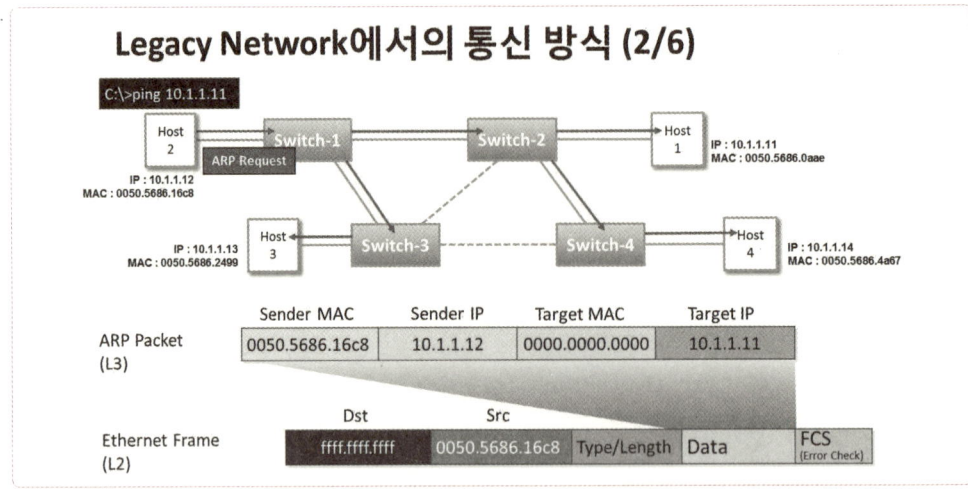

② Host 2는 먼저 ARP Table을 생성하기 위한 ARP Request packet을 전송합니다.

- ARP Request packet은 Broadcast frame으로 생성됩니다.
- Broadcast frame을 수신한 legacy Switch는 수신 port를 제외한 나머지 모든 port로 flooding 합니다.
- Broadcast frame에 대한 Legacy Switch의 flooding 동작은 spanning-tree의 block port를 제외한 모든 link로 전달됩니다.
- 따라서, Broadcast frame으로 인해 legacy network에서는 불필요한 리소스 사용이 일어나며, loop를 막기 위해 특정 link를 사용하지 못하는 network 구조를 유지해야 합니다.

⟨Host 1에서 ARP Reply를 전송⟩

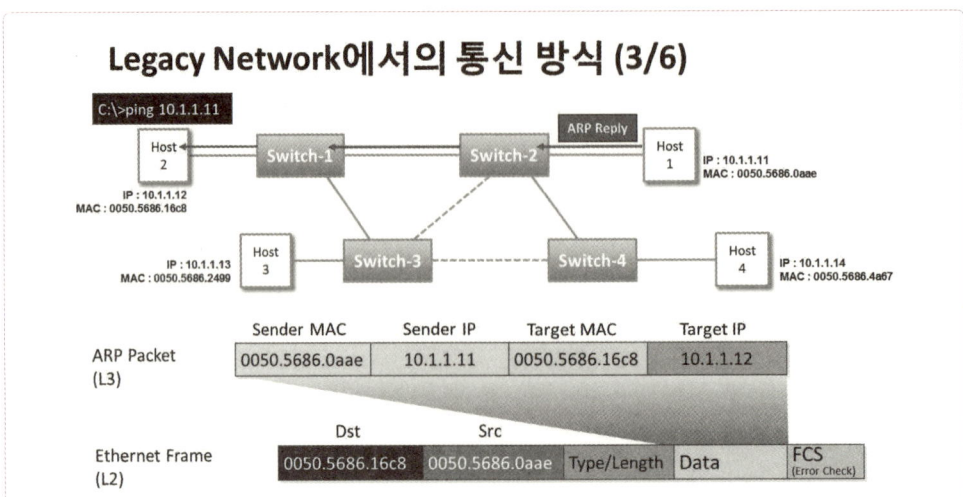

③ Host 1은 ARP Request에 응답하기 위해 ARP Reply를 전송합니다.

- ARP Reply packet은 Unicast frame으로 생성됩니다.
- ARP Reply를 수신한 legacy Switch는 learning한 MAC-address Table 정보를 기반으로 Host 2를 향해 전달합니다.

〈Host 2에서 ARP Cache Table을 생성〉

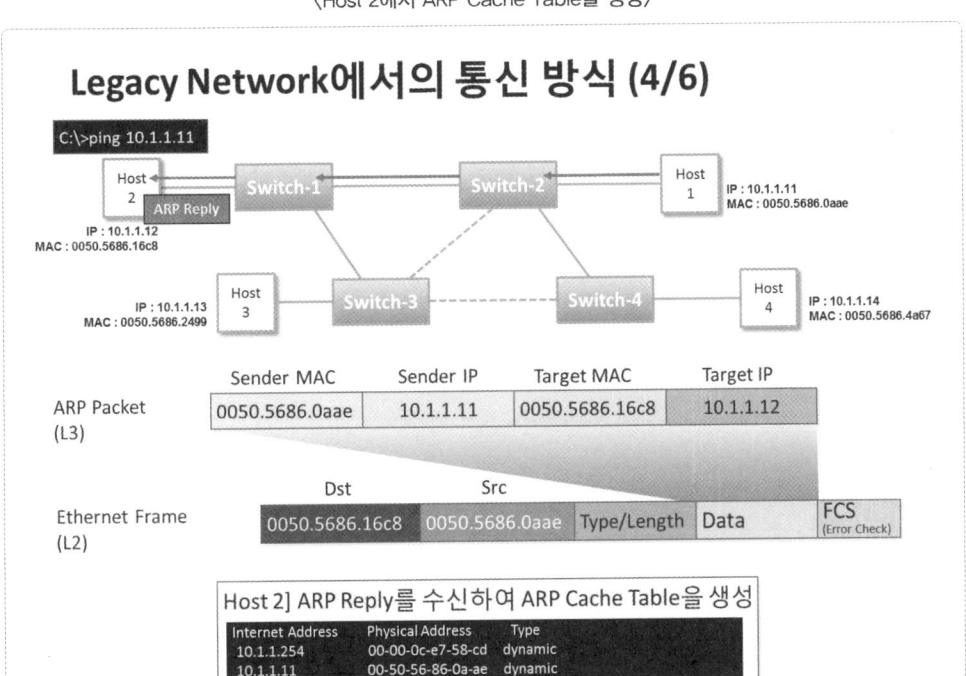

④ Host 2는 ARP Reply를 수신하여 ARP Cache Table을 생성합니다.

- Host 2는 ARP Reply의 Sender 정보를 이용하여 자신의 ARP Cache Table을 생성합니다.

⟨Host 2에서 ICMP Echo Request Packet 전송⟩

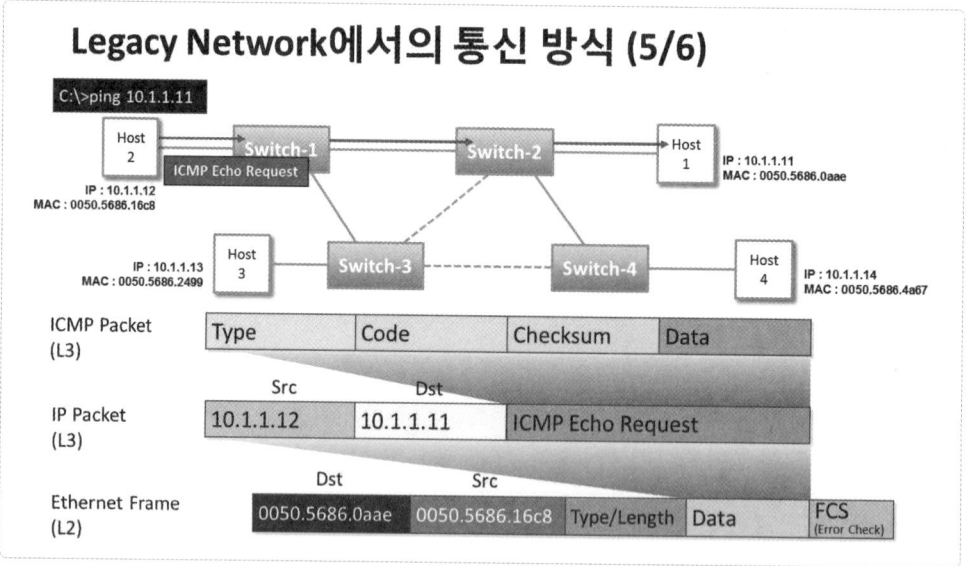

⑤ Host 2는 ICMP Echo Request Packet을 전송합니다.

- 두 Host 간 통신 확인을 위해 ICMP packet이 생성됩니다.
- ICMP packet은 IP Header와 Ethernet Header를 encapsulation하여 unicast frame으로 생성됩니다.
- 이 packet을 수신한 legacy network Switch들은 learning한 MAC-address Table 정보를 기반으로 Host 1을 향해 전달합니다.

⟨Host 1에서 ICMP Echo Reply Packet 전송⟩

⑥ Host 1은 ICMP Echo Request에 응답하기 위해 ICMP Echo Reply를 전송합니다.

- ICMP Echo Reply packet은 Unicast frame으로 생성됩니다.
- ICMP Echo Reply를 수신한 legacy Switch는 learning한 MAC-address Table 정보를 기반으로 Host 2를 향해 전달합니다.
- Host 2는 ICMP Echo Reply packet을 수신하여 두 Host 간 통신을 확인합니다.

2) OpenFlow Network의 통신 방식

:: OpenFlow Network에서의 통신 방식

이번에는 Legacy Network에서와 비슷한 시나리오를 통해 OpenFlow Network에서의 통신을 확인해 보도록 하겠습니다. 이 중 Controller가 Host들의 존재를 아는지 모르는지에 따라 통신이 다르게 동작합니다.

각각의 경우에 대해서 설명하도록 하겠습니다.

- Controller가 Host들의 존재를 알고 있는 경우 : Host 2에서 Host 1에 대한 정보가 없으므로 Host 2는 ARP Request를 Broadcast로 보낼 것입니다. 이를 가장 먼저 수신한 Switch 1은 Controller에 해당 ARP Request를 Packet In Message로 전송할 것이고 Controller는 이미 Host 1의 위치를 알고 있으므로, 이를 Broadcast 처리하지 않고 Host 1에 바로 전달될 수 있도록 Flow Table을 생성합니다.

- Controller가 Host들의 존재를 모르고 있는 경우 : Host 2에서 Host 1에 대한 정보가 없으므로 Host 2는 ARP Request를 Broadcast로 보낼 것입니다. 이를 가장 먼저 수신한 Switch 1은 Controller에 해당 ARP Request를 Packet In Message로 전송하는 것까지는 동일하게 동작합니다. 하지만 Controller는 Host 1에 대한 위치를 모르고 있기 때문에 Broadcast로 처리할 것입니다. 그런데 여기서 특이한 점은 Legacy에서처럼 전 포트에 보내는 것이 아니라 Controller에 의해서 지정된 Port로만 전송이 되어 Loop 발생 여지가 없다는 것이 특징입니다. 자세한 내용은 아래에서 확인하실 수 있습니다.

〈Host 2에서 Host 1 IP 주소로 통신 시도〉

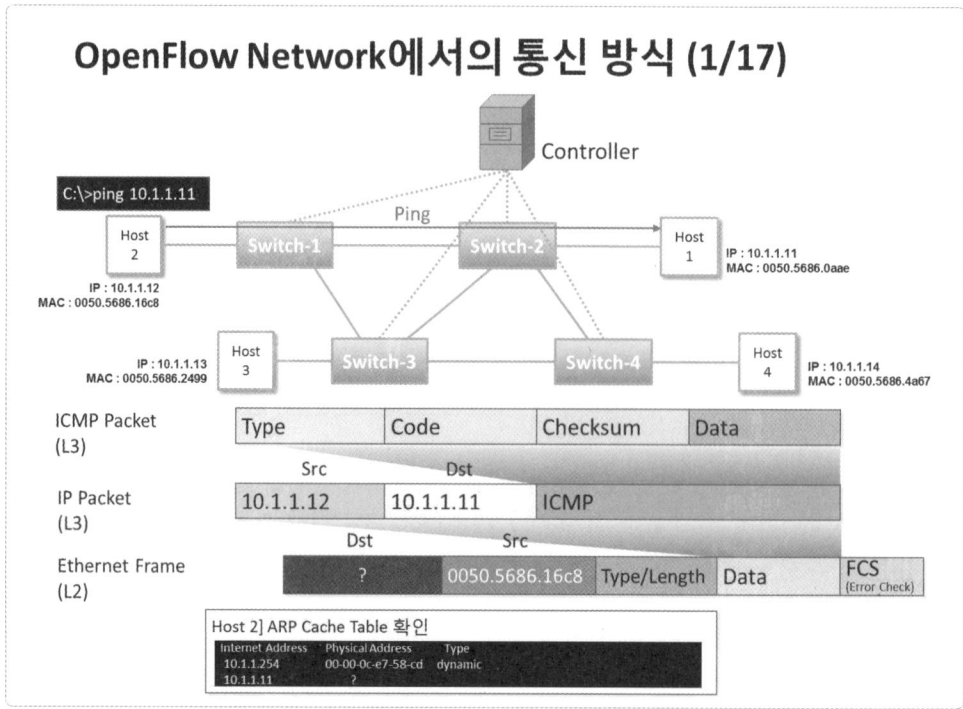

① Host 2에서 Host 1의 IP 주소로 통신을 시도합니다.

- Host 2(10.1.1.12)는 Host 1(10.1.1.11)에게 Ping을 시도합니다.
- Host 2에서 ICMP packet이 Frame으로 생성되기 위해 자신의 ARP Table을 확인합니다.
- 초기 통신 시도 시 ARP Cache Table에 목적지 IP에 대한 MAC 정보가 없을 것입니다.
- Host 2는 목적지 MAC 주소를 모르기 때문에 해당 ICMP packet을 전송하지 못합니다.

〈Controller에게 Packet In Message 전송〉

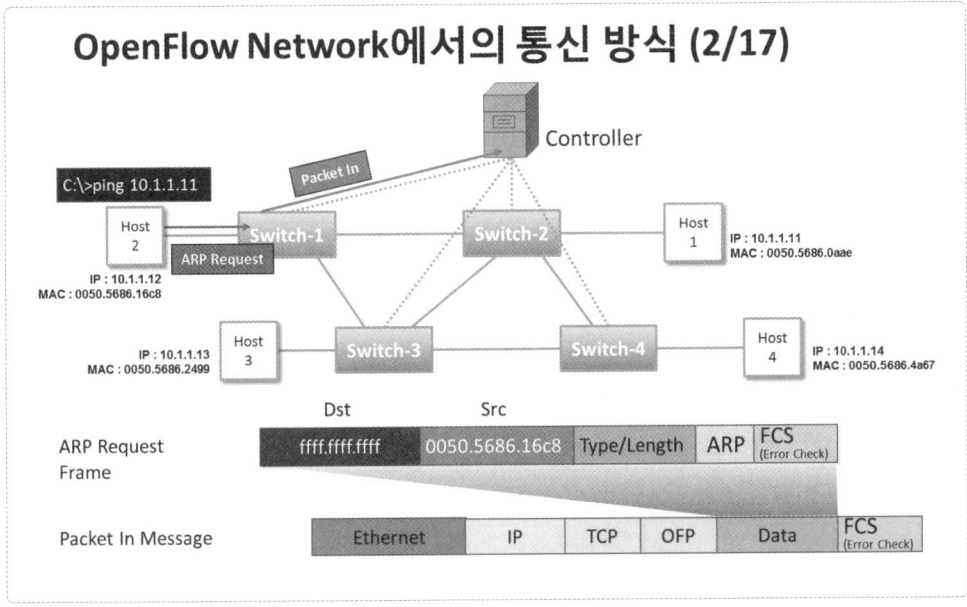

② Host 2는 ARP Request packet을 OpenFlow Enabled Switch에게 전송하고 이것은 Packet In Message로 생성되어 Controller에게 전송됩니다.

- ARP Request packet은 Broadcast frame으로 생성되어 OpenFlow Enabled Switch로 전달 됩니다.
- Broadcast frame을 수신한 OpenFlow Enabled Switch는 legacy network Switch와는 다르게 flooding하지 않습니다.
- OpenFlow Enabled Switch는 수신한 ARP Request를 Packet In Message에 담아서 Controller에게 전송합니다.
- Flow Table entry에 match되지 않거나 "send to Controller" action에 match된 packet을 Controller로 전달하고자 할 때 Packet In Message가 생성됩니다.
- 이 때, 수신한 ARP Request frame 그대로 OpenFlow protocol로 encapsulation하여 Secure Channel을 통해 Controller에게 전송합니다.

Packet In Message를 수신한 Controller는 해당 packet에 대한 목적지 Host 주소를 모르고 있는 경우와 알고 있는 경우 각각 다르게 응답합니다. 먼저 목적지 Host 주소를 모르고 있는 경우의 동작부터 살펴봅시다.

〈Controller가 목적지 Host를 모르는 경우〉

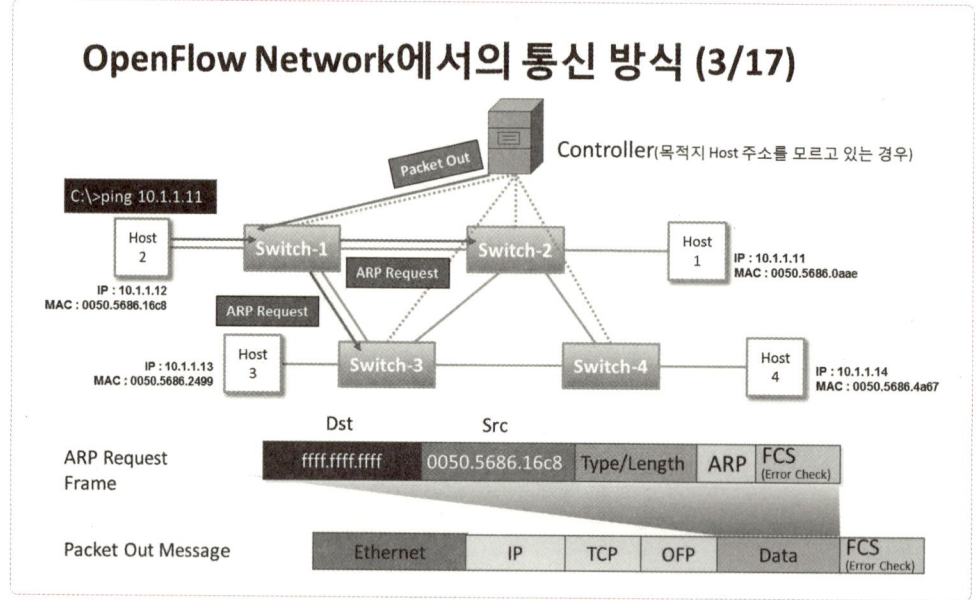

③-① 목적지인 Host 1의 주소를 모르는 Controller는 수신한 Data를 Packet Out Message만을 생성하여 OpenFlow Enabled Switch-1에게 전달합니다.

- Controller는 수신한 Data의 목적지 Host IP를 모르고 있는 경우 Broadcast frame 그대로를 Packet Out Message로 생성하여 OpenFlow Enabled Switch-1에게 전달합니다.
- 이때, Controller는 Packet Out Message에 담겨 있는 Broadcast frame을 어떻게 전달해야 할지 Output action을 지정하여 OpenFlow Enabled Switch-1에게 전달합니다.
- 위 그림과 같은 구성에서는 Switch-1이 ARP Request를 Switch-2와 Switch-3에게 전달하도록 Packet Out Message의 Output Action을 지정하여 전달합니다.

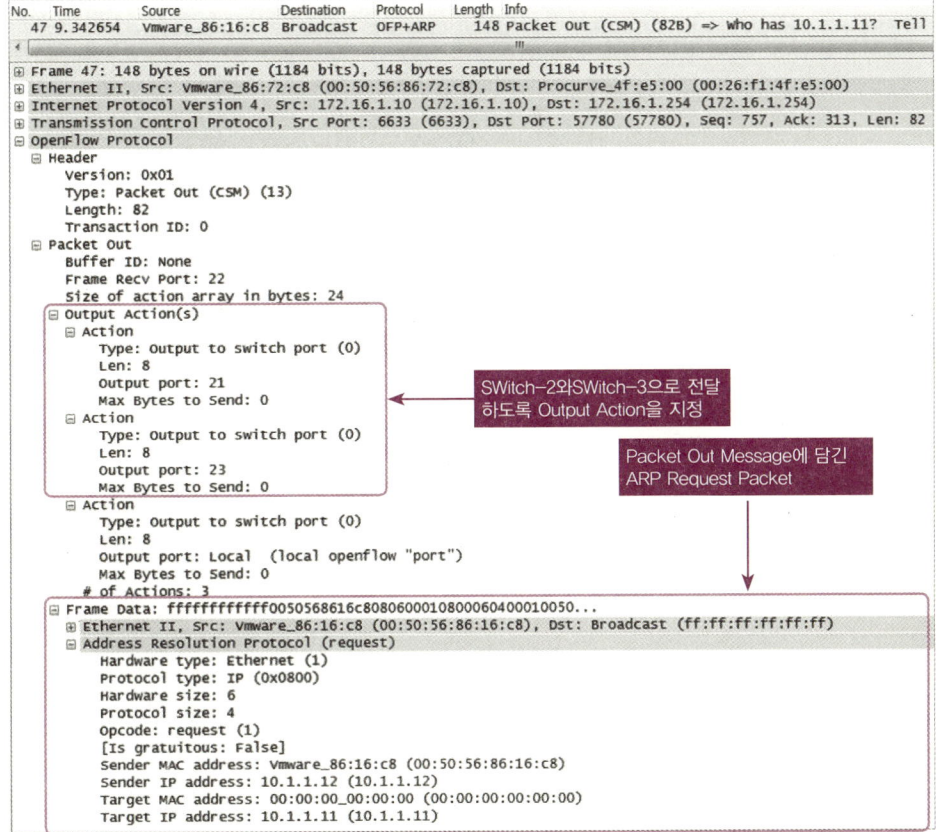

〈ARP Request가 담긴 Packet Out Message〉

위 그림은 목적지인 Host 1의 주소를 모르는 Controller가 생성한 Packet Out Message 입니다. Packet Out Message에 담긴 ARP Request가 Switch-2와 Switch-3에게 전달될 수 있도록 2개의 Output port가 지정되었습니다. 이 Message를 수신한 Switch-1은 Packet Out Message에 담긴 ARP Request packet을 Switch-2와 Switch-3이 연결된 21번, 23번 port로 전달합니다.

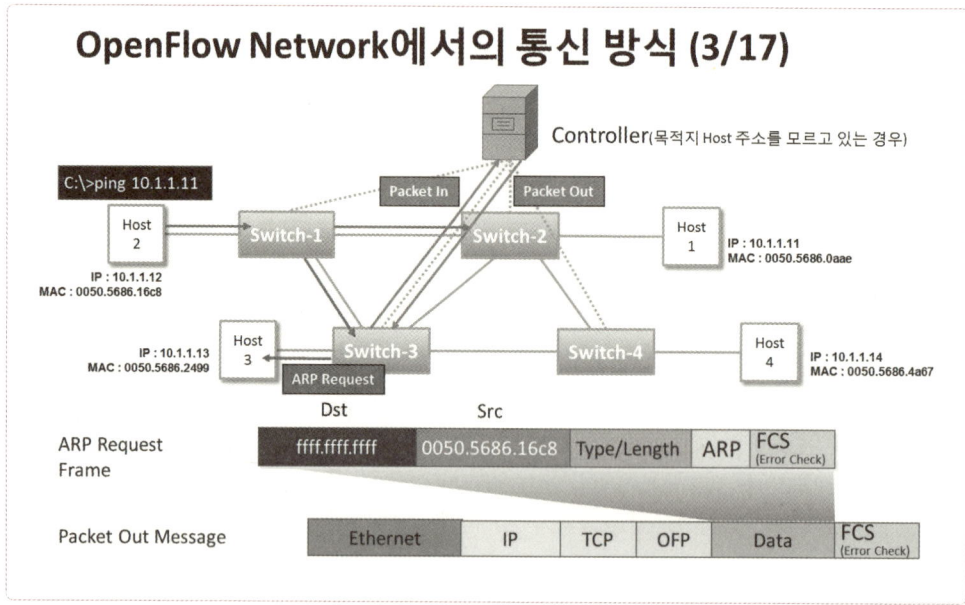

③-② ARP Request를 수신한 Switch-3은 Switch-1과 같은 방식으로 동작하여 Host 3에게 전달합니다.

- Switch-3는 ARP Request packet을 수신하면 Switch-1과 마찬가지로 Packet In Message를 생성하여 Controller에게 전송합니다.
- Controller는 여전히 목적지 Host IP를 모르고 있기 때문에 Packet Out Message만을 Switch-3 에게 전달합니다.
- 이때, Controller는 전체 OpenFlow Networks topology를 인지하고 있기 때문에 Loop가 발생하지 않도록 Packet Out Message의 Output Action을 지정합니다.
- 위 시나리오에서는 Switch-3이 오직 Host 3으로만 Broadcast frame인 ARP Request packet을 전달하도록 Output Action 값을 지정합니다.

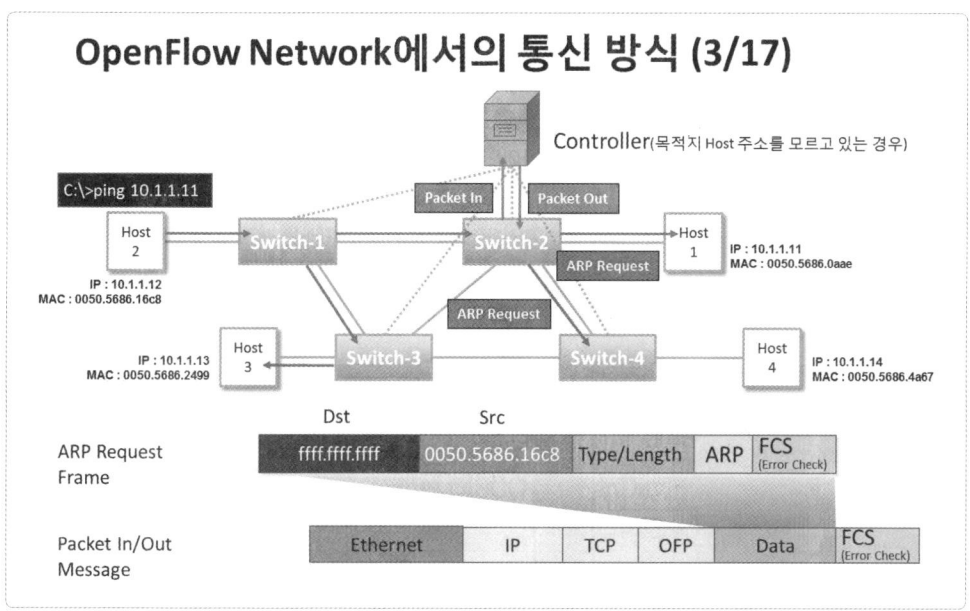

③-③ ARP Request를 수신한 Switch-2는 Switch-1과 같은 방식으로 동작하여 Host 1과 Switch-4에게 전달합니다.

- Switch-2 또한 ARP Request packet을 수신하면 Packet In Message를 생성하여 Controller에게 전송합니다.
- Controller는 여전히 목적지 Host IP를 모르고 있기 때문에 Packet Out Message만을 Switch-2에게 전달합니다.
- Packet Out Message의 Output Action은 Host 1과 Switch-4를 향한 port를 지정하여 전달됩니다.
- 위 시나리오에서는 ARP request packet이 Switch-3이 아닌 Switch-2를 통해 Switch-4에게 전달됨을 알 수 있습니다.

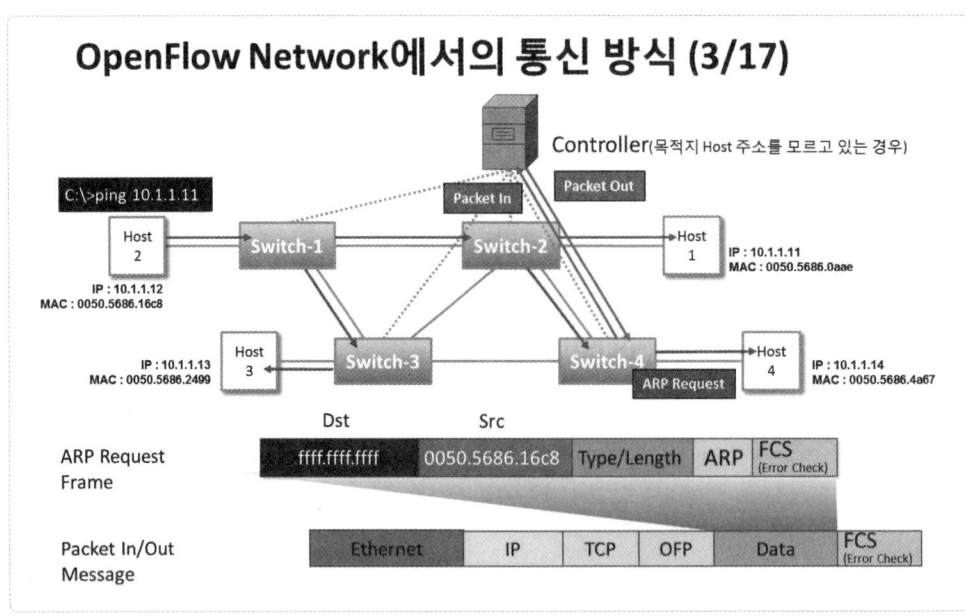

③-④ ARP Request를 수신한 Switch-4는 이전 Switch들과 같은 방식으로 동작하여 Host 4에게 전달합니다.

- 마지막으로 Switch-4는 ARP Request packet을 수신하면 Packet In Message를 생성하여 Controller에게 전송합니다.
- Controller는 여전히 목적지 Host IP를 모르고 있기 때문에 Packet Out Message만을 Switch-4 에게 전달합니다.
- Packet Out Message의 Output Action은 Host 4에게만 전달되도록 지정됩니다.

결국, Controller가 Packet In Message에 담긴 Broadcast frame의 목적지 Host 주소를 모르고 있는 경우에는 위 그림의 빨간색 화살표처럼 마치 Legacy Network에서의 Flooding 결과와 비슷하게 OpenFlow enabled Switch가 동작하도록 제어합니다.

이때, OpenFlow enabled Switch는 Legacy Switch가 목적지 MAC-address를 보고 flooding하는 것과는 다르게 Packet Out Message의 Output Action에 의해 동작함을 정확히 이해해야 합니다.

이번에는 Controller가 Packet In Message에 담긴 Data의 목적지 Host 주소를 알고 있는 경우의 동작을 살펴보겠습니다.

〈Controller가 목적지 Host를 알고 있는 경우〉

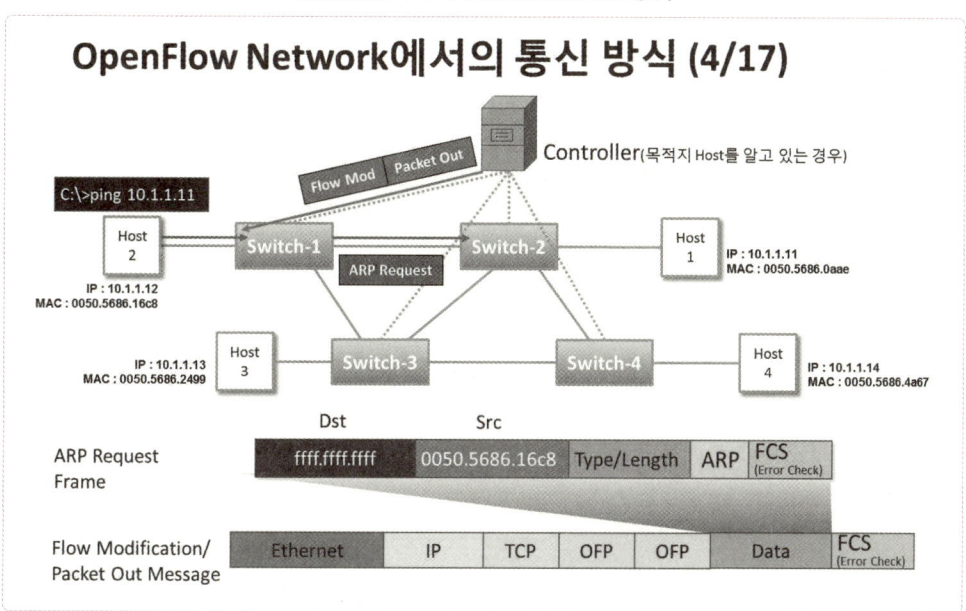

④-① 목적지인 Host 1의 주소를 알고 있는 Controller는 수신한 Data를 Packet Out Message와 함께 Flow Modification Message를 생성하여 OpenFlow Enabled Switch-1에게 전달합니다.

- Controller는 수신한 Data의 목적지 Host IP를 알고 있는 경우 OpenFlow Enabled Switch에 Flow Table을 내려주기 위해 Flow Modification Message 전달합니다.

- Flow Modification Message를 수신한 Switch-1은 Host 2가 Host 1을 찾기 위해 발생한 ARP Request flow가 match되는 Flow Table을 생성합니다.

- 또한, Controller는 위 그림에서와 같이 Flow Modification Message와 함께 Packet Out Message를 전달합니다.

- Controller가 목적지 Host IP를 알고 있는 경우에는 Broadcast frame이 전체 Host에게 전달될 필요가 없기 때문에 Switch-1이 Switch-2에게만 ARP Request packet을 전달하도록 Output action을 지정합니다.

⟨ARP Request 관련 Flow Table을 내려 주기 위한 Flow Modification Message⟩

```
No.  Time       Source          Destination      Protocol      Length  Info
     10 1.825145 Vmware_86:16:c8 Vmware_86:0     OFP+ARP       212 Packet Out (CSM) (

⊞ Frame 10: 212 bytes on wire (1696 bits), 212 bytes captured (1696 bits)
⊞ Ethernet II, Src: Vmware_86:72:c8 (00:50:56:86:72:c8), Dst: Procurve_4f:e5
⊞ Internet Protocol Version 4, Src: 172.16.1.10 (172.16.1.10), Dst: 172.16.1
⊞ Transmission Control Protocol, Src Port: 6633 (6633), Dst Port: 54973 (549
⊟ OpenFlow Protocol
    ⊟ Header
        Version: 0x01
        Type: Flow Mod (CSM) (14)
        Length: 80
        Transaction ID: 0
    ⊟ Flow Modification
        ⊟ Match
            ⊞ Match Types
                Input Port: 22
                Ethernet Src Addr: Vmware_86:16:c8 (00:50:56:86:16:c8)
                Ethernet Dst Addr: Vmware_86:0a:ae (00:50:56:86:0a:ae)
                Input VLAN ID: 65535
                Input VLAN priority: 0
                Ethernet Type: ARP (0x0806)
                ARP Opcode: request (1)
                IP Src Addr: 10.1.1.12 (10.1.1.12)
                IP Dst Addr: 10.1.1.11 (10.1.1.11)
        Cookie: 0x0020000000000000
        Command: New flow (0)
        Idle Time (sec) Before Discarding: 5
        Max Time (sec) Before Discarding: 0
        Priority: 0
        Buffer ID: None
        Out Port (delete* only): 0
        ⊟ Flags
            .... .... .... ...0 = Send flow removed: No (0)
            .... .... .... ..0. = Check for overlap before adding flow: No (0)
            .... .... .... .0.. = Install flow into emergecy flow table: No (0)
        ⊟ Output Action(s)
            ⊟ Action
                Type: Output to switch port (0)
                Len: 8
                Output port: 21
                Max Bytes to Send: 65535
            # of Actions: 1
⊞ OpenFlow Protocol
```

Flow Modification Message에는 Flow Table을 만들기 위한 정보들이 있음

위 그림은 Controller가 OpenFlow Enabled Switch에게 Flow Table을 내려 주기 위해 생성하는 Flow Modification Message입니다. 위 시나리오에서와 같이 Host 10.1.1.12가 Host 10.1.1.11의 MAC address를 알기 위해 생성한 ARP Request flow가 match될 수 있도록 조건 값이 지정되어 있습니다. 이렇게 생성된 Flow Table entry에 match된 flow는 Switch-2가 연결된 port 21번으로 전달되도록 Action 값을 지정합니다.

⟨ARP Request가 담긴 Packet Out Message⟩

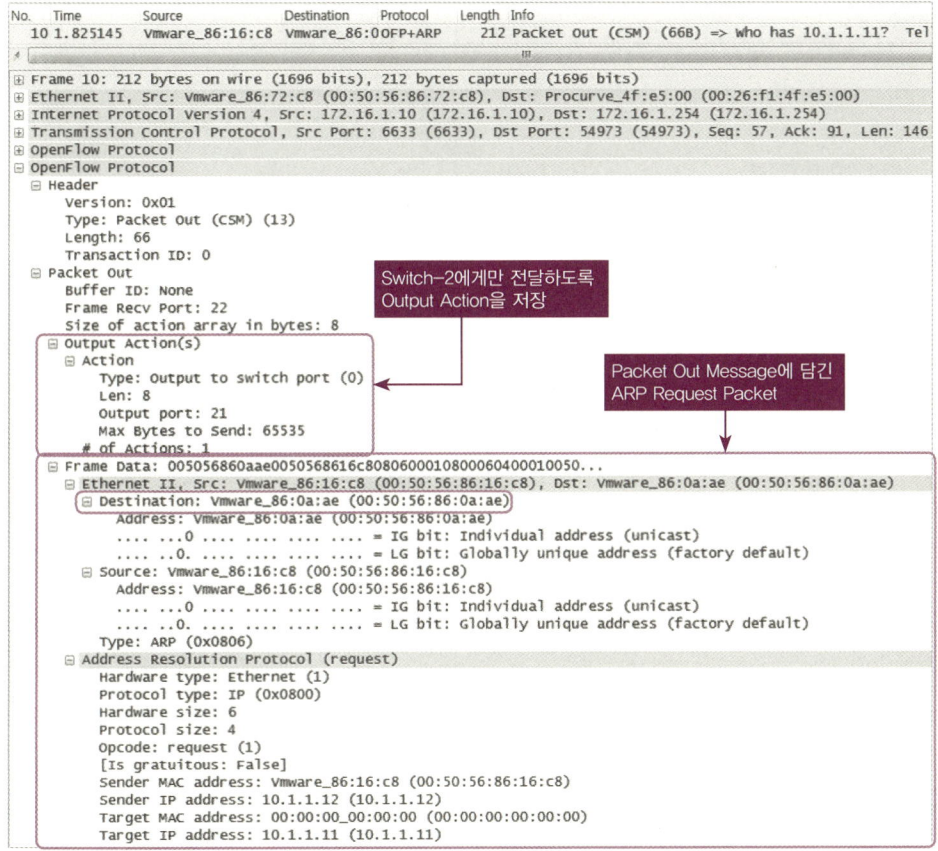

위 그림은 목적지인 Host 1의 주소를 알고 있는 Controller가 생성한 Packet Out Message 입니다. 이전에 살펴본 동작과는 달리 Controller가 이미 Host에 대한 정보와 위치를 알고 있기 때문에 Host 1에게만 전달되도록 Output Action 값을 지정합니다. 이 Message에서 눈 여겨 볼 부분은 Packet Out Message에 담긴 ARP Request가 Broadcast frame에서 Unicast frame으로 변경된 것입니다. 즉, Broadcast frame이 담긴 Packet In Message 를 수신한 Controller는 목적지 Host IP를 알고 있는 경우 Flow Modification과 함께 Unicast frame으로 변경하여 Packet Out Message를 OpenFlow enabled Switch에 게 전달합니다. 이것을 수신한 Switch는 이 packet이 match되는 flow를 생성하고 목적지 Host를 향해 ARP Request packet을 전달합니다.

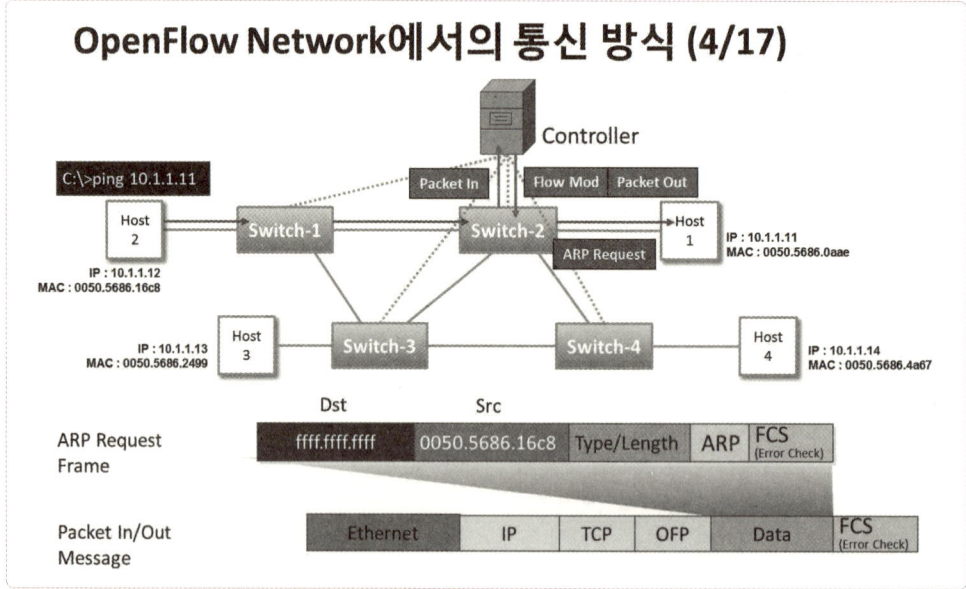

④-② Switch-2는 Switch-1과 같은 방식으로 동작하여 수신한 ARP Request를 Host 1에게 전달합니다.

- Switch-2는 ARP Request packet을 수신하면 Switch-1과 마찬가지로 Packet In Message를 생성하여 Controller에게 전송합니다.

- Controller는 수신한 Data의 목적지 Host IP를 알고 있기 때문에 Flow Modification Message와 함께 Packet Out Message를 Switch-2에게 전달합니다.

- Switch-2에는 ARP Request flow가 match되면 Host 1이 연결된 Port로 Action이 지정된 Flow Table이 생성됩니다.

- 또한, Switch-2는 수신한 Packet Out Message의 지정된 Output Action에 따라 ARP Request packet을 Host 1에게 전달합니다.

⟨Host 1에서 ARP Reply packet 전송⟩

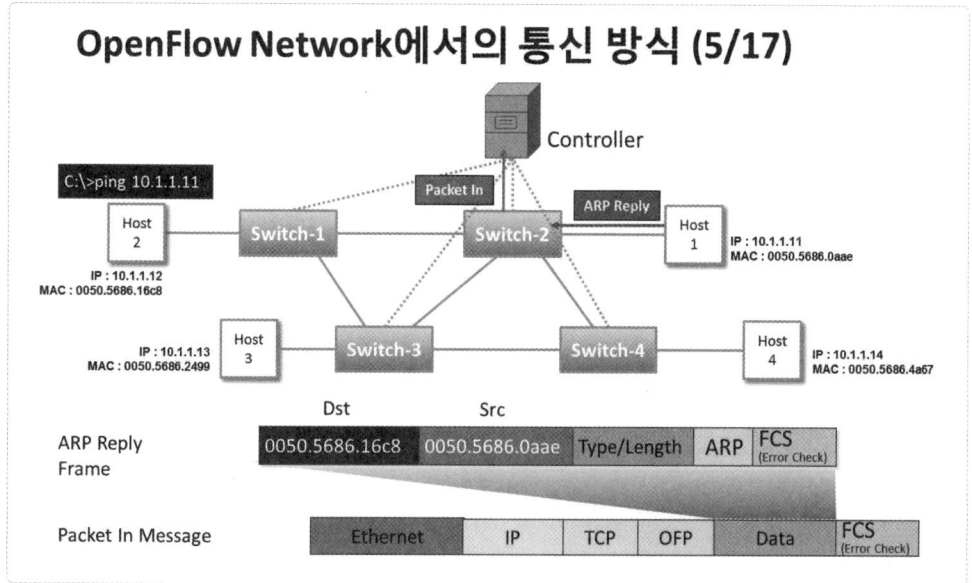

⑤ Host 1은 ARP Request에 응답하기 위해 ARP Reply packet을 OpenFlow Enabled Switch에게 전송하고 이것은 Packet In Message로 생성되어 Controller에게 전송됩니다.

- ARP Request를 수신한 Host 1은 ARP Reply를 생성하여 OpenFlow enable Switch-2에게 전달합니다.
- ARP Reply packet을 수신한 Switch-2는 Packet In Message로 생성하여 Controller에게 전달합니다.

⟨Controller에서 Packet Out Message 전송⟩

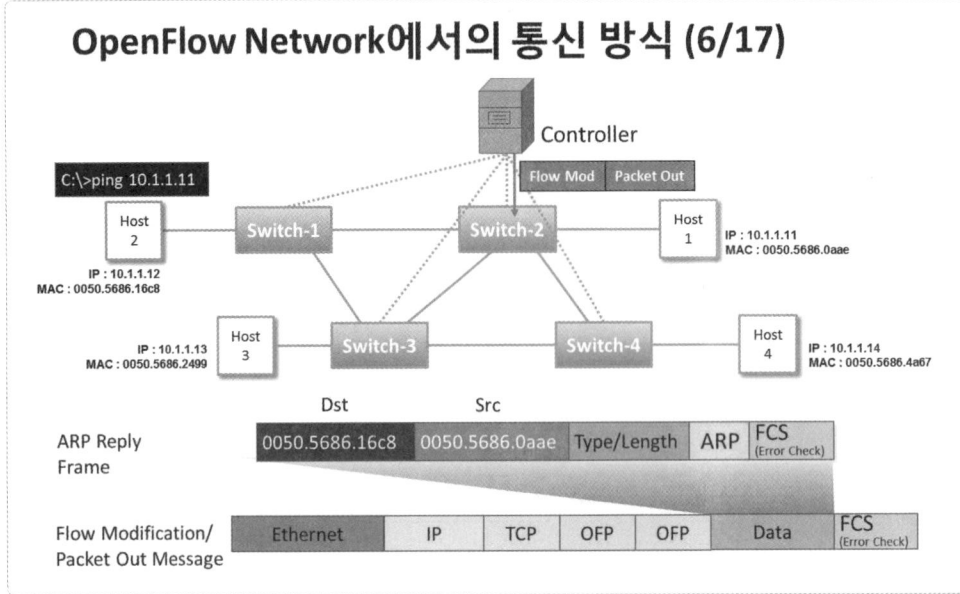

⑥ 목적지인 Host 2의 주소를 알고 있는 Controller는 Packet Out Message와 함께 Flow Modification Message를 생성하여 OpenFlow Enabled Switch-2에게 전달합니다.

- Controller는 ARP Request packet에 대한 Packet In Message를 통해 목적지 Host 2 주소를 알고 있는 상태입니다.

- 따라서, Controller는 OpenFlow Enabled Switch-2에게 Flow Table을 내려주기 위한 Flow Modification Message와 함께 Packet Out Message를 전달합니다.

- Flow Modification Message에는 Host 1이 Host 2에게 전달하는 ARP Reply flow가 match되도록 여러 가지 조건들이 지정됩니다.

- 그리고 Packet Out Message에는 ARP Reply packet이 Switch-1로 전달되도록 Output Action 값이 지정됩니다.

〈ARP Reply 관련 Flow Table을 내려 주기 위한 Flow Modification Message〉

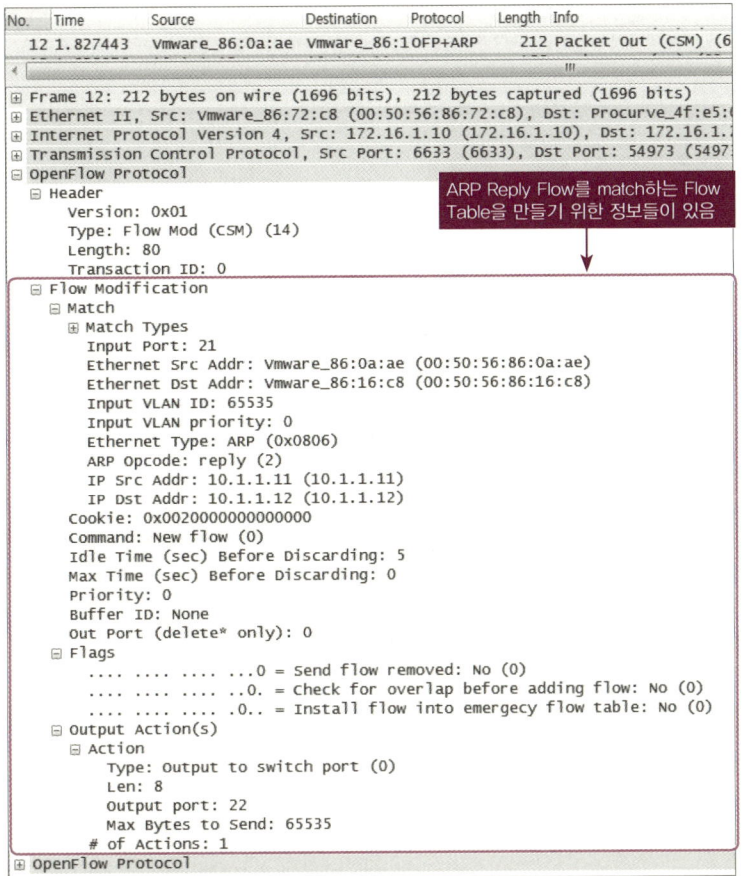

위 시나리오에서와 같이 Host 10.1.1.11이 Host 10.1.1.12에게 전송하는 ARP Reply flow가 match될 수 있도록 조건들이 지정되어 있습니다. 이렇게 생성된 Flow Table entry에 match된 flow가 Switch-1이 연결된 port 22번으로 전달되도록 Action 값을 지정합니다.

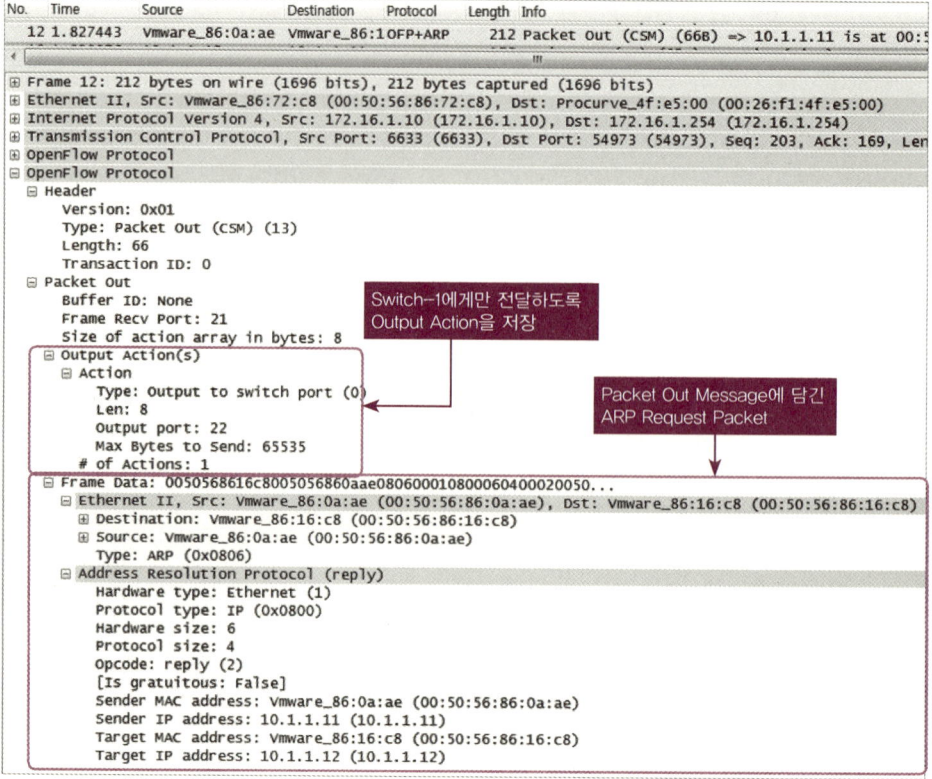

〈ARP Reply가 담긴 Packet Out Message〉

ARP Reply의 목적지인 Host 2의 주소를 알고 있는 Controller가 생성한 Packet Out Message입니다. ARP Reply packet이 Host 2를 향해 Switch-1에게 전달되도록 Output Action 값을 지정하여 전달합니다.

〈Flow Modification Message를 이용하여 Flow Table을 생성〉

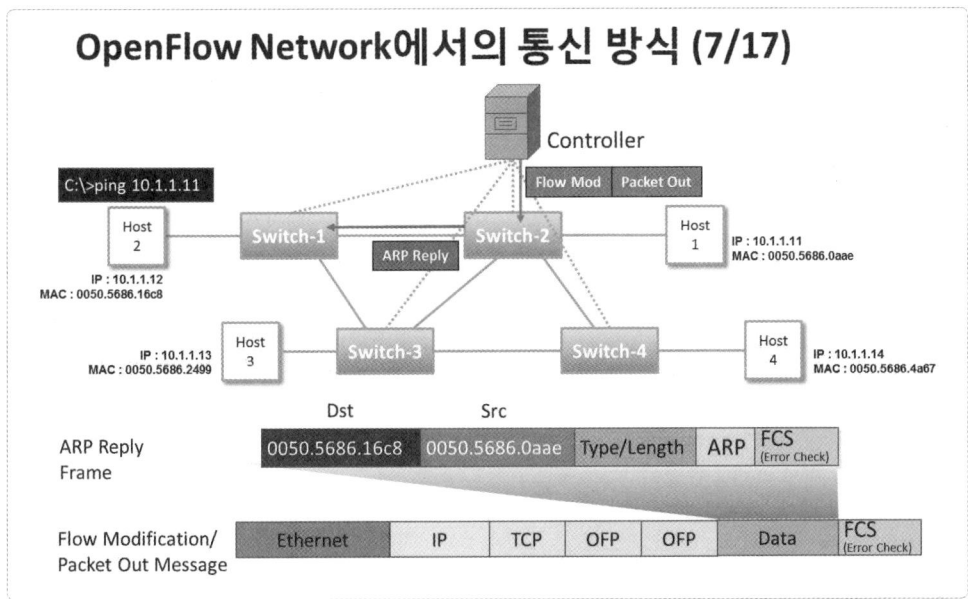

⑦ Switch-2는 수신한 Flow Modification Message를 이용하여 Flow Table을 생성하고, 지정된 Output Action에 따라 ARP Reply를 Switch-1에게 전송합니다.

- Switch-2는 Flow Modification Message에 지정된 match 조건에 따라서 Flow Table을 생성합니다.
- 생성된 flow entry는 Host 1이 Host 2에게 전달하는 ARP Reply flow를 match하기 위한 조건으로 생성됩니다.
- Switch-2는 Packet Out Message에서 지정된 Output Action에 따라서 ARP Reply packet을 Switch-1에게 전달합니다.

〈OpenFlow Enabled Switch의 Flow Table〉

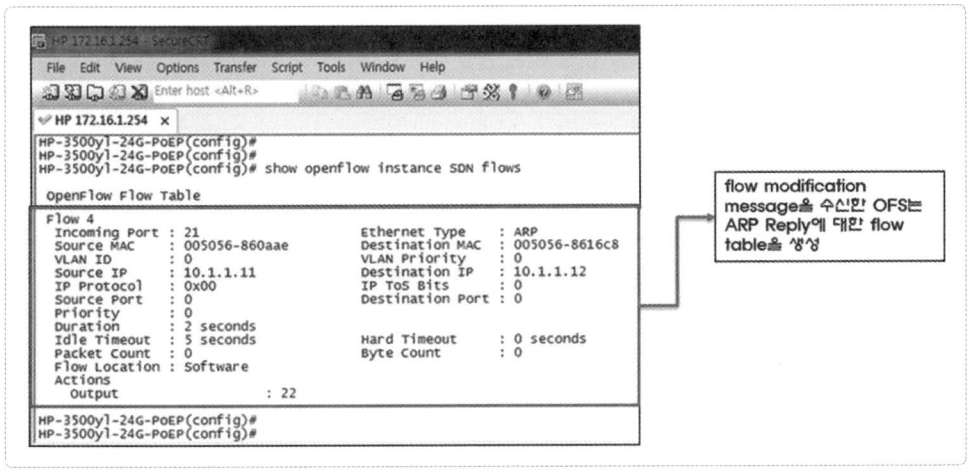

앞의 이미지는 OpenFlow Enabled Switch에서 생성된 Flow Table입니다. Flow Modification Message에서 지정된 match 조건에 따라 Flow Table entry가 생성되어 있음을 확인할 수 있습니다. 해당 flow entry는 Host 1이 Host 2에게 전달하는 ARP Reply packet을 match 시킵니다.

〈Host 2에 ARP Reply 전송〉

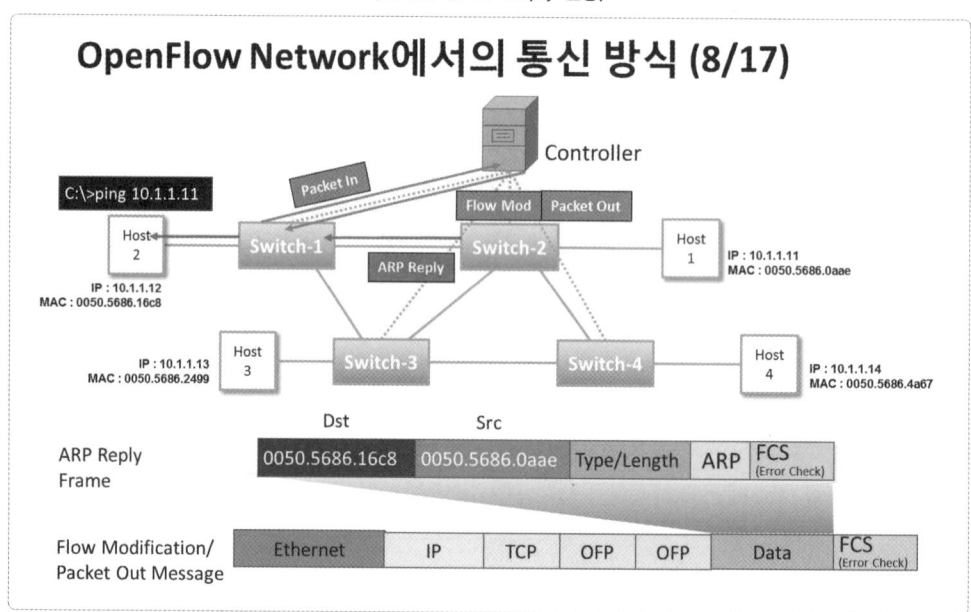

⑧ ARP Reply를 수신한 Switch-1은 Switch-2와 같은 방식으로 동작하여 Host 2에게 전달합니다.

- Switch-1 또한 ARP Reply packet을 수신하면 Packet In Message를 생성하여 Controller에게 전송합니다.
- Controller는 수신한 Data에 대한 목적지 Host IP를 알고 있기 때문에 Switch-2에서와 마찬가지로 Flow Modification Message와 Packet Out Message를 전달합니다.
- Switch-1는 이것을 수신하여 Flow Table을 생성하고 Packet Out Message에서 지정된 Output Action에 따라서 ARP Reply packet을 Host 2에게 전달합니다.

〈Host 2는 ARP Cache Table 생성〉

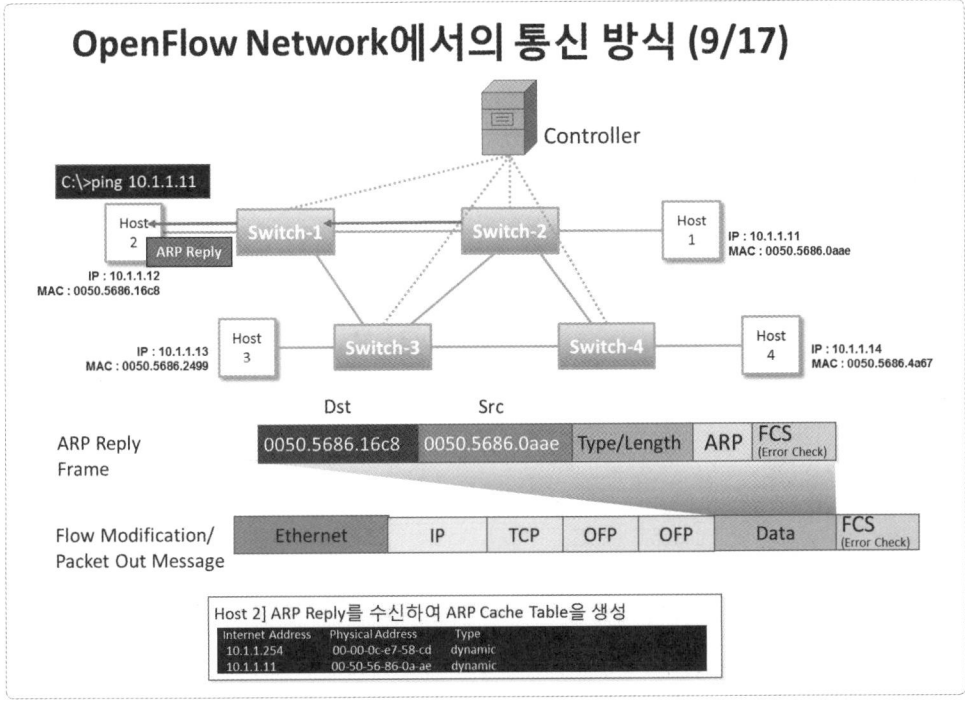

⑨ Host 2는 ARP Reply를 수신하여 ARP Cache Table을 생성합니다.

• Host 2는 ARP Reply의 Sender 정보를 이용하여 자신의 ARP Cache Table을 생성합니다.

〈Host 2에서 ICMP Echo Request Packet 전송〉

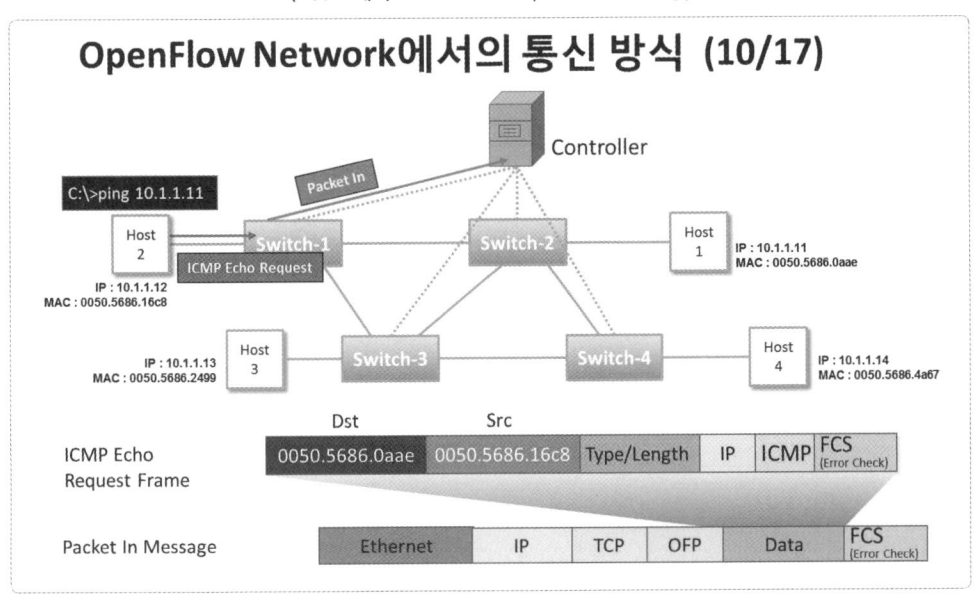

⑩ Host 2는 ICMP Echo Request Packet을 전송합니다.

- 두 Host 간 통신 확인을 위해 ICMP packet이 생성됩니다.
- ICMP packet은 IP Header와 Ethernet Header를 encapsulation하여 unicast frame으로 생성됩니다.
- 이 packet을 수신한 Switch-1은 Packet In Message를 생성하여 Controller에게 전달합니다.

〈Controller에서 Packet Out Message 전송〉

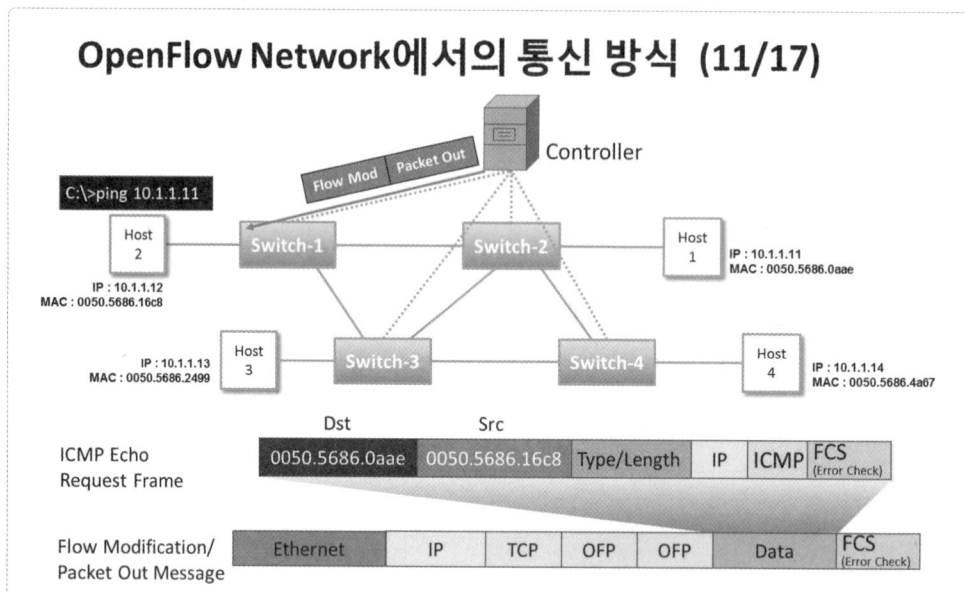

⑪ 목적지인 Host 1의 주소를 알고 있는 Controller는 Packet Out Message와 함께 Flow Modification Message를 생성하여 OpenFlow Enabled Switch-1에게 전달합니다.

- Controller는 이전의 ARP process를 통해 목적지인 Host 1의 주소를 알고 있는 상태입니다.
- 따라서, Controller는 OpenFlow Enabled Switch1에게 Flow Table을 내려주기 위한 Flow Modification Message와 함께 Packet Out Message를 전달합니다.
- Flow Modification Message에는 Host 2가 Host 1에게 전달하는 ICMP Echo Request flow가 match되도록 여러 가지 조건들이 지정됩니다.
- 그리고 Packet Out Message에는 ICMP Echo Request packet이 Switch-2로 전달되도록 Output Action 값이 지정됩니다.

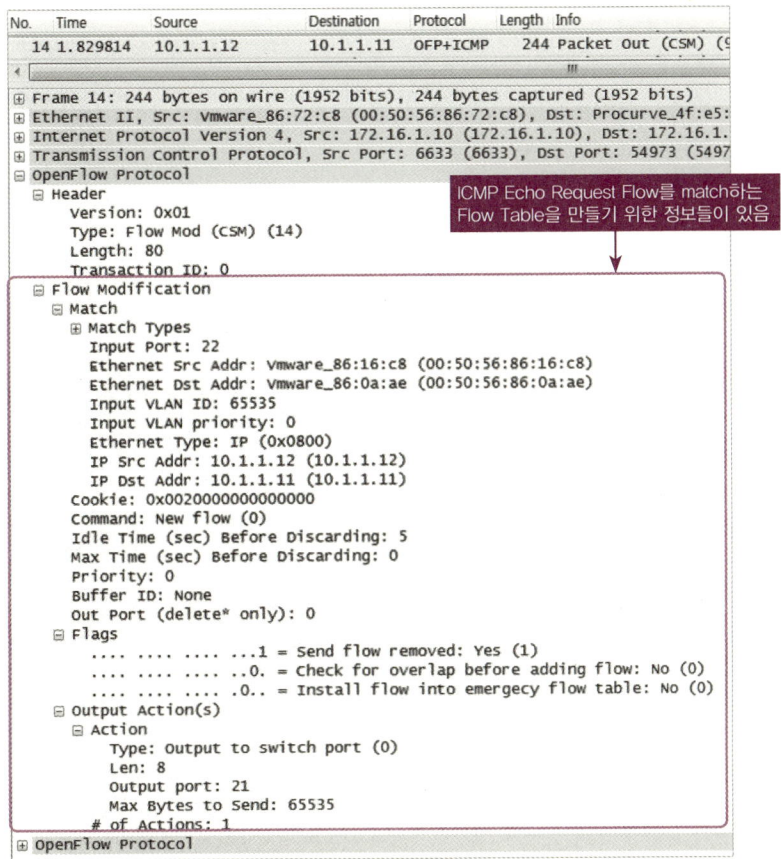

〈ICMP Echo Request 관련 Flow Table을 내려 주기 위한 Flow Modification Message〉

위 시나리오에서와 같이 Host 10.1.1.12가 Host 10.1.1.11에게 전송하는 ICMP Echo Request flow가 match될 수 있도록 조건들이 지정되어 있습니다. 이렇게 생성된 Flow Table entry에 match된 flow가 Switch-2가 연결된 port 22번으로 전달되도록 Action 값을 지정합니다.

〈ICMP Echo Request가 담긴 Packet Out Message〉

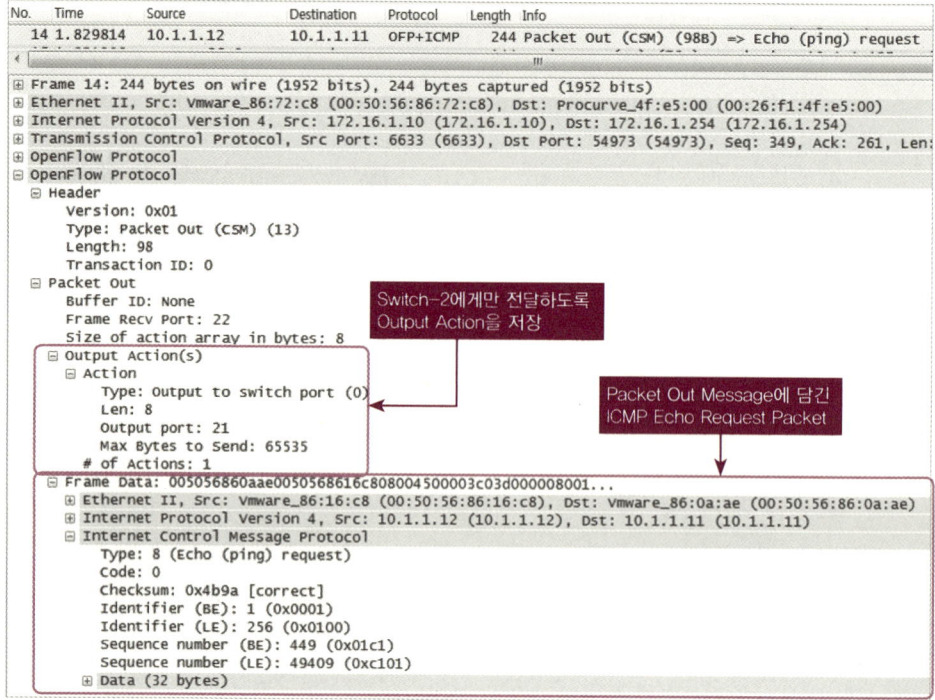

위 그림은 ICMP Echo Request의 목적지인 Host 1의 주소를 알고 있는 Controller가 생성한 Packet Out Message입니다. ICMP Echo Request packet이 Host 1를 향해 Switch-2에게 전달되도록 Output Action 값을 지정하여 전달합니다.

〈Switch-2에게 ICMP Echo Request 전송〉

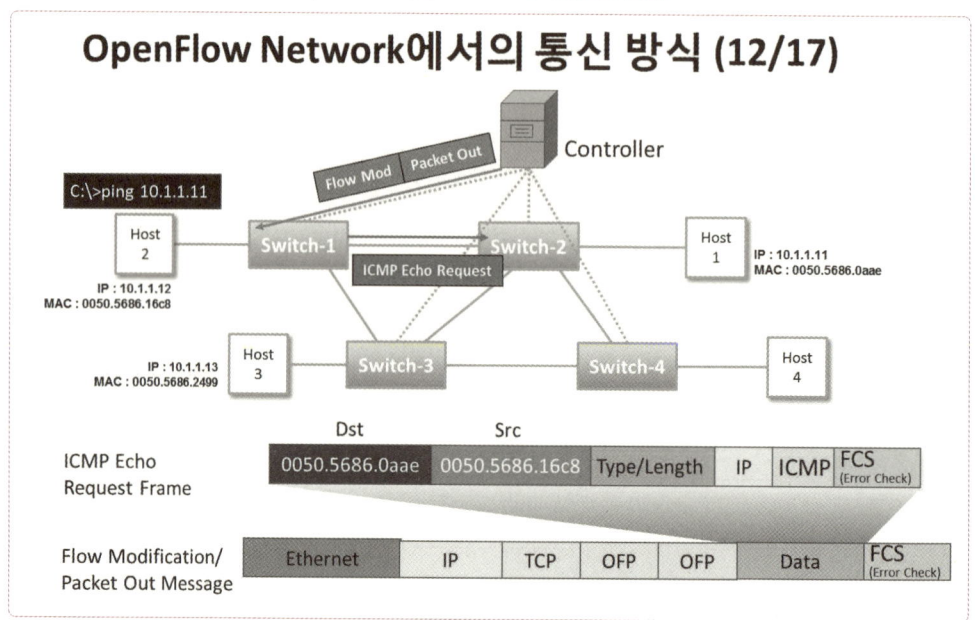

⑫ Switch-1은 수신한 Flow Modification Message를 이용하여 Flow Table을 생성하고, 지정된 Output Action에 따라 ICMP Echo Request를 Switch-2에게 전송합니다.

- Switch-1은 Flow Modification Message에 지정된 match 조건에 따라서 Flow Table을 생성합니다.
- 생성된 flow entry는 Host 2가 Host 1에게 전달하는 ICMP Echo Request flow를 match하기 위한 조건으로 생성됩니다.
- 또한, Switch-1은 Packet Out Message에서 지정된 Output Action에 따라서 ICMP Echo Request packet을 Switch-2에게 전달합니다.

〈OpenFlow Enabled Switch의 Flow Table〉

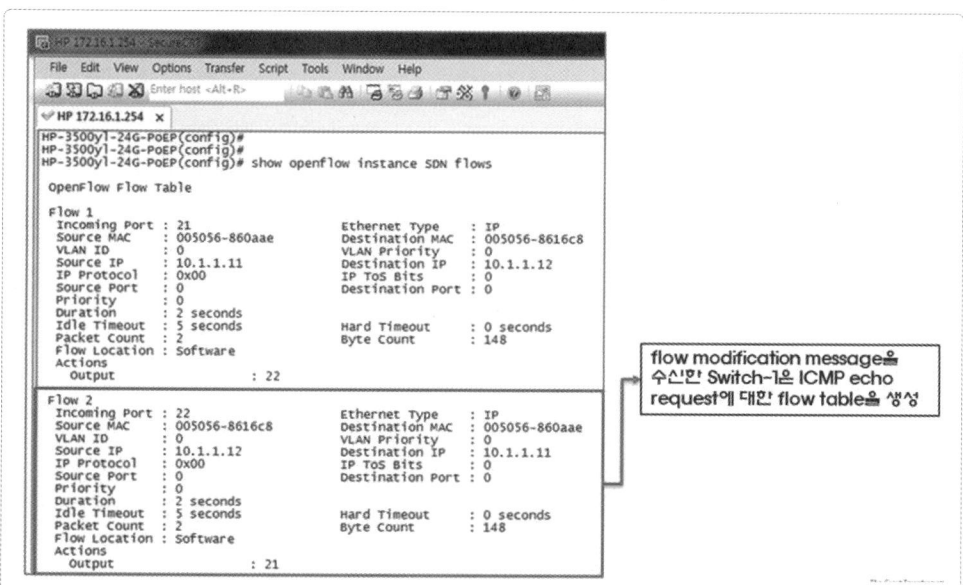

위 그림은 OpenFlow Enabled Switch에서 생성된 Flow Table입니다. Flow Modification Message에서 지정된 match 조건에 따라 Flow Table entry가 생성됩니다. 해당 flow entry는 Host 2가 Host 1에게 전달하는 ICMP Echo Request packet을 match 시킵니다.

〈Host 1에게 ICMP Echo Request 전송〉

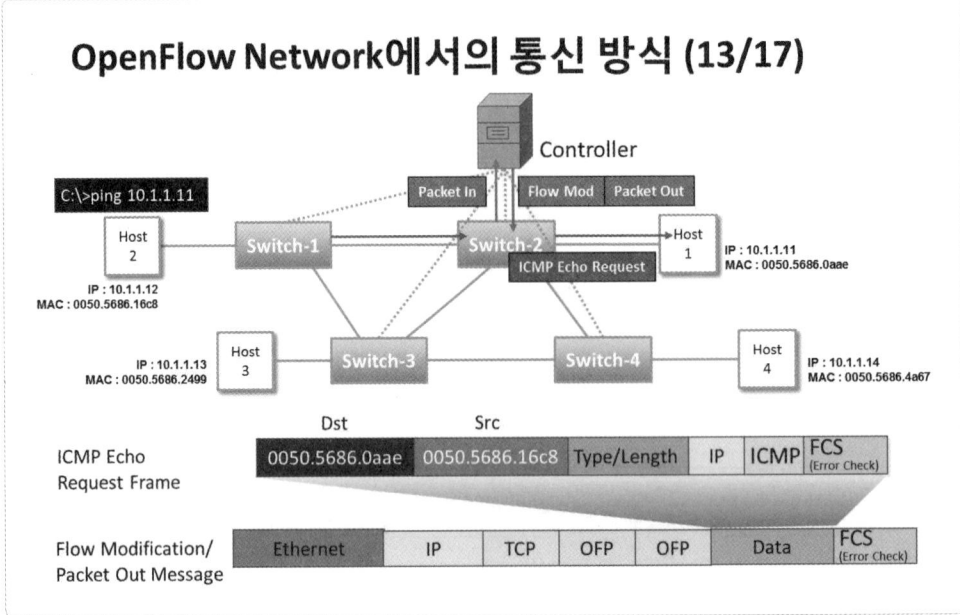

⑬ ICMP Echo Request를 수신한 Switch-2는 Switch-1과 같은 방식으로 동작하여 Host 1에게 전달합니다.

- Switch-2 또한 ICMP Echo Request packet을 수신하면 Packet In Message를 생성하여 Controller에게 전송합니다.
- Controller는 수신한 ICMP Echo Request에 대한 목적지 Host IP를 알고 있기 때문에 Switch-1에서와 마찬가지로 Flow Modification Message와 Packet Out Message를 전달합니다.
- Switch-2는 이 Message를 수신하여 Flow Table을 생성하고 Packet Out Message에서 지정된 Output Action에 따라서 ICMP Echo Request packet을 Host 1에게 전달합니다.

⟨Host 1로부터 ICMP Echo Reply packet 전송⟩

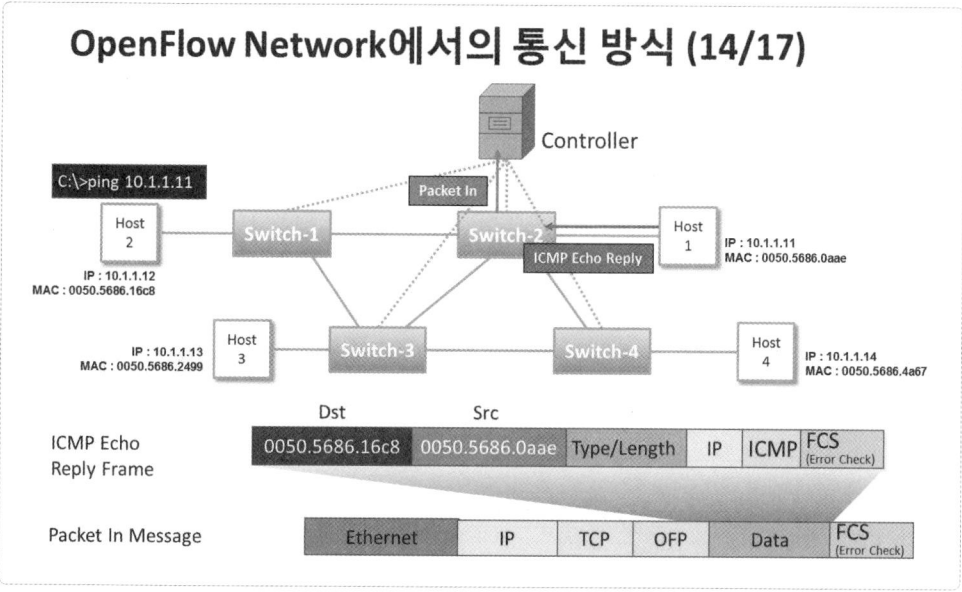

⑭ Host 1은 ICMP Echo Request에 응답하기 위해 ICMP Echo Reply packet을 OpenFlow Enabled Switch에게 전송하고 이것은 Packet In Message로 생성되어 Controller에게 전송됩니다.

- ICMP Echo Request를 수신한 Host 1은 ICMP Echo Reply를 생성하여 OpenFlow Enable Switch-2에게 전달합니다.
- ICMP Echo Reply packet을 수신한 Switch-2는 Packet In Message로 생성하여 Controller에게 전달합니다.

⟨Switch-2에게 Packet Out Message 전송⟩

⑮ ICMP Echo Reply packet의 목적지인 Host 2의 주소를 알고 있는 Controller는 Packet Out Message와 함께 Flow Modification Message를 생성하여 OpenFlow Enabled Switch-2에게 전달합니다.

- Controller는 OpenFlow Enabled Switch-2에게 Flow Table을 내려주기 위한 Flow Modification Message와 함께 Packet Out Message를 전달합니다.
- Flow Modification Message에는 Host 1이 Host 2에게 전달하는 ICMP Echo Reply flow가 match되도록 여러 가지 조건들이 지정됩니다.
- 그리고 Packet Out Message에는 ICMP Echo Reply packet이 Switch-1로 전달되도록 Output Action 값이 지정됩니다.

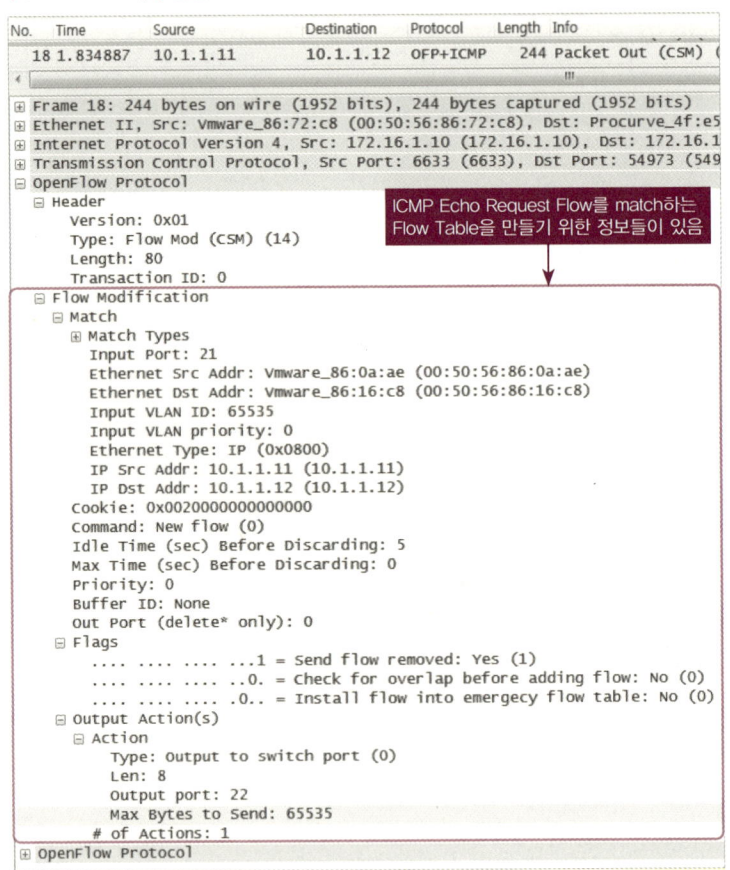

〈ICMP Echo Reply 관련 Flow Table을 내려 주기 위한 Flow Modification Message〉

위 시나리오에서와 같이 Host 10.1.1.11이 Host 10.1.1.12에게 전송하는 ICMP Echo Reply flow가 match될 수 있도록 조건들이 지정되어 있습니다. 이렇게 생성된 Flow Table entry에 match된 flow는 Switch-1이 연결된 port 22번으로 전달되도록 Action 값이 지정됩니다.

〈ICMP Echo Reply가 담긴 Packet Out Message〉

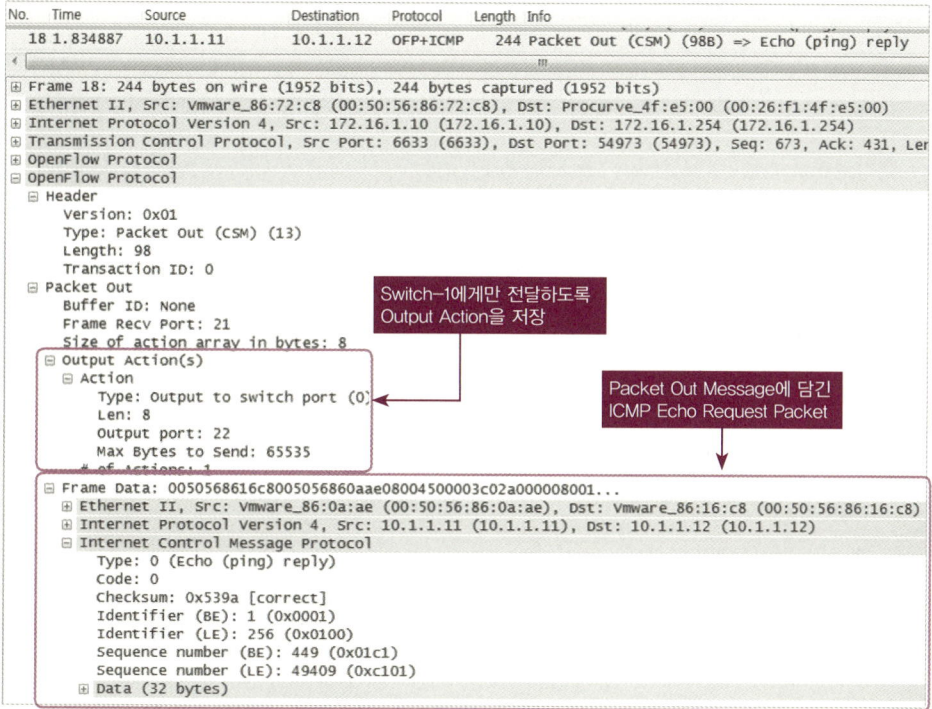

위 그림은 ICMP Echo Reply의 목적지인 Host 2의 주소를 알고 있는 Controller가 생성한 Packet Out Message입니다. ICMP Echo Reply packet이 Host 2를 향해 Switch-1에게 전달되도록 Output Action 값을 지정하여 전달합니다.

〈Switch-2에서 Flow Modification Message를 이용하여 Flow Table 생성〉

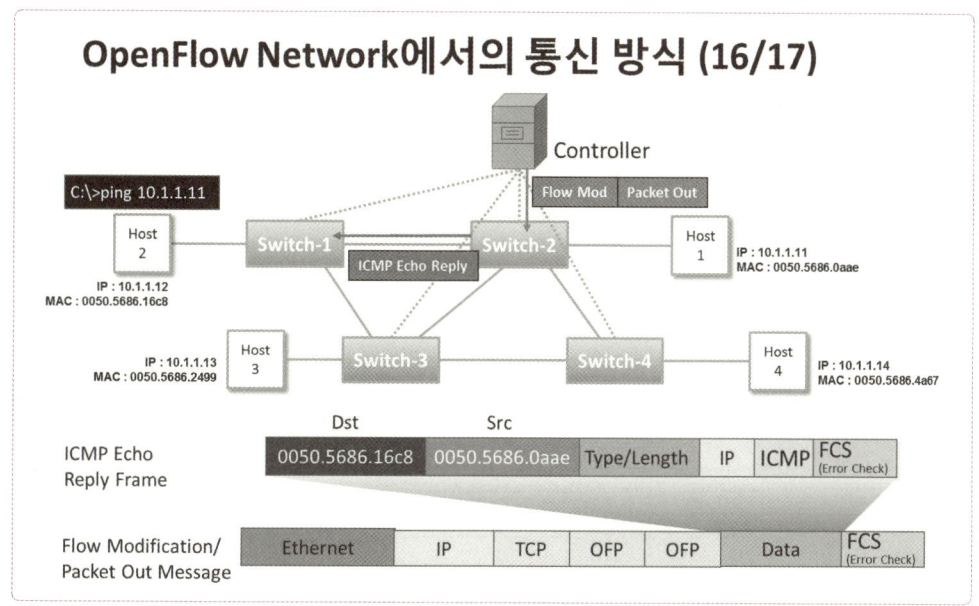

⑯ Switch-2는 수신한 Flow Modification Message를 이용하여 Flow Table을 생성하고, 지정된 Output Action에 따라 ICMP Echo Reply를 Switch-1에게 전송합니다.

- Switch-2는 Flow Modification Message에 지정된 match 조건에 따라서 Flow Table을 생성합니다.
- 생성된 flow entry는 Host 1이 Host 2에게 전달하는 ICMP Echo Reply flow를 match하기 위한 조건으로 생성됩니다.
- 또한, Switch-2는 Packet Out Message에서 지정된 Output Action에 따라서 ICMP Echo Reply packet을 Switch-1에게 전달합니다.

〈OpenFlow Enabled Switch의 Flow Table〉

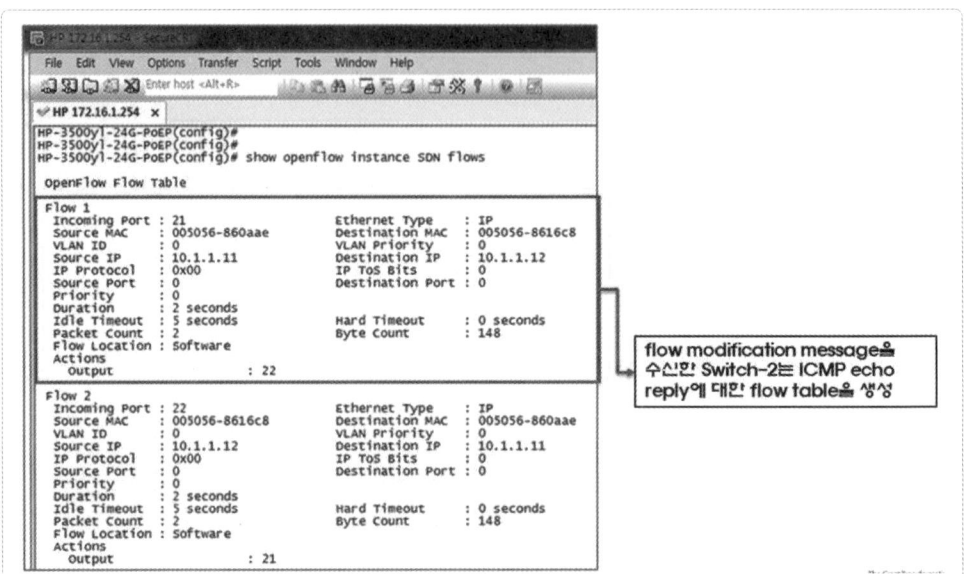

위 그림은 OpenFlow Enabled Switch-2에서 생성된 Flow Table입니다. Flow Modification Message에서 지정된 match 조건에 따라 Flow Table entry가 생성되어 있음을 확인할 수 있습니다. 해당 flow entry는 Host 1이 Host 2에게 전달하는 ICMP Echo Reply packet을 match 시킵니다.

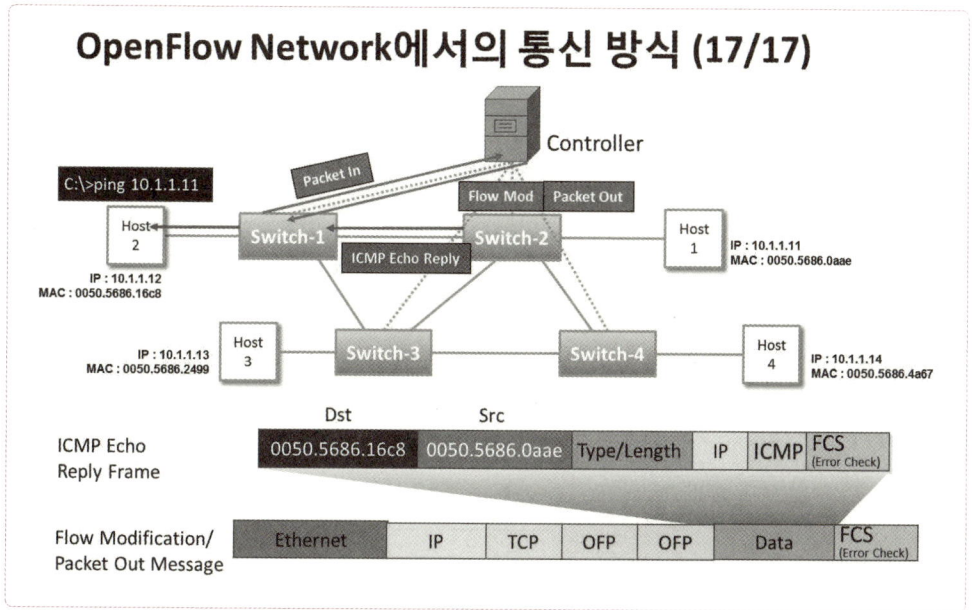

⟨Host 2에서 ICMP Echo Reply 수신⟩

⑰ ICMP Echo Reply를 수신한 Switch-1은 Switch-2와 같은 방식으로 동작하여 Host 2에게 전달합니다.

- Switch-1 또한 ICMP Echo Reply packet을 수신하면 Packet In Message를 생성하여 Controller에게 전송합니다.
- Controller는 수신한 Data에 대한 목적지 Host IP를 알고 있기 때문에 Switch-2 에서와 마찬가지로 Flow Modification Message와 Packet Out Message를 전달합니다.
- Switch-1는 이것을 수신하여 Flow Table을 생성하고 Packet Out Message에서 지정된 Output Action에 따라서 ICMP Echo Reply packet을 Host 2에게 전달합니다.
- Host 2는 Host 1로부터 ICMP Echo Reply를 수신하여 두 Host 통신 상태를 확인합니다.

4.3
Legacy Network와의 연동 기술

불과 1~2년 전만 하더라도 SDN은 초기 기술로 단순하게 치부되면서 재미있는 이론 정도로 치부되는 느낌이었습니다. 하지만 급속도로 인식이 바뀌면서 최근에는 실제 Production 망에 어떻게 적용할지에 대한 진지한 고민들이 나오고 있습니다.

완전히 다른 아키텍처를 가지고 있는 영역들을 연동하기 위한 실험들이 다양한 곳에서 나오고 있는데, Route Flow나 Legacy Flow등과 같이 OpenSource를 이용한 Application 형태로 시도하는 것도 있으며, NEC나 OpenDaylight와 같이 Controller에서 기본적으로 제공해주는 기능으로 연동하는 방법도 있습니다. 또는 Arista Switch와 같이 특정 벤더 스위치 솔루션으로 연동을 제공하고자 하는 시도들도 이루어지고 있지요.

SDN을 적용하려고 하는 네트워크의 특성과 환경에 따라 달라지겠지만 분명한 것은 이미 SDN을 구현하기 위한 Infrastructure 단계에서의 시도들과 의미 있는 결과들이 점차적으로 나오고 있다는 것입니다. 아직까지 Controller에 좀 더 집중하고 있는 시점에서 이러한 틈새 시장을 노려 또 다른 멋진 Application을 개발하거나 UseCase를 만든다면 SDN 영역에 발자취를 남길 수 있는 좋은 기회이지 않을까 합니다.

1) RouteFlow

Control Plane과 Data Plane이 분리된 네트워크 아키텍처에서는 라우팅 관련 정보는 Controller에서 가지고 있습니다. 기존의 장비에서는 Control Plane이 장비 내에 위치하기 때문에 OpenFlow Network와 Legacy Network가 연동될 경우 라우팅 상에 문제가 발생합니다.

특히, 현재까지의 OpenFlow Network 상에서는 Legacy Routing Protocol을 사용하지 않습니다. 물론 이를 위한 많은 시도들이 있지만, 어쨌든 지금까지 나와 있는 어떠한 Controller도 자체적으로 Legacy Routing Protocol을 지원하지 않고 있습니다. 이로 인해 동적으로 경로를 선택하여 전송되던 패킷은 OpenFlow Network에서 갈 길을 잃어버리게 됩니다. Legacy와의 연동을 위해서는 반드시 고려되어야 하는 요소입니다.

UseCase에서 소개드렸던 Google의 G-Scale에서도 Legacy Routing Protocol인 BGP와 IS-IS를 연동하기 위해서 Quagga를 이용하였던 것을 기억하실 것입니다. OpenSource를 이용하여서 G-Scale과 비슷하게 Legacy Routing Protocol을 연동하여 주는 Application들이 존재하는데 이 중에서 가장 많이 알려진 것은 RouteFlow입니다. 물론 Google에서는 좀 더 정교하게 하여 Routing Table까지도 Programming 하였긴 하지만요.

그렇다면 RouteFlow란 무엇일까요? 이를 쉽게 설명하면 중앙의 집중화된 서버 상에 BGP, OSPF, RIP 등과 같은 Legacy Routing Protocol을 이용하여 OpenFlow Network 상에서도 Routing에서 연산된 경로를 알 수 있도록 하는 것입니다. 현재 Network 장비의 경우는 개별 장비에서 각각 라우팅 연산을 하여 다음 장비로 전송을 합니다. 이미 설명한 대로 이를 중앙 방식으로 진행하면 매우 단순하게 구성을 할 수 있지만, 현재의 분산 방식에 의해서 매우 힘든 길을 가고 있는 것이지요.

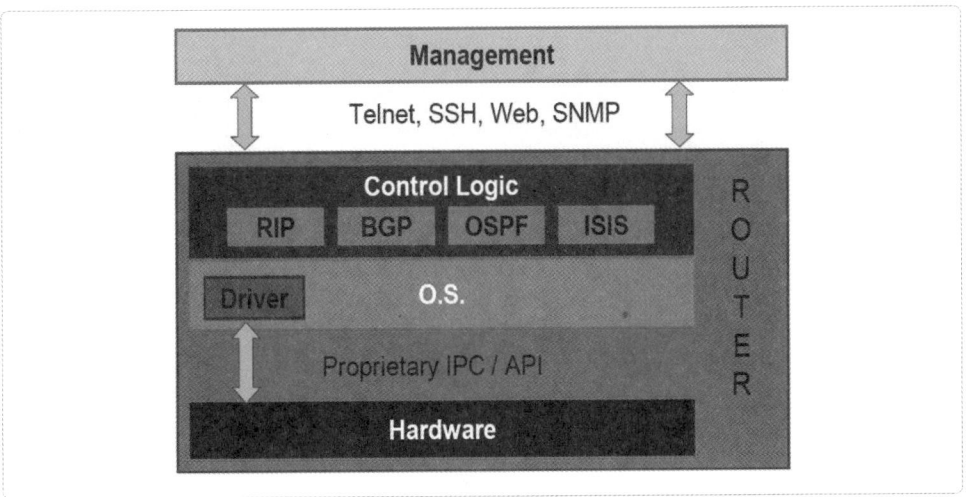

〈기존 Routing Protocol 지원 방식〉

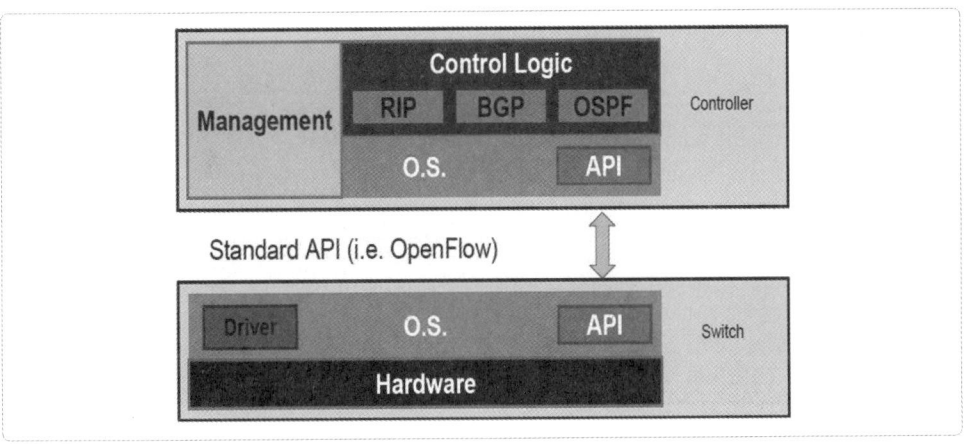

〈RouteFlow의 Routing Protocol 지원 방식〉

RouteFlow의 개념도 SDN의 개념과 일치합니다. 중앙의 Application에서 Routing 정보를 수집하여 즉시적인 경로를 지정할 수 있으므로 매우 유연한 네트워크 운영이 가능해집니다.

〈RouteFlow 개념도〉

RouteFlow는 RouteFlow 서버에 OpenFlow Switch와 일대일로 매핑되는 VM들을 생성합니다. 이 VM들에 소프트웨어 라우팅 데몬인 Quagga를 실행하여 Legacy Network와의 연동을 수행하고, 이때 생성된 Routing 정보를 OpenFlow Switch에 Flow Table 형태로 제공합니다.

RouteFlow는 현재 OpenSoure Controller 중 NOX와의 연동이 완료되어 누구나 손쉽게 다운로드 할 수 있고, 최근 가장 많이 다운로드 되고 있는 OpenSource Controller인 Big Switch사의 Floodlight에서도 RouteFlow와 연동할 수 있습니다.

2) LegacyFlow

모든 네트워크를 OpenFlow를 이용한 SDN으로 구성하는 것은 아직 현실적으로 불가능합니다. 그렇기 때문에 어떤 경우에는 SDN Domain 사이에 Legacy Domain이 존재할 수 있습니다. 그렇게 되면 반드시 Topology Discovery 이슈가 발생하게 됩니다.

앞서 살펴본 바와 같이 OpenFlow Network에서 Topology Discovery를 위해서 Controller는 LLDP 정보를 이용합니다. 간단하게 다시 한 번 정리하면, 포트 정보 상태가 up된 물리적 포트를 이용하여 Controller는 LLDP를 Packet Out Message로 전송합니다. 이 포트를 통해 LLDP 패킷을 받은 스위치는 자신이 알지 못하는 정보이므로 이 패킷을 Controller에 보내게 되고, 이 Controller는 자신이 보낸 패킷이므로 이를 이용해 스위치 간 Topology를 알 수 있게 됩니다.

〈Topology Discovery 이슈〉

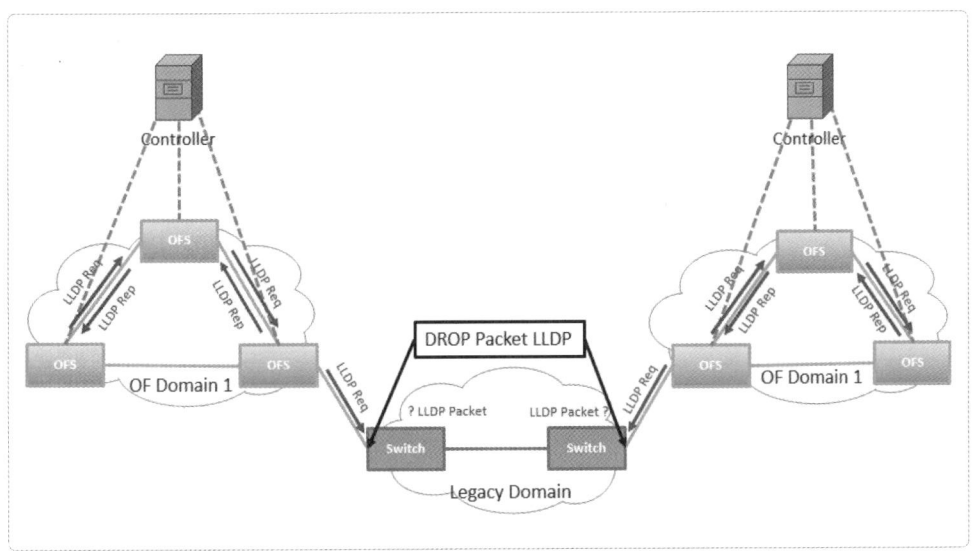

그런데, 중간에 Legacy Switch와 OpenFlow Enabled Switch가 공존해 있다면 어떻게 될까요? Legacy Switch 입장에서는 전송받은 LLDP를 제거할 것입니다. 즉 Controller는 정확한 Topology를 그려낼 수 없을 것입니다. 당연히 통신상에도 큰 문제가 발생하게 됩니다. 이 문제를 해결하기 위한 다양한 시도들이 있습니다.

물론 가장 손쉬운 해결 방법은 Overlay 기술을 사용하는 것입니다. 하지만 Overlay 기술은 네트워크 환경에 제약이 있어서 모든 구간을 광범위하게 Overlay로 디자인하는 것은 사실 그렇게 좋은 솔루션은 아닙니다. 이러한 이슈를 해결하기 위해 나온 솔루션 중에서 주목할만한 오픈소스가 있는데, LegacyFlow입니다. LegacyFlow는 기존 Legacy 장비들이 Controller에 의해서 통제될 수 있도록 하는 Application입니다.

즉, Legacy Flow는 OpenFlow를 지원하지 않는 기존 네트워크 장비들이 있는 환경에서 OpenFlow Enabled Network와 연동을 하려고 할 때 통신할 수 있는 방법에 대한 연구로서 중간에 OpenFlow 메시지를 기존 장비에 번역해서 설정해주는 Legacy DataPath가 있다는 것이 특징입니다. 이를 통해서 기존의 Legacy 장비와 OpenFlow enabled 장비 간에 호환이 이루어집니다.

〈LegacyFlow 개념도〉

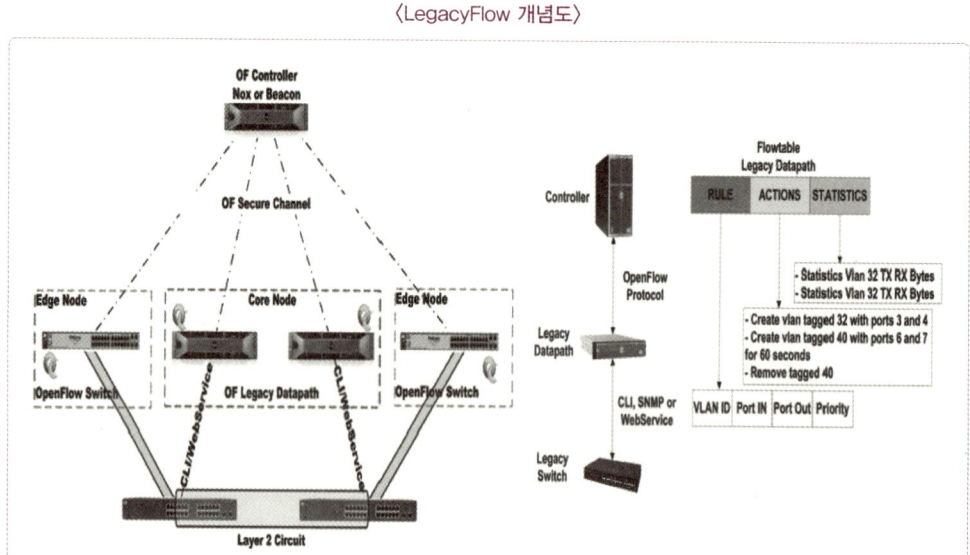

LegacyFlow를 연구한 자료에 따르면 이미 Extreme, CISCO 그리고 Juniper 스위치와의 호환성 테스트를 마무리 하였다고 합니다. 이 LegacyFlow를 확장하면 단순히 LLDP 이슈만을 해결하는 것이 아니라 현재 OpenFlow Specification에서는 정의되어있지 않은 GMPLS, SONET/SDH 또는 WDM과 같은 회선 기반 기술들과도 연동할 수 있는 방안을 제시할 수 있습니다. LegacyFlow의 궁극적인 목표는 이러한 Legacy 기술들을 OpenFlow Network와 연동시키는 것에 있습니다.

3) 벤더 확장 기술

Legacy와의 연동을 위한 준비가 OpenSource를 중심으로 많이 되어있다고는 하지만 사실 대부분의 국내 회사에서는 이를 이용하여 어떤 서비스에 이용할 수 있는 조직은 극히 제한적입니다. 이러한 틈새를 노려 벤더에서는 확장 기술을 통해 Controller 또는 스위치에서 Legacy Network와의 연동을 제공하고 있습니다.

현재 NEC에서는 Controller 상에서 Static Routing을 통한 연동 기술을 제공하고 있습니다. Arista에서는 Switch 상의 특정 포트를 이용해서 Dynamic Routing Protocol과의 확장된 연동 기술을 제공하고 있습니다. 이번에는 Arista Switch에서 제공하는 Dynamic

Routing Protocol과의 연동 기술을 간단히 살펴보도록 하겠습니다.

Arista에서 제공하는 확장 기술 중에는 Recirculate Port라는 것을 제공합니다. 이 Port의 기능은 Legacy Network와 OpenFlow Enabled Port 간에 연동해주는 기능을 합니다.

〈Arista Switch Legacy Network 연동 개념도〉

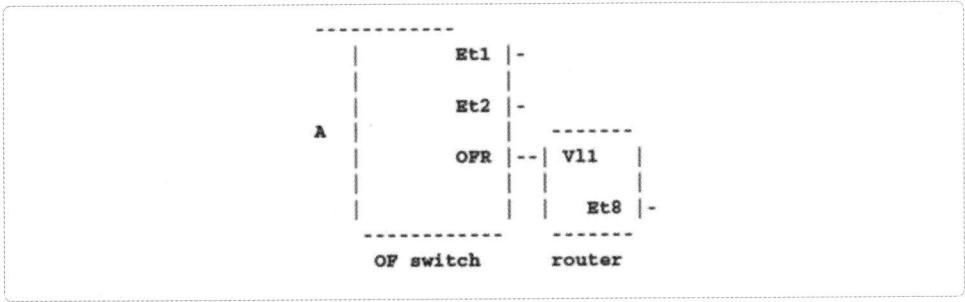

OpenFlow Switch에서 Ethernet 2번 포트를 Recirculation 포트로 지정하면 Arista Switch는 이를 OFR(OpenFlow Router) Port로 Controller에 알려줍니다. 그러면 Controller에서는 자동으로 OFR 포트가 있는 것으로 인식을 합니다. Legacy Network와의 패킷 송신 및 수신은 아래와 같은 방식으로 진행됩니다.

- Legacy에서 송신 : (VLAN 1) → recirc → (VLAN 401) → routing → (Et8 VLAN)
- Legacy로부터 수신 : (Et8 VLAN) → routing → (VLAN 401) → recirc → (VLAN 1)

이와 관련한 간단한 테스트를 진행하여 보겠습니다. 시나리오는 Legacy Network에서 Dynamic Routing으로 OSPF를 연동하면서, OpenFlow Network와의 통신하는 것입니다. 물론 이 테스트를 위해서 Arista Switch에서는 OSPF를 동작시킴과 동시에 일부 포트에서는 OpenFlow를 Enable 시켰습니다.

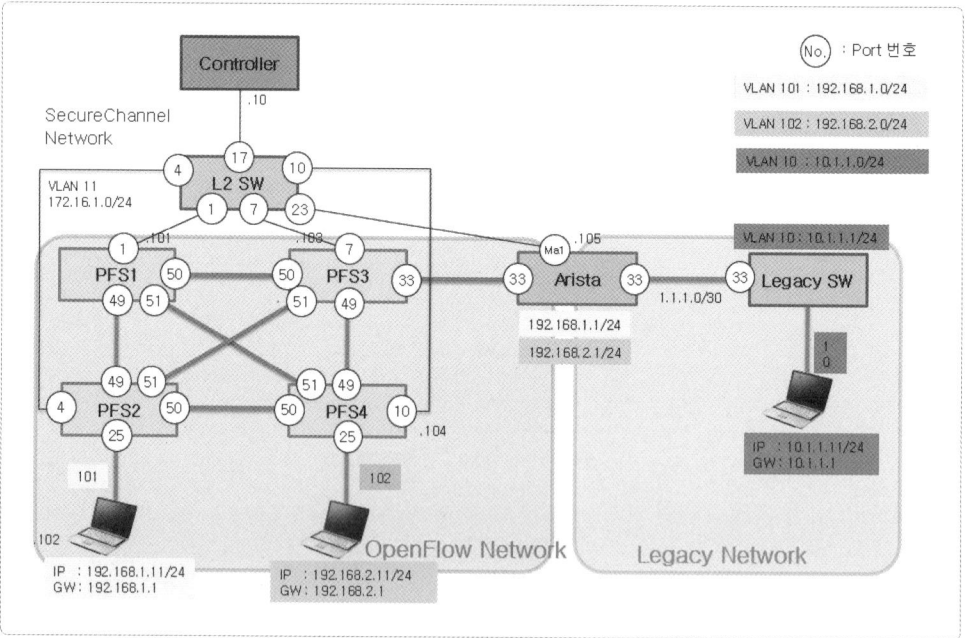
〈Legacy Network 연동 테스트 구성도〉

OpenFlow Network는 2개의 Subnet으로 나누었고, OpenFlow의 특성을 이용하여 OpenFlow Switch는 다른 스위치 제조사인 NEC의 PFS를 사용하였습니다. 또한 Legacy SW와 Arista SW 간에는 OSPF를 연동하고 있습니다.

그러면 OpenFlow Network에 있는 192.168.1.11 단말에서 Legacy Network에 있는 10.1.1.11로 Ping을 전달하도록 하겠습니다. OpenFlow Network에서는 Controller의 동작으로 PFS와 Arista 간에 최적의 경로를 찾아 전송될 것이고, Arista Switch와 Legacy Switch 간에는 OSPF를 통해서 전송될 것입니다. 그러면 OpenFlow Network 상에서 최적의 경로는 어디일까요? 모든 포트가 동일한 대역폭을 가지고 있기 때문에 최적의 경로는 PFS2 → PFS3 → Arista Switch일 것입니다. 그러면 전송되는 경로를 확인해보도록 하겠습니다.

〈PFS_2에서의 Flow Table〉

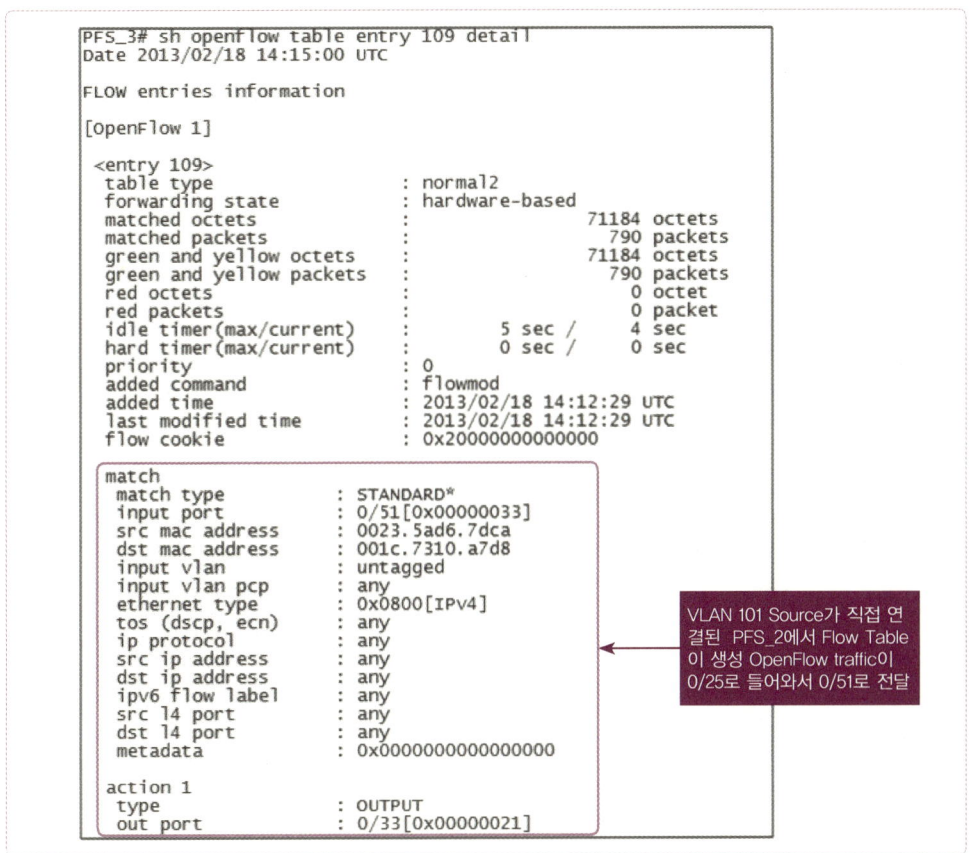

PFS_2번 스위치 25번 포트에 연결되어 있는 단말에서 10.1.1.11로 패킷을 전송합니다. 이 때 Controller를 기본 상태로 두었습니다. 이럴 경우 대부분의 Controller는 Aggregation Mode로 동작하기 때문에 위에 보시는 바와 같이 아주 필수적인 정보만을 제외하고는 모두 Wild Card로 처리합니다. 물론 세부 사항이 모두 표시되게 할 수 있지만 특정한 정책을 적용해야 하는 경우를 제외하고는 초기 상태로 두는 것이 자원 활용에 효율적입니다.

Controller에 의해서 파악된 최적의 경로를 따라 PFS_2번 스위치에서 PFS_3번 스위치로 패킷이 전송됩니다.

⟨PFS_3에서의 Flow Table⟩

```
PFS_3# sh openflow table entry 109 detail
Date 2013/02/18 14:15:00 UTC

FLOW entries information

[OpenFlow 1]

 <entry 109>
  table type                 : normal2
  forwarding state           : hardware-based
  matched octets             :                  71184 octets
  matched packets            :                    790 packets
  green and yellow octets    :                  71184 octets
  green and yellow packets   :                    790 packets
  red octets                 :                      0 octet
  red packets                :                      0 packet
  idle timer(max/current)    :         5 sec /     4 sec
  hard timer(max/current)    :         0 sec /     0 sec
  priority                   : 0
  added command              : flowmod
  added time                 : 2013/02/18 14:12:29 UTC
  last modified time         : 2013/02/18 14:12:29 UTC
  flow cookie                : 0x20000000000000

 match
   match type                : STANDARD*
   input port                : 0/51[0x00000033]
   src mac address           : 0023.5ad6.7dca
   dst mac address           : 001c.7310.a7d8
   input vlan                : untagged
   input vlan pcp            : any
   ethernet type             : 0x0800[IPv4]
   tos (dscp, ecn)           : any
   ip protocol               : any
   src ip address            : any
   dst ip address            : any
   ipv6 flow label           : any
   src l4 port               : any
   dst l4 port               : any
   metadata                  : 0x0000000000000000

 action 1
   type                      : OUTPUT
   out port                  : 0/33[0x00000021]
```

PFS_2dml 0/51과 연결된 PFS_3에서 Flow Table이 생성 OpenFlow traffic이 0/51로 들어와서 0/33으로 전달

이 패킷은 Arista Switch와 연결되어 있는 33번 포트를 통해 Arista Switch에게 해당 패킷을 전송합니다.

⟨AristaSW에서의 Flow Table⟩

```
AristaSW#sh openflow flows
Flow flow00000000000000001088:
  priority: 0
  cookie: 9007199254740992 (0x20000000000000)
  idle timeout: 5.0 sec
  match:
    ingress interface: Ethernet33
    source Ethernet address: 00:23:5a:d6:7d:ca
    destination Ethernet address: 00:1c:73:10:a7:d8
    VLAN ID: 101
    Ethernet type: IPv4
  actions:
    output interfaces: OpenFlowRouter
  matched: 1045 packets, 94198 bytes
```

33번 포트를 통해 전달받은 Arista Switch에서는 recirculation Port인 OpenFlowRouter 포트를 통해 Legacy Network로 해당 패킷을 전송합니다. 물론 돌아오는 패킷에 대해서 동일하게 동작합니다.

지금 OpenFlow가 초기 단계인 점을 고려하면 이러한 벤더들의 시도들은 매우 의미있어 보입니다. 하지만 이러한 시도들이 자칫 잘못하면 Data Plane의 기능을 너무 많이 가져가게 할 수도 있어 부정적으로 보는 견해도 아직 존재하고 있습니다. 하지만 망을 단순화시킬 수 있다는 취지에서는 좋은 시도로 여겨집니다.

4) 다양한 방안들 - Hybrid Switch

일시에 기존의 네트워크를 완전히 대체할 수 없는 상황에서 점차적으로 영역을 넓혀 가기 위해서는 위에서 이루어지는 다양한 실제적 움직임을 확인할 수 있었습니다. ONF를 중심으로 최근 활발하게 논의되는 방안은 Hybrid Switch 개념입니다.

Hybrid Switch는 하나의 스위치에서 Legacy 방식도 지원하면서, OpenFlow도 지원하는 방식으로 아래와 같이 2가지 방식이 존재합니다.

〈Hybrid Switch 방식〉

이러한 Hybrid 형태에서는 해당 스위치에서 OpenFlow Network를 인지하는지 아니면 완전히 분리되었는지에 따라서 구분할 수 있습니다. SDN 도입하는 네트워크의 환경에 따라 hybrid 방식을 결정하여 도입하면 됩니다.

OpenFlow를 다양한 용도로 테스트를 하고 싶지만, 기존의 네트워크를 그대로 사용하는 환경에서 테스트를 한다면 어떻게 디자인을 하면 좋을까요? 이에 대한 해답이 딱 정해져 있는 것은 아니지만 아주 간단한 형태의 소개는 할 수 있습니다.

〈기존 네트워크와의 연동 구성도〉

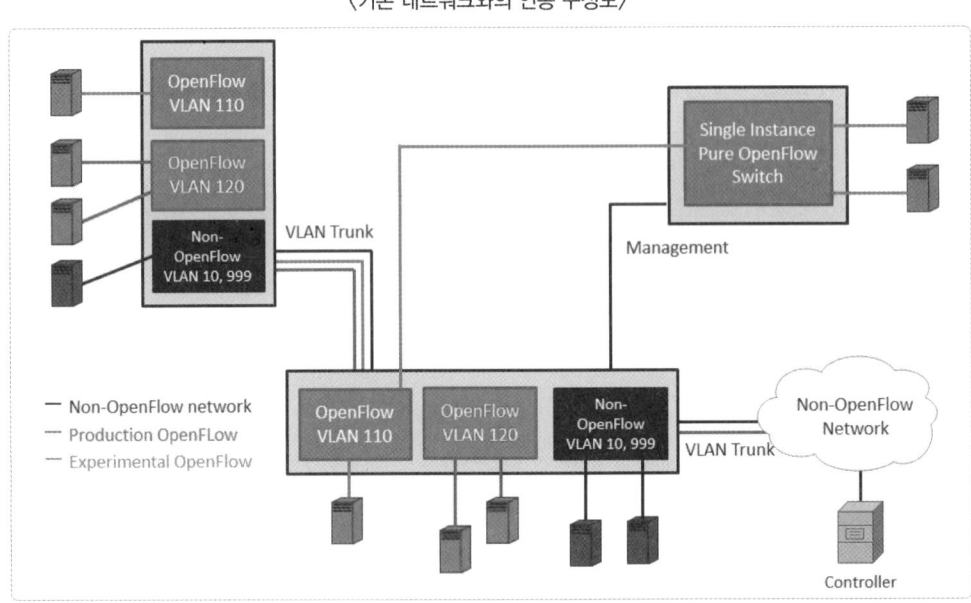

네트워크를 3가지로 구분하였습니다.

- Non-OpenFlow Network : 기존에 운용 중이던 서비스 망
- Production OpenFlow Network : OpenFlow를 이용한 상용 서비스 망
- Experimental OpenFlow Network : 다양한 테스트를 위해 분리된 망

위와 같이 구성하게 되면 각각의 장비는 서로에게 영향을 받지 않고 완전히 분리된 별도의 망처럼 동작시킬 수 있습니다. 특히 Flowvisor라는 것을 이용하게 되면 OpenFlow Network 간에도 가상화된 네트워크로 동작할 수 있습니다.

OpenFlow를 이용한 SDN의 각 기반 요소들은 이미 연구 단계를 넘어 상용 준비를 마쳤습니다. 이제 SDN의 세계에 빠져 더욱 지능화되고 유연한 네트워크를 맞이할 시기입니다.

Part 02
OpenFlow Controller 알아보기

Part 2. OpenFlow Controller 알아보기

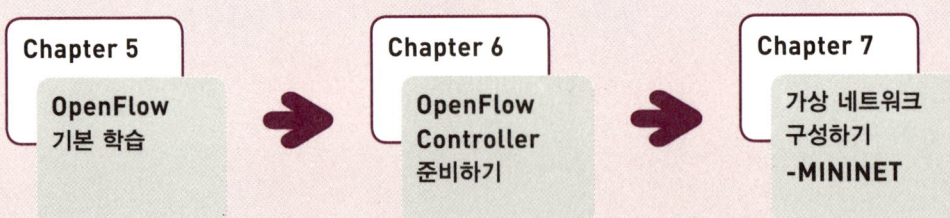

Part 1에서는 SDN 기술 개요 및 동향에 대해서 살펴보았습니다. Part 2에서는 SDN 기술 개념을 적용하여 개발된 OpenSouce Project 종류 등을 살펴보고, SDN 기술 개발을 하기 위한 기본적인 개념을 습득하기 위해 OpenSource 기반 테스트 환경을 구성해 나갈 것입니다. SDN을 처음 접했을 때, 저자도 많은 고민과 시행착오를 겪은 기억이 있습니다. Legacy Network를 공부해야 하는 것인지? 개발을 위한 Language를 습득해야 하는 것인지? 라는 고민부터 시작해서, Test 환경은 어떻게 구축할 것이며, 수많은 SDN Project들 중에서 어떤 프로젝트부터 선택하여 적용할 것인지? 또 어떻게 설치해야 하는지? 그리고 최종적으로 UseCase는 어떻게 발굴할 것인지?까지 수많은 질문들로 혼란스러웠습니다. 해답을 얻기 위해 현업종사자, 학생, 기관, 기업 IT 실무자, 비즈니스 관련 부서 관계자, S/W 개발자 등 다양한 분야와 직종의 분들을 만나 이야기를 나누어 보았지만, 대부분 SDN의 성장 가능성, 시장 동향, SDN 알리기에 관심이 많았고, 개발적인 측면에서의 관심과 정보는 매우 부족했습니다. 그래서 저 같은 실무자들은 현업에 SDN을 적용하려고 했을 때, 어디서부터 어떻게 시작해야 할지 막막했습니다. 이런 부분들은 시간이 지남에 따라 SDN 개발자 층이 두터워지면 자연스럽게 해소될 것이라고 생각이 듭니다만, 현재 한국 시장에서 SDN 개발자는 혼자 무언가 하기는 매우 힘든 상황입니다. 따라서 저자가 겪은 시행착오를 줄이고, SDN을 처음 접하는 사람들도 SDN을 보다 쉽게 접근을 할 수 있게 하는 것이 이번 장의 근본적인 목표입니다.

Part 2와 Part 3에 대해서 간략히 소개를 하자면, Part 2는 개인 PC나 노트북에서 VM image 구성을 하여서 OpenFlow 망을 구축해보고 간단한 UseCase를 테스트할 수 있는 환경을 소개합니다. 기본적인 기능을 익히고, Ping Test를 통하여 OpenFlow 개념을 학습하게 됩니다. Part 3는 현존하는 OpenSource Controller 중에서 가장 인기 있는 SDN Controller 4가지를 소개할 것 입니다. OpenFlow, SDN에 관심 있는 분들이라면, 한번씩은 들어본 OpenSource Controller일 것입니다. 각각의 Controller의 동작 원리와 기능을 소개를 하고 대표적인 차이점을 설명하게 될 것입니다. 그럼 본격적으로 SDN의 핵심 기술들의 OpenSource Project들을 소개하겠습니다.

〈Software-Defined Network Architecture〉

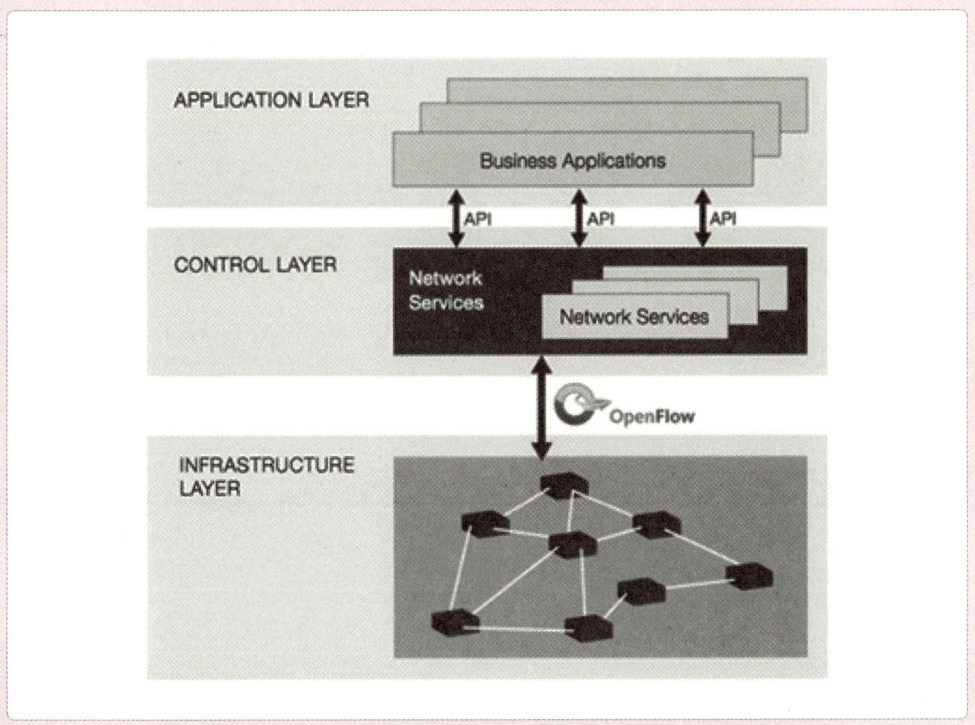

[출처 : ONF(https://www.opennetworking.org/sdn-resources/sdn-library/whitepapers)]

CHAPTER **5**

OpenFlow 기본 학습

5.1
OpenFlow

SDN(Software Defined Network)은 Control Plane과 Data Plane이 물리적으로 분리된 Architecture입니다.

- Control Plane : S/W적인 요소들은 Controller Application으로 동작하는 개념
- Data Plane : H/W적인 관점으로 Control Plane에 의해 통제를 받아서 동작하는 개념

OpenFlow는 OpenFlow Network에서 통신을 하기 위한 Protocol입니다. Controller(Control Plane)와 Switch(Data Plane)간 서로 통신할 수 있는 표준 규격이라고 할 수 있습니다.

⟨Software-defined Network Architecture⟩

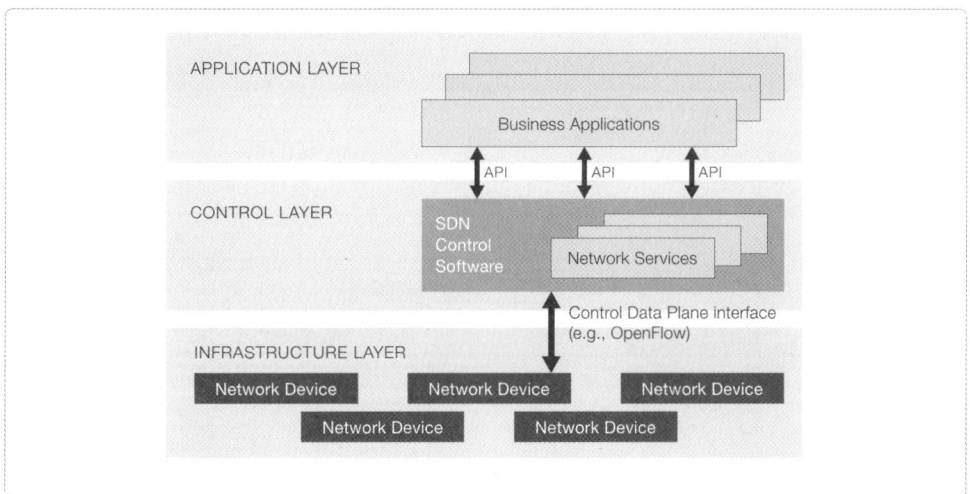

Controller는 OpenFlow 프로토콜을 사용하여, 보안 연결(SSL)을 통해 OpenFlow Switch와 통신하며, Switch는 Controller에 의해 제어됩니다.

⟨The Flow Table is controlled by a remote Controller via the Secure Channel⟩

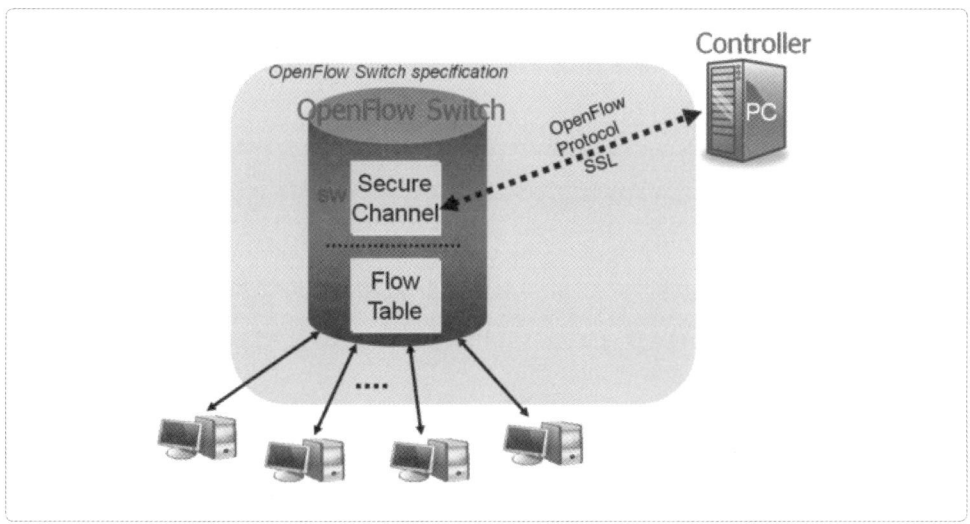

[출처 : http://yuba.stanford.edu/cs244wiki/index.php/Overview]

Controller와 OpenFlow Device, Flow Table의 관계를 살펴볼까요? OpenFlow 망에서의 기본적인 동작을 살펴보면 Controller는 Switch로부터 패킷 유입 시 오퍼레이터의 정책이나 혹은 미리 설정된 Application의 알고리즘에 의하여 Flow Table을 전송하게 됩니다. Switch는 Controller에게 받은 Flow Table을 등록하고 호스트로부터 유입되는 패킷을 OpenFlow Protocol Matching Rule에 의해 Matching되는 패킷은 Next Hop으로 포워딩 혹은 Drop을 하게 됩니다. 그러나 Match Rule에 포함되어 있지 않은 패킷은 Controller에게 Packet IN으로 질의하게 됩니다.

〈Architecture of an OpenFlow-enabled network〉

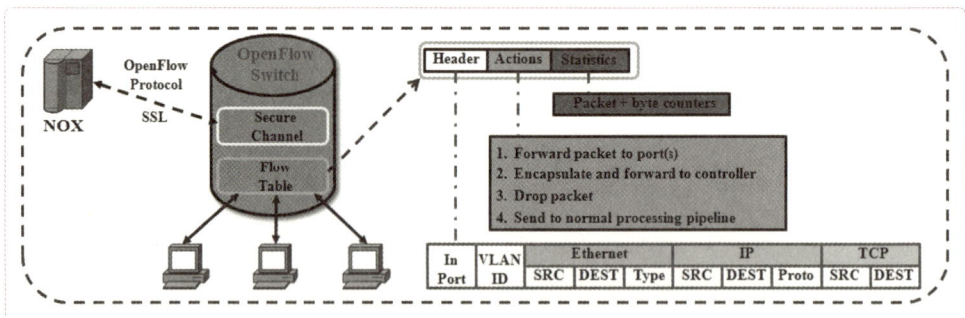

[출처 http://www.opticsinfobase.org/oe/fulltext.cfm?uri=oe-19-27-26578&id=225848]

> **Tip**
> NOX는 최초의 OpenFlow Controller입니다. OpenFlow Controller에서 Flow Table을 add/remove할 수 있습니다.

OepnFlow Specification에 대해서 잠깐 살펴보도록 하겠습니다. OpenFlow Specification은 Open Networking Foundation(https://www.opennetworking.org/sdn-resources/onf-specifications/OpenFlow)에서 관리하고 있습니다. 최초의 OpenFlow Spec은 버전 0.1.0으로 2007년 11월 30일에 만들어졌습니다. 그 후 2008년 5월 5일 버전 0.8.0이 공식 배포되었고, 2013년 현재 1.4 버전으로 발전되어 있습니다.

〈OpenFlow release notes〉

버전	특징
1.0	Release date : December 31, 2009 Wire Protocol : 0x01 스탠퍼드 대학에서 개발 및 릴리즈. 1개의 테이블을 제공 싱글 vlan 제공 : 확장성 제한
1.1	Release date : February 28,2011 Wire Protocol : 0x02 Multiple table : 병렬프로세싱이 가능. 스위치의 하드웨어에 효율성과 유연성을 제공 그룹 : packet forwarding을 위해 다수의 port를 하나의 그룹으로 관리 MPLS/VLAN 태그 동작(add/modify/remove) 제공 Virtual ports : 물리적 포트를 공유할 수 있는 다수의 가상 포트 제공. GRE가능
1.2	Release date : December 5,2011 Wire Protocol : 0x03 Extensible Match support (OXM) : TLV 활용 Extensible 'set_field' packet rewriting support Extensible context expression in "packet-in" Extensible Error Messages: 개발자가 error Message를 디자인할 수 있음. IPv6지원 Controller role change mechanism - multiple Controller 지원
1.3	Release date : April 13,2012 Wire Protocol : 0x04 Refactor capabilities negotiation : OpenFlow Switch의 capability 필드를 확장 IPv6 Extension Header Handling support Per flow meters : 성능 측정 Per connection event filtering : OpenFlow Switch에서 이벤트 메시지 필터링 기능으로 컨트롤러의 오버 헤드 해결 MPLS BoS(Bottom of Stack) matching : 복수의 MPLS 헤더를 핸들링 Provider Backbone Bridging 태그 핸들링 Tunnel-ID metadata Cookies in packet-in : packet-in Message에 cookie 필드 추가
1.3.1	Release date : September 6,2012 Wire Protocol : 0x04 Improved version negotiation

Tip

OpenFlow Switch Specification은 현재 1.4까지 발표되었으며, ONF(Open networking foundation) 사이트에서 Whitepaper를 다운로드 받을 수 있습니다.

〈ONF 사이트〉

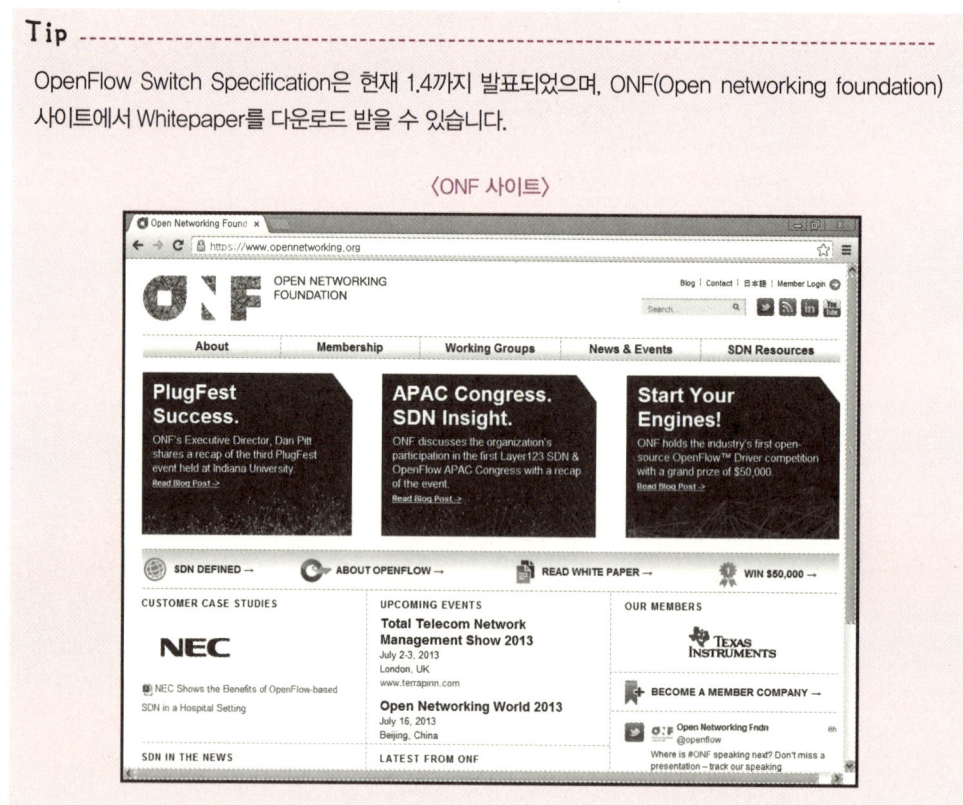

5.2
OpenFlow Operation

OpenFlow 규격에서 지원하는 Operation은 아래와 같습니다.

〈OpenFlow operation〉

Message	Type	Description
Hello	Controller → Switch	following the TCP handshake, the Controller sends its version number to the Switch.
Hello	Switch → Controller	the Switch replies with its supported version number.
Features Request	Controller → Switch	the Controller asks to see which ports are available.
Set Config	Controller → Switch	in this case, the Controller asks the Switch to send flow expirations.

Features Reply	Switch → Controller	the Switch replies with a list of ports, port speeds, and supported tables and actions.
Port Status	Switch → Controller	enables the Switch to inform that Controller of changes to port speeds or connectivity. Ignore this one, it appears to be a bug.
Packet In	Switch → Controller	A packet was received and it didn't match any entry in the Switch's Flow Table, causing the packet to be sent to the Controller
Packet Out	Controller → Switch	Controller send a packet out one or more Switch ports.
Flow-mod	Controller → Switch	Instructs a Switch to add a particular flow to its Flow Table
Flow-expired	Switch → Controller	A flow timed out after a period of inactivity

Controller는 전체 네트워크의 정보를 관리, 통제하며, 스위치에 packet 정책에 대한 Flow Table을 내립니다. NOX, POX, Floodlight 등의 OpenFlow Controller를 학습하기 전에, Flow Table entry 값을 살펴보겠습니다.

Flow Table의 entry는 Header fields, Counters, Actions 필드로 구성되어 있습니다.

- Header fields to match against packets
- counters to update for matching packet
- actions to apply to matching packets

〈OpenFlow Flow Table entry, spec v1.0 기준〉

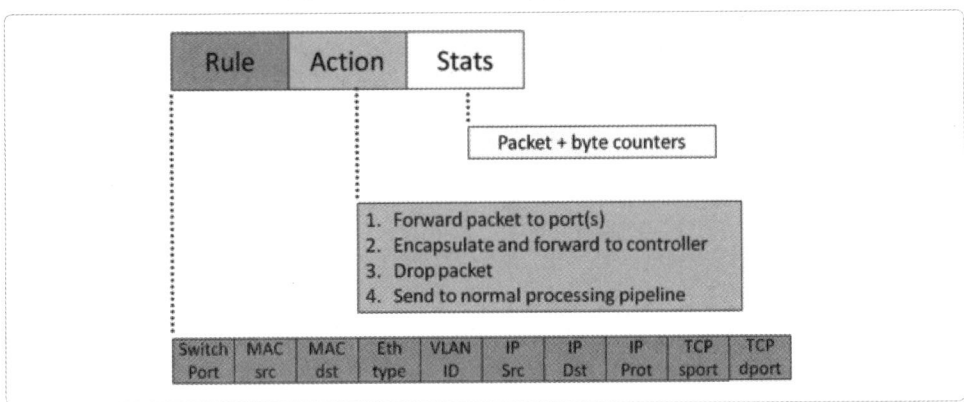

[출처 : http://yuba.stanford.edu/cs244wiki/index.php/Overview]

아래 예제 그림과 함께 flow entry의 값에 따라 packet 정책이 어떻게 결정되는지 살펴보겠습니다.

〈OpenFlow Table entry 예제〉

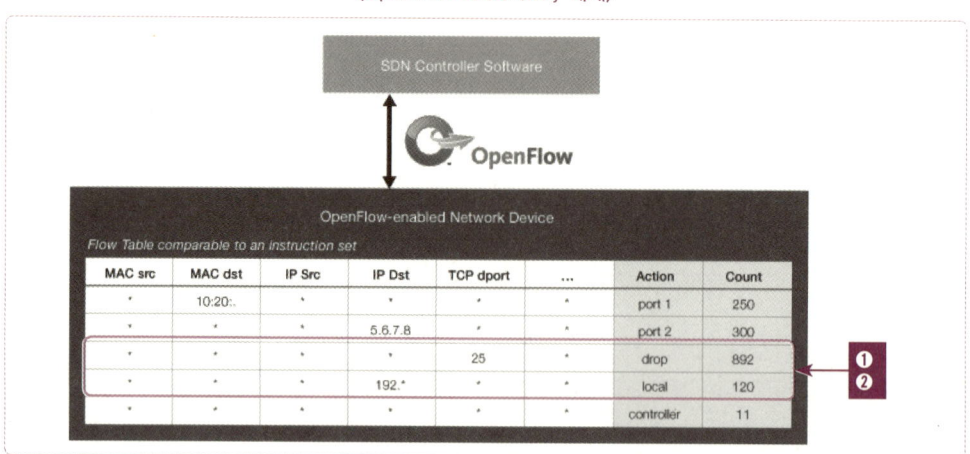

[출처 : https://www.opennetworking.org whitepaper]

- destination IP가 5.6.7.8인 패킷(Rule)을 2번 port로 전송(Action)
- destination port가 25(Rule)인 packet은 drop(Action)

앞으로 학습하게 될, NOX, POX, Floodlight Controller는 이런 table entry를 쉽게 add/remove할 수 있는 GUI Application을 제공하고 있습니다. 각각의 flow entry는 OpenFlow Switch Specification에 정의된 것을 살펴보면 아래와 같습니다.

1) Header Fields

Incoming packet에 match되는 헤더 필드는 12개의 tuple로 구성되어 있습니다.

〈Fields from packets used to match against flow entries〉

Ingress Port	Ether source	Ether dst	Ether type	VLAN id	VLAN priority	IP src	IP dst	IP proto	IP ToS bits	TCP/UDP src port	TCP/UDP dst port

각 Field값들의 상세 설명은 아래와 같습니다.

⟨Field lengths and the way they must be applied to flow entries⟩

Field	Bits	When applicable	Notes
Ingress Port	(Implementation dependent)	All packets	Numerical representation of incoming port, starting at 1.
Ethernet source address	48	All packets on enabled ports	
Ether destination address	48	All packets on enabled ports	
Ethernet type	16	All packets on enabled ports	An OpenFlow Switch is required to match the type in both standard Ethernet and 802.2 with a SNAP header and OUI of 0x000000. The special value of 0x05FF is used to match all 802.3 packets without SNAP headers.
VLAN id	12	All packets of Ethernet type 0x8100	
VLAN priority	3	All packets of Ethernet type 0x8100	VLAN PCP field
IP source address	32	All IP and ARP packets	Can be subnet masked
IP destination address	32	All IP and ARP packets	Can be subnet masked
IP protocol	8	All IP and IP over Ethernet, ARP packets	Only the lower 8 bits of the ARP opcode are used
IP ToS bits	6	All IP packets	Specify as 8-bit value and place ToS in upper 6 bits.

Transport source port/ICMP Type	16	All TCP, UDP, and ICMP packets	Only lower 8 bits used for ICMP Type
Transport destination port/ICMP Code	16	All TCP, UDP, and ICMP packets	Only lower 8 bits used for ICMP Code

2) Counters

Counter는 table, flow, port, queue별로 관리합니다.

〈Required list of counters for use in statistics Messages〉

Counter	Bits
Per table	
Active Entries	32
Packet Lookups	64
Packet Matches	64
Per Flow	
Received Packets	64
Received Bytes	64
Duration (seconds)	32
Duration (nanoseconds)	32
Per Port	
Received Packets	64
Transmitted Packets	64
Received Bytes	64
Transmitted Bytes	64
Receive Drops	64
Transmit Drops	64
Receive Errors	64
Collisions	64
Per Queue	
Transmit Packets	64

Transmit Bytes	64
Transmit Overrun Errors	64

3) Actions

규격에 정의된 Action은 아래와 같습니다.

〈OpenFlow Required Action〉

Action	Required	Optional
Forward(Output - Forward a packet to the specified port)	All Normal Controller Local Table IN PORT	All Normal Flood
Modify Field		Set VLAN ID (or add VLAN tag) Set VLAN priority Strip VLAN header Modify Ethernet src/dst address Modify IPv4 src/dst address
Drop		
Enqueue		

Tip

OpenFlow Switch Specification Version 1.0.0 기준으로 작성하였습니다.

[출처 : http://www.OpenFlow.org/documents/OpenFlow-spec-v1.0.0.pdf]

:: Flow Match Struture

```
/* Fields to match against flows */
struct ofp_match {
uint32_t wildcards; /* Wildcard fields. */
uint16_t in_port; /* Input Switch port. */
uint8_t dl_src[OFP_ETH_ALEN]; /* Ethernet source address. */
uint8_t dl_dst[OFP_ETH_ALEN]; /* Ethernet destination address. */
uint16_t dl_vlan; /* Input VLAN id. */
```

```
uint8_t dl_vlan_pcp; /* Input VLAN priority. */
uint8_t pad1[1]; /* Align to 64-bits */
uint16_t dl_type; /* Ethernet frame type. */
uint8_t nw_tos; /* IP ToS (actually DSCP field, 6 bits). */
uint8_t nw_proto; /* IP protocol or lower 8 bits of
* ARP opcode. */
uint8_t pad2[2]; /* Align to 64-bits */
uint32_t nw_src; /* IP source address. */
uint32_t nw_dst; /* IP destination address. */
uint16_t tp_src; /* TCP/UDP source port. */
uint16_t tp_dst; /* TCP/UDP destination port. */
};
OFP_ASSERT(sizeof(struct ofp_match) == 40);
```

:: Flow Action Structure

```
enum ofp_action_type {
OFPAT_OUTPUT, /* Output to Switch port. */
OFPAT_SET_VLAN_VID, /* Set the 802.1q VLAN id. */
OFPAT_SET_VLAN_PCP, /* Set the 802.1q priority. */
OFPAT_STRIP_VLAN, /* Strip the 802.1q header. */
OFPAT_SET_DL_SRC, /* Ethernet source address. */
OFPAT_SET_DL_DST, /* Ethernet destination address. */
OFPAT_SET_NW_SRC, /* IP source address. */
OFPAT_SET_NW_DST, /* IP destination address. */
OFPAT_SET_NW_TOS, /* IP ToS (DSCP field, 6 bits). */
OFPAT_SET_TP_SRC, /* TCP/UDP source port. */
OFPAT_SET_TP_DST, /* TCP/UDP destination port. */
OFPAT_ENQUEUE, /* Output to queue. */
OFPAT_VENDOR = 0xffff
};
```

5.3
OpenFlow Controller

ONF에서는 OpenSource를 활용한 여러 SDN Project들을 설명하고 있습니다. 그 중 손쉽게 접근할 수 있는 OpenSource로 구성된 Controller들을 소개하고자 합니다. Controller는 Flow 흐름을 제어하고 관리하는 SDN Application입니다. OpenFlow Switch는 Controller에 의해 제어됩니다. SDN에서의 두뇌라고 할 수 있겠습니다.

〈OpenFlow Controller List〉

Name	Language	Platform(s)	License	Original Author	Notes
OpenFlow Reference	C	Linux	OpenFlow License	Stanford/ Nicira	not designed for extensibility
NOX	Python, C++	Linux	GPL	Nicira	actively developed
POX	Python	Any	GPL		POX is NOX's younger sibling.
Beacon	Java	Win, Mac, Linux, Android	GPL (core), FOSS Licenses for your code	David Erickson (Stanford)	web UI framework, regression test framework
Floodlight	Java	Any	Apache	BigSwitch, based on Beacon	Rest API Open community
Trema	Ruby, C	Linux	GPL	NEC	regression test Framework supports OpenFlow 1.3
Maestro	Java	Win, Mac, Linux	LGPL	Zheng Cai (Rice)	Multi-threading and targets researchers.
Opendaylight	Java	Linux, and others	EPL		OpenDaylight is a collaborative, open source project to advance Software-Defined Networking(SDN)
FlowVisor				On.lab	"slices" network resources
RouteFlow	C++, Python	Linux	Apache	CPqD (Brazil)	virtual IP routing as a service

여기서, NOX, POX, Floodlight, Beacon를 간단히 설명을 하자면, OpenSource의 최초 공개된 Controller는 NOX입니다. NOX Controller은 스탠퍼드 대학에서 학과 프로젝트로 시작한 만큼 많은 Reference를 가지고 있는 것이 장점입니다. SDN으로 무언가 하고 싶을 때 참고하면 많은 도움이 될 것입니다. POX Controller은 NOX에서 파생된 프로젝트입니다. SDN이 발전되면서 NOX를 사용하는 분들이 많아졌는데, 어렵다고 하는 불만들이 쏟아지기 시작하여서 좀 더 쉽고 범용적으로 사용할 수 있게 만든 것이 Python으로 개발된 POX Controller입니다. 쉽게 접근하고 사용할 수 있다는 것이 장점이지만, 연구용에 적합하고 성능에 대한 고민은 하지 않았습니다. Floodlight는 최근 많은 분들이 사용하고 있고 JAVA로 개발되어 확장성에도 용이합니다. REST API 제공으로 인해 더욱 많은 관심을 받게 된 프로젝트입니다. Floodlight는 Beacon에서 파생된 프로젝트입니다. Beacon Controller을 살펴보면 Controller 기능 이상의 것을 지원하여 솔루션이 조금 무거운 느낌이 있고 접근하기 어려운 부분이 있는 배경으로 인하여 경량화한 Floodlight Controller가 OpenSource로 등록되었습니다.

- NOX – http://noxrepo.org/nox/
- POX – http://www.noxrepo.org/pox
- Beacon – https://OpenFlow.stanford.edu/display/Beacon/Home
- Floodlight – http://www.projectfloodlight.org/
- Maestro – http://code.google.com/p/maestro-platform/
- Trema – http://trema.github.com/trema/
- Opendaylight – http://www.opendaylight.org/

〈OpenSource SW 라이선스 비교〉

	무료 이용가능	배포 허용가능	소스코드 취득가능	소스코드 수정가능	2차적 저작물 재공개 의무	독점 SW와 결합가능
GPL	O	O	O	O	O	X
LGPL	O	O	O	O	O	O
MPL	O	O	O	O	O	O
BSD licence	O	O	O	O	X	O
Apache license	O	O	O	O	X	O

[출처: www.oss.kr]

5.4
OpenFlow Projects

'SDN 프로젝트들이 뭐가 있을까?'라는 고민은 SDN Central 사이트에 방문해서 궁금증을 해소하면 됩니다. SDN Central은 OpenFlow Project List를 정리해놓았고 프로젝트 별 사이트를 안내하고 있어서 유용한 사이트입니다.

〈SDN Central 사이트〉

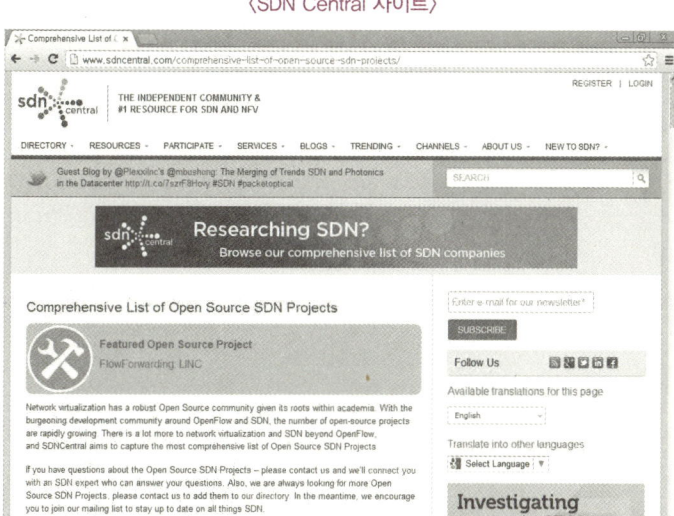

[출처: http://www.sdncentral.com/comprehensive-list-of-open-source-sdn-projects/]

용어정리

- **VirtualBox console terminal** : OpenFlow Tutorial VM을 시작하면 생성됩니다. Console terminal에서는 copy와 paste를 실행할 수 없습니다
- **SSH terminal** : connects to OpenFlowTutorial. Created by using putty on Windows or SSH on OS X/Linux, as described in the previous section. Copy and paste should work on this terminal.
- **xterm terminal** : Virtual Network의 host에 접속합니다.
- **OpenFlow Controller** : OpenFlow Protocol을 지원하는 Controller.
- **OpenFlow Switch** : OpenFlow Protocol을 지원하는 Switch.
- **dpctl** : OpenFlow Network에서 Switch port와 Flow stats를 조회하고, Flow entry를 추가할 수 있는 command-line utility
- **Wireshark** : 네트워크의 패킷을 보고 분석할 수 있는 프로그램.
- **Mininet** : Network emulation platform. Controller, Switches, hosts, links의 Virtual OpenFlow Network을 구성한다.

CHAPTER **6**
OpenSource Controller 준비하기

6.1
준비하기

OpenFlow를 시작하는 단계에서 OpenFlow OpenSource Controller를 접근하기 좋은 방법은 OpenFlow 공식 사이트에서 제공하는 OpenFlow tutorial VM image를 설치하는 것입니다. 공식 사이트에서 제공하는 VM image는 Ubuntu에 Contoller, Mininet 등의 OpenFlow Project들이 pre-build되어 있기 때문에, 설치 시 소요되는 시간이 단축되고 OpenFlow에 대한 기초 지식이 없는 초보자도 쉽게 OpenFlow Controller를 동작할 수 있도록 해줍니다. 이번 장은 OpenSource Controller를 설치하기 위한 준비 과정으로서, OpenFlow tutorial VM image를 다운로드받고, VM image를 실행하기 위해 사전에 준비되어야하는 기본 프로그램인 Virtualization Software, X server, SSH 접속 프로그램을 순서대로 설치하고 실행해보겠습니다.

> **Tip**
> RAM은 최소 1GB 이상(2GB 이상 권장), 하드디스크는 최소 5GB 이상의 여유가 있는 환경에서 설치하기를 권장합니다.

1) OpenFlow Tutorial VM Image

OpenFlow 공식 사이트에서 OpenFlow Controller가 압축되어 있는 VM image를 다운로드 받습니다.

① OpenFlow 사이트(http://www.OpenFlow.org/wk/index.php/OpenFlow_Tutorial)에 접속합니다.

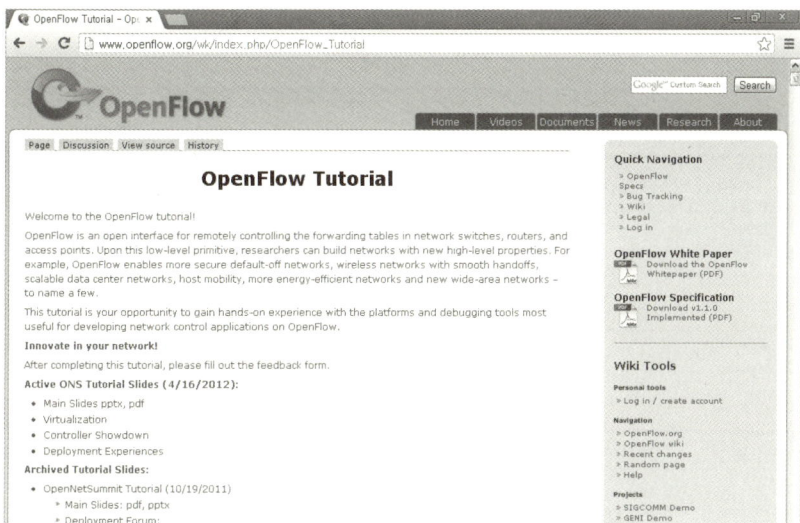

② OpenFlow tutorial VM image는 32bit, 64bit 2종류가 제공되며, 'Download files' category에서 다음의 문구를 클릭하여, 64bit, 32bit image를 다운로드 받습니다.

- Virtual Machine Image(OVF format, 64-bit, Mininet 2.0)
- VirtualBox VM Image(zipped VM image, 32-bit, Mininet 1.0)

〈압축된 VM image 다운로드〉

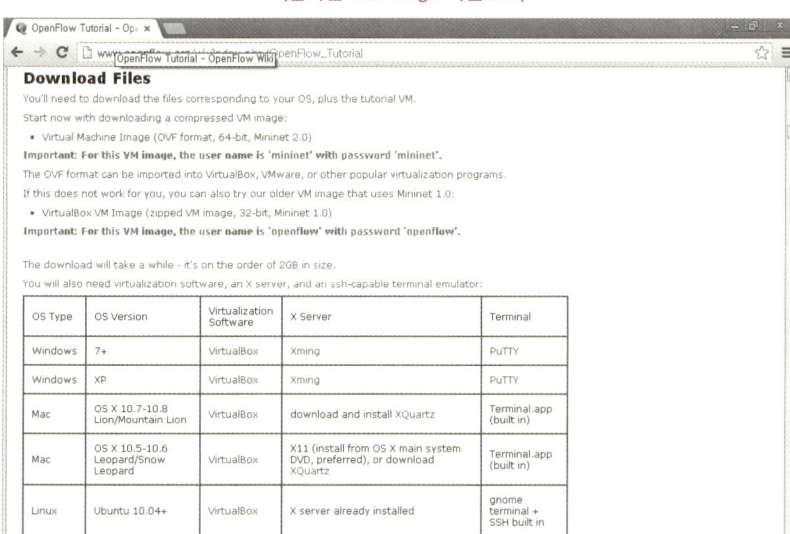

2) Virtualization Software(VirtualBox install)

가상 머신 중 Oracle이 무료로 제공하는 VirtualBox를 설치해보겠습니다.

① VirtualBox 사이트(https://www.virtualbox.org/wiki/Downloads)에 접속하여 현재 사용하고 있는 운영체제에 맞는 VirtualBox 바이너리 파일을 다운받습니다. Window 사용자는 'VirtualBox 4.2.8 for Windows hosts'를 클릭하여 다운로드합니다.

〈VirtualBox 사이트〉

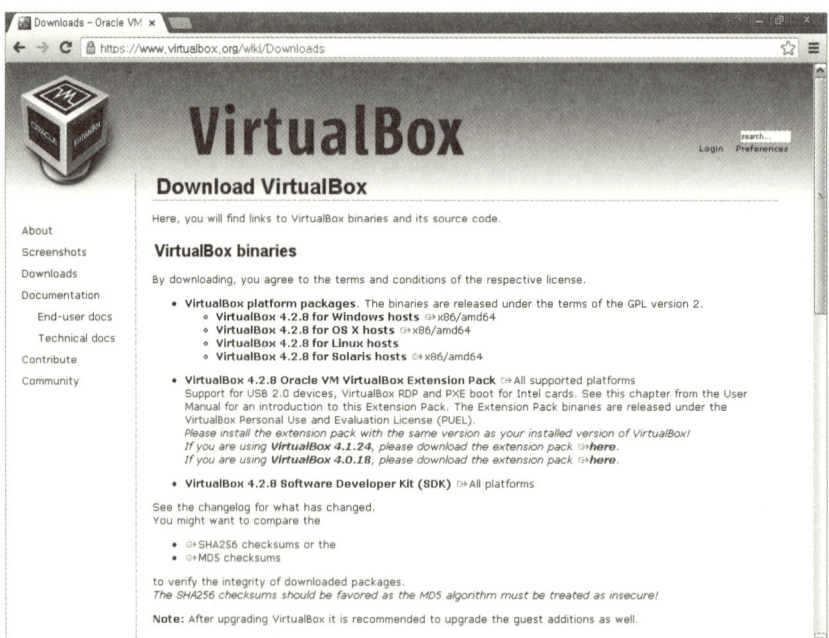

② 다운로드 받은 'VirtualBox-4.2.6-82870-Win.exe' 바이너리 파일을 더블 클릭하여 설치합니다.

〈설치 시작 화면〉

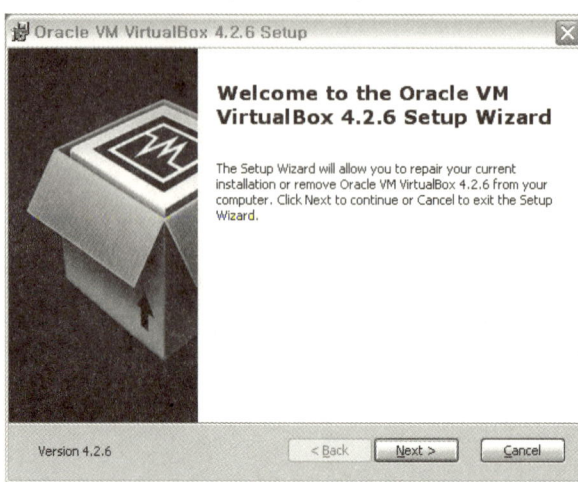

③ [Next] 버튼을 클릭하여 설치를 진행합니다. 계속해서 [Next] 버튼을 클릭합니다.

〈프로그램 설치 경로 설정〉

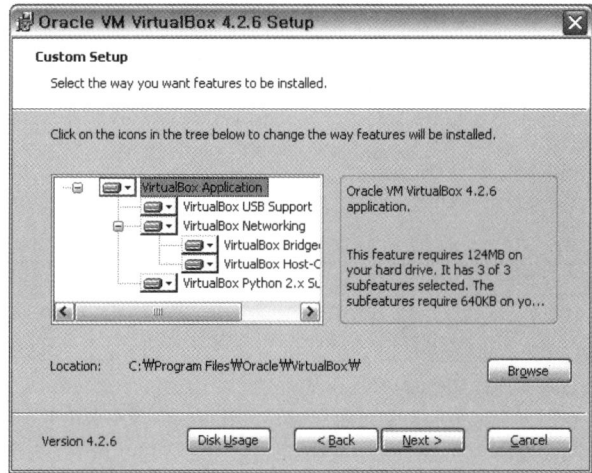

④ 몇 분 정도 진행됩니다.

〈설치 진행 화면〉

⑤ [Finish] 버튼을 클릭하여 설치를 마칩니다.

〈설치 완료 화면〉

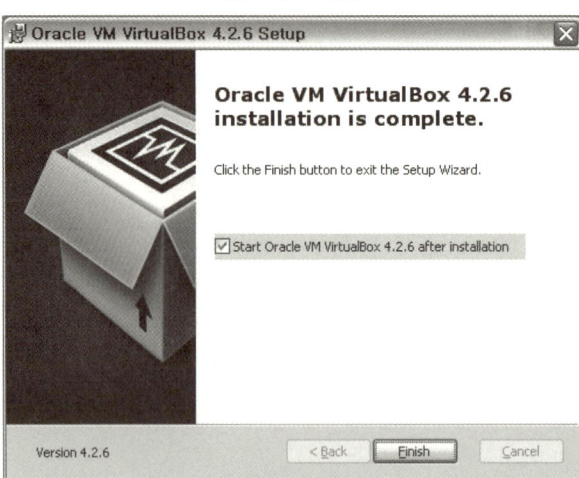

3) X server

X11 Application이나 Xterm, wireshark를 사용하기 위해서는 Xming 서버가 실행되어 있어야 합니다. 자신의 OS type에 맞는 X server를 설치합니다.

〈OS type에 맞는 X server〉

OS type	OS Version	X Server	URL
Windows	7+	Xming	http://sourceforge.net/projects/xming/files/Xming/6.9.0.31/Xming-6-9-0-31-setup.exe/download
Windows	XP	Xming	http://sourceforge.net/projects/xming/files/Xming/6.9.0.31/Xming-6-9-0-31-setup.exe/download
Mac	OS X 10.7-10.8 Lion/Mountain Lion	XQuartz	http://xquartz.macosforge.org/trac/wiki
Mac	OS X 10.5-10.6 Leopard/Snow Leopard	X11(install from OS X main system DVD, preferred) or download XQuartz	http://xquartz.macosforge.org/trac/wiki
Linux	Ubuntu 10.04+	X server already installed	

[출처 : www.OpenFlow.org]

:: Xming 설치하기

윈도우 사용자 기준으로 Xming을 설치합니다.

① Xming 프로그램을 다운받을 사이트(http://sourceforge.net/projects/xming/)에 접속합니다. [Download] 버튼을 클릭하여 최신 버전을 다운로드 받습니다.

〈Xming 다운로드 사이트〉

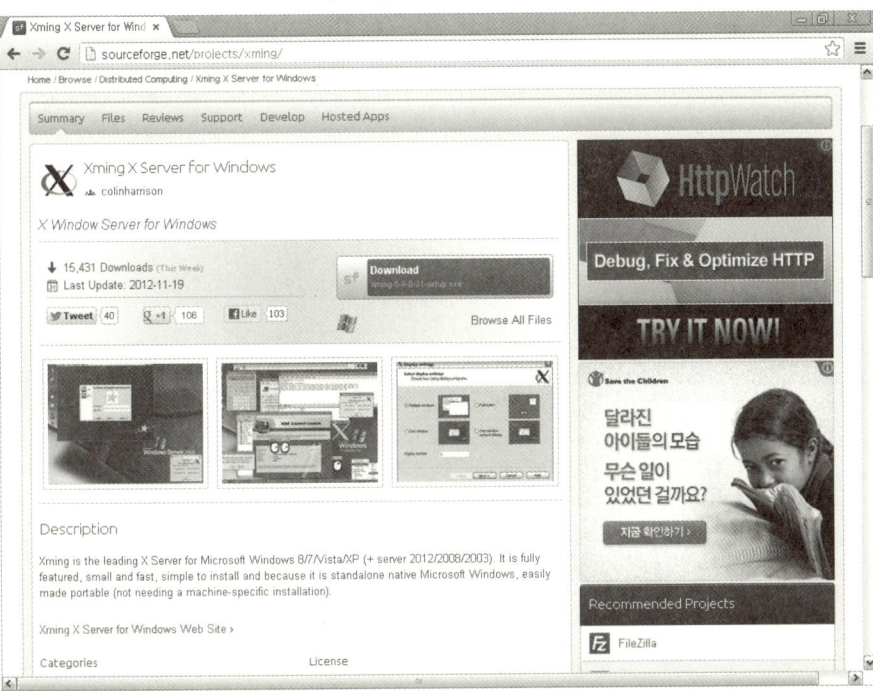

② 다운로드 받은 'Xming Setup' 파일을 더블 클릭하여 설치합니다. [Next] 버튼을 클릭하여 설치를 진행합니다.

〈Xming 설치 시작 화면〉

③ 몇 초면 설치가 끝납니다.

〈Xming 설치 중간 화면〉

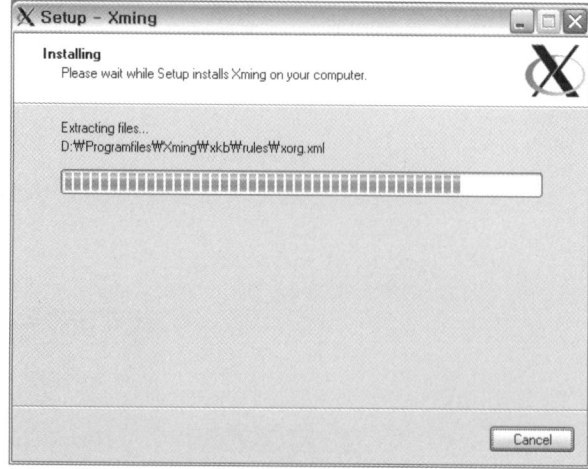

④ [Finish] 버튼을 클릭하여 설치를 마칩니다.

〈Xming 설치 완료〉

:: X ming 실행하기

바탕화면에 Xming 아이콘(또는 X)을 더블 클릭하세요. 이때 아무런 새 창도 뜨지 않습니다. Ctrl + Alt + Delete 를 동시에 눌러서 Window 작업 관리자를 실행시킵니다. [Window 작업 관리자]-[프로세스]를 클릭하면 Xming이 실행되고 있음을 확인합니다.

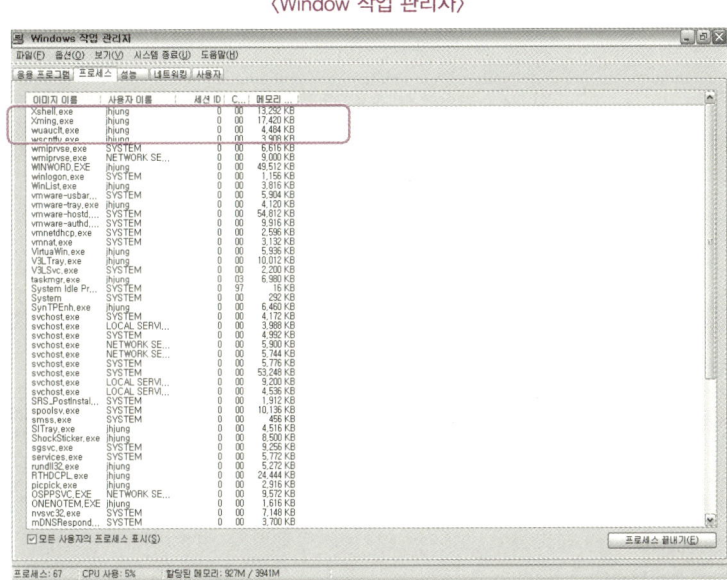

〈Window 작업 관리자〉

4) SSH terminal 설치하기

이번에는 무료이면서 인스톨 과정이 따로 필요하지 않은 SSH Client 프로그램인 PuTTY를 다운받습니다.

① PuTTY 사이트(http://www.chiark.greenend.org.uk/~sgtatham/putty/download.html)에 접속하여 'putty.exe'를 다운로드합니다.

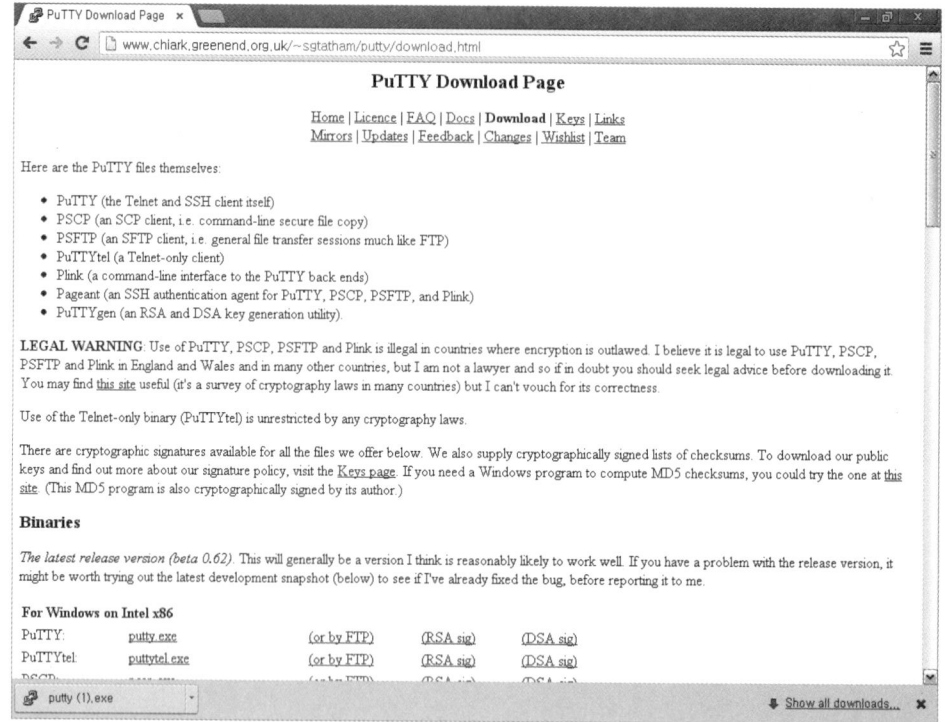

② 'putty.exe' 파일을 더블 클릭하여 실행합니다. 별다른 install 과정 없이 바로 실행되며, [PuTTY Configurateion] 창이 열립니다.

〈PuTTY 기본 구성 대화상자〉

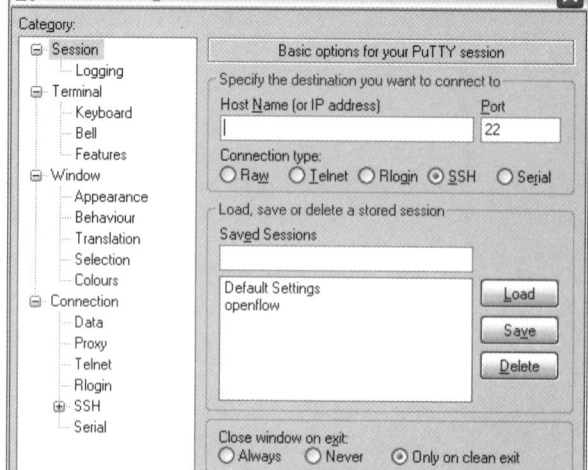

Tip --
'Basic options for your PuTTY session'에서 접속할 서버의 Host 이름이나 IP 주소를 입력하여 SSH
Client로 접속하게 되는데, 이 설정은 '2.4 SSH연결하기'에서 살펴보겠습니다.

③ SSH X11 forwarding을 위한 환경설정을 해야 합니다. 설정 창의 왼쪽 [PuTTY Category] 메뉴에
서 [Connection]-[SSH]-[X11] 항목을 선택한 후, 오른쪽 설정에서 'Enable X11 forwarding'이 표시된
check box를 클릭하여 선택합니다.

〈X11 forwarding 환경설정〉

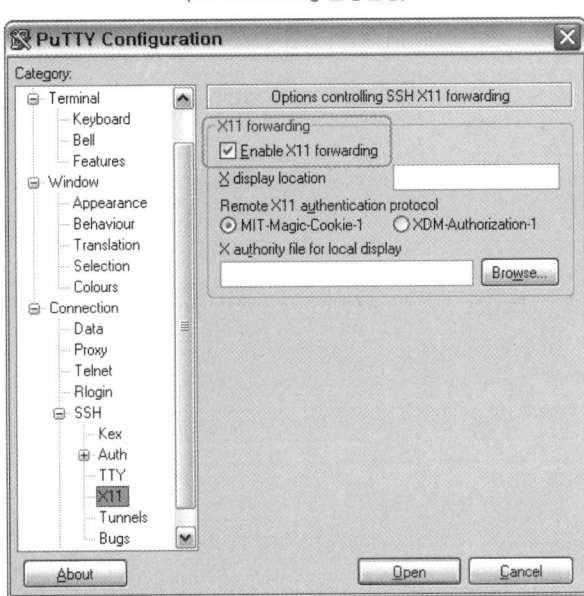

Tip --
환경설정을 해도 프로그램이 동작되지 않는 경우 terminal에 'export DISPLAY=XXX.XXX.XXX.XXX:0'을
입력합니다. (xxx는 자신의 IP입니다.)

④ PuTTY에 설정한 Setting 정보를 저장할 수 있습니다. 왼쪽 Category 메뉴에서 [Session] 항목을
클릭합니다. 오른쪽 설정 중간에 있는 'Sared Sessions'에 Session 이름을 'OpenFlow_tutorial'이라
고 입력하고 [Save] 버튼을 클릭하여 Session을 저장합니다.

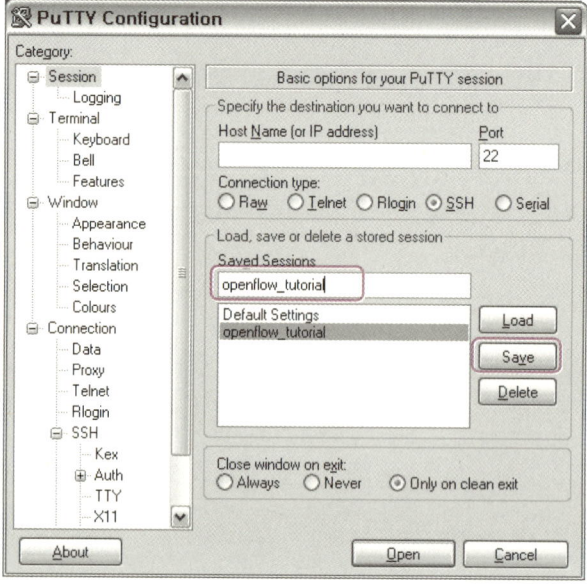

〈Putty setting 저장〉

6.2
OpenFlow Tutorial 설치

OpenFlow tutorial VM 파일을 VirtualBox에 mount 해보겠습니다. OpenFlow tutorial VM은 32bit, 64bit가 제공되며, 자신의 기호에 맞는 VM을 선택하여 설치합니다. 앞서 32bit 사용자는 'OpenFlowTutorial-101311.zip' 파일을, 64bit 사용자는 'Mininet-2.0.0-113012-amd64-ovf.zip' 파일을 다운로드 받았습니다. 각각의 압축을 풀면, 'OpenFlowTutorial-disk1.vdi' 파일과 'Mininet-vm-disk1.vdi' 파일을 확인할 수 있습니다. 압축을 풀었으니, 이 VM image를 VirtualBox에 mount 해볼까요?

이 책에서는 Window XP 환경에서 32 bit VM image인 'OpenFlowTutorial-disk1.vdi' 를 mount 했으며, 64bit VM image(Mininet-vm-disk1.vmdk)를 선택해도 따라할 수 있도록 가이드를 함께 제공하였습니다.

> **Tip**
> Linux 사용자는 터미널에 'unzip OpenFlowTutorial-101311.zip' 명령어로 압축된 파일을 풀어주세요.

1) VM VirtualBox 실행

바탕화면에 Oracle VM VirtualBox(   )를 더블 클릭하여 실행합니다. Virtual Box의 관리자 화면이 열립니다.

2) VM image 추가하기

Virtual Box에 Tutorial image를 Mount 해보겠습니다.

① [새로 만들기] 버튼을 클릭합니다.

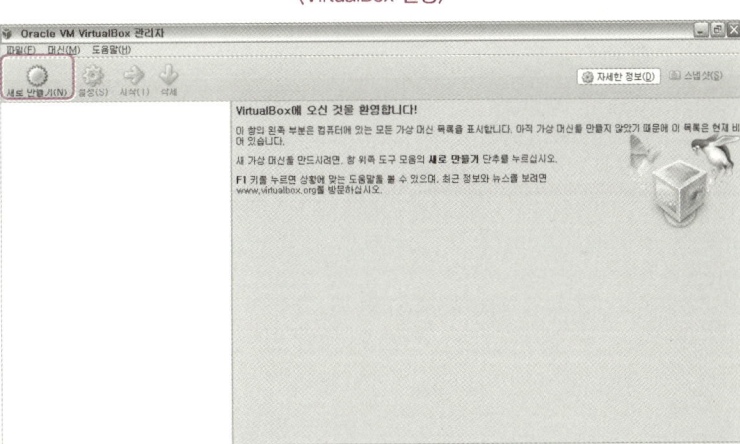

〈VirtualBox 실행〉

② 이름에 'OpenFlow-Tutorial'를 입력하고, 종류는 'Linux', 버전은 'Ubuntu'를 선택합니다. 이름은 자유롭게 입력해도 됩니다. [다음] 버튼을 클릭하여 계속 진행합니다.

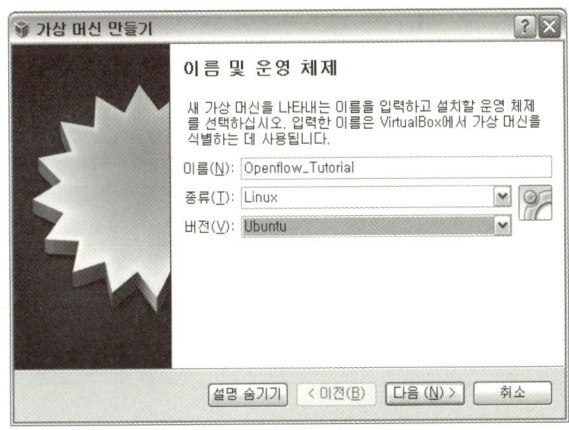

〈가상 머신 만들기 – 이름 및 운영체제〉

Tip
----
64 bit image mount 시에는, 운영체제 선택 화면에서, 종류는 'Linux', 버전은 'Ubuntu(64bit)'를 선택합니다.

③ 메모리 크기는 기본값이 512MB입니다. [다음] 버튼을 클릭하여 계속 진행합니다.

〈가상 머신 만들기 – 메모리 크기〉

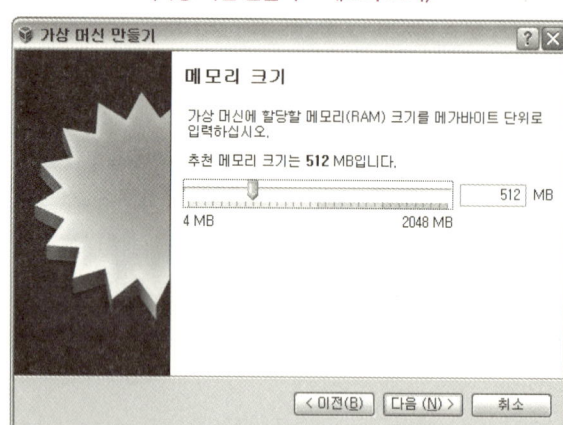

④ '기존 가상 하드 드라이브 파일 사용'을 선택합니다. 폴더 아이콘을 클릭하여 미리 저장해 놓은 'OpenFlow Tutorial-disk.vdi' 파일을 불러온 다음, [만들기] 버튼을 클릭합니다.

〈가상 머신 만들기 – 하드 드라이브〉

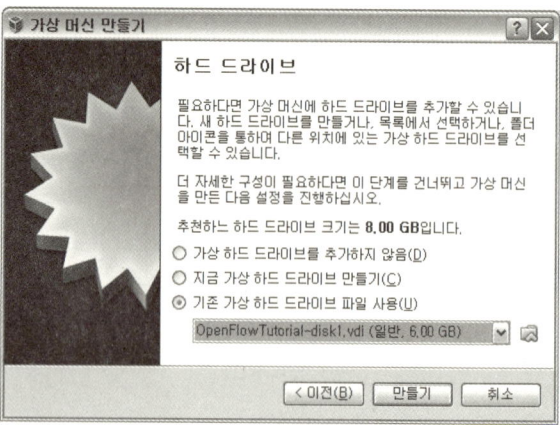

Tip
----
64 bit image mount 시에는 'Mininet-vm-disk1.vmdk' 파일을 불러옵니다.

⑤ VM image가 추가되었습니다.

〈가상 머신 만들기 – 하드 드라이브 설정 완료〉

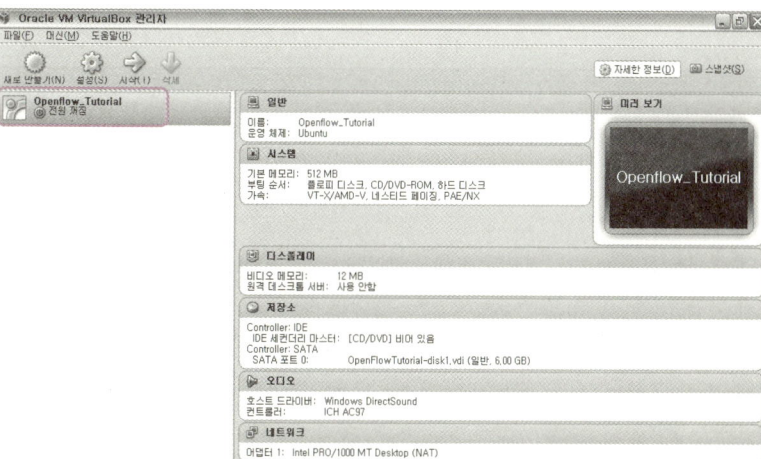

3) VM image 설치하기

① [시작]을 클릭합니다. 전원 켜짐이 시작되면서 새로운 창이 열립니다. 다음 화면으로 전환될 때까지 잠시 기다립니다.

〈VirtualBox 시작 화면〉

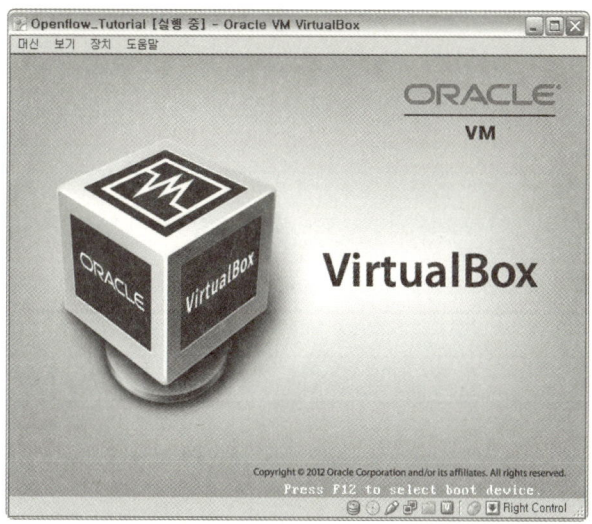

② OS 선택 화면에서 'Ubuntu, with Linux 2.6.38-8-generic'를 선택하고 Enter 를 누릅니다.

〈OS 선택 화면〉

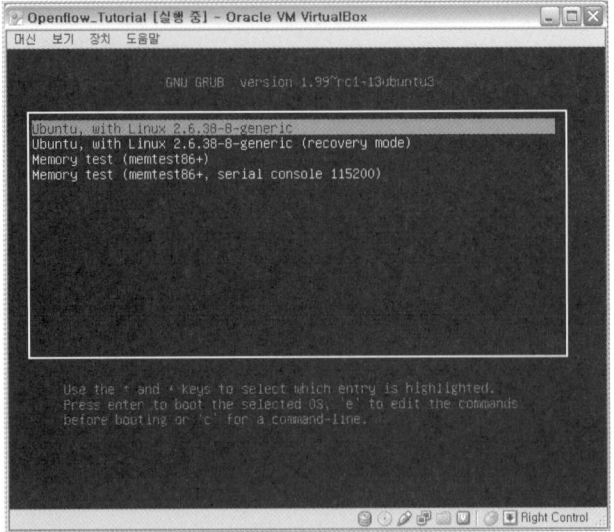

③ Virtual Box Console Terminal 로그인 화면에서 ID와 Password는 동일하게 'OpenFlow/OpenFlow' 입력하여 로그인을 합니다. 로그인이 정상적으로 되었다면, ls 명령어로 어떤 파일들이 설치되어 있는지 살펴볼까요? 아래 화면을 보면, Mininet, NOX, OpenFlow 등의 디렉토리들이 있습니다. 해당 디렉토리에는 OpenFlow_tutorial VM image에는, Ubuntu 11.04, nox 0.9.0, Mininet 1.0 version, OpenFlow plug in이 포함된 wireshark가 설치되어 있고, OpenFlow Controller인 NOX도 설치되어 있습니다. Controller를 시작하기 전에 반드시 익숙해져야 할 tool과 관련 환경설정을 다음 장에 이어서 학습하겠습니다.

〈VirtualBox console terminal 화면〉

> **Tip**
>
> 64-bit 이미지 Mininet-2.0.0-113012-amd64-ovf.zip는 ID, Password가 'Mininet/Mininet'입니다.
> ubuntu 12.10 Mininet 2.0 pox 0.0.0이 설치됩니다. (2013.07 기준)

6.3
VirtualBox Setting

설치한 OpenFlow_tutorial VM을 둘러보기 전에 VirtualBox network interface를 설정합니다. NAT interface와 host-only interface를 활성화 시킵니다.

1) VM VirtualBox 관리자 화면

Oracle VirtualBox 관리자 화면을 띄웁니다. 왼쪽 메뉴에서 프로젝트 이름 'OpenFlow_Tutorial'에 마우스 오른쪽 버튼을 클릭합니다. 메뉴 창이 나타나면 [설정]을 클릭합니다.

〈virtualBox 시작 화면〉

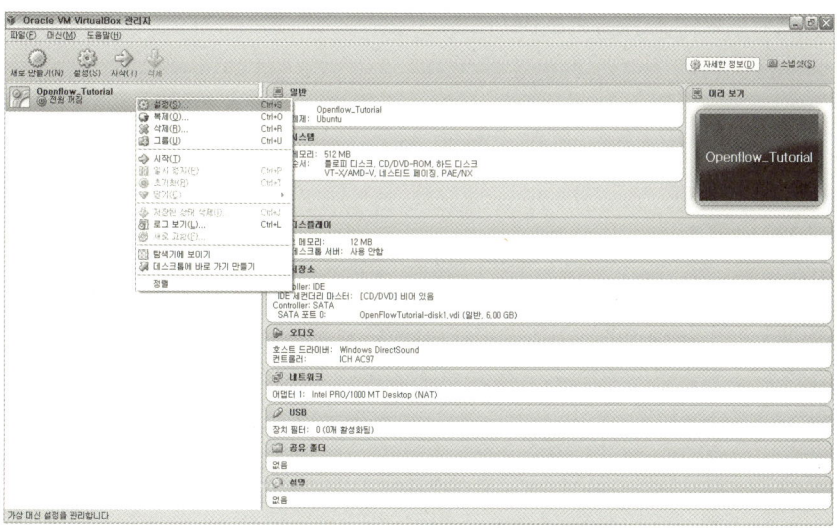

2) 환경설정 둘러보기

[설정] 창이 뜨면서, OS 설정 정보를 확인할 수 있습니다.

〈환경설정 화면〉

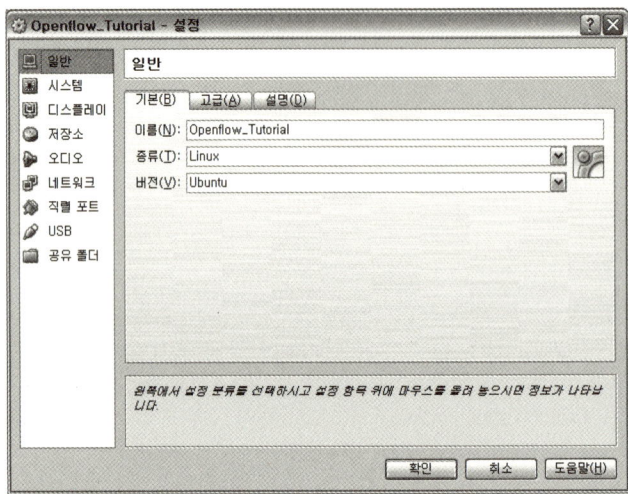

3) NAT interface 확인

왼쪽 메뉴에서 [네트워크]를 클릭합니다. 기본으로 'NAT interface'가 설정되어 있습니다. 이 설정은 Internet에 접근할 수 있도록 합니다.

〈NAT interface 설정 화면〉

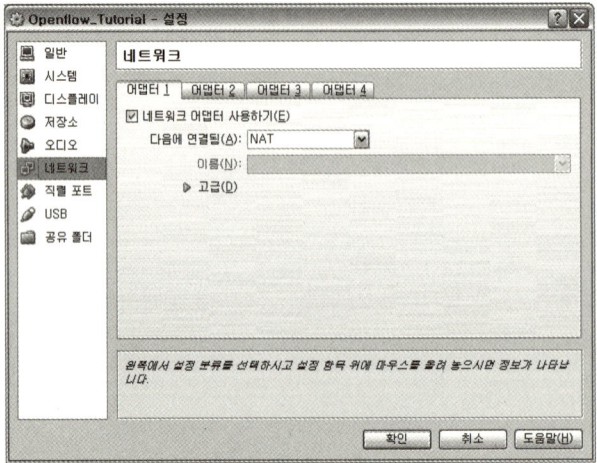

4) Host-only interface 추가

[어댑터2] 탭을 클릭하여 [호스트 전용 어댑터]를 선택하고 [확인] 버튼을 클릭합니다. 이 설정은 Host와 Guest간 communicate할 수 있게 합니다. Host는 VirtualBox를 실행하는 컴퓨터이고, Guest는 가상 머신을 통해 실행되는 VM(여기서는 OpenFlow tutorial)입니다.

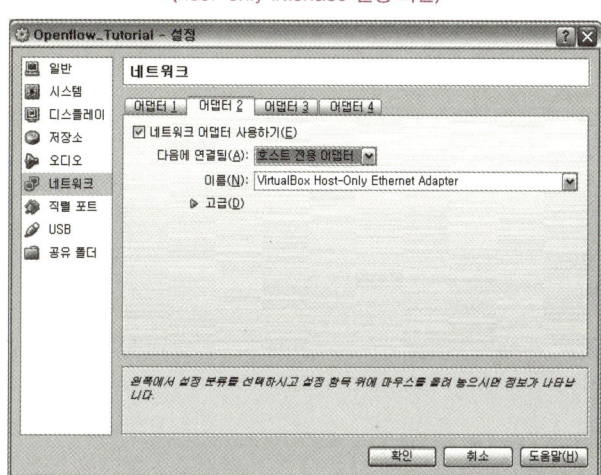

〈host-only interface 설정 화면〉

6.4
SSH 접속

Host PC에서 Guest VM(OpenFlowTutorial)로 SSH 접속하겠습니다.

:: OpenFlow Tutorial VM을 시작하여, 로그인합니다.

- ID/PASSWORD : OpenFlow/OpenFlow(32bit)

    Mininet/Mininet(64bit)

:: 인터페이스를 확인합니다.

Terminal에 'ifconfig –a'로 네트워크 인터페이스 정보를 확인합니다. 3개의 interface (lo, eth0, eth1)가 있습니다.

```
$ ifconfig -a
```

〈ifconfig –a 실행 화면〉

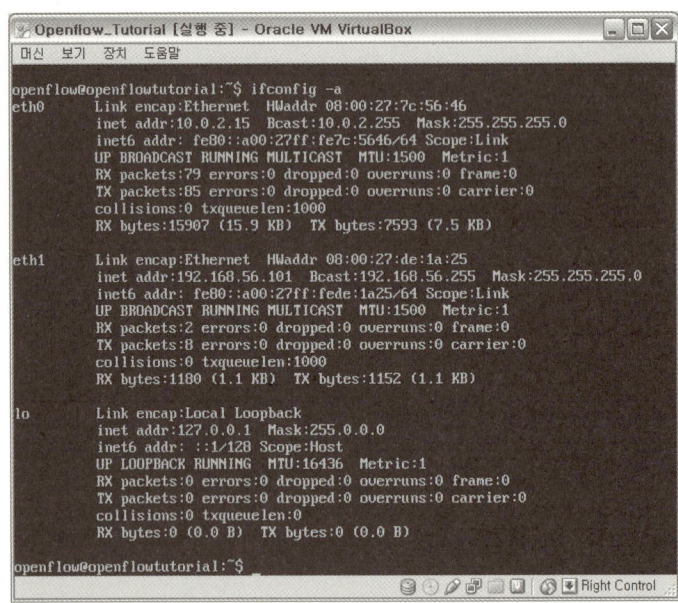

:: IP Address를 할당합니다.

'Sudo dhclient ethX'를 입력하여 IP를 할당받습니다.

```
$ sudo dhclient eth0
$ sudo dhclient eth1
```

'ifconfig –a'를 입력하여 IP가 할당된 것을 확인합니다. 이때 host-only network를 위한 IP를 확인하고 기록해 놓습니다. 아마도 192.168.x.y일 것입니다.

:: PuTTY에 IP를 입력합니다.

PuTTY를 실행시키고, 앞서 저장한 ① 'openflow_tutorial'을 클릭하고 ② [Load] 버튼을 클릭합니다. ③ Host Name에 IP를 입력합니다. ④ [Save] 버튼을 클릭하고 ⑤ [Open] 버튼을 클릭합니다.

〈PuTTY IP 입력 화면〉

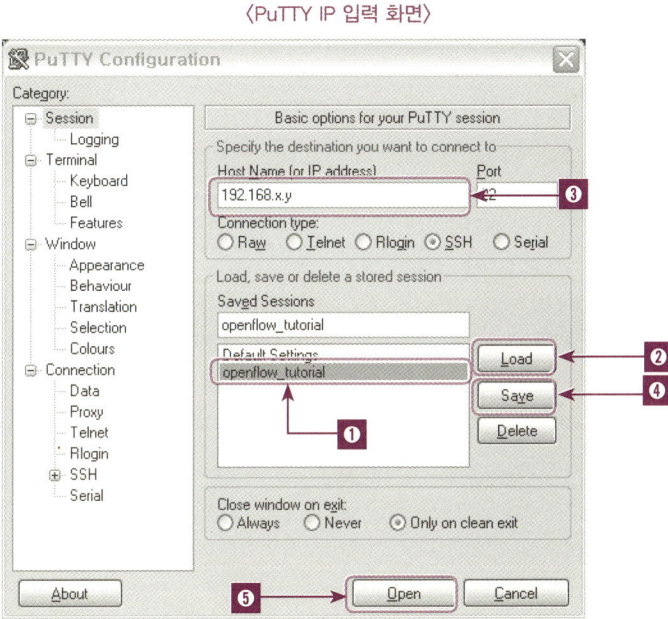

:: PuTTY SSH 접속

OpenFlow tutorial에 SSH 접속합니다. VirtualBox console terminal에서는 할 수 없었던 copy와 paste를 실행할 수 있습니다. 이제부터는 이 SSH terminal에서 대부분의 작업을 수행합니다.

〈PuTTY 접속 화면〉

> **Tip**
> - PuTTY의 Window title을 변경하기
>   : Category → Window → Behavior를 클릭하여 Window title에 원하는 이름을 입력한다.
> - PuTTY의 색상을 변경하기
>   : Category → Window → Colors 클릭하여 색상을 변경한다.
> - Category → Session 클릭. Session 이름 선택 후, Save를 클릭하여 변경한 정보를 저장한다.

6.5 Wireshark 실행

VM image에는 OpenFlow Wireshark이 Pre-install되어 있습니다. Wireshark은 OpenFlow Protocol Message들을 모니터링할 수 있는 debugging tool입니다.

① Terminal에서 아래 명령어를 실행합니다.

```
$ sudo wireshark &
```

〈wire shark 실행〉

② Wireshark이 실행됩니다.

〈Wireshark 메인 화면 실행〉

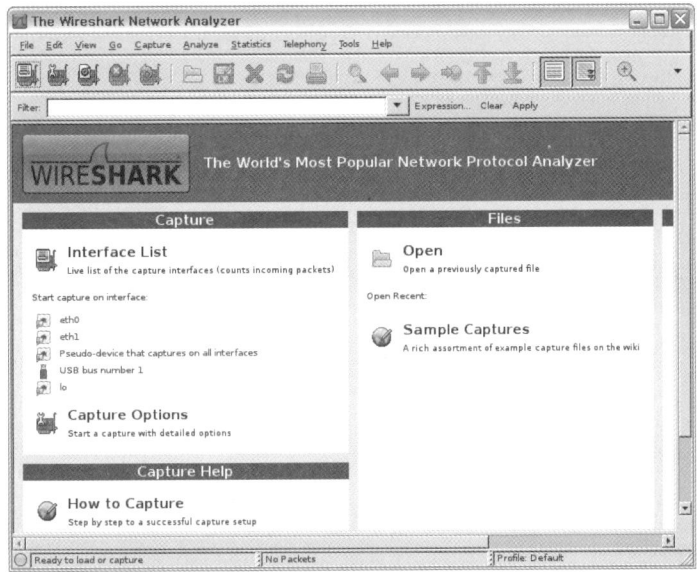

③ [Capture] – [Interfaces] 메뉴를 클릭합니다.

〈Interface 선택 화면〉

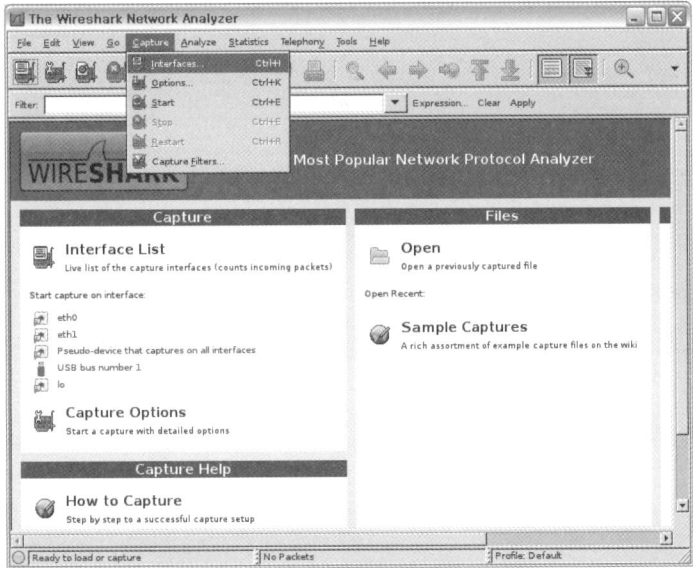

④ [lo] – [start] 버튼을 클릭합니다.

〈[lo] 선택 화면〉

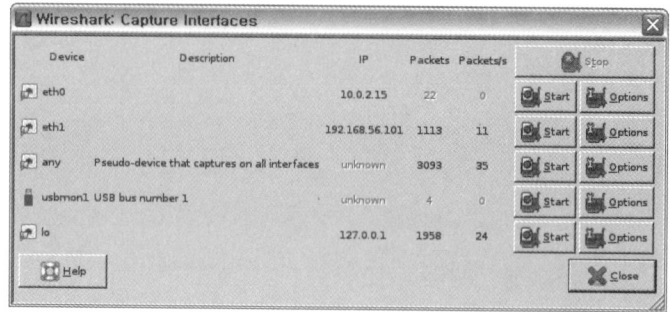

⑤ [Filter] 창에 'of && of.type!=2 &&of.type!=3 && !lldp'를 입력합니다.

〈filter 입력 화면〉

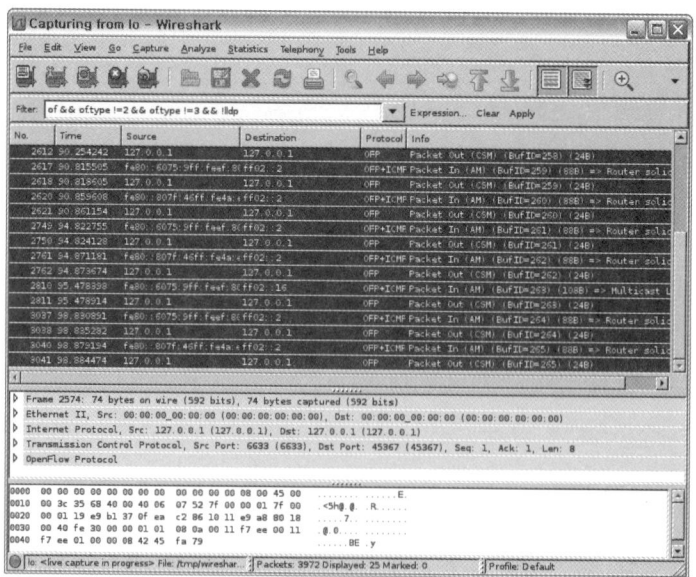

⑥ filter 결과 값을 확인합니다.

〈filter 결과 값 화면〉

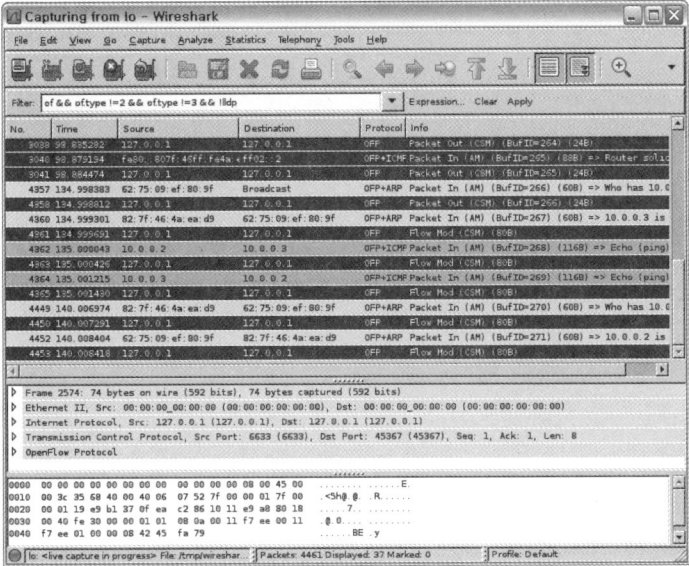

| 마치며 |

이번 장에서는 실습을 하기 위해 필요한 프로그램(OpenFlow Tutorial, VM image, VirtualBox, Xserver, Xming)을 다운로드하고 설치하였습니다. OpenFlow의 기본 동작 및 구현을 위한 가장 첫 단추인 만큼 각 단계별 설치를 하시고 기능을 익히시는걸 권장합니다. OpenSource SDN Controller를 학습하기 위해 필요한 프로그램 준비가 끝났으니, 다음 장에서는 Mininet으로 가상 네트워크를 구성해 보겠습니다.

CHAPTER **7**

가상 네트워크 구성하기

7.1
Mininet 살펴보기

이 장에서는 Mininet으로 Virtual OpenFlow Network를 구성해 보겠습니다. Mininet은 스탠퍼드 대학에서 배포하였으며 개인 PC나 노트북에서 쉽고 빠르게 Virtual OpenFlow Network를 구성하여 테스트할 수 있는 OpenSource Project입니다. Mininet은 soft Switch 기반으로 OpenFlow Specification 1.0을 지원합니다. 2013년 9월 기준 2.1 버전이 출시 되어있습니다. 2.1 버전을 소개하고자 하였으나 배포된 버전이 안정화되지 않아서 1.0 버전 중심으로 소개하겠습니다.

1) Mininet Download

2장에서 설치한 OpenFlow-tutorial에는 Ubuntu 11.10에 Mininet 1.0.0이 기본으로 포함되어 있기 때문에, 별도의 다운로드 과정 없이 바로 사용할 수 있습니다. 그러나 다른 작업 환경에서 개별적으로 사용하고 싶을 때는 아래와 같이 다운로드하고 설치합니다.

다음은 Mininet 1.0.0 version을 설치하는 과정입니다.

```
$ git clone git://github.com/Mininet/Mininet
$ cd Mininet
$ git fetch
$ checkout -b install-precise origin/devel/install-precise
$ util/install.sh -a
```

:: Mininet 사이트(http://Mininet.org)

Mininet 2.0.0 version은 아래 command를 입력하여 install합니다. 공식 사이트에서는 Ubuntu 12.10 이상에서 사용할 것을 권장하고 있습니다.

```
$ git clone git://github.com/Mininet/Mininet
$ Mininet/util/install.sh -a
```

Tip

Ubuntu version 확인하는 방법

```
$ lsb_release -a
```

2) Mininet 실행하기

[SSH terminal] 창을 새로 열고 'sudo mn'을 입력하여 Mininet을 실행합니다.

```
$ sudo mn
```

'sudo mn'은 default topology를 실행하는 명령어입니다. 2개의 host(h2,h3)와 1개의 Switch(s1) 그리고 1개의 dummy Controller(c0)로 구성됩니다.

⟨Mininet default topology⟩

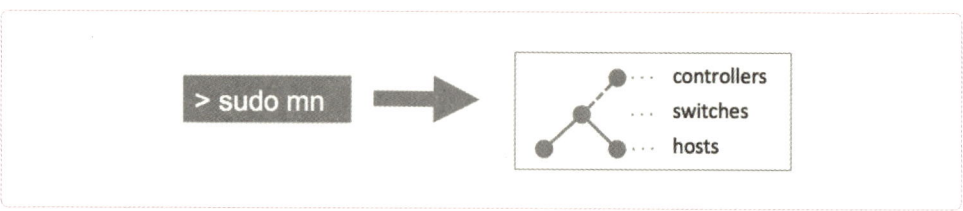

[출처 : http://Mininet.github.com/]

⟨Mininet 실행 화면⟩

> **Tip** --
>
> **Prompt note**
>
> • unix command promt :
>
> $ ls
>
> • Mininet console
>
>   Mininet>

3) Mininet CLI

Mininet에서 제공하는 유용한 CLI를 익혀 보겠습니다. Mininet CLI는 Mininet console 에서 입력합니다.

① 사용 가능한 명령어 list

```
Mininet> help
```

② node 정보 출력

```
Mininet> nodes
```

③ link 정보 출력

```
Mininet> net
```

④ 모든 node의 정보 출력

```
Mininet> dump
```

〈Mininet CLI의 node, link, dump 실행 결과〉

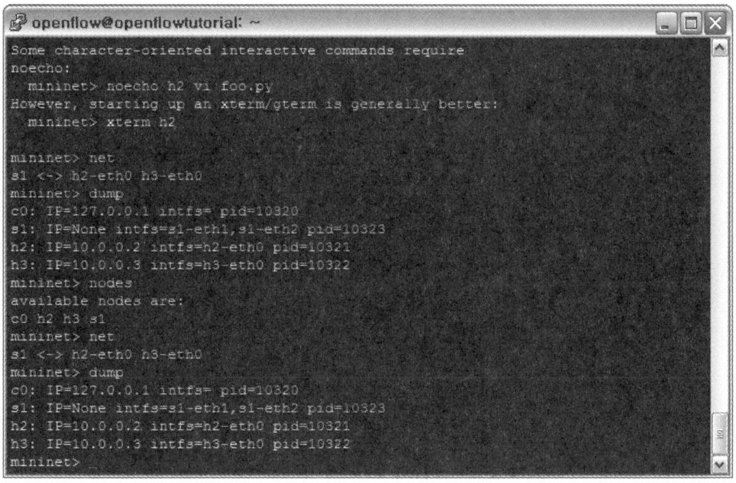

⑤ virtual host의 인터페이스 확인

```
Mininet> h2 ifconfig
```

가상 node의 인터페이스 정보를 확인합니다. Switch 1번의 IP를 확인하려면 's1 ifconfig'를 입력합니다.

〈virtual node의 interface 정보〉

⑥ Xterm 띄우기

```
Mininet> xterm h2
```

Xterm으로 virtual host에 접속하면 interactive command를 실행하거나, debugging 정보를 확인하기 더 수월합니다. Xterm을 띄우고 ifconfig -a 등의 명령어를 수행해보세요.

〈virtual node h2의 Xterm 화면〉

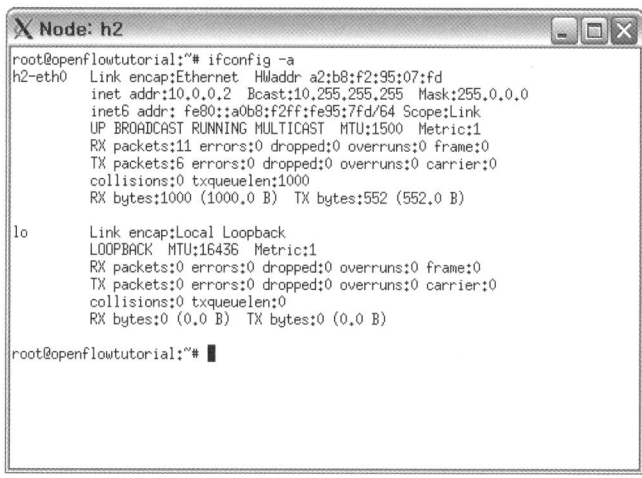

Tip

Xterm 실행 시 다음과 같은 Message가 출력되고, xterm이 정상 동작되지 않나요?

```
xterm Xt error: Can't open display
```

Xserver가 실행되어 있지 않기 때문입니다.

2_2장에서 설치한 Xing을 바탕화면의 [Xming(X)] 아이콘을 더블 클릭하여 실행합니다.

⑦ Mininet 종료 및 초기화 : Mininet이 정상적으로 동작하지 않거나 다시 시작해야 할 때, exit을 입력하거나 Control-D로 Mininet을 종료합니다.

```
Mininet> exit
```

이어서, sudo mn -c 명령어로 초기화합니다.

```
$ sudo mn -c
```

〈Mininet 종료 화면〉

7.2
Edit Topology

자유롭게 Topology를 변경하는 방법에는 Mininet의 code를 직접 수정 및 구현하는 방법과 Mininet에서 제공하는 tool을 이용하는 방법이 있습니다. 두 가지 방법 모두 쉽게 따라하실 수 있습니다.

1) Edit by code

Code를 변경하여 topology를 변경할 수 있습니다. Mininet에서 제공하는 Sample code를 살펴볼까요? ~/Mininet/custom의 topo-2sw-2host.py를 살펴보겠습니다.

```
1 """Custom topology example
2
3 author: Brandon Heller (brandonh@stanford.edu)
4
```

```
 5 Two directly connected Switches plus a host for each Switch:
 6
 7   host --- Switch --- Switch --- host
 8
 9 Adding the 'topos' dict with a key/value pair to generate our newly defined
10 topology enables one to pass in '--topo=mytopo' from the command line.
11 """
12
13 from Mininet.topo import Topo, Node
14
15 class MyTopo( Topo ):
16     "Simple topology example."
17
18     def __init__( self, enable_all = True ):
19         "Create custom topo."
20
21         # Add default members to class.
22         super( MyTopo, self ).__init__()
23
24         # Set Node IDs for hosts and Switches
25         leftHost = 1
26         leftSwitch = 2
27         rightSwitch = 3
28         rightHost = 4
29
30         # Add nodes
31         self.add_node( leftSwitch, Node( is_Switch=True ) )
32         self.add_node( rightSwitch, Node( is_Switch=True ) )
33         self.add_node( leftHost, Node( is_Switch=False ) )
34         self.add_node( rightHost, Node( is_Switch=False ) )
35
36         # Add edges
37         self.add_edge( leftHost, leftSwitch )
38         self.add_edge( leftSwitch, rightSwitch )
39         self.add_edge( rightSwitch, rightHost )
40
41         # Consider all Switches and hosts 'on'
42         self.enable_all()
43
44
45 topos = { 'mytopo': ( lambda: MyTopo() ) }
```

topo-2sw-2host.py는 2개의 host와 2개의 Switch를 구성하는 python code입니다. Line 31~34를 볼까요? self.add_node( ) 함수를 호출하여, Switch인지 아닌지를 정의했습니다. 그리고, 각각 연결되어야 할 node를 지정하여, edge를 추가했습니다(line 37~39). 이 같은 방식으로 매우 쉽게 다양한 topology를 구성할 수 있습니다. Mininet 2.0에서는 sdlf. add_node( )를 addHost( ),addSwitch( )의 2개의 함수로 분리하여 Host와 Switch를 구성할 수 있도록 API가 변경되었습니다.

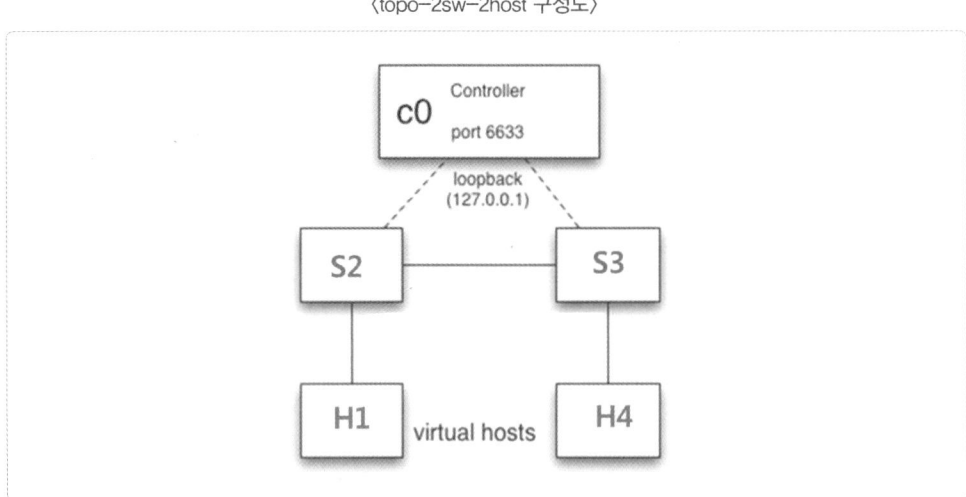

〈topo-2sw-2host 구성도〉

이 Topology의 실행 방법은 다음과 같습니다.

```
$ sudo mn --custom ~/Mininet/custom/topo-2sw-2host.py --topo mytopo
```

- --custom ~/Mininet/custom/topo-2sw-2host.py : topology를 정의한 위치를 지정합니다.
- --topo mytopo : 사용자의 topology를 인식합니다.

〈topo-2sw-2host 실행 화면〉

```
openflow@openflowtutorial:~$ sudo mn --custom ~/mininet/custom/topo-2sw-2host.py
 --topo mytopo
custom in sys.argv
*** Adding controller
*** Creating network
*** Adding hosts:
h1 h4
*** Adding switches:
s2 s3
*** Adding links:
(h1, s2) (s2, s3) (s3, h4)
*** Configuring hosts
h1 h4
*** Starting controller
*** Starting 2 switches
s2 s3
*** Starting CLI:
mininet>
```

Tip

MININET에서 Host와 Switch의 MAC Address는 random으로 설정되고, Mininet이 생성될 때마다 MAC Address가 변경되어 특정 트래픽을 제어하고자 할 때 불편합니다. 이때 –mac 옵션을 사용하면 ID와 IP, MAC Address를 같게 설정할 수 있습니다. 예를 들면 Host 2번은 IP 10.0.0.2, MAC Address는 00:00:00:00:00:02로 설정됩니다.

Mac 옵션을 주기 전과 후의 MAC Address를 비교해보세요.

〈sudo mn 후, Host2의 MAC Address〉

```
OpenFlow@OpenFlowtutorial:~$ sudo mn
…
Mininet> h2 ifconfig
h2-eth0  Link encap:Ethernet  HWaddr 7e:fe:16:e3:cb:a3
    inet addr:10.0.0.2  Bcast:10.255.255.255  Mask:255.0.0.0
    inet6 addr: fe80::7cfe:16ff:fee3:cba3/64 Scope:Link
    UP BROADCAST RUNNING MULTICAST  MTU:1500  Metric:1
    RX packets:11 errors:0 dropped:0 overruns:0 frame:0
    TX packets:6 errors:0 dropped:0 overruns:0 carrier:0
    collisions:0 txqueuelen:1000
    RX bytes:1000 (1000.0 B)  TX bytes:552 (552.0 B)
```

〈sudo mn –mac 후, Host2의 MAC Address〉

```
OpenFlow@OpenFlowtutorial:~$ sudo mn ?mac
…
Mininet> h2 ifconfig
h2-eth0  Link encap:Ethernet  HWaddr 00:00:00:00:00:02
         inet addr:10.0.0.2  Bcast:10.255.255.255  Mask:255.0.0.0
         inet6 addr: fe80::200:ff:fe00:2/64 Scope:Link
         UP BROADCAST RUNNING MULTICAST  MTU:1500  Metric:1
         RX packets:7 errors:0 dropped:0 overruns:0 frame:0
         TX packets:5 errors:0 dropped:0 overruns:0 carrier:0
         collisions:0 txqueuelen:1000
         RX bytes:636 (636.0 B)  TX bytes:468 (468.0 B)
```

2) Edit by tools

MiniEdit은 Mininet에서 제공하는 Network Editor입니다. 간단하고 쉽게 Topology를 구성할 수 있습니다. Miniedit으로 4host-3Switch Topology를 구성해 보겠습니다.

① miniedit을 실행합니다

```
$ cd ~/Mininet/examples
$ sudo ./miniedit.py
```

〈miniedit 실행〉

② [MiniEdit] 창이 열립니다. 왼쪽 메뉴를 살펴보겠습니다.

〈miniedit 기본 화면〉

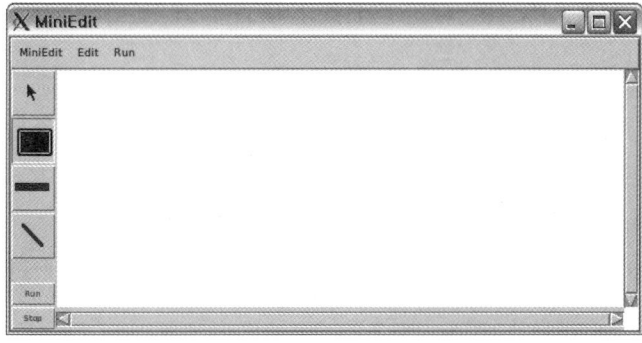

- ▸ : Node를 선택하고 이동
- ▪ : Host 추가
- ▬ : Switch 추가
- ╲ : link 추가

③ 왼쪽 버튼을 클릭하여 Host와 Switch를 추가하고 link를 이어줍니다. 원하는 Topology가 구성되었으면, 왼쪽 하단에 녹색의 [Run] 버튼을 클릭하면, miniedit로 가상 네트워크를 구성한 것입니다.

〈Miniedit Topology 실행 화면〉

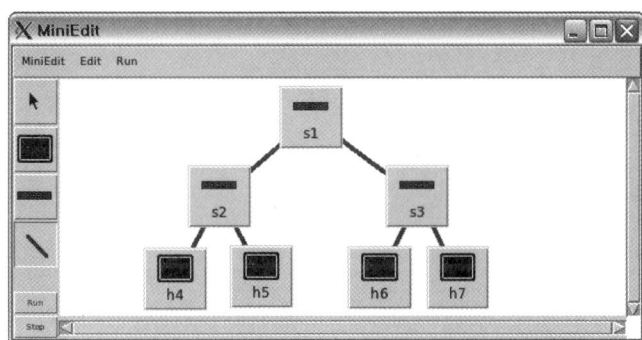

④ Host 4를 더블 클릭하거나 Host 4 클릭 후 상단 [Run]-[Xterm] 버튼을 클릭하여 Host 4에 접근할 수 있습니다. 같은 방법으로 모든 node 정보를 확인할 수 있습니다.

〈miniedit Xterm 메뉴 선택 화면〉

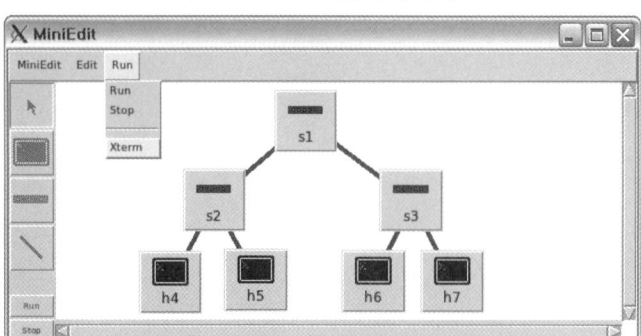

⑤ Host 4에서 Host 7로 ping을 해봅니다. 'ping 10.0.0.7'을 실행해보세요.

〈h4와 h7 사이 ping test 화면〉

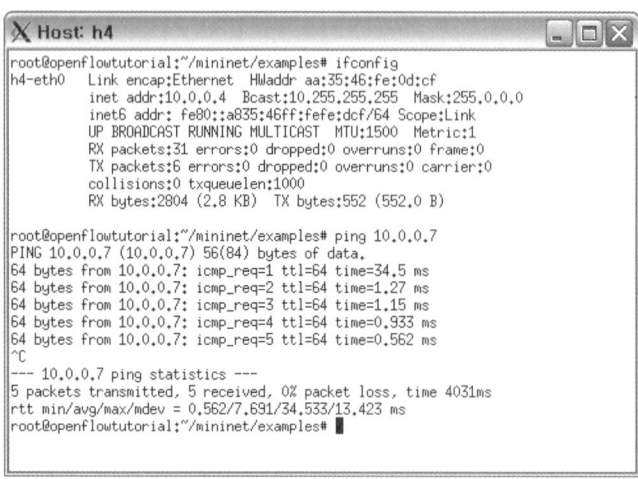

⑥ Miniedit으로 구성한 topology 종료는 왼쪽 하단 붉은 색의 [Stop] 버튼을 클릭하거나, 상단 메뉴의 [Run]-[Stop] 버튼을 클릭합니다.

〈miniedit topology 종료 메뉴 화면〉

7.3
Mininet Test

Mininet으로 3개의 virtual hosts와 1 Switch로 구성된 topology를 구성하고, Host 2와 Host 3가 통신 가능하도록 'dpctl' utility로 flow를 추가해보겠습니다.

〈"3 virtual hosts and 1 Switch" topology 구성도〉

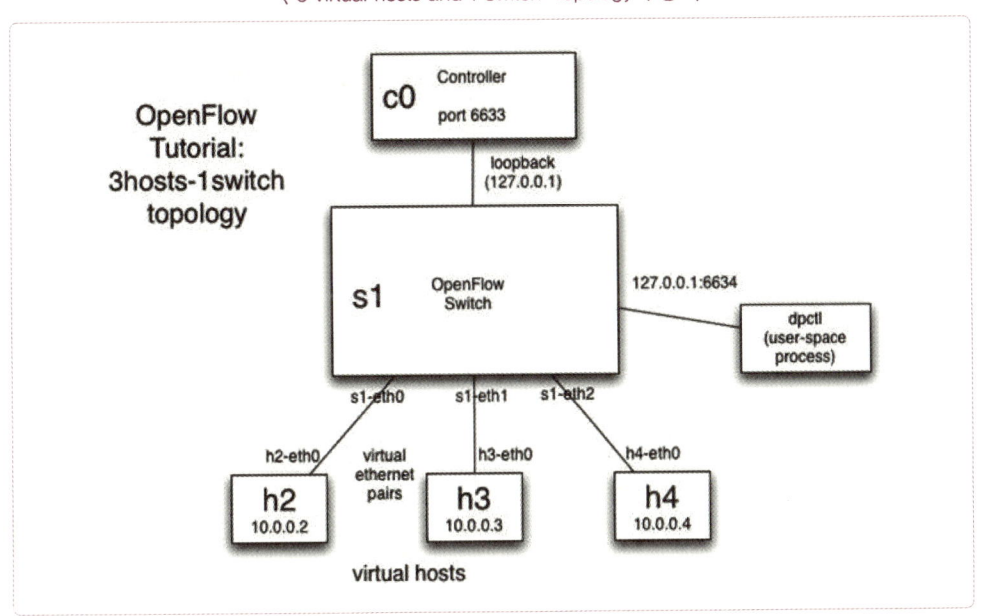

[출처 : www.OpenFlow.org]

① 3host-1Switch topology를 구성해보겠습니다.

```
$ sudo mn --topo single,3 --mac --Switch ovsk --Controller remote
```

- --topo single,3 : 1개의 Switch, 3개의 host를 구성

- --mac : DATAPATH ID와 일치하는 MAC address 설정

- --Switch : 실행되어야 할 OpenFlow Switch 선택

  : Stanford Reference Implementation(kernel or user space)

  : OpenVSwitch Implementation

- --Controller : network를 제어할 수 있는 Controller 선택

  : Remote Controller(VM 외부, 또는 anywhere in the world)

  : Local Controller (within Mininet) Default 값입니다.

〈3host-1Switch topology 실행 결과〉

```
openflow@openflowtutorial:~$ sudo mn --topo single,3 --mac --switch ovsk --contr
oller remote
*** Adding controller
*** Creating network
*** Adding hosts:
h2 h3 h4
*** Adding switches:
s1
*** Adding links:
(s1, h2) (s1, h3) (s1, h4)
*** Configuring hosts
h2 h3 h4
*** Starting controller
*** Starting 1 switches
s1
*** Starting CLI:
mininet>
```

> **Tip**
>
> **Mininet 1.0과 Mininet 2.0**
>
> Mininet 1.0에서 Switch s1의 port1, port2가 각각 host2, host3과 연결되는 것과 달리, Mininet 2.0에서는 host1, host2와 연결됩니다. Mininet 2.0 VM을 설치하신 분들은 이 부분을 고려하여 test를 진행하세요.
>
> | Mininet 1.0 | Mininet 2.0 |
> |---|---|
> | OpenFlow@OpenFlowtutorial:~$ sudo mn --topo single,3 --mac --Switch ovsk --Controller remote
*** Adding links:
(s1, h2) (s1, h3) (s1, h4)
***
Mininet> net
s1 <-> h2-eth0 h3-eth0 h4-eth0
Mininet> | Mininet@Mininet-vm:~$ sudo mn --topo single,3 --mac --Switch ovsk --Controller remote
*** Adding links:
(h1, s1) (h2, s1) (h3, s1)
***
Mininet> net
c0
s1 lo: s1-eth1:h1-eth0 s1-eth2:h2-eth0 s1-eth3:h3-eth0
h1 h1-eth0:s1-eth1
h2 h2-eth0:s1-eth2
h3 h3-eth0:s1-eth3
Mininet> |

② h2에서 h4로 ping test를 합니다.

```
Mininet> h2 ping -c5 h4
```

〈h2에서 h4로의 ping 결과〉

```
openflow@openflowtutorial:~$ sudo mn --topo single,3 --mac --switch ovsk --controller remote
*** Adding controller
*** Creating network
*** Adding hosts:
h2 h3 h4
*** Adding switches:
s1
*** Adding links:
(s1, h2) (s1, h3) (s1, h4)
*** Configuring hosts
h2 h3 h4
*** Starting controller
*** Starting 1 switches
s1
*** Starting CLI:
mininet> h2 ping -c5 h4
PING 10.0.0.4 (10.0.0.4) 56(84) bytes of data.

--- 10.0.0.4 ping statistics ---
5 packets transmitted, 0 received, 100% packet loss, time 4004ms

mininet> _
```

100% packet loss가 발행했습니다. 왜 일까요? Switch에 Flow Table이 없기 때문입니다. Switch와 연결된 Controller가 없기 때문에, Switch는 유입된 packet에 대한 정책이 없습니다.

dpctl을 이용해서 flow를 dump해서 확인봅시다. SSH terminal을 하나 더 띄워서 실행합니다. Flow Table entry가 없는 것이 확인됩니다.

```
$ dpctl dump-flows tcp:127.0.0.1:6634
```

〈dpctl dump-flows 실행 결과〉

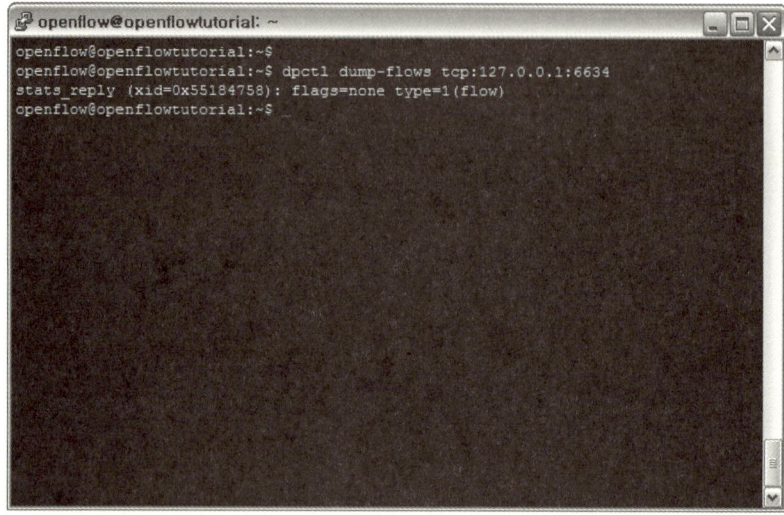

> **Tip**
> "dpctl help"으로 다양한 옵션을 확인해보세요

③ Host의 interface 정보를 확인합니다. h2와 h4 사이가 통신이 되게 하려면, flow entry를 추가해야 합니다. Host와 Switch의 연결 정보를 확인합니다.

```
Mininet> net
Mininet> nodes
Mininet> dump
```

⟨h2, h4 interface 확인 결과⟩

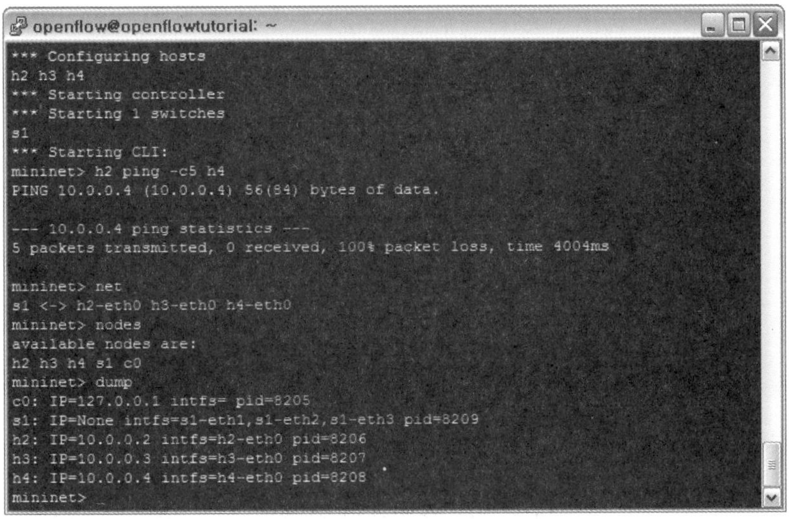

"dpctl show SWITCH"로 port 정보를 확인합니다.

```
$ dpctl show tcp:127.0.0.1:6634
```

⟨"dpctl show SWITCH" 확인 결과⟩

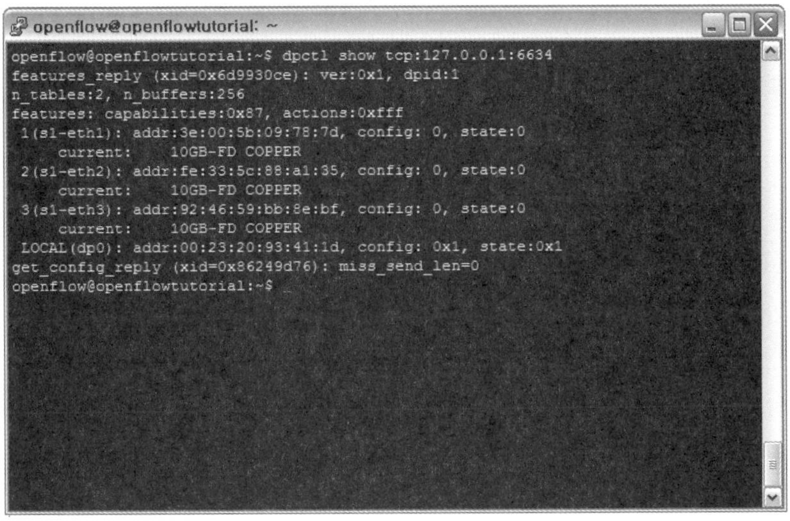

④ Flow를 추가합니다. H2와 H4 사이에 통신이 가능 할 수 있도록 아래의 2개의 flow를 추가하고, 다시 dpctl dump-flows로 entry가 추가되었는지 확인합니다.

```
$ dpctl add-flow tcp:127.0.0.1:6634 in_port=1,nw_dst=10.0.0.4,actions=output:3
$ dpctl add-flow tcp:127.0.0.1:6634 in_port=3,nw_dst=10.0.0.2,actions=output:1
$ dpctl dump-flows tcp:127.0.0.1:6634
```

〈dpctl add-flow 및 dump-flow 실행 결과〉

Tip

flow 삭제

"dpctl del-flows"로 entry를 삭제할 수 있습니다.

예시) dpctl del-flows tcp:127.0.0.1:6634 in_port=1

⑤ ping test를 합니다.

```
Mininet> h2 ping c15 h4
```

〈h2에서 h4 ping 결과〉

```
mininet>
mininet>
mininet> h2 ping -c15 h4
PING 10.0.0.4 (10.0.0.4) 56(84) bytes of data.
64 bytes from 10.0.0.4: icmp_req=1 ttl=64 time=0.950 ms
64 bytes from 10.0.0.4: icmp_req=2 ttl=64 time=0.186 ms
64 bytes from 10.0.0.4: icmp_req=3 ttl=64 time=0.181 ms
64 bytes from 10.0.0.4: icmp_req=4 ttl=64 time=0.185 ms
64 bytes from 10.0.0.4: icmp_req=5 ttl=64 time=0.183 ms
64 bytes from 10.0.0.4: icmp_req=6 ttl=64 time=0.181 ms
64 bytes from 10.0.0.4: icmp_req=7 ttl=64 time=0.183 ms
64 bytes from 10.0.0.4: icmp_req=8 ttl=64 time=0.177 ms
64 bytes from 10.0.0.4: icmp_req=9 ttl=64 time=0.179 ms
64 bytes from 10.0.0.4: icmp_req=10 ttl=64 time=0.174 ms
64 bytes from 10.0.0.4: icmp_req=11 ttl=64 time=0.178 ms
64 bytes from 10.0.0.4: icmp_req=12 ttl=64 time=0.178 ms
64 bytes from 10.0.0.4: icmp_req=13 ttl=64 time=0.065 ms
64 bytes from 10.0.0.4: icmp_req=14 ttl=64 time=0.069 ms
64 bytes from 10.0.0.4: icmp_req=15 ttl=64 time=0.065 ms

--- 10.0.0.4 ping statistics ---
15 packets transmitted, 15 received, 0% packet loss, time 14005ms
rtt min/avg/max/mdev = 0.065/0.208/0.950/0.204 ms
mininet>
```

Tip

"dpctl dump-flows" 결과 중 "idle_timeout" 값이 있습니다. 패킷이 일정 시간 들어오지 않으면 flow를 삭제합니다. default 값은 60s입니다.

| 마치며 |

Mininet을 이용하여, 가상 네트워크를 구성하고, OpenFlow API의 flow mod를 사용하여 flow entry 추가 및 삭제해보았습니다. 쉽게 따라 할 수 있는 만큼 꼭 한번 해보시길 권장합니다. 실제 Physical OpenFlow enable된 스위치를 제어하기 전에 Mininet으로 기능을 익히신다면 도움이 될 것입니다. 다음 장에서는 OpenFlow의 핵심인 OpenSource Controller를 설치하고 간단한 테스트를 진행해 보겠습니다. OpenFlow Controller의 대표적인 Project들은 NOX(C++, Python), POX(Python), Floodlight(JAVA) Controller 등이 있습니다. 하나씩 살펴보면서 Controller의 장단점을 비교하겠습니다.

Part 03
OpenSource Controller 사용하기

Part 3. OpenSource Controller 사용하기

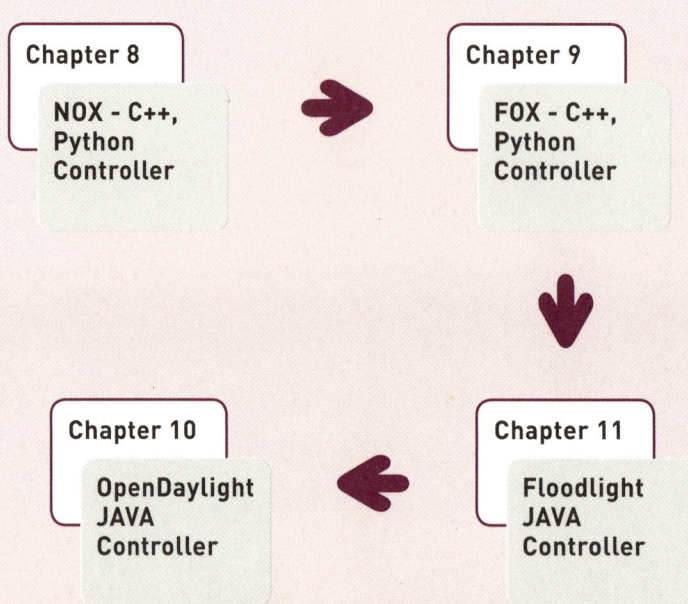

Part 3에서는 OpenFlow Controller를 직접 설치해보고 동작 원리와 기능을 학습할 것입니다. 이번 Part에서는 현재 가장 주목 받고 있는 OpenFlow Controller 4가지를 선택하여, 그 특징들을 살펴보고, 다운로드 방법부터 설치 과정, 그리고 각각의 기능들을 확인하고 실습해 볼 것입니다. 그리고 OpenSource를 기반한 많은 OpenFlow OpenSource Project를 정리해 보겠습니다. OpenFlow OpenSource Project의 종류와 수는 매우 다양하며, 시간이 지날수록 점점 더 증가하는 추세입니다. Controller도 마찬가지여서, 처음 OpenFlow Controller를 적용하고자 하는 분들은, 어떤 Controller를 선택할 것이며, 무엇부터 시작해야 할지 혼란을 겪게 됩니다. 각각의 OpenFlow Project들을 모두 학습하는 것은 많은 시간을 필요로 합니다. 따라서 Part 3장에서는 SDN의 핵심인 OpenSource 기반 Controller 종류들을 숙지하고 각각 특성을 파악하여 자신의 Test 환경과 구현 하고자 하는 프로젝트에 적합한 Controller 를 선택하는데 도움을 주는데 목표가 있습니다.

subject	project	organization
NETWORK VIRTUALIZATION	ETSI Collaborative Portal	ETSI
ORCHESTRATION	FlowVisor	On.Lab
	Maestro	Rice University
	NDDI OESS	Internet2
	NetL2API	Locaweb
	OpenStack Quantum	Openstack Foundation
SDN APPLICATION	Avior	Marist College
	On-Demand Secure Circuits and Advance Reservation System (OSCARS)	Energy Services Network (ESnet)
	The BIRD	CERN Internet eXchange Point (CIXP)?
	Twister	Luxoft
SDN CONTROLLER	Beacon	Stanford University
	Floodlight	Big Switch Networks
	FlowER	Travelping GmbH
	Jaxon	University of Tsukuba
	Mul SDN Controller	Kulcloud
	NodeFlow	Cisco Systems
	OpenDaylight	OpenDaylight Project
	NOX	ICSI
	POX	ICSI
	Ryu Network Operating System	NTT Communications
	Trema	NEC
SECURITY	FortNOX	SRI International
	FRESCO	SRI International
SIMULATION, TESTING AND TOOLS	Cbench	Stanford University
	MiniNet	Stanford University

Part 3. OpenSource Controller 사용하기

	NICE	NICE
	OFDissector	CPqD
	OFLOPS	Stanford University
	OFTest	Big Switch Networks
	TestON	Paxterra Solutions
	perfSONAR	Energy Services Network (ESnet)
SOFTWARE LIBRARIES	DPDK.org	6WIND
	Nettle	Yale University
	OFLib-Node	Ericsson
	OpenFaucet	Midokura
	OpenFlowJ	Midokura
SWITCHING & ROUTING	Indigo(1st Generation)	Big Switch Networks
	Indigo(2nd Generation)	Big Switch Networks
	Indigo Virtual Switch (IVS)	Big Switch Networks
OTHER	CPqD/of13softSwitch	CPqD
	FlowScale	Indiana University InCNTRE
	Frenetic	Princeton University
	LINC	Infoblox
	NICE	INET: Internet Network Architectures
	PFSS	Ericsson
	OpenvSwitch	Nicira(Acquired by VMware)
	Pantou(OpenWRT)	Stanford University
	Pica8/XORPlus	Pica8
	Quagga	Quagga Routing Project
	Resonance	Georgia Tech University
	RouteFlow	CPqD
	The Snabb Switch Project	Snabb

Part 3에서는 아래 4개의 Controller를 살펴보겠습니다.

〈NOX, POX, Floodlight, Opendaylight OpenFlow Controller 특징 비교〉

- THE first SDN Controller
- GPL Licenced
- Programmable in C++ and Python
- Linux
- Stanford University
- [New NOX]– Remove Python from NOX
- Applications : Forwarding, topology, host tracking ..

- Forked form NOX
- Python only
- Good for research & education
- Linux, Mac OS and Windows
- "betta" version is the newest
- http://www.noxrepo.org

- Java-based OpenFlow Controller (forked from Beacon)
- Apache Licensed
- REST API
- Pure Java(no OSGI Know how required)
- Open communitiy
- Big Switch Networks
- Support OpenStack
- www.projectfloodlight.org

OPEN DAYLIGHT
- Collaborate project under Linux Foundation
- Big switch networks, CISCO, IBM, MS, redhat, BROCADE, Citrix, Ericsson, juniper..
- Started April,2013
- The first download – expected Q3 of 2013
- EPL licensed
- Opendaylight controller ver 1.0
- http://www.opendaylight.org

NOX, POX, Floodlight, Opendaylight Controller를 꼭 순서대로 학습하실 필요는 없습니다. C++에 익숙하면 NOX, Python은 POX, Java는 Floodlight를 선택하는 것도 방법이지만, 꼭 특정 language를 알아야 이 과정을 학습할 수 있는 것은 아닙니다. 개발 지식이 없으신 분이라도 쉽게 따라 할 수 있도록 구성하였습니다. 이번 장에서는 OpenFlow Controller를 설치하고 간단한 Test를 진행하겠습니다. 또한 각각의 OpenSource 기반 Controller에서 flow entry를 설정하여 네트워크 흐름 제어를 해봄으로서 OpenFlow 망에서의 Controller 동작 원리와 구조를 파악해보겠습니다.

CHAPTER 8
NOX Controller

8.1
NOX Controller

[출처 : http:noxrepo.org]

NOX는 네트워크 관리 및 제어 Application을 build할 수 있는 high-level programmatic interface를 제공하는 network control platform입니다. Standard Network 개발 환경과 다른 것은, NOX는 전체 네트워크에 대한 중앙 집중화된 programming model을 가능하게 합니다. NOX Controller는 최초 배포된 Controller로서 많은 OpenFlow project의 기초가 되고 있습니다. OpenFlow 1.0을 지원하며, Linux 기반의 C++과 Python으로 구성된 Controller입니다. 2013년 현재 OpenFlow 1.3을 지원하는 버전까지 배포되어 있습니다. 이 장에서는 OpenFlow 망에서 NOX Controller가

어떻게 network를 관리, 제어하는지 학습해보겠습니다.

:: Versions, Branches

- **Versions** : NOX는 NOX-classic과 new NOX 버전이 있습니다. NOX-Classic은 C++과 Python 으로 구성된 Controller이며, C++ 언어로만 구성된 버전이 new NOX입니다. 연구 기관에 초점을 맞추어 개발된 POX는 Python 언어로 구성되어 있습니다.

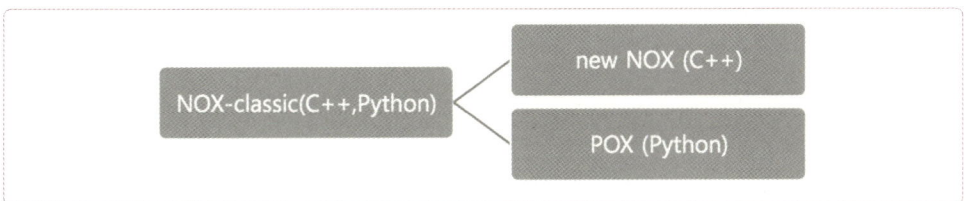

- **Branches** : NOX의 branch는 active와 release 2개의 category가 있습니다. Active는 새 기능 추가나 bug fix를 하며, release는 bug fix 중심의 업데이트를 하는 branch입니다.

⟨NOX(the "new NOX")⟩

	Active	Release
Branch	Verity (0.9.2)	None yet
Release date	2012-05-11	N/A

⟨NOX Classic⟩

	Active	Release
Branch	Destiny (0.9.1)	Zaku (0.9.0)
Release date	2012-07-20	2010-09-15

[출처 : www.noxrepo.org]

> **Tip**
> NOX Controller의 최신 정보는 사이트(http://www.noxrepo.org/nox/about-nox/)에 업데이트됩니다.

〈NOX 사이트 화면〉

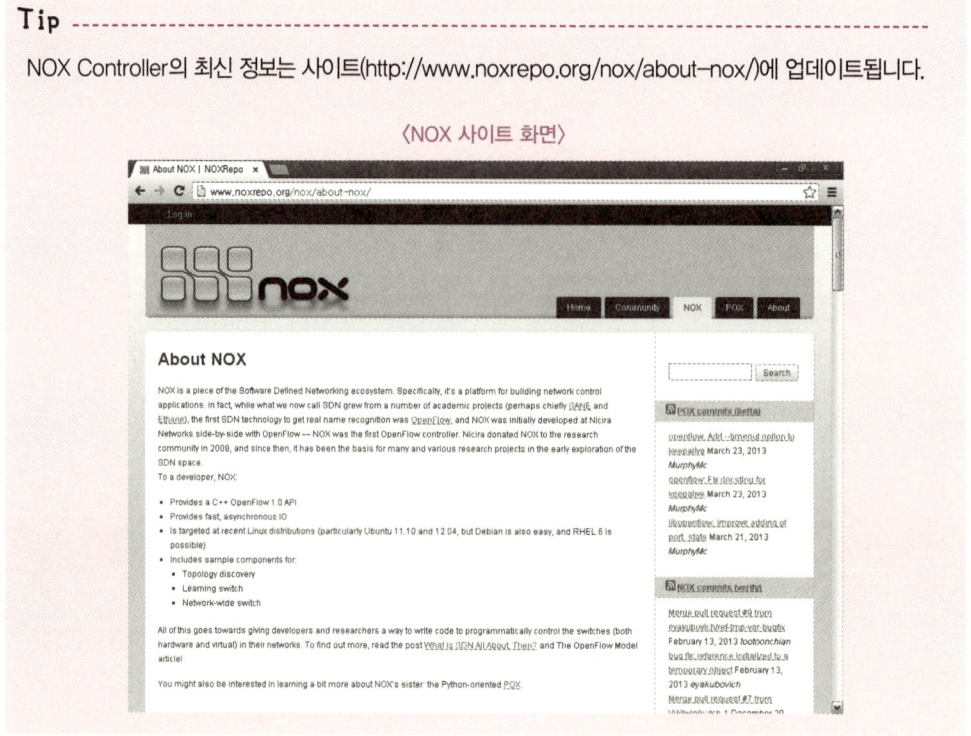

8.2
Download & Install

NOX Controller를 download하고 build해보겠습니다. Part 2에서 'OpenFlow-tutorial. vdi'를 설치했다면, NOX "zaku" version이 pre-compile되어 있습니다. 그러나 이 장에서는 zaku branch를 사용하지 않고 GUI와 UseCase 확장이 용이한 "destiny" branch를 사용하여 학습하도록 하겠습니다.

1) NOX version 확인하기

설치된 NOX의 version을 확인하기 위해서 ~/nox/build/src에서 './nox_core -V'를 실행합니다.

```
$ cd ~/nox/build/src
$ ./nox_core -V
```

Pre-compile된 zaku 버전을 확인할 수 있습니다. 다음 절에서 'destiny' branch를 download & compile하겠습니다.

〈NOX version 확인 화면〉

```
openflow@openflowtutorial:~/nox/build/src$ ./nox_core -V
NOX 0.9.0(zaku)~full~beta (nox_core), compiled Oct 13 2011 17:49:51
Compiled with OpenFlow 0x01
openflow@openflowtutorial:~/nox/build/src$
```

2) NOX destiny bootstrapping

① NOX 'destiny' branch를 다운로드 받습니다.

```
$ git clone https://github.com/noxrepo/nox-classic.git
$ ls
Mininet nox nox-classic oflops oftest OpenFlow openvSwitch pox
```

nox-classic 디렉토리에 NOX "destiny" source가 다운로드됩니다.

〈NOX destiny branch 다운로드 화면〉

> **Tip**
>
> **NOX branch URL**
>
> • Verity : https://github.com/noxrepo/nox
>
> • destiny : https://github.com/noxrepo/nox-classic
>
> • zaku : https://github.com/noxrepo/nox-classic/tree/zaku

> **Tip**
>
> 'git clone http://noxrepo.org/git/nox'로 가장 최신 버전을 다운받을 수 있습니다. 다른 branch로의 전환은 'git checkout branch-name'로 하세요.

② Configure, Compile, Install NOX 다음을 순서대로 실행합니다.

```
$ cd nox-classic/
$ ./boot.sh
$ mkdir build/
$ cd build/
$ ../configure
$ make
$ cd ~/nox-classic/build/src
$ ./nox_core -V
```

⟨'boot.sh' 실행 화면⟩

```
openflow@openflowtutorial:~/nox-classic$ ./boot.sh
building with all apps
Disabling noxext...
libtoolize: putting auxiliary files in AC_CONFIG_AUX_DIR, `config'.
libtoolize: copying file `config/config.guess'
libtoolize: copying file `config/config.sub'
libtoolize: copying file `config/install-sh'
libtoolize: copying file `config/ltmain.sh'
libtoolize: putting macros in AC_CONFIG_MACRO_DIR, `config'.
libtoolize: copying file `config/libtool.m4'
libtoolize: copying file `config/ltoptions.m4'
libtoolize: copying file `config/ltsugar.m4'
libtoolize: copying file `config/ltversion.m4'
libtoolize: copying file `config/lt~obsolete.m4'
configure.ac:12: installing `config/missing'
src/Makefile.am: installing `config/depcomp'
openflow@openflowtutorial:~/nox-classic$
```

⟨'../configure' 화면⟩

```
config.status: creating src/nox/coreapps/examples/Makefile
config.status: creating src/nox/coreapps/Makefile
config.status: creating src/nox/coreapps/switch/Makefile
config.status: creating src/nox/coreapps/snmp/Makefile
config.status: creating src/nox/coreapps/testharness/Makefile
config.status: creating src/nox/coreapps/simple_py_app/Makefile
config.status: creating src/nox/coreapps/simple_c_py_app/Makefile
config.status: creating src/nox/coreapps/pyrt/Makefile
config.status: creating src/include/Makefile
config.status: creating src/builtin/Makefile
config.status: creating src/Makefile
config.status: creating src/etc/Makefile
config.status: creating doc/doxygen/Makefile
config.status: creating doc/Makefile
config.status: creating doc/manual/Makefile
config.status: creating Makefile
config.status: creating man/man1/Makefile
config.status: creating man/man5/Makefile
config.status: creating man/Makefile
config.status: creating doc/doxygen/doxygen.conf
config.status: creating config.h
config.status: executing depfiles commands
config.status: executing libtool commands
openflow@openflowtutorial:~/nox-classic/build$
```

⟨'make' 완료 화면⟩

③ './nox_core –V' 실행 결과 nox 0.9.1 version을 확인합니다.

⟨NOX version 확인⟩

3) NOX 실행

NOX Controller는 './nox_core'와 Options, Application들을 열거하여 실행합니다.

```
./nox_core [OPTIONS] [APP[=ARG[,ARG]...]] [APP[=ARG[,ARG]...]]...
```

예를 들면 다음의 명령은 NOX를 실행하고, port 6633을 open하고 listen 상태로 대기하게 됩니다. 해당 명령어로 알 수 있듯이 controller는 server mode로 동작하게 됩니다.

```
./nox_core -v -i ptcp:6633
```

> **Tip**
> 6633은 OpenFlow protocol port입니다.

Mininet으로 topology를 구성하고, NOX Controller를 Pyswitch Application과 함께 실행해보겠습니다.

> **Tip**
> NOX Controller는 다수의 Application을 같이 실행할 수 있습니다.

① Mininet 실행 : '3 virtual hosts and 1 switch' topology를 구성합니다.

```
$ sudo mn -c
$ sudo mn -topo single,3 -mac -switch ovsk ?controller remote
```

〈3 virtual hosts and 1 Switch topology 구성 화면〉

```
openflow@openflowtutorial:~/mininet$ sudo mn --topo single,3 --mac --switch ovsk --controller remote
*** Adding controller
*** Creating network
*** Adding hosts:
h2 h3 h4
*** Adding switches:
s1
*** Adding links:
(s1, h2) (s1, h3) (s1, h4)
*** Configuring hosts
h2 h3 h4
*** Starting controller
*** Starting 1 switches
s1
*** Starting CLI:
mininet>
```

〈3 virtual hosts and 1 Switch topology〉

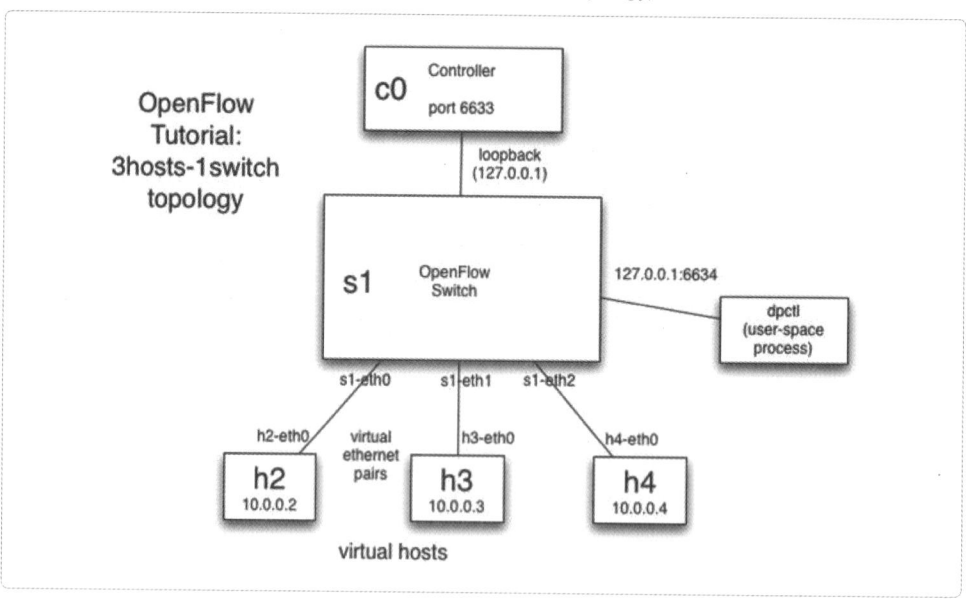

[출처 : www.OpenFlow.org]

② NOX Controller 실행 시 "pyswitch" Application도 함께 실행시킵니다. "pyswitch"는 기존 legacy Switch에서 기본적으로 제공하는 MAC learning 기능을 Application으로 제공하고 있습니다. 이러한 S/W적인 기능 요소를 Switch가 아닌 controller의 Application에서 수행하겠다는 의도입니다. 다시 말해, Switch는 단순히 forwarding 기능만 존재하고 flow의 흐름, 연산 등은 Controller에서 중앙 집중형으로 관제하겠다는 의미가 되겠습니다.

```
$ cd ~/nox-classic/build/src
$ ./nox_core -v -v -i ptcp: pyswitch
```

③ /nox/src/coreapps/examples의 pyswitch.py를 실행합니다.

〈NOX 실행 화면〉

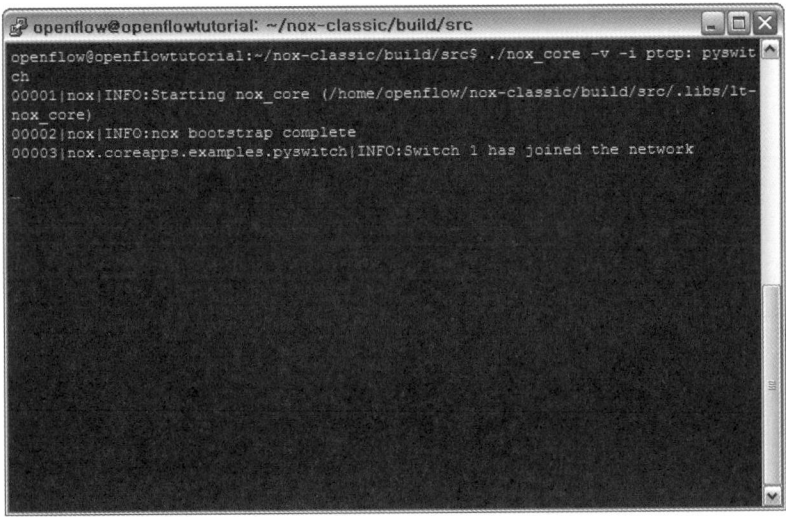

④ OpenFlow Switch가 연결되면, NOX는 접속되었다는 Message를 출력합니다.

```
"00056|nox|DBG: Registering Switch with DPID = 1"
```

8.3
NOX GUI

1) NOX GUI 준비 & 실행하기

① NOX GUI를 실행하기 위해서, Application이 있는 위치로 이동하고 실행합니다.

```
$ cd ~/nox-classic/src
$ ls
$ ./nox-gui.py
```

〈"./nox-gui.py" 실행 화면〉

```
openflow@openflowtutorial:~$ cd ~/nox-classic/src
openflow@openflowtutorial:~/nox-classic/src$ ls
builtin    gui      lib        Makefile.in    nox          nox_main.cc   tests
etc        include  Makefile.am Make.vars     nox-gui.py   scripts       utilities
openflow@openflowtutorial:~/nox-classic/src$ ./nox-gui.py
Traceback (most recent call last):
  File "./nox-gui.py", line 18, in <module>
    from PyQt4 import QtGui, QtCore
ImportError: No module named PyQt4
openflow@openflowtutorial:~/nox-classic/src$
```

② Python GUI modules이 없다는 error가 출력됩니다. 다음 단계로 진행하여 error를 fix합니다.

```
$ sudo apt-get update
$ sudo apt-get install pyqt4-dev-tools
   python-qt4, python-simplejson python-qt4-sql libqt4-sql-sqlite
```

apt-get(Advanced Packaging Tool)은 Ubuntu linux에서 쓰이는 패키지 관리 명령어 도구입니다.

- sudo apt-get update : 업데이트 파일을 받아옵니다.
- sudo apt-get install 〈패키지 이름〉 : 패키지 설치

Tip --
"sudo apt-get help"으로 더 많은 옵션을 확인하세요.

〈'sudo apt-get update' 실행 화면〉

〈'sudo apt-get install libqt4-sql-sqlite' 실행 화면〉

③ 바탕화면에 [Xming(X)] 아이콘을 더블 클릭하여 X server를 실행한 다음, NOX를 실행합니다.

```
$ cd ~/nox-classic/build/src
$ ./nox_core -v -v -i ptcp:6633 monitoring Switch routing trackhost_pk-
tin flowtracer spanning_tree
```

〈NOX 실행 화면〉

> **Tip**
> -v -v 옵션으로 자세한 debugging 정보를 확인할 수 있습니다.

④ NOX GUI를 실행합니다. NOX GUI가 열리는 것을 확인 할 수 있습니다.

```
$ cd ~/nox-classic/src
$ ./nox-gui.py
```

⟨NOX GUI 기본 화면⟩

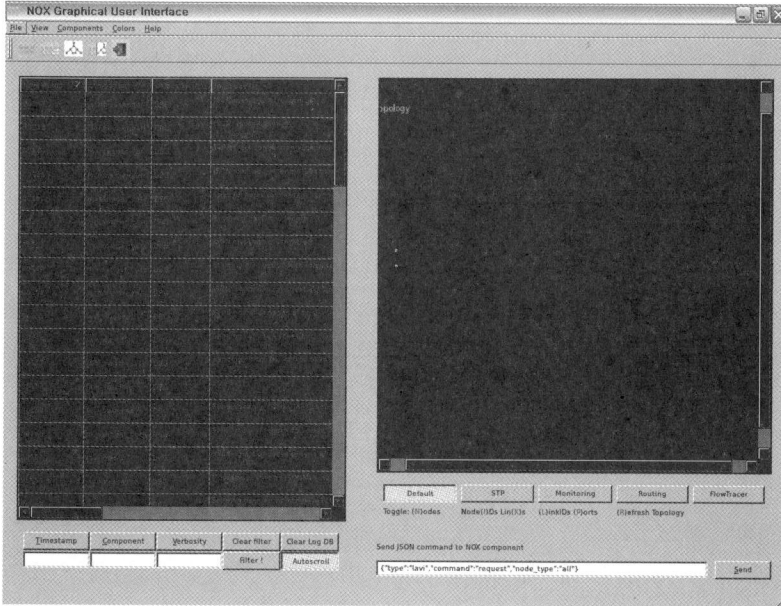

⑤ NOX GUI를 실행하면, 현재 구성된 Topology가 없으므로 검정 화면만 보이게 될 것입니다. 다음 명령어로 9개의 Host와 4개의 Switch를 구성하여 ping test를 해보겠습니다.

```
$ sudo mn -c
$ sudo mn --topo tree,depth=2,fanout=3
…
Mininet> pingall
```

⟨"9 virtual hosts and 4 Switch" topology 구성 & 'pingall' 실행 화면⟩

251

⑥ NOX GUI상에서 오른쪽 화면에 Topology가 표시됩니다. Switch들이 녹색 동그라미로 표시됩니다.

〈Switch display 화면〉

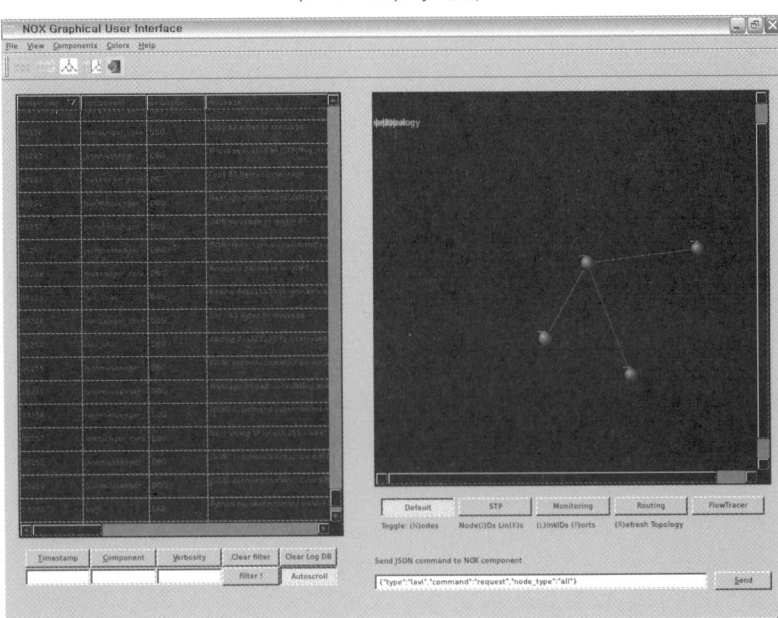

⑦ 'pingall' 실행 후 NOX GUI topology 화면에 Host가 녹색 네모로 표시됩니다.

〈host 정보 display 화면〉

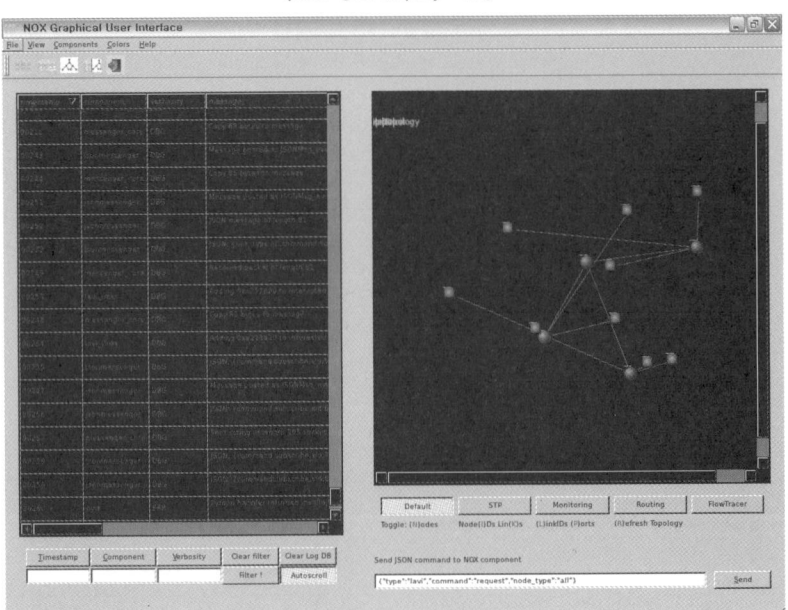

2) NOX GUI 살펴보기

'./nox-gui.py'로 열리는 기본 화면은 왼쪽은 log 정보를, 오른쪽은 Topology 정보를 보여 줍니다. GUI 화면을 더 살펴보겠습니다.

:: View

상단 메뉴 [View]를 클릭하면 View Option을 선택할 수 있습니다.

〈View 메뉴 화면〉

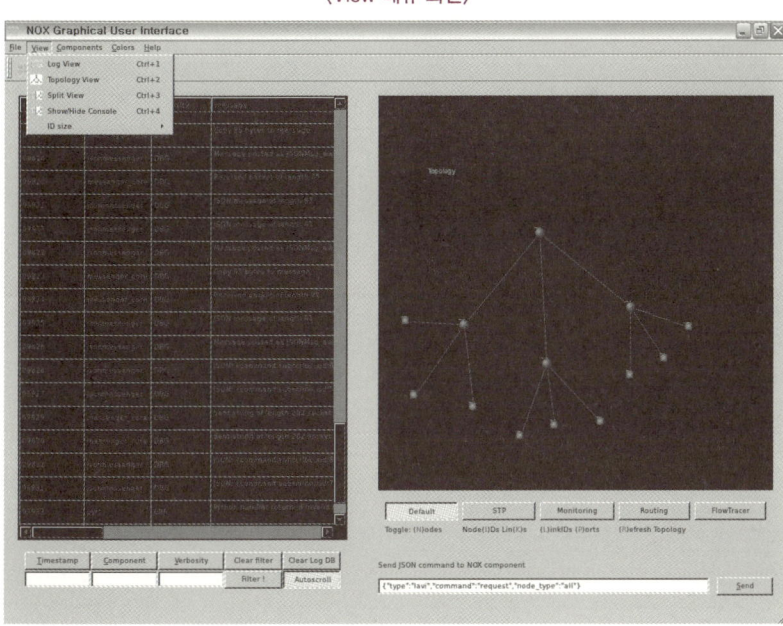

• Log View – 단축키 [[Ctrl] + [1]]

⟨[View]– [Log View] 화면⟩

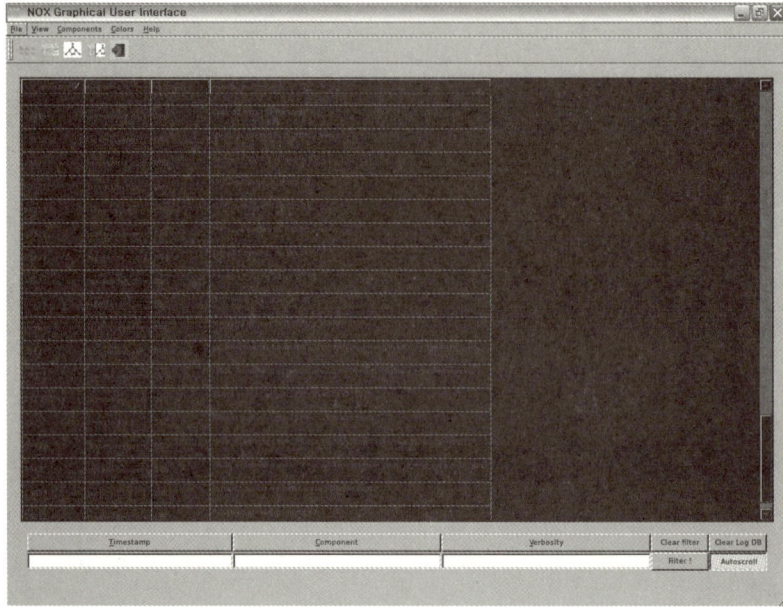

• Topology view – 단축키 [[Ctrl] + [2]]

⟨[View]– [Topology view] 화면⟩

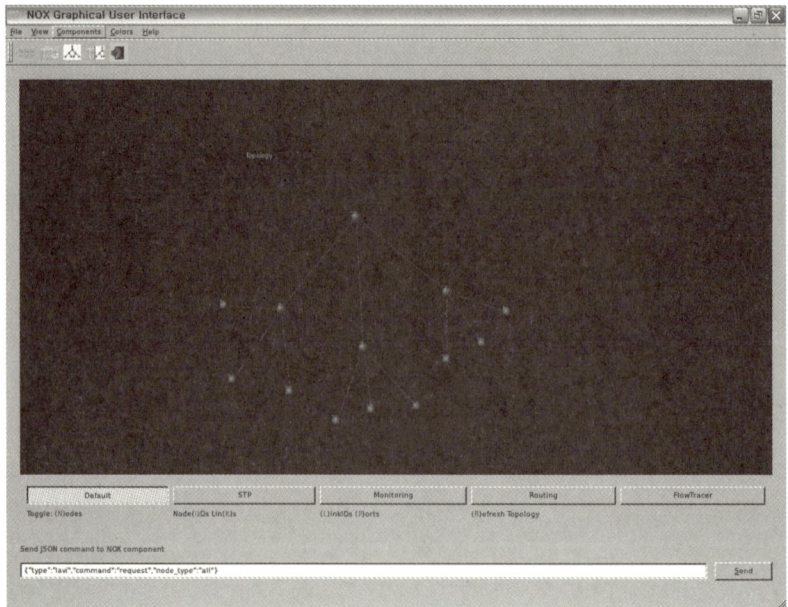

• Split View – 단축키 [Ctrl] + [3]

〈[View]- [Split View] 화면〉

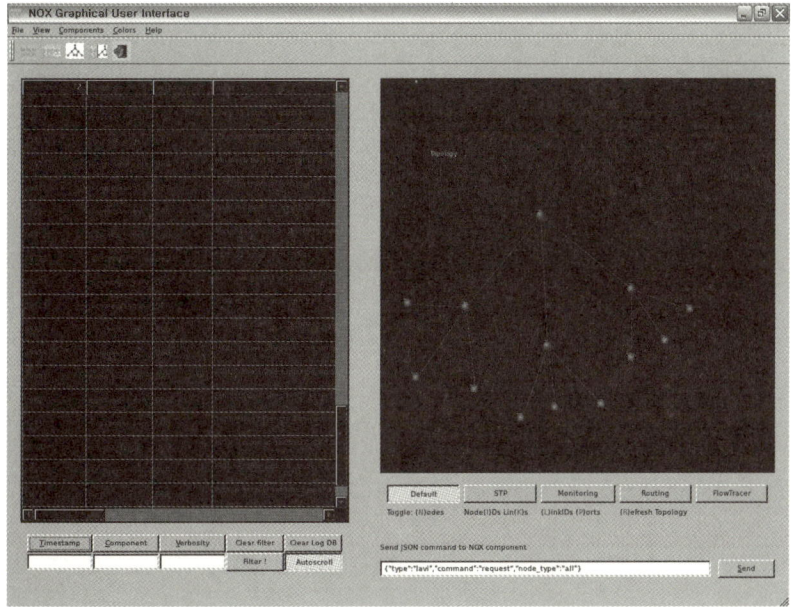

Tip
상단 메뉴 중 [Colors]-[Bright]를 클릭하여 색상을 변경할 수 있습니다.

〈GUI 색상 변경 화면〉

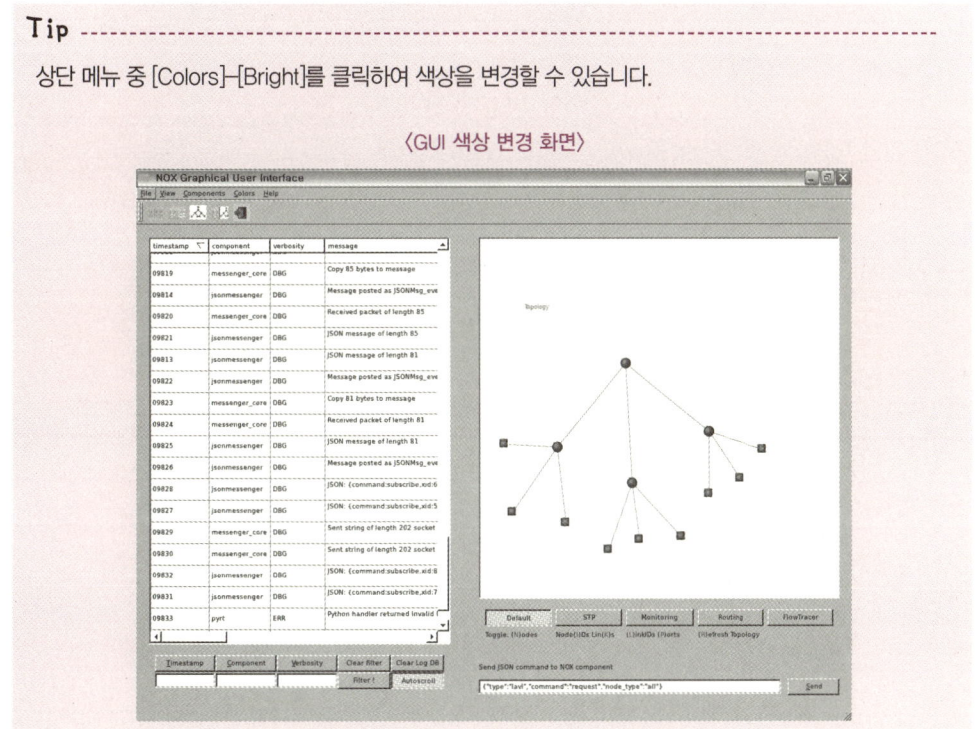

:: Save/Load Layout

① Topology view 화면의 빈 공간에 마우스 오른쪽 버튼을 클릭하면, Topology layout을 불러올 수 있고, 저장할 수 있는 메뉴가 있습니다. Host와 Switch 아이콘을 드래그하여 Topology를 재배열하고 저장합니다.

〈Topology 재배열 화면〉

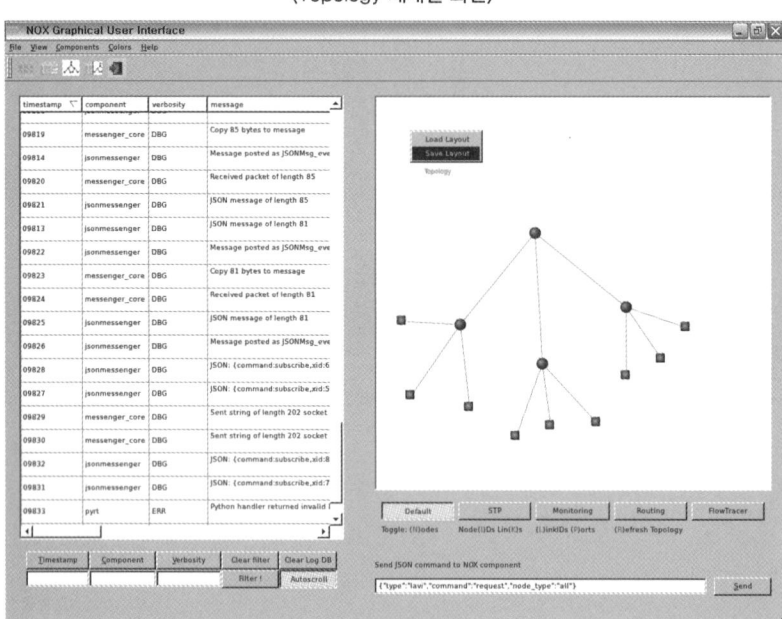

② 재배열한 Topology를 '9host-4switch' 이름으로 저장합니다.

〈Topology 저장 화면〉

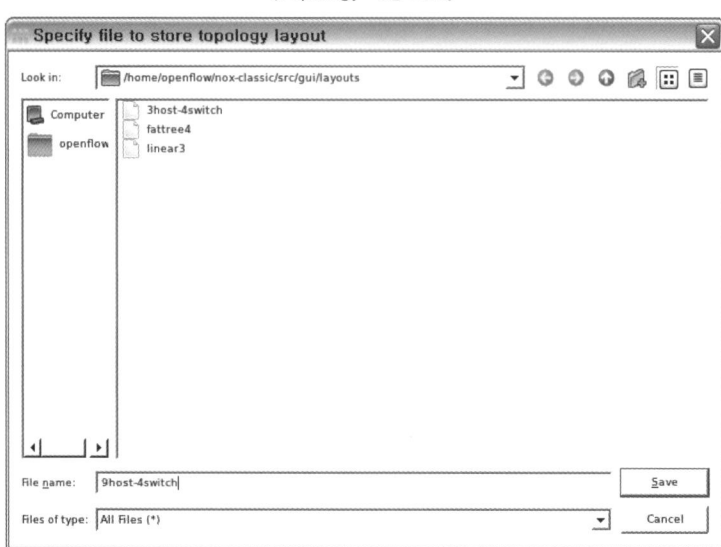

: : Show Flow Table

Topology view에서 Switch 아이콘을 더블 클릭하거나, [Topology view] 창에서 Switch를 클릭하고 마우스 오른쪽 버튼을 클릭하여 [Show Flow Table]을 클릭하면 Flow 정보를 볼 수 있습니다.

〈Flow Table 정보 화면〉

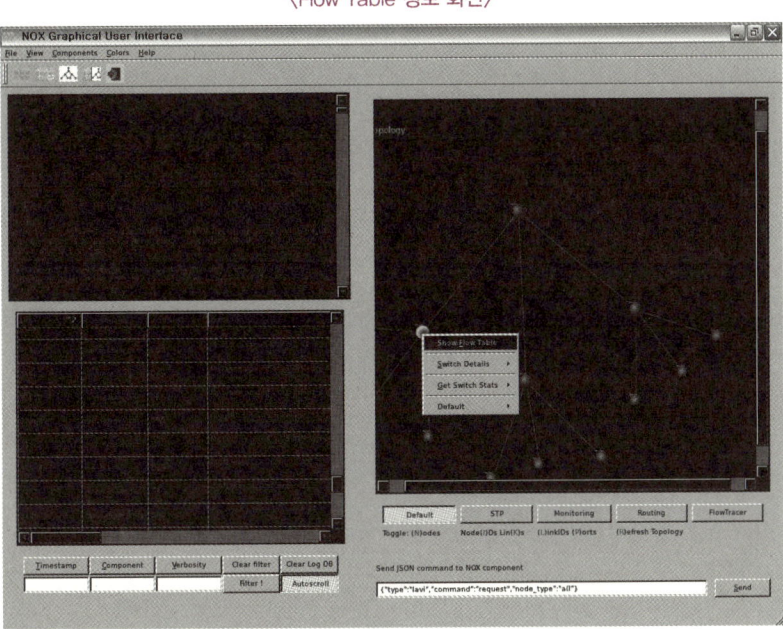

> **Tip**
>
> Table 값 정의
>
> | Attribute | Meaning | Attribute | Meaning |
> |---|---|---|---|
> | in_port | Switch port number the packet arrived on | nw_tos | IP TOS/DS bits |
> | dl_src | Ethernet source address | nw_proto | IP protocol (e.g., 6 = TCP) or lower 8 bits of ARP opcode |
> | dl_dst | Ethernet destination address | nw_src | IP source address |
> | dl_vlan | VLAN ID | nw_dst | IP destination address |
> | dl_vlan_pcp | VLAN priority | tp_src | TCP/UDP source port |
> | dl_type | Ethertype / length (e.g. 0x0800 = IPv4) | tp_dst | TCP/UDP destination port |

:: Port Stats

Topology view에서 Switch 아이콘을 더블 클릭하거나, Switch를 클릭하고 마우스 오른쪽 버튼을 클릭하여 [Get Switch status]-[Port stats]를 클릭하면 통계 정보를 볼 수 있습니다.

〈Port status 저장 화면〉

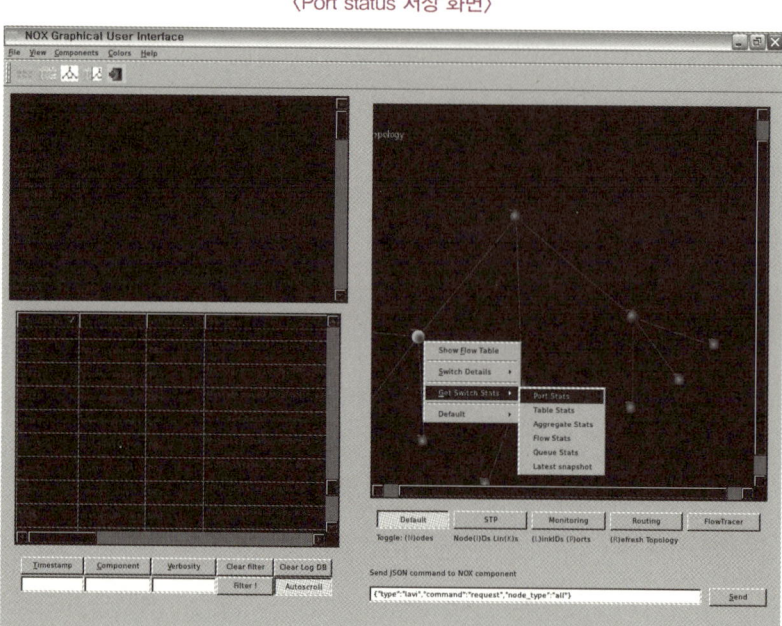

8.4
NOX 둘러보기

NOX Controller Application들을 살펴보겠습니다. NOX Controller의 실행 바이너리는 nox-core이며, OpenFlow Network 제어는 Application을 통해서 제어하게 됩니다. NOX Controller에서 제공하는 Application을 살펴보고 Switch의 기본 기능인 MAC Learning Application을 분석해 보겠습니다.

1) Core Application

네트워크 응용프로그램 및 웹 서비스를 위한 기능을 제공합니다.

Source location	/src/nox/coreapps
Content	messenger : 다른 device들과 통신하기 위해서 TCP/SSL server sockets을 제공합니다. snmp : handle snmptrap using a Python script as trap handler through NetSNMP.
Execution	./nox_core –i ptcp: –v messenger snmp
Etc	

2) Network Application

네트워크 관리를 위한 Application들입니다.

Source location	/src/nox/netapps
Content	Discovery 제어하고 있는 Switch 사이의 링크를 추적. Topology provides an in-memory record of all links currently up in the network. Authenticator keeps track of the location of hosts and Switches on the network. Routing is the component responsible for path calculation. Monitoring periodically queries Switches for statistics and exposes that info.
Execution	./nox_core –i ptcp: –v [apps] [apps]..
Etc	

3) Web Application

웹 서비스를 통해 NOX를 관리하기 위한 Application들입니다.

Source location	/src/nox/webapps
Content	Webservice : NOX Applications.에 대한 web services interface를 제공합니다. Webserver is the app hosting the control interface. Webserviceclient
Execution	./nox_core –i ptcp: –v [apps] [apps]..
Etc	https://github.com/noxrepo/nox-classic/wiki/Webservice

4) MAC Learning

Legacy Switch의 기능 중 하나인 MAC Learning 기능을 OpenFlow Network에서는 Control plane으로 구성이 될 수 있습니다. 즉 Controller의 Application으로 정의할 수 있습니다. NOX 기반의 MAC Learning을 살펴 보면서 동작 원리를 파악해 봅니다. NOX Application 실행 방법은 아래와 같습니다.

```
$ cd ~/nox-classic/build/src
$ ./nox_core -v -i ptcp: pyswitch
```

위 명령어로 실행을 하면 NOX Controller에서는 Packet IN 유입이 되었을 시 MAC Learning을 할 준비가 되어있는 상태가 된 것 입니다. 위 명령어 실행 후 Mininet을 실행하면, Controller와 Switch의 init 절차는 아래와 같습니다.

〈Connecting 절차〉

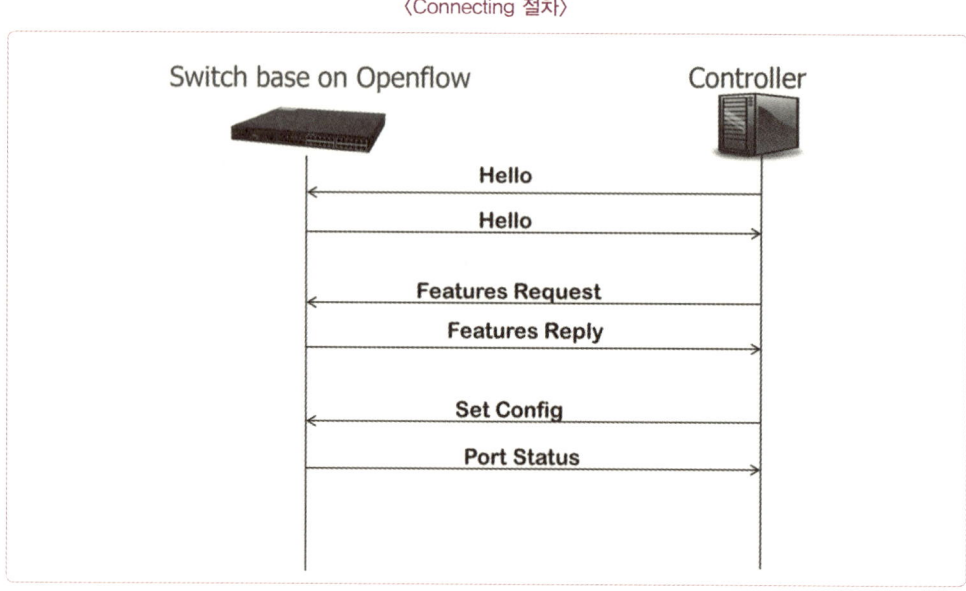

Hello라는 오퍼레이션으로 init(startup)을 하고 각 스위치에 대한 포트, 설정 정보들을 전송하게 됩니다. 각각의 스위치들은 각자 설정된 Controller IP로 연결 시도를 하게 됩니다. 하나의 스위치에서 여러 개의 Controller IP를 설정을 할 수도 있습니다만 우선 MAC Learning 테스트를 위하여 기본 Local host를 가진 Controller로 설정하였습니다.

위 그림에 나온 오퍼레이션을 다시 한번 설명하자면 아래와 같습니다.

〈오퍼레이션 설명〉

Features	SSL 세션으로 만들어지며, Controller은 스위치에 F.R을 전송
	스위치는 반드시 메시지 요구에 맞게 스위치에 의해 제공되는 성능 및 기타 정보 회신
Configuration	Controller는 스위치에 'Configuration parameter' 셋팅하거나 질의 가능. 스위치는 질의한 것에 대해서만 회신.
Port Status	스위치는 Port configuration state가 변경 되었을 때 메시지 보냄. 포트 변경 정보 등.

Init 절차가 완료된 후 OpenFlow Network에 속한 Host가 패킷을 전송하게 되면 L2 layer MAC Learning을 시작하게 됩니다. 최초 인입된 메시지는 OpenFlow 규격에 의해 Flow Entry에 매칭되는 것이 없으므로 Packet IN을 Controller로 전송합니다. Controller은 Packet IN이 유입되면 Pyswitch의 알고리즘에 의해 Packet Out으로 응답을 주게 됩니다. Packet IN과 Packet Out의 동작은 아래와 같습니다.

〈Packet IN 절차〉

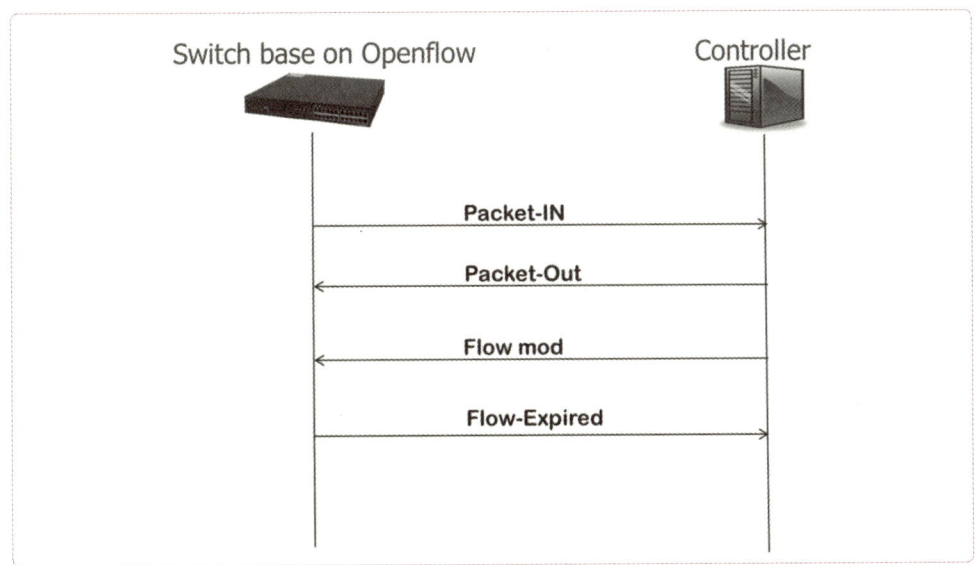

〈오퍼레이션 설명〉

Packet IN	flow entry에서 매칭되지 않는 모든 패킷을 Controller에게 전송
Packet Out	어플리케이션의 동작이나 정책에 의한 Maching & Action Rule 전송
flow mod	Flow Modification 시 Matching & Action Rule 전송
flow expired	IDLE TIME or Expire(HARD) TIME에 의한 Flow Entry 삭제 시 전송

다음으로 MAC Learning을 해야 할 패킷이 Packet IN으로 유입이 되었을 시, Controller의 동작을 살펴보겠습니다. pyswitch의 MAC Learning 소스의 알고리즘은 ARP Request의 패킷이 물리적 스위치의 인입 포트를 저장하고 있다가 ARP Response 정보가 유입 시, 저장되어 있는 인입 포트를 Destination 포트로 Action Rule 설정하여 Flow Entry 명령어를 전송하는 간단한 알고리즘입니다.

〈ARP Request 유입 시〉

```
# --
# Given a packet, learn the source and peg to a Switch/inport
# --
def do_l2_learning(dpid, inport, packet):
  global inst
  # learn MAC on incoming port
  srcaddr = packet.src.tostring() ------------------------- 1번
  if ord(srcaddr[0]) & 1:
    return
  if inst.st[dpid].has_key(srcaddr):
    dst = inst.st[dpid][srcaddr]
    if dst[0] != inport:
      log.msg('MAC has moved from '+str(dst)+'to'+str(inport),
system='pyswitch')
    else:
      return
  else:
    log.msg('learned MAC '+mac_to_str(packet.src)+' on %d %d'%
(dpid,inport), system="pyswitch")
  # learn or update timestamp of entry
  inst.st[dpid][srcaddr] = (inport, time(), packet)---------------2번
  # Replace any old entry for (Switch,mac).
  mac = mac_to_int(packet.src)
```

위 소스 설명은 아래와 같습니다.

〈소스설명 – 1〉

1번	Packet IN으로 들어온 패킷에서 필요한 정보(Source Address)를 추출함
	인입된 패킷의 정보를 저장하기 위해 리스트에 DPID와 Src Addr을 키 값으로 설정을 하고 Incoming Port 정보를 저장함
2번	ARP Response가 유입될 때 최초 인입된 Src port 정보를 주기 위해 저장함

〈ARP Response 유입 시〉

```
# --
# If we've learned the destination MAC set up a flow and
# send only out of its inport.  Else, flood.
# --
def forward_l2_packet(dpid, inport, packet, buf, bufid):
  dstaddr = packet.dst.tostring()
  if not ord(dstaddr[0]) & 1 and inst.st[dpid].has_key(dstaddr):
    prt = inst.st[dpid][dstaddr]
    if prt[0] == inport:
     # log.err('**warning** learned port = inport', system="pyswitch")
      inst.send_OpenFlow(dpid, bufid, buf, OpenFlow.OFPP_FLOOD,
           inport)   ------------ 1번
    else:
      # We know the outport, set up a flow
      log.msg('installing flow for ' + str(packet), system="pyswitch")
      flow = extract_flow(packet)
      flow[core.IN_PORT] = inport
      actions = [[OpenFlow.OFPAT_OUTPUT, [0, prt[0]]]]  ----------- 2번
      inst.install_datapath_flow(dpid, flow, CACHE_TIMEOUT,  ------- 3번
            OpenFlow.OFP_FLOW_PERMANENT, actions,
            bufid, OpenFlow.OFP_DEFAULT_PRIORITY,
            inport, buf)
  else:
    # haven't learned destination MAC. Flood
    inst.send_OpenFlow(dpid, bufid, buf, OpenFlow.OFPP_FLOOD, inport)
------------ 4번
```

위 소스 설명은 아래와 같습니다.

〈소스설명-2〉

1번	에러 처리, 스위치에게 Flooding 지시
2번	ARP Response 메시지면 이 루틴을 타게 된다.
	Action Rule 정의를 함.
	extract_flow(패킷 정보 API)에서 매칭 룰 정의(SRC ETH, DST ETH, SRC IP, DST IP etc)
	최초 인입된 포트 정보(prt[0])를 Action Rule에 OUT Port로 설정함
3번	NOX Controller API로 Matching & Action Rule 전송
4번	최초 ARP Request or 리스트에 등록된 정보가 없다면 스위치에게 Flooding하라고 전송.

5) Third-party extensions

위의 Application들은 NOX에 함께 packaging되어 있는 것들이고, 아래의 Application들은 타사 NOX Application 및 project입니다.

- **OVN** : network virtualization framework based on NOX/OpenFlow.
- **Basic Spanning Tree** : NOX module that constructs a spanning-tree for an OpenFlow network
- **Mobile VMs** : demo Application that won the award for best demonstration at SIGCOMM 2008
- **RipCord** : modular platform for datacenter networking

아래 Application들은 NOX에 통합되었습니다.

- **LAVI** : backend for network visualization. http://www.OpenFlow.org/wk/index.php/LAVI
- **OpenRoads** : platform for innovation on SDN in mixed environments (fixed and wireless networks). http://www.OpenFlow.org/wk/index.php/OpenFlow_Wireless

> **Tip**
> Application 개발 가이드
> https://github.com/noxrepo/nox-classic/wiki/NOX-Components

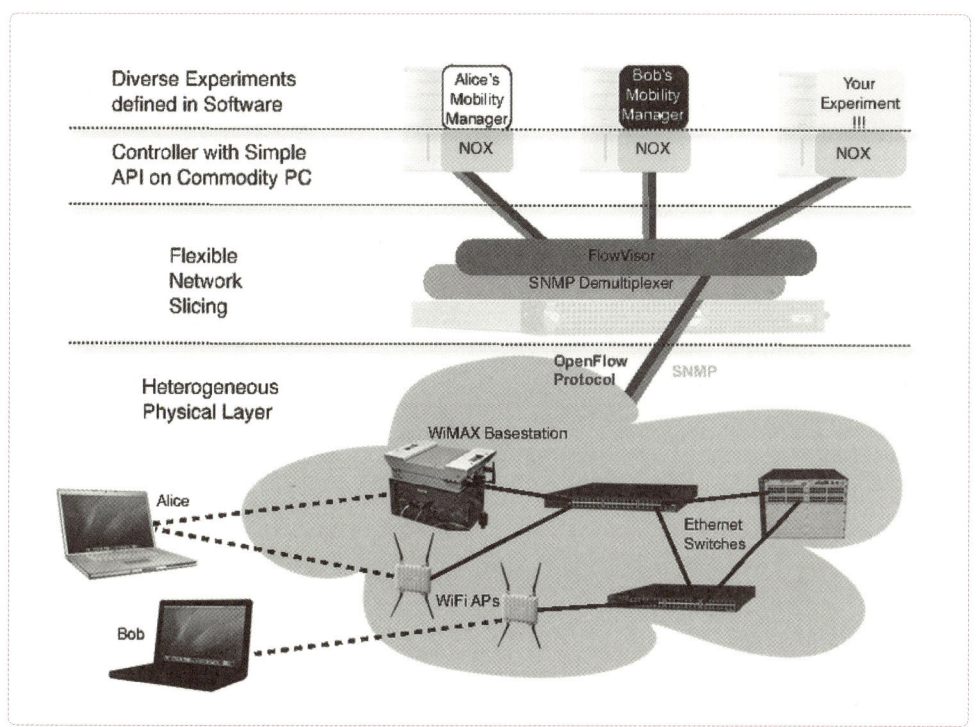

[출처: http://www.OpenFlow.org/wk/index.php/File:Openroadsarch.png]

| 마치며 |

최초의 OpenFlow Controller인 NOX Controller를 다운로드하고 Application들과 실행해보았습니다. NOX Controller는 프로젝트가 오래된 만큼, 다양한 Application을 보유하고 있고 개발 가이드 정보 또한 쉽게 찾아 볼 수 있습니다. 사용이 익숙해졌다면, 자신만의 Application을 개발하고 추가해보세요.

CHAPTER 9

POX Controller

9.1
POX Controller

[출처 : www.noxrepo.org]

NOX와 POX는 같은 연구기관에서 배포되었습니다. Python 언어로 구성된 POX Controller는 학교나 연구 기관을 대상으로 하며, Linux, Mac OS, Windows에서 설치 가능합니다. NOX에서의 Application들을 동일하게 지원하며, 사용 방법이 쉬운 것이 장점입니다. 공식적으로 OpenFlow 1.0을 지원합니다.

> **Tip**
> POX requires Python 2.7

:: Versions, Branches

POX의 branch는 active와 release 2개의 category가 있습니다. Active branch는 새로운 기능이 계속해서 추가되는 branch이고, release branch는 "new version"이 선택되어질 때 만들어지는 branch입니다. Active branch에는 새로운 기능이, Release된 branch는 bug fix 중심의 update가 이루어지고 있습니다. 2012년 9월 19일 새로운 POX branch 'betta'가 발표되었고, 2013년 5월 20일 'carp' branch가 발표되었는데요, 흥미롭게도 'betta(베타)', 'carp(잉어)' 모두 물고기 종류이고, 초기 version은 'angler'(낚시꾼)이라는 이름을 붙여주었습니다.

〈POX〉

	Active	Release	Release	Release
Branch	dart	carp	betta	angler
Release date	Spring 2014	Fall 2013	Spring 2013	Fall 2012

[출처 : http://www.noxrepo.org/pox/versionsdownloads/]

Tip

POX의 최신 정보는 사이트(http://www.noxrepo.org/pox/about-pox/)에서 확인하세요.

〈POX 사이트〉

2012년 9월 19일 새로운 POX branch 'betta'가 발표되었고, 2013년 5월 20일 'carp' branch가 발표되었습니다. 2013년 11월 기준 Active branch는 'dart'입니다.

- 출처 : http://www.noxrepo.org/2013/05/new-pox-branch-carp/#more-694

    http://www.noxrepo.org/2012/09/new-pox-branch-betta/

    http://www.noxrepo.org/forum/topic/pox-OpenFlow-installation/

9.2
Download & Install

POX Controller를 다운로드하고 실행해보겠습니다. OpenFlow-tutorial.vdi에는 POX Controller가 설치되지 않기 때문에 POX Controller를 다운로드 받아서 설치해줍니다.

1) POX Download

POX Controller를 github에서 다운로드 받습니다.

```
$ git clone http://www.github.com/noxrepo/pox
```

〈POX download 화면〉

```
openflow@openflowtutorial:~$ git clone http://www.github.com/noxrepo/pox
Cloning into pox...
remote: Counting objects: 11463, done.
remote: Compressing objects: 100% (3504/3504), done.
remote: Total 11463 (delta 7978), reused 11388 (delta 7915)
Receiving objects: 100% (11463/11463), 3.49 MiB | 286 KiB/s, done.
Resolving deltas: 100% (7978/7978), done.
openflow@openflowtutorial:~$
```

Tip --

Selecting a Branch/version.

Example) how to get 'betta' branch

```
$ git clone http://www.github.com/noxrepo/pox
$ cd pox
~/pox$ git checkout betta
```

2) POX 실행과 종료

① POX Controller를 실행시키기 위해서는 pox.py와 Application들을 같이 실행합니다. "forwarding. l2_learning", "py" Application과 함께 POX를 실행합니다.

```
$ cd POX
$ ./pox.py forwarding.l2_learning py
```

Tip --

"forwarding.l2_learning"은 OpenFlow Switch를 L2 learning Switch로 동작하기 위한 Application입니다. NOX의 "pyswitch" Application과 유사합니다. "py" Application은 대화형 파이썬 인터프리터 입니다. Betta branch 이전에는 default 값으로 사용되었지만 Betta branch에서는 실행 시 "py"를 추가해야지만 POX〉 prompt가 출력됩니다.

〈POX 실행 화면〉

> **Tip**
>
> 다른 Controller가 실행되고 있다면 종료합니다.
>
> ```
> $ ps -ef | grep Controller
> $ sudo killall Controller
> ```

〈POX option〉

option	meaning
---verbose	Display extra information(especially useful for debugging startup problems)
---no-cli	Do not start an interactive shell(No longer applies as of betta)
---no-OpenFlow	Do not automatically start listening for OpenFlow connections

② exit() or Ctrl+D 로 POX Controller를 종료할 수 있습니다.

```
POX> exit()
```

〈POX 종료 화면〉

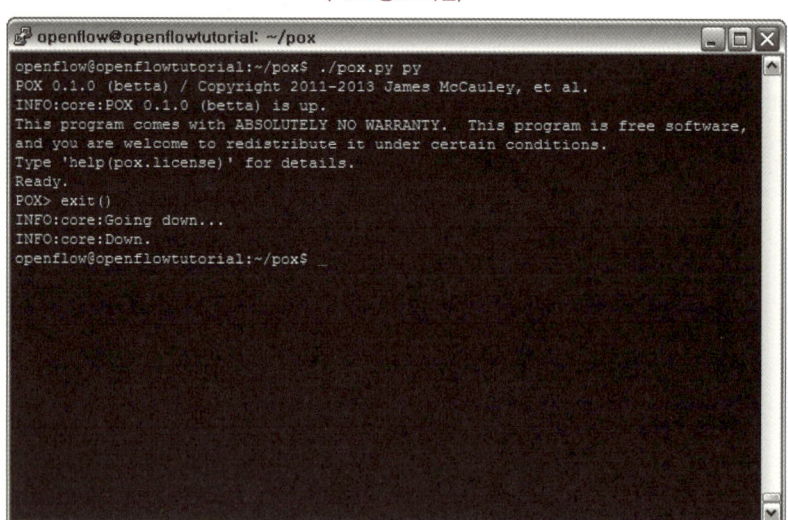

Tip --

OpenFlow port 6633 변경하기

```
"./pox.py OpenFlow.of_01 --port=1234 <other commandline arguments>"
```

OpenFlow.of_01 Application은 OpenFlow 1.0 Switch와 communication합니다. 이 값은 기본 값이며, "--no-OpenFlow" command로 disable 할 수 있습니다.

3) POX Controller with Mininet

Mininet으로 가상 네트워크를 구성하고, POX Controller를 "forwarding.l2_learning" Application과 함께 실행하여, OpenFlow Network에서 Host 간 통신이 되는지 확인해보 겠습니다.

① Mininet으로 "3 host – 1 Switch" Topology를 구성합니다.

```
$ sudo mn --topo single,3 --mac --Switch ovsk --Controller remote
```

〈Mininet 실행 화면〉

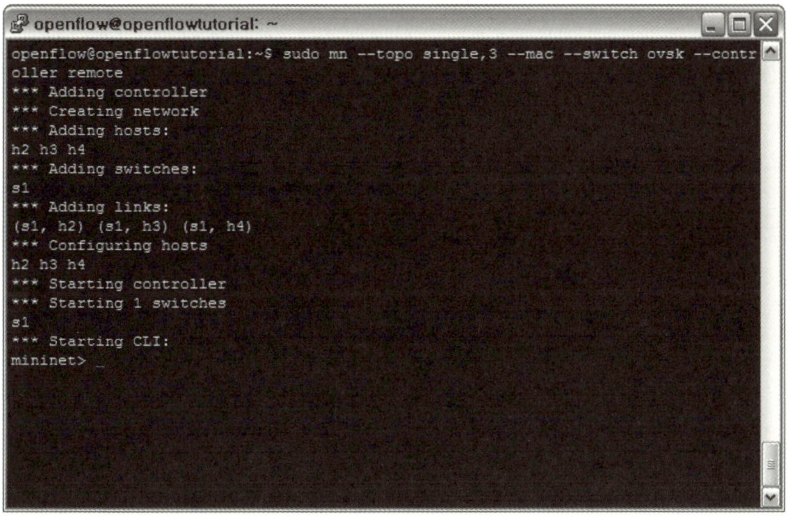

〈'3 host – 1 Switch' topology〉

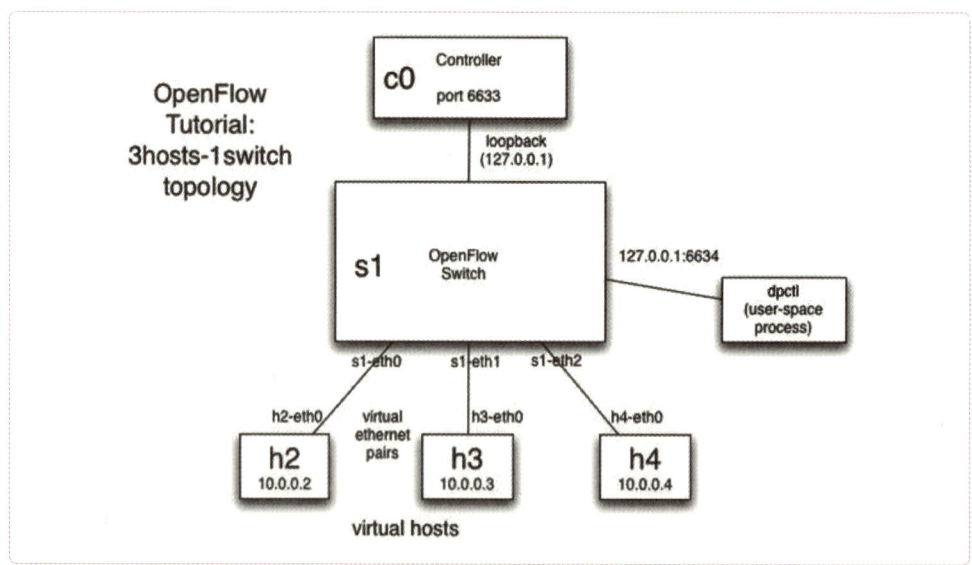

[출처 : www.OpenFlow.org]

② POX와 "forwarding.l2_learning", "py" component를 실행합니다.

```
$ cd POX
$ ./pox.py forwarding.l2_learning log.level -DEBUG py
```

"log.level –DEBUG" debug option을 주었습니다. 옵션으로 CRITICAL, ERROR, WARNING, INFO, DEBUG를 줄 수 있습니다.

Ex) ./pox.py log.level –WARNING

⟨POX 실행 화면⟩

```
openflow@openflowtutorial:~/pox$ ./pox.py forwarding.l2_learning  log.level --DE
BUG  py
POX 0.1.0 (betta) / Copyright 2011-2013 James McCauley, et al.
DEBUG:core:POX 0.1.0 (betta) going up...
DEBUG:core:Running on CPython (2.7.1+/Apr 11 2011 18:05:24)
DEBUG:core:Platform is Linux-2.6.38-8-generic-i686-with-Ubuntu-11.04-natty
INFO:core:POX 0.1.0 (betta) is up.
This program comes with ABSOLUTELY NO WARRANTY.  This program is free software,
and you are welcome to redistribute it under certain conditions.
Type 'help(pox.license)' for details.
DEBUG:openflow.of_01:Listening on 0.0.0.0:6633
Ready.
POX> INFO:openflow.of_01:[00-00-00-00-00-01 1] connected
DEBUG:forwarding.l2_learning:Connection [00-00-00-00-00-01 1]
```

③ H2와 H3를 ping합니다.

```
Mininet> h2 ping -c15 h3
```

⟨h2와 h3 ping 화면⟩

```
mininet>
mininet>
mininet> h2 ping -c15 h3
PING 10.0.0.3 (10.0.0.3) 56(84) bytes of data.
64 bytes from 10.0.0.3: icmp_req=1 ttl=64 time=52.5 ms
64 bytes from 10.0.0.3: icmp_req=2 ttl=64 time=0.144 ms
64 bytes from 10.0.0.3: icmp_req=3 ttl=64 time=0.043 ms
64 bytes from 10.0.0.3: icmp_req=4 ttl=64 time=0.151 ms
64 bytes from 10.0.0.3: icmp_req=5 ttl=64 time=0.176 ms
64 bytes from 10.0.0.3: icmp_req=6 ttl=64 time=0.000 ms
64 bytes from 10.0.0.3: icmp_req=7 ttl=64 time=0.118 ms
64 bytes from 10.0.0.3: icmp_req=8 ttl=64 time=0.072 ms
64 bytes from 10.0.0.3: icmp_req=9 ttl=64 time=0.117 ms
64 bytes from 10.0.0.3: icmp_req=10 ttl=64 time=0.000 ms
64 bytes from 10.0.0.3: icmp_req=11 ttl=64 time=0.249 ms
64 bytes from 10.0.0.3: icmp_req=12 ttl=64 time=0.249 ms
64 bytes from 10.0.0.3: icmp_req=13 ttl=64 time=0.000 ms
64 bytes from 10.0.0.3: icmp_req=14 ttl=64 time=0.247 ms
64 bytes from 10.0.0.3: icmp_req=15 ttl=64 time=0.141 ms

--- 10.0.0.3 ping statistics ---
15 packets transmitted, 15 received, 0% packet loss, time 14009ms
rtt min/avg/max/mdev = 0.000/3.614/52.512/13.068 ms
mininet>
```

- POX Controller의 prompt에서 flow를 install하는 debug Message를 볼 수 있습니다.

〈POX Controller debug Message〉

Tip

"./pox.py"를 "forwarding.l2_learning" component 없이 실행하면 ping이 fail됩니다.

- dpctl tool로 flow를 확인할 수 있습니다.

```
$ dpctl dump-flows tcp:127.0.0.1:6634
```

〈'dpctl dump-flows' 결과 화면〉

9.3
POX GUI

1) POXDesk 준비 & 실행하기

POX GUI인 POXDesk를 다운로드받고 실행해보겠습니다.

① POXDesk를 다운받습니다.

```
$ cd pox/ext
$ cd ext
$ git clone https://github.com/MurphyMc/poxdesk
```

〈POX desk 다운로드 화면〉

② 필요한 라이브러리를 다운로드 받습니다.

```
$ cd poxdesk
$ wget http://downloads.sourceforge.net/qooxdoo/qooxdoo-2.0.2-sdk.zip
$ unzip qooxdoo-2.0.2-sdk.zip
$ mv qooxdoo-2.0.2-sdk qx
```

> **Tip**
> Unzip이 설치 되어 있지 않다면 "sudo apt-get install unzip"을 실행하세요

〈qooxdoo-2.0.2-sdk 설치 화면〉

```
openflow@openflowtutorial: ~/pox/ext
openflow@openflowtutorial:~/pox/ext$ wget http://downloads.sourceforge.net/qooxd
oo/qooxdoo-2.0.2-sdk.zip
--2013-03-27 02:18:45--  http://downloads.sourceforge.net/qooxdoo/qooxdoo-2.0.2-
sdk.zip
Resolving downloads.sourceforge.net... 216.34.181.59
Connecting to downloads.sourceforge.net|216.34.181.59|:80... connected.
HTTP request sent, awaiting response... 301 Moved Permanently
Location: http://downloads.sourceforge.net/project/qooxdoo/qooxdoo-current/2.0.2
/qooxdoo-2.0.2-sdk.zip [following]
--2013-03-27 02:18:46--  http://downloads.sourceforge.net/project/qooxdoo/qooxdo
o-current/2.0.2/qooxdoo-2.0.2-sdk.zip
Reusing existing connection to downloads.sourceforge.net:80.
HTTP request sent, awaiting response... 302 Found
Location: http://jaist.dl.sourceforge.net/project/qooxdoo/qooxdoo-current/2.0.2/
qooxdoo-2.0.2-sdk.zip [following]
--2013-03-27 02:18:46--  http://jaist.dl.sourceforge.net/project/qooxdoo/qooxdoo
-current/2.0.2/qooxdoo-2.0.2-sdk.zip
Resolving jaist.dl.sourceforge.net... 150.65.7.130, 2001:200:141:feed::feed
Connecting to jaist.dl.sourceforge.net|150.65.7.130|:80... connected.
HTTP request sent, awaiting response... 200 OK
Length: 38373863 (37M) [application/zip]
Saving to: `qooxdoo-2.0.2-sdk.zip'

100%[======================================>] 38,373,863  1.11M/s   in 33s
```

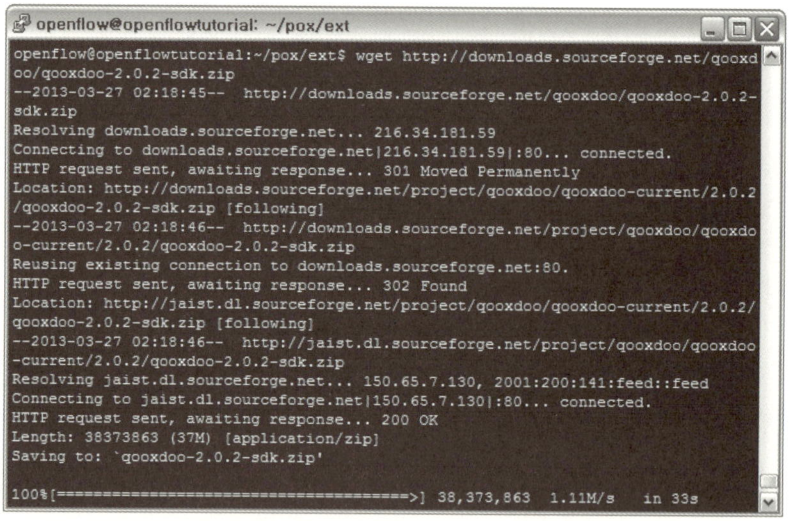

③ POXdesk를 준비하고 실행합니다.

```
$ cd poxdesk
$ ./generate.py
$ cd ../../..
$ ./pox.py samples.pretty_log web messenger messenger.log_service
messenger.ajax_transport OpenFlow.of_service OpenFlow.webservice
poxdesk?OpenFlow.discovery poxdesk.tinytopo py
```

〈'./generate.py' 화면〉

```
openflow@openflowtutorial: ~/pox/ext/poxdesk/poxdesk
openflow@openflowtutorial:~/pox/ext/poxdesk/poxdesk$ ./generate.py

----------------------------------------------------------------------------
    Initializing: poxdesk
----------------------------------------------------------------------------
>>> Processing configuration
  - Warning: ! Shadowing job "libraries" with local one

----------------------------------------------------------------------------
    Executing: source-hybrid::source-script
----------------------------------------------------------------------------
>>> Scanning libraries

>>> Collecting classes
  - Warning: Hint: Unknown global symbol referenced: Graph (poxdesk.TopoViewer:4
7)
  - Warning: Hint: Unknown global symbol referenced: jQuery (poxdesk.TopoViewer:
58)
  - Sorting 385 classes
>>> Generate application
  - Processing 2 locales
  - Generate packages
  - Generate loader script
>>> Done (2m37.43)
```

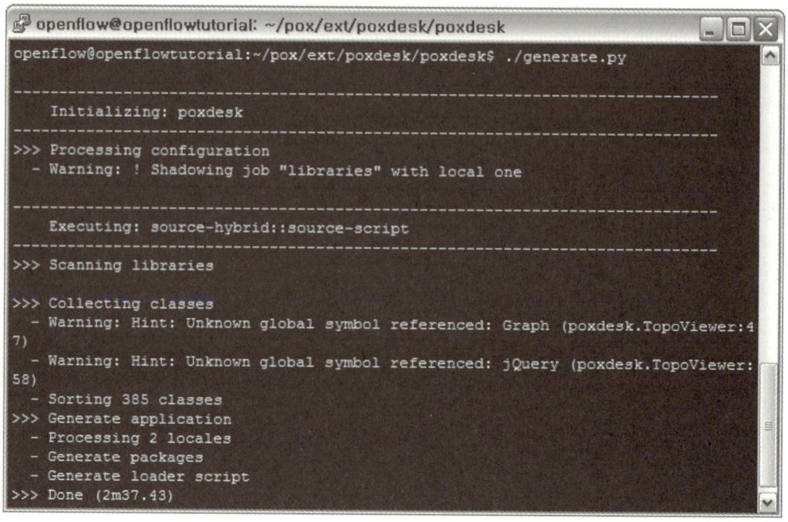

Tip

- samples.pretty_log web messenger messenger.log_service messenger.ajax_transport OpenFlow.of_service poxdesk // be able to open a connection to POX's webserver to run POXDesk
- OpenFlow.discovery poxdesk.tinytopo // to get topology viewer working
- poxdesk.terminal // to get terminal working

④ Mininet을 실행합니다.

```
$ sudo mn --topo tree,depth=2, fanout=3
```

〈'9hosts- 4Switches' topology 화면〉

⑤ POXDesk 사이트(http://〈vm-ip〉:8000/poxdesk/source/)에 접속합니다. Host와 guest 간 통신할 수 있는 IP를 확인하여 접속합니다.

〈POXDesk 기본 화면〉

Tip

'ifconfig -a'로 IP를 확인할 수 있습니다. 외부 접속용 IP를 확인하세요.
　　　ex) 192.168.x.y

Explorer에서 동작이 잘 안됩니다. Chrome, Safari에서 해보세요.

참조 : https://github.com/MurphyMc/poxdesk/wiki/Getting-Started

2) POXDesk 살펴보기

:: LogViewer

① 왼쪽 하단에 메뉴를 선택할 수 있는 아이콘이 있습니다. [POX]-[LogViewer]를 클릭하면 Log를 확인할 수 있는 창이 열립니다.

〈POXDesk 'LogViewer' 화면〉

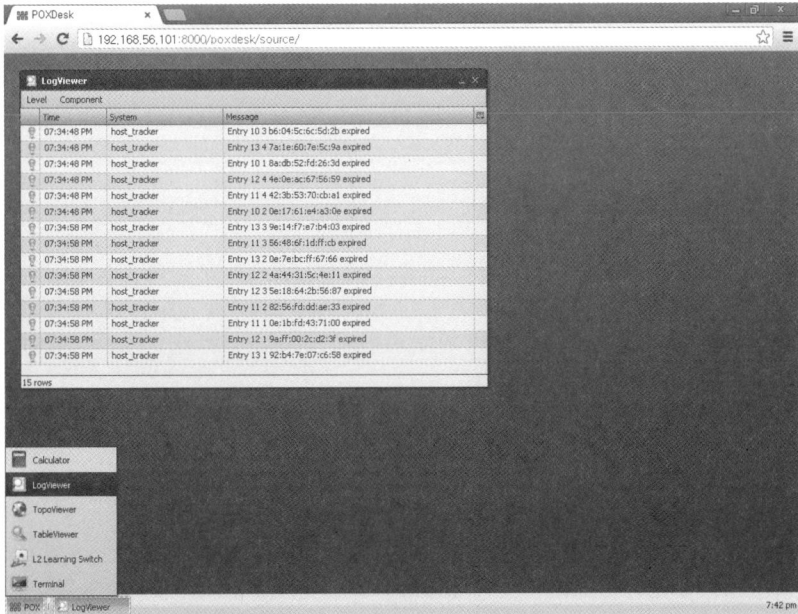

② [Level] 메뉴를 클릭하여 옵션 level을 설정할 수 있습니다.

• Level 값 : DEBUG, INFO, WARNING, ERROR, CRITICAL

〈POXDesk 'LogViewer' level 설정 화면〉

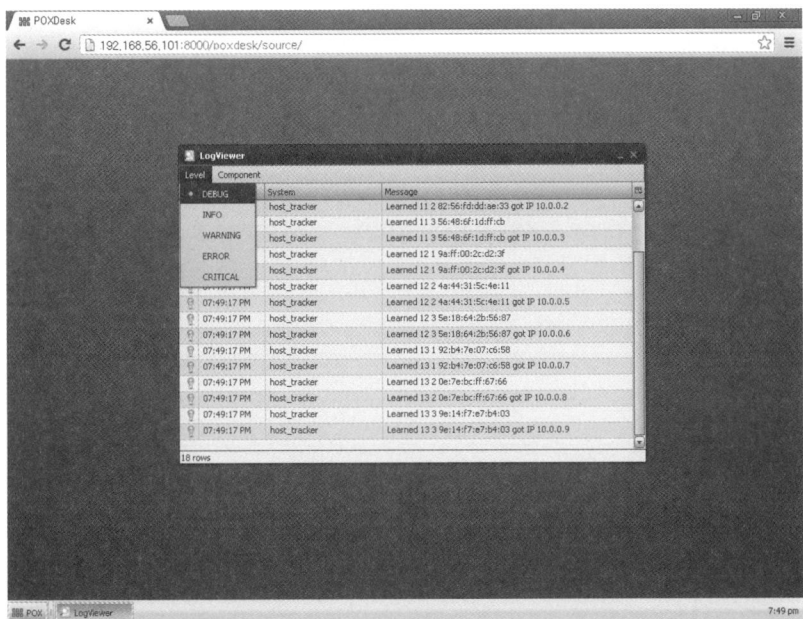

:: TopoViewer

[POX]-[TopoViewer]를 클릭합니다. Switch 정보가 표시됩니다.

〈POXDesk 'TopoViewer' 실행 화면〉

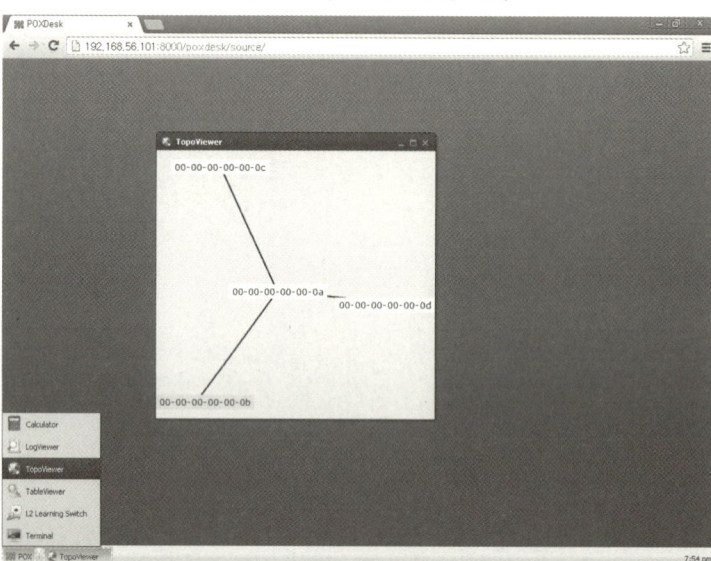

:: TableViewer

① [POX]-[TableViewer]를 클릭합니다.

〈POXDesk 'TableViewer' 실행 화면〉

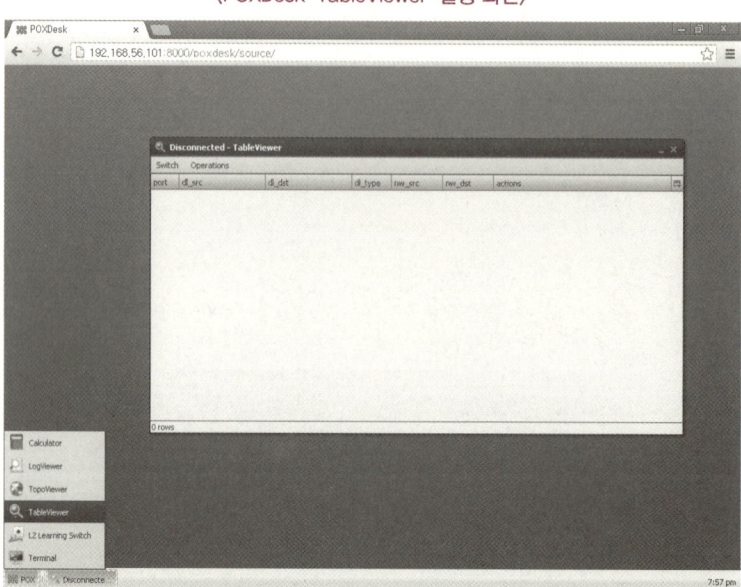

② [TableViewer] 창에서 [Switch] 메뉴를 클릭하고, 정보를 보고자 하는 Switch를 선택합니다.

〈POXDesk 'TableViewer' Switch ID 선택 화면〉

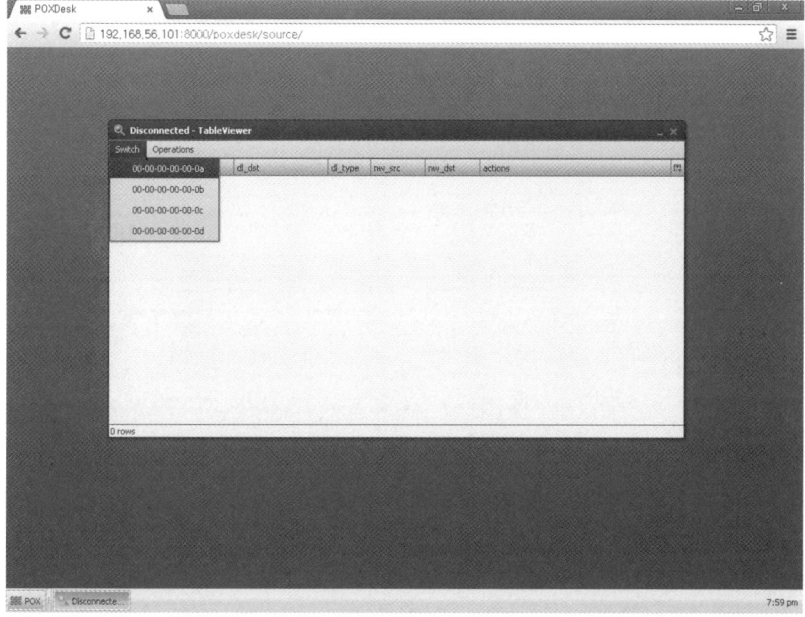

③ Table 정보를 확인한다.

〈POXDesk 'TableViewer' table 조회 화면〉

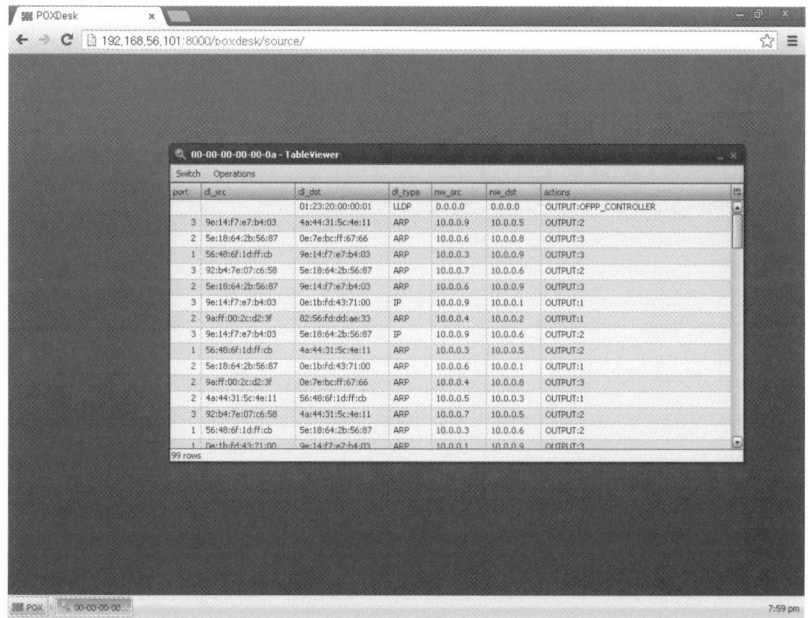

> **Tip**
> Mininet에서 pingall을 실행한 상태에의 table 정보입니다.
>
> ```
> "Mininet> pingall"
> ```

:: L2 Learning Switch

① [POX]-[L2 Learning Switch]를 클릭합니다.

〈POXDesk 'L2 Learning Switch' 실행 화면〉

② [L2 Learning Switch] 창에서 [Switch] 메뉴를 클릭하고, 정보를 보고자 하는 Switch ID를 선택합니다. 이 과정을 반복해서 Switch 4개를 개수만큼 클릭합니다.

〈POXDesk 'L2 Learning Switch' Switch ID 클릭 화면〉

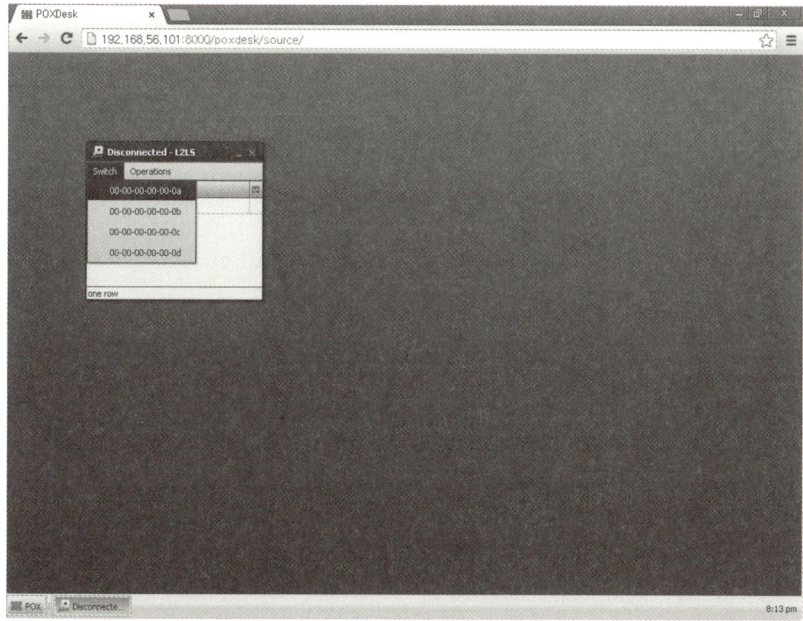

③ Mininet에서 'pingall'을 실행하고 Port와 MAC 정보를 확인합니다.

〈POXDesk 'L2 Learning Switch' table 조회 화면〉

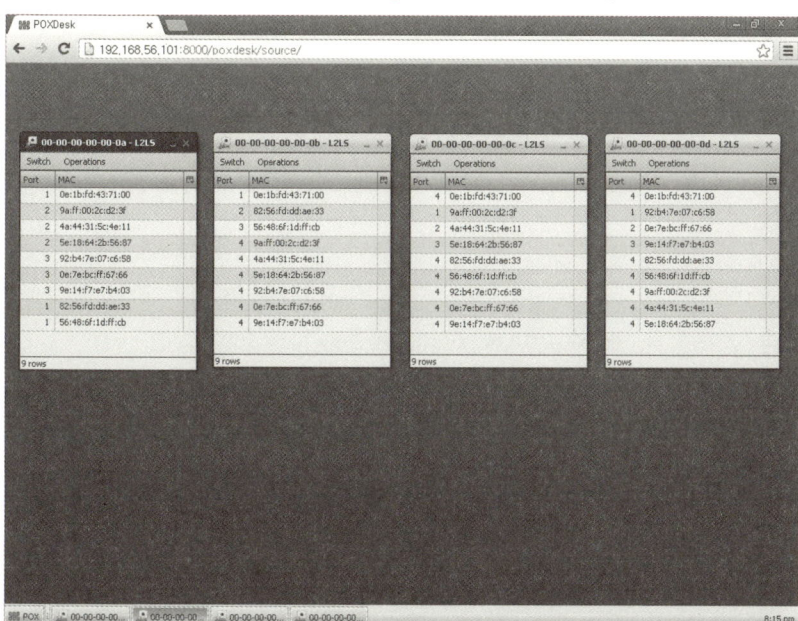

9.4
POX 둘러보기

POX에서 제공하는 Application들을 살펴보겠습니다.

:: py

Source location	Pox/pox/py.py
Content	Python interpreter를 시작하게 합니다.
Execution	./pox.py py
Etc	"Betta" version 이전에서는, default 값입니다.

:: forwarding.hub

Source location	Pox/forwarding/hub.py
Content	모든 스위치에게 default 값으로 OFPP_FLOOD 전송
Execution	./pox.py forwarding.hub
Etc	Action Parameter msg.actions.append(of.ofp_action_output(port = of.OFPP_FLOOD))

:: forwarding.l2_learning

Source location	Pox/forwarding/l2_learning.py
Content	Matching Mac Address & IP & Network Protocol
Execution	./pox.py forwarding.l2_learning
Flow Table	dl_src=e2:3f:65:dd:85:02,dl_dst=32:6e:07:02:4b:e3, nw_src=10.0.0.3,nw_dst=10.0.0.2,nw_tos=0x00 icmp_type=0,icmp_code=0,actions=output:1
Etc	Action Parameter msg.actions.append(of.ofp_action_output(port = port))

:: forwarding.l2_pairs

Source location	Pox/forwarding/l2_pairs.py
Content	Only Matching Mac address
Excution	./pox.py forwarding.l2_pairs

Flow Table	dl_src=e2:3f:65:dd:85:02,dl_dst=32:6e:07:02:4b:e3,actions=output:1
Etc	Action Parameter msg.actions.append(of.ofp_action_output(port = port))

:: forwarding.l3_learning

Source location	Pox/forwarding/l3_learning.py
Content	stupid L3 Switch For each Switch: 1) Keep a table that maps IP addresses to MAC addresses and Switch ports. Stock this table using information from ARP and IP packets. 2) When you see an ARP query, try to answer it using information in the table from step 1. If the info in the table is old, just flood the query. 3) Flood all other ARPs. 4) When you see an IP packet, if you know the destination port (because it's in the table from step 1), install a flow for it.=
Execution	./pox.py forwarding.l3_learning
Flow Table	cookie=0, duration_sec=2s, duration_nsec=605000000s, table_id=0, priority=65535, n_packets=1, n_bytes=98, idle_timeout=10,hard_timeout=0,icmp,in_port=2,dl_vlan=0xffff,dl_vlan_pcp=0x00,dl_src=ea:f5:9c:72:44:16,dl_dst=3a:c9:8b:ec:df:fa,nw_src=10.0.0.3,nw_dst=10.0.0.2,nw_tos=0x00,icmp_type=0,icmp_code=0, actions=mod_dl_dst:3a:c9:8b:ec:df:fa,output:1
Etc	Action Parameter actions.append(of.ofp_action_dl_addr.set_dst(mac)) actions.append(of.ofp_action_output(port = prt)) match = of.ofp_match.from_packet(packet, inport) match.dl_src = None

:: forwarding.l2_multi

Source location	Pox/forwarding/l2_multi.py
Content	A shortest-path forwarding Application.
Excution	./pox.py forwarding.l2_multi OpenFlow.spanning_tree
Flow Table	cookie=0, duration_sec=1s, duration_nsec=55000000s, table_id=0, priority=65535, n_packets=0, n_bytes=0, idle_timeout=10,hard_timeout=30,icmp,in_port=2,dl_vlan=0xffff, dl_vlan_pcp=0x00,dl_src=b6:20:13:22:8e:30,dl_dst=02:85:48:5a:aa:12,nw_

	src=10.0.0.3,nw_dst=10.0.0.2,nw_tos=0x00,icmp_type=0, icmp_code=8,actions=output:1
etc	

:: OpenFlow.spanning_tree

Source location	Pox/OpenFlow/spanning_tree
Content	Spanning_tree
Excution	./pox.py OpenFlow.spanning_tree forwarding.l2_learning
etc	

:: web.webcore , messenger , OpenFlow.discovery

Source location	Pox/web Pox/messenger Pox/OpenFlow
Content	Web , UI
Excution	./pox.py samples.pretty_log web messenger messenger.log_service messenger.ajax_transport OpenFlow.of_service OpenFlow.webservice poxdesk OpenFlow.discovery poxdesk.tinytopo py
etc	크롬에서만 실행가능

:: misc.pong

Source location	Pox/misc/pong
Content	A simple component that always replies to ARPs and pings. The pong component is a sort of silly example which simply watches for ICMP echo requests (pings) and replies to them. If you run this component, all pings will seem to be successful! It serves as a simple example of monitoring and sending packets and of working with ICMP.
Excution	./pox.py misc.pong
etc	

:: misc.arp_responder

Source location	Pox/misc/arp_responder
Content	An ARP utility that can learn and proxy ARPs, and can also answer queries from a list of static entries.
Excution	./pox.py misc.arp_responder
etc	

:: misc.packet_dump

Source location	Pox/misc/packet_dump
Content	A simple component that dumps packet_in info to the log.
Excution	./pox.py misc.packet_dump
etc	

:: misc.dns_spy

Source location	Pox/misc/dns_spy
Content	This component spies on DNS replies, stores the results, and raises events when things are looked up or when its stored mappings are updated.
Excution	./pox.py misc.dns_spy
etc	

:: misc.dhcpd

Source location	Pox/misc/dhcpd
Content	A very quick and dirty DHCP server. This is currently missing lots of features and sort of limited with respect to subnets and so on, but it's a start.
Excution	./pox.py misc.dhcpd
etc	

:: misc.of_tutorial

Source location	Pox/misc/of_tutorial
Content	This component is for use with the OpenFlow tutorial. It acts as a simple hub, but can be modified to act like an L2 learning Switch. It's quite similar to the one for NOX. Credit where credit due. :)
Excution	./pox.py misc.of_tutorial
etc	

:: misc.mac_blocker

Source location	Pox/misc/mac_blocker
Content	Gives a GUI for blocking individual MAC addresses. Meant to work with reactive components like l2_learning or l2_pairs. Start with --no-clear-tables if you don't want to clear tables on changes.
Excution	./pox.py misc.mac_blocker
etc	

[출처 : https://OpenFlow.stanford.edu/display/ONL/POX+Wiki#POXWiki-SelectingaBranchVersion]

마치며

Python POX Controller의 Web UI Application까지 실행하고 학습했습니다. POX는 사용하기 쉬운 것이 큰 장점이며, OpenFlow를 처음 접하거나, 개발에 익숙하지 않은 분이 접근하기 좋은 Controller입니다. NOX의 다양한 Application들을 대부분 수용하고 있고, Python으로 다른 언어에 비해 쉽게 접근할 수 있습니다.

CHAPTER 10

Floodlight Controller

10.1
Floodlight Controller

[출처 : http://www.projectfloodlight.org/floodlight/]

Floodlight Controller는 JAVA 기반 OpenSource Controller이며, OpenFlow 1.0을 지원합니다. Apache-license이고 미국 스탠퍼드 대학 출신들이 창업한 Big Switch Networks사에서 개발 지원을 받으며 open community로 FAQ 및 지식 교류도 활발히 운영되고 있습니다. 2013년 현재 Open stack Quantum을 지원하고 관련된 여러 Application도 배포되고 있습니다.

> **Tip**
>
> **Beacon Controller와 Floodlight Controller**
> Floodlight는 beacon Controller에서 파생되었고, beacon의 OSGI framework를 제거했습니다.
> beacon은 GPL V2 라이선스입니다.

Beacon Controller의 원작자는 스탠퍼드 대학의 David Ericson입니다. Controller 다운로드 및 최신 정보 확인은 공식 사이트(https://OpenFlow.stanford.edu/display/Beacon/Home)에서 하면 됩니다.

> **Tip**
>
> Apache-license : 수정 프로그램에 대한 소스 코드의 공개를 요구하지 않습니다.

:: Versions

❶ Floodlight v0.90 :

- Relase date : 2012.10

- update 내용 : REST API, Application 추가, bug fixe

❷ Floodlight v0.85 :

'floodlight-dev@OpenFlowhub.org'에서 지원받을 수 있습니다.

> **Tip**
>
> Floodlight의 최신 정보는 Floodlight 사이트(http://www.projectfloodlight.org/floodlight/)에서 확인하세요.

⟨Floodlight 사이트⟩

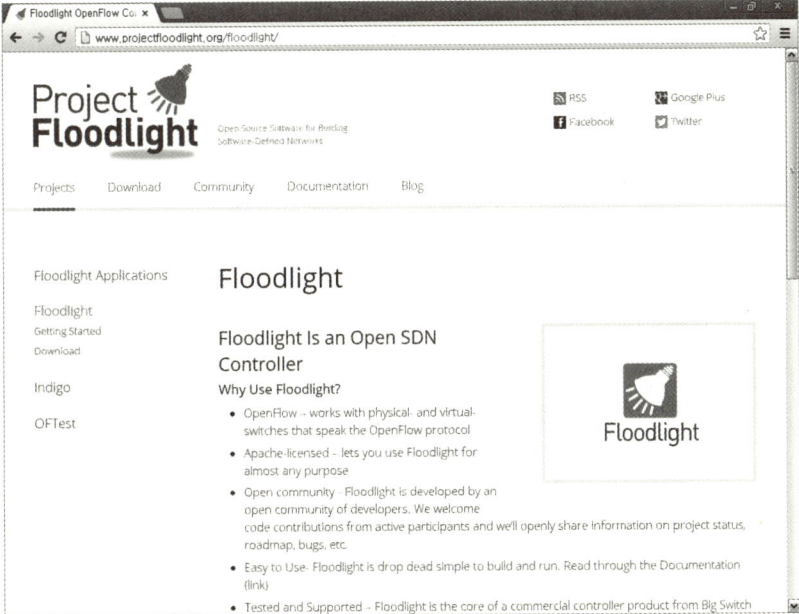

10.2
Download & Build

Floodlight Controller를 다운로드하고 실행해보겠습니다.

1) JDK & Ant 설치

① Linux 사용자는 'apt-get install'로 필요한 요소들을 설치합니다.

```
$ sudo apt-get install build-essential default-jdk ant python-dev eclipse
```

〈JDK & Ant 설치 화면〉

② PC 사양에 따라 몇 분 정도 진행됩니다.

〈JDK & Ant 설치 완료 화면〉

Tip

MAC 사용자

Mac OS X 10.6 or higher: older versions may work but have not been tested

Xcode 4.1(for 10.7 Lion) or Xcode 4.0.2(for 10.6 Snow Leopard) (includes gcc, make, git, etc.)

Java Development Kit: to install, just type javac in a Terminal; this should automatically install the JDK if it isn't already present

[출처 : http://www.projectfloodlight.org/getting-started/]

2) Download & Build

github에서 Floodlight를 다운로드 받습니다.

```
$ git clone git://github.com/floodlight/floodlight.git
$ cd floodlight
$ ant;
```

〈Floodlight Build 화면〉

```
openflow@openflowtutorial:~/floodlight$ ant;
Buildfile: /home/openflow/floodlight/build.xml

init:
    [mkdir] Created dir: /home/openflow/floodlight/target/bin
    [mkdir] Created dir: /home/openflow/floodlight/target/bin-test
    [mkdir] Created dir: /home/openflow/floodlight/target/lib
    [mkdir] Created dir: /home/openflow/floodlight/target/test

compile:
    [javac] Compiling 393 source files to /home/openflow/floodlight/target/bin
    [javac] Note: Some input files use unchecked or unsafe operations.
    [javac] Note: Recompile with -Xlint:unchecked for details.

compile-test:
    [javac] Compiling 79 source files to /home/openflow/floodlight/target/bin-te
st

dist:
      [jar] Building jar: /home/openflow/floodlight/target/floodlight.jar
      [jar] Building jar: /home/openflow/floodlight/target/floodlight-test.jar

BUILD SUCCESSFUL
Total time: 16 seconds
```

Tip

다른 버전을 다운받고 싶거나, pre-compile된 VM image를 다운로드 받고 싶으면 사이트(http://www.bigSwitch.com/download/floodlight)에 접속하여 다운로드 받습니다. User name은 'floodlight'이고, password는 없습니다. Floodlight directory에 접속하여, ant를 실행하고 'java -jar floodlight.jar'를 입력하여 Floodlight를 실행합니다.

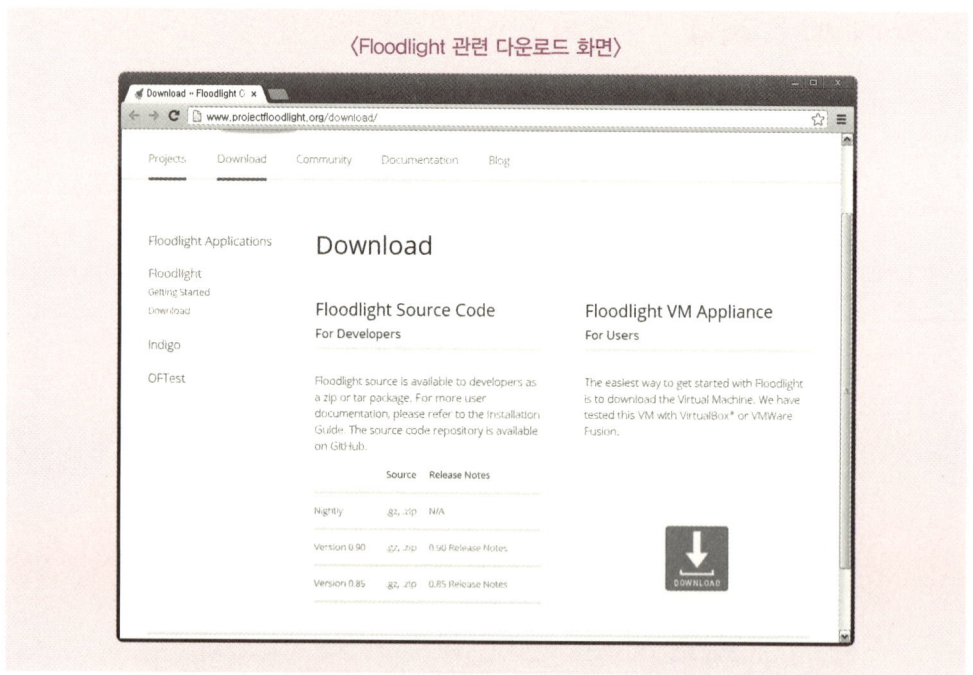

〈Floodlight 관련 다운로드 화면〉

3) Floodlight Controller with Mininet

① Floodlight를 실행합니다.

```
$ java -jar target/floodlight.jar
```

〈floodlight 실행 화면〉

② Mininet을 실행합니다. '4 hosts – 3 Switch' topology를 구성해보겠습니다.

```
$ sudo mn -mac --Switch ovsk --Controller remote --topo tree,depth=2,fanout=2
```

〈'4 hosts – 3 Switch' topology〉

10.3
Floodlight GUI

1) Web GUI

Floodlight과 Mininet을 구동시킨 상태에서 웹 브라우저를 띄워서 Web GUI 사이트(http://〈vm-ip〉:8080/ui/index.html)에 접속합니다. 'ifconfig -a'로 vm 외부 접속용 IP를 확인합니다.

:: Dashboard

브라우저에 접속하면 처음 접하게 되는 기본 화면이 dashboard 형식입니다. 화면 구성은 실행된 Application 정보, Controller Status, Switches, Hosts 정보가 표시됩니다.

〈floodlight webgui 접속 화면 1〉

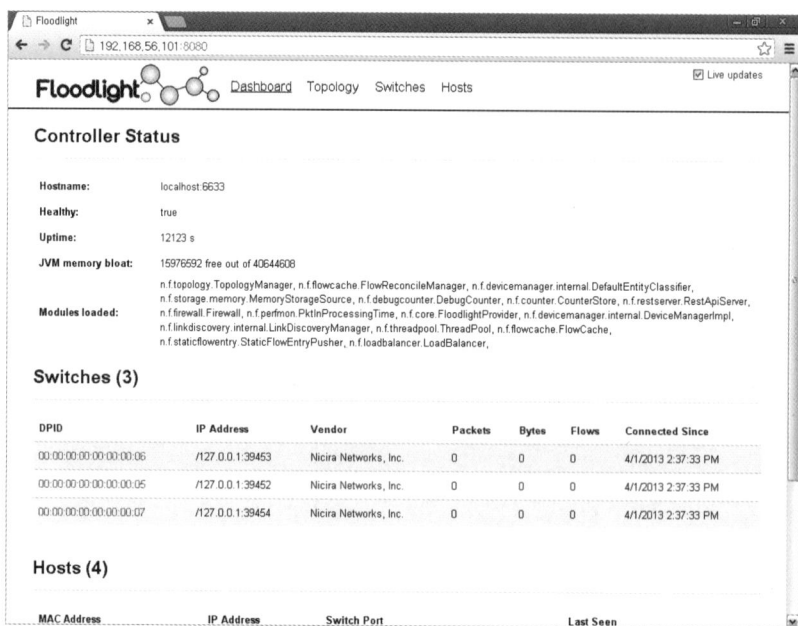

스크롤을 내려서 Switch와 Hosts의 정보를 볼 수 있습니다.

〈floodlight webgui 접속 화면 2〉

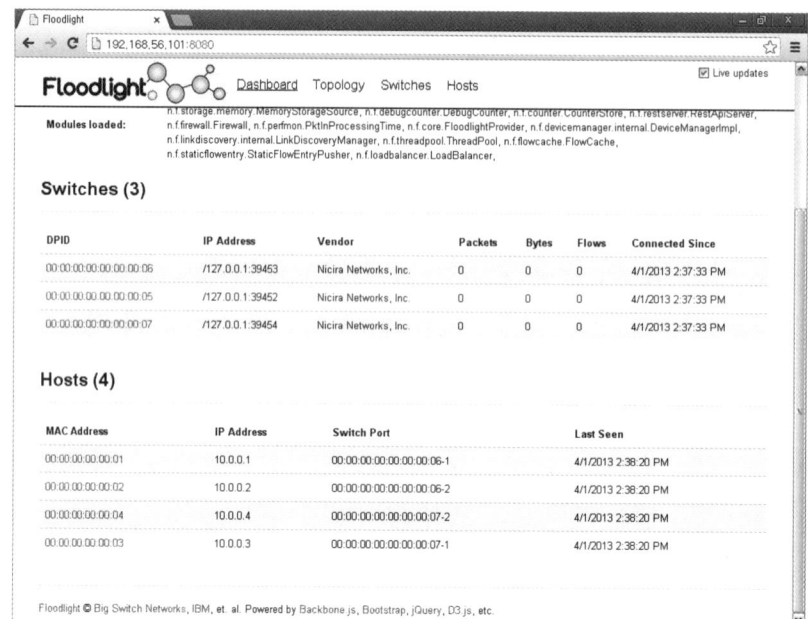

:: Network Topology

상단 메뉴에서 [Topology]를 클릭합니다.

〈floodlight WebGUI 'Topology' 화면〉

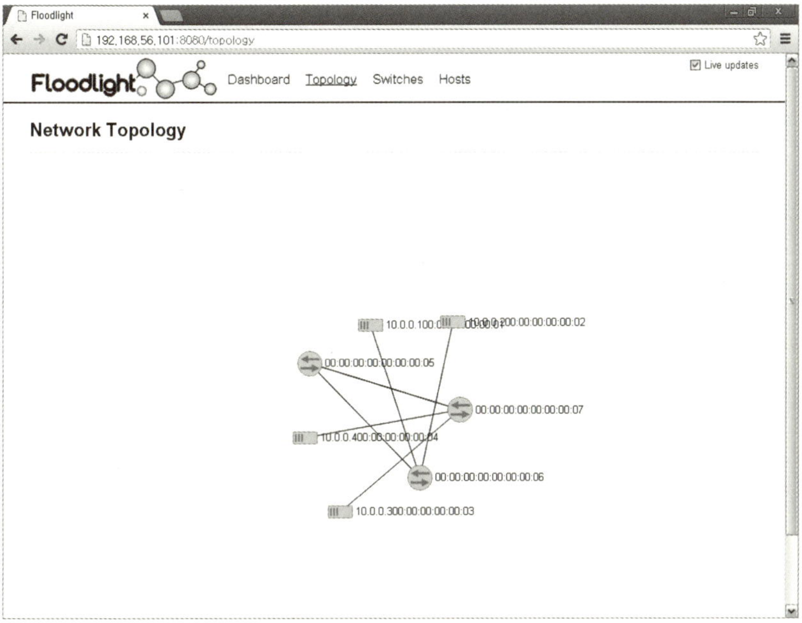

:: Switches

① Switch 기본 정보를 확인하려면 상단 메뉴에서 [Switches]를 클릭합니다.

〈floodlight webgui 'Switches' 화면〉

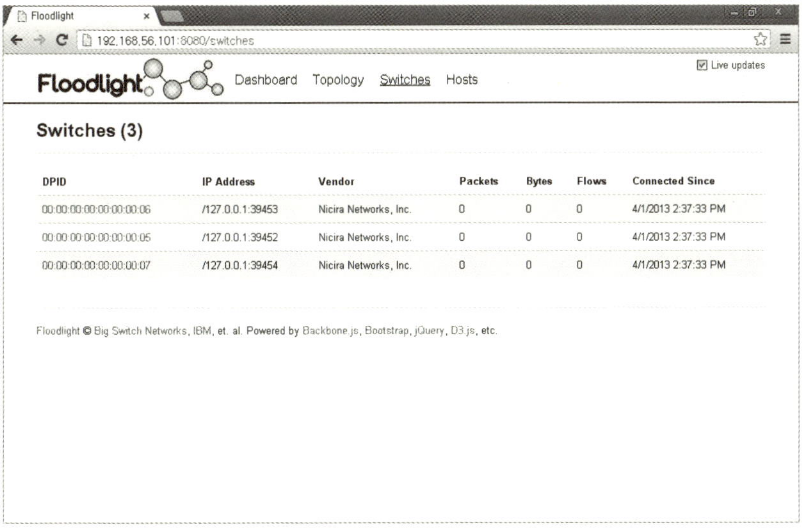

② Switch 상세 정보를 확인하려면 [Switch DPID]를 클릭합니다. Link status와 통계정보가 표시됩니다.

〈floodlight webgui 'Switches' – port status 화면〉

〈floodlight webgui 'Switches' – flows 화면〉

:: Hosts

① Hosts 기본 정보를 확인하려면 상단 메뉴에서 [Hosts]를 클릭합니다. 화면 구성으로는 MAC Address, IP Address, Switch 연결 정보가 표시됩니다.

〈floodlight webgui 'Switches' 화면〉

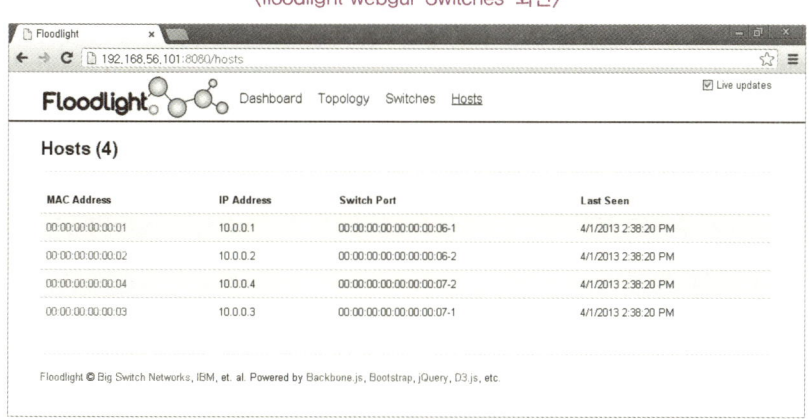

② Hosts 상세 정보를 확인하려면 Host의 MAC Address를 클릭합니다. Switch와의 연결 port 정보가 표시됩니다.

〈floodlight webgui 'Switches' 화면〉

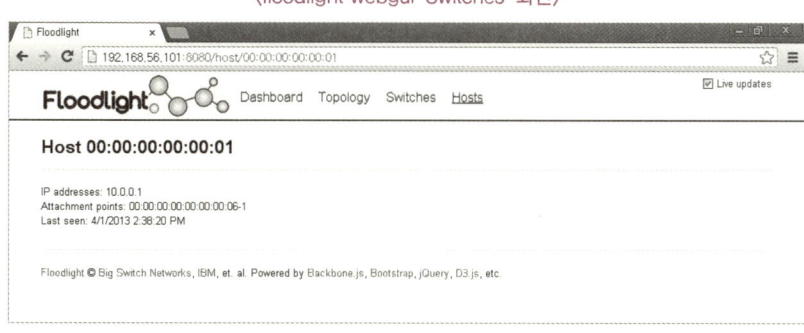

2) Avior

Avior는 Network 관리를 위한 GUI floodlight Application입니다. Avior에서는 Static flow entry 기능을 지원하여 사용자가 쉽게 추가, 수정, 삭제할 수 있습니다.

:: Download

Avior 사이트(http://OpenFlow.marist.edu/avior.html)에서 OS에 맞는 version을 다

운로드 받습니다. (64/32 bit : Windows, MAC , OSX) Linux 32bit version을 다운로드 받습니다.

〈avior 사이트 화면〉

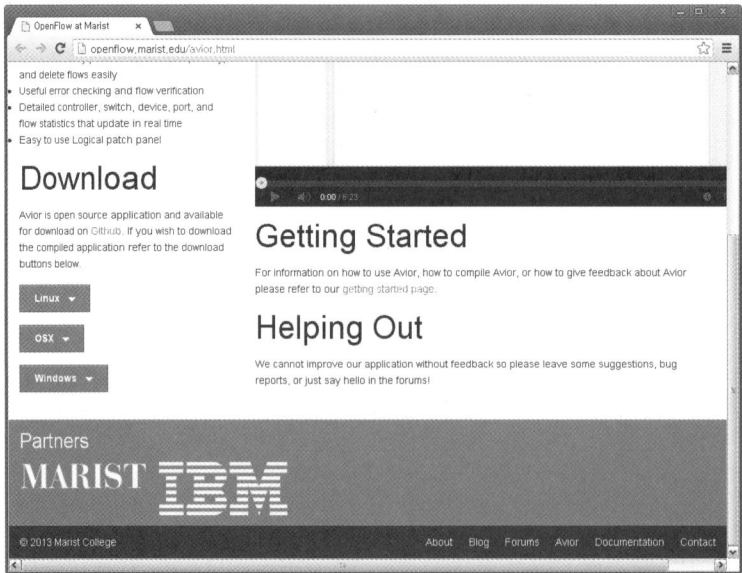

github에서 다운로드 받을 수도 있습니다(only linux 64bit).

```
$ git clone git://github.com/Sovietaced/Avior.git
$ cd avior
$ ls
$ git checkout v1.2
```

〈avior v1.2 download 화면〉

열린 Avior 초기 화면에 IP를 입력하고 'launch'를 입력합니다.

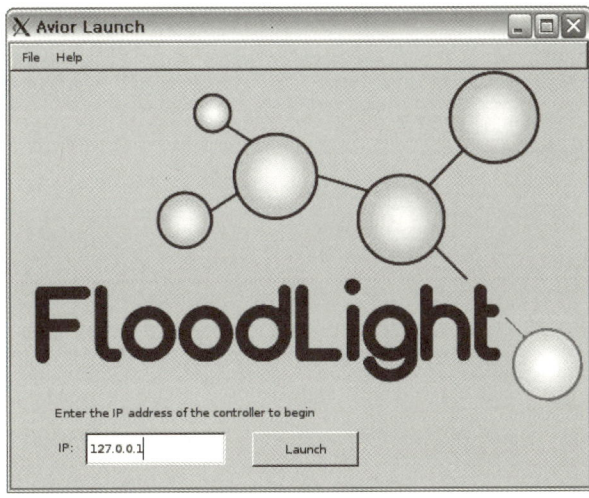

〈avior 초기 화면〉

:: Avior 화면 구성

① [Overview]-[Controller]를 클릭하여 Controller의 기본 정보를 확인할 수 있습니다. Hostname, JVM Memory bloat, module 정보가 표시됩니다.

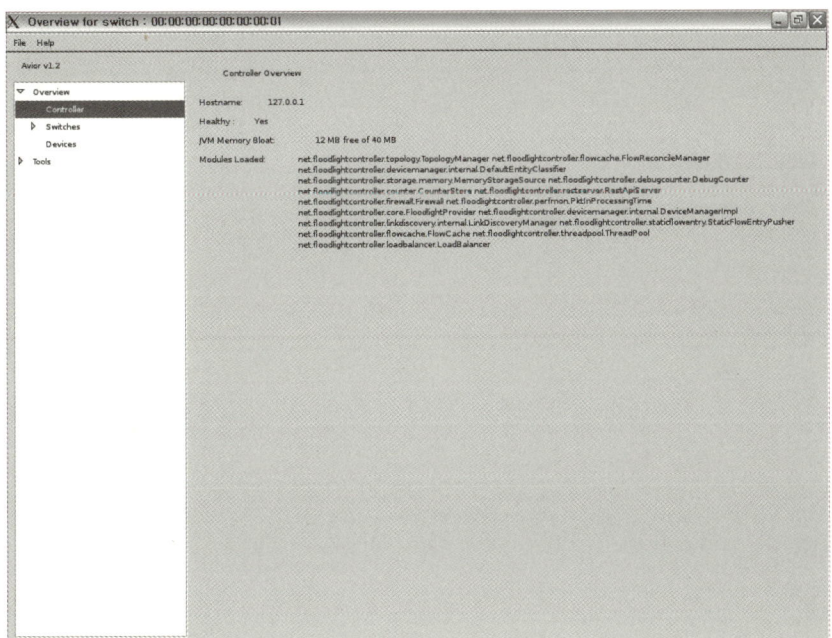

〈avior Controller 정보 화면〉

② [Overview]-[Switches]를 클릭하여 Switch의 기본 정보를 확인할 수 있습니다. DPID, Vendor, 통계, Flow 정보가 표시됩니다.

〈avior Switches 정보 화면〉

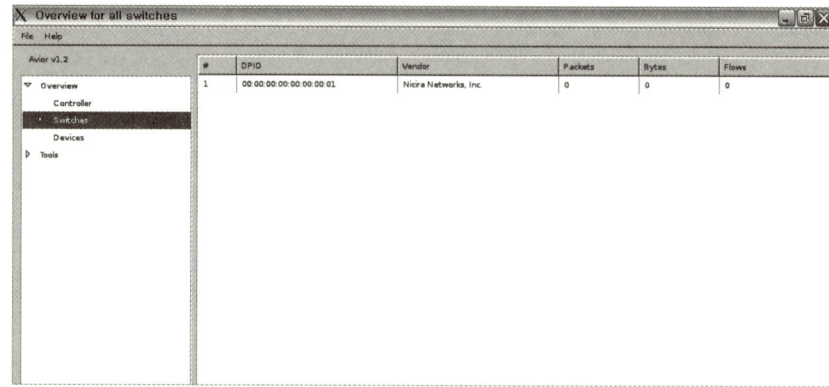

이번에는 왼쪽 메뉴에서 [Switch ID]를 클릭하고, Mininet에서 pingall을 실행합니다.

```
Mininet> pingall
```

Switch의 Port와 Flow 정보가 표시됩니다.

〈avior flow 정보 화면〉

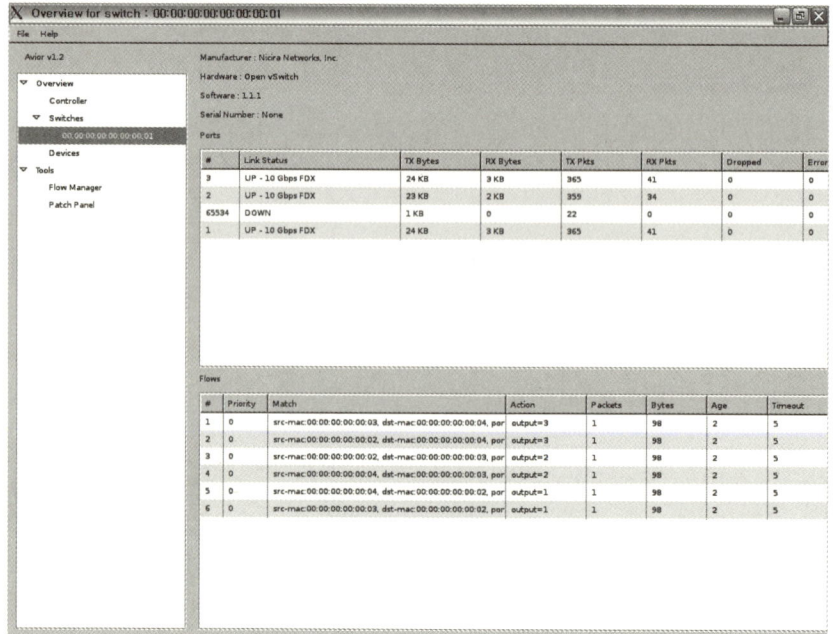

③ [Overview]-[Devices]를 클릭하여 hosts의 기본 정보를 확인할 수 있습니다. MAC, IP 연결된 Switch 정보가 표시됩니다.

〈avior hosts 정보 화면〉

:: Static Flow Manager

① Flow entry 추가 : Static flow manager를 통해서 flow를 추가 할 수 있습니다. 목적지 IP가 10.0.0.2 인 경우 output port가 2번이 되도록 flow entry를 추가해보겠습니다. 왼쪽 메뉴에서 [Tools]-[Flow Manager]를 클릭하면 [Floodlight Static Manager] 창이 열립니다.

• Flow name 입력

[Switch id]를 클릭하고, [New Flow]를 클릭하면, Parameter를 입력할 수 있습니다. Name을 'flow-1'로 입력합니다.

〈avior "static flow manager" 기본 화면〉

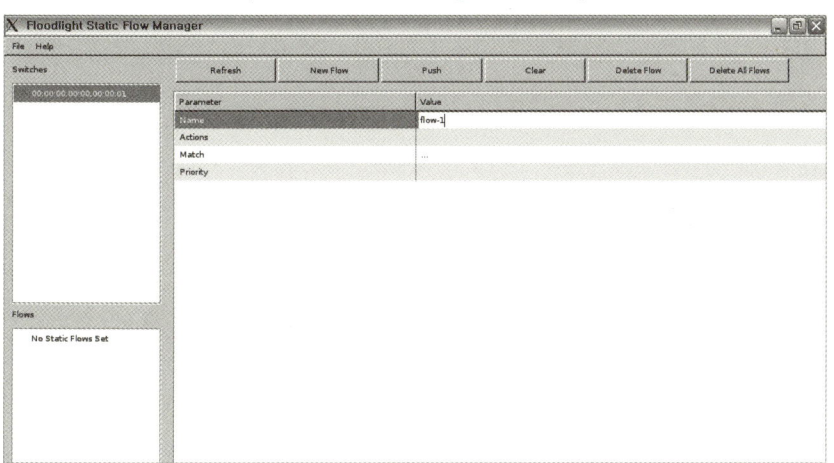

• Actions 입력

[Actions]를 클릭하면 Switch Action 정의할 수 있는 창이 열립니다. [New Action]의 선택 창을 클릭하여 [output]을 클릭합니다.

〈avior actions 정보 화면〉

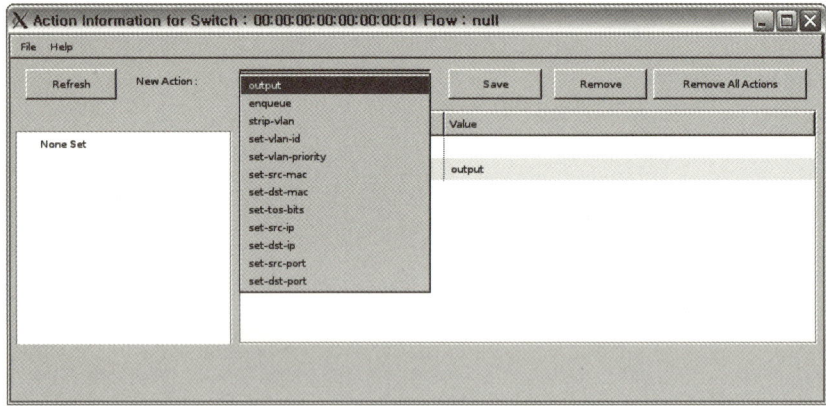

Port 값을 '2'로 지정하고 [Save] 버튼을 클릭합니다.

〈avior actions value input 화면〉

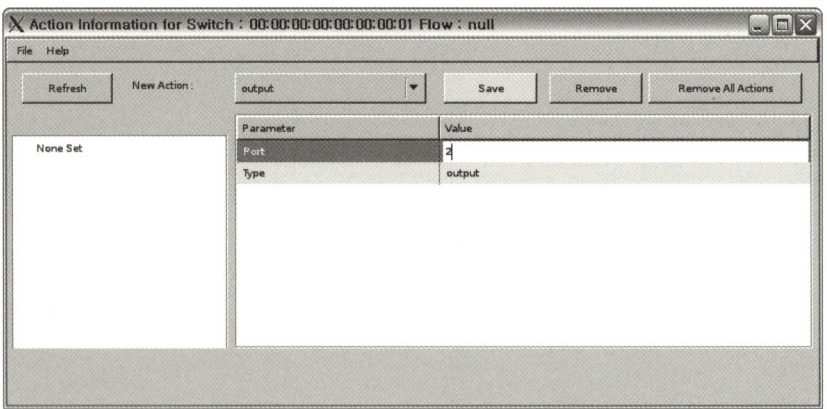

• Match 정보 입력

"static flow manager" 기본 화면으로 돌아가서 [Match]를 클릭하면, [match information for Switch] 창이 열립니다.

〈avior "match information for Switch" 기본 화면〉

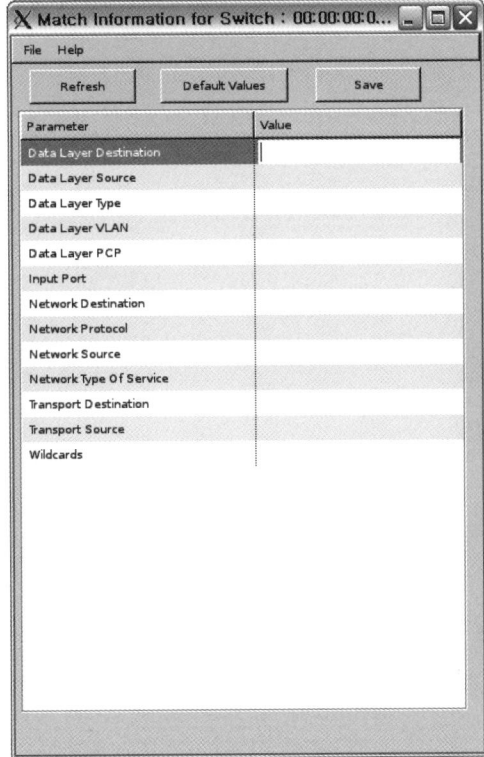

[Network Destination] 에 '10.0.0.2'를 입력합니다.

〈avior "match information for Switch" 기본 화면〉

• Flow entry 내리기

"static flow manager" 기본 화면으로 돌아가서 'Priority'를 입력하고, [Push] 버튼을 클릭합니다.

〈avior "match information for Switch" 기본 화면 – push 클릭〉

Flow가 add 되었다는 창이 뜨면 [OK] 버튼을 클릭합니다.

〈avior "match information for Switch" 기본 화면 – push 클릭〉

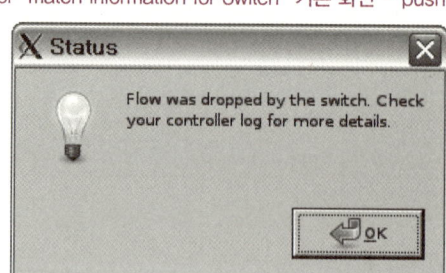

SSH Terminal에 flow 정보가 출력됩니다.

〈avior "match information for Switch" 기본 화면 - push 클릭〉

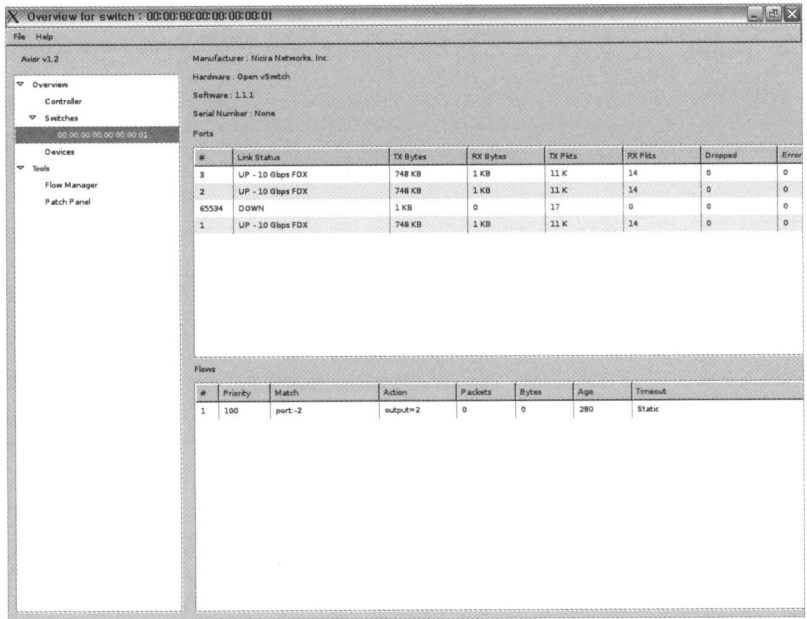

Avior의 Switch 정보에도 Flow entry가 실시간으로 업데이트 되었습니다.

〈avior Switch information - flows entry 화면〉

② Flow entry 삭제 : 이번에는 "flow manager"로 flow entry를 삭제해보겠습니다. "Static Flow manager" 화면에서 [Switch ID]를 클릭, [Flow name]을 클릭 후, [Delete Flow] 버튼을 클릭합니다.

〈avior static flow entry 삭제 화면〉

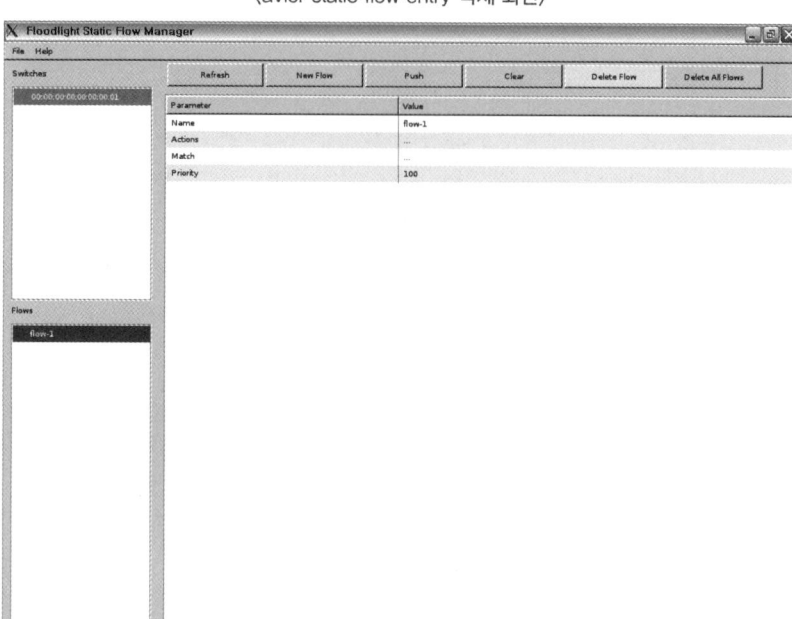

• "flow-1"을 삭제했다는 창이 뜨면 [OK]을 클릭합니다.

〈avior static flow entry 삭제 확인 pup-up 화면〉

- "Static Flow manager" 화면에서 [Switch ID]를 클릭하면 Flow entry가 삭제되었음을 확인할 수 있습니다.

〈avior static flow manager에서 flow entry 확인 화면〉

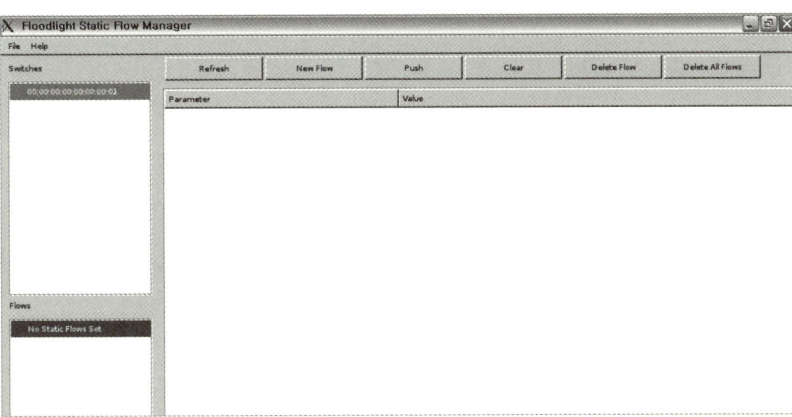

:: Patch Panel

① Flow entry 추가 : Port를 1:1 mapping하여 flow를 추가하고 싶을 때에는 Patch panel을 통해 쉽게 flow entry를 추가할 수 있습니다. Port 1에서 들어온 패킷은 port 3 로, port 3에서 들어온 패킷은 port 1로 경로를 설정하는 flow entry를 추가해보겠습니다.

- Avior 기본 화면에서 [Tools]-[Patch panel]을 클릭합니다.

〈avior 기본 화면에서 patch panel 클릭〉

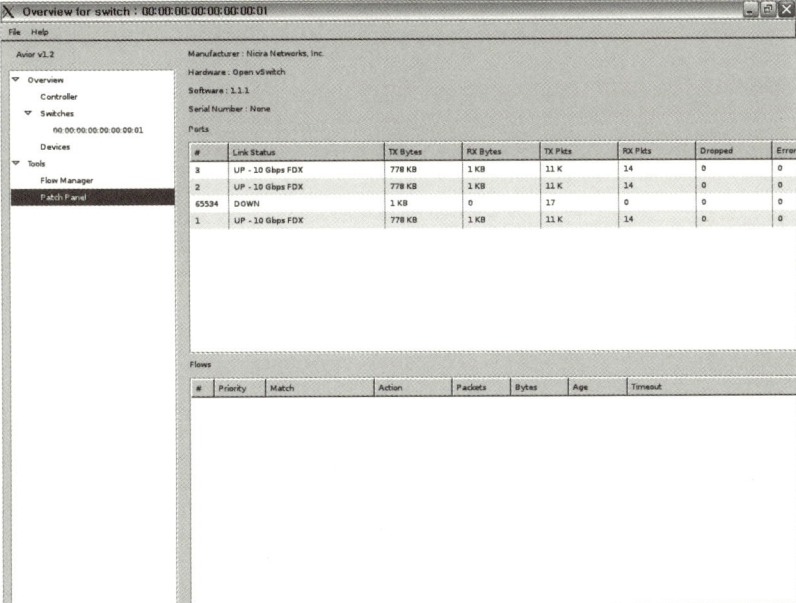

• [Patch Panel] 창이 열립니다.

〈avior 기본 화면에서 patch panel 클릭〉

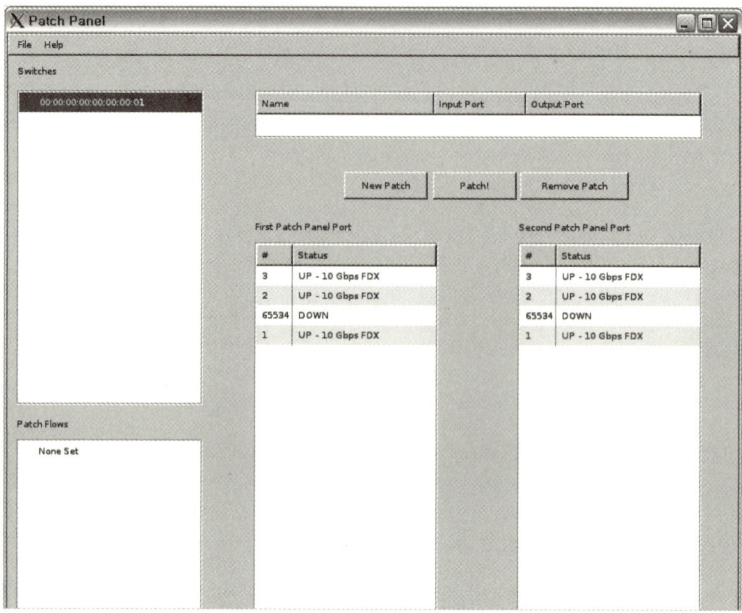

• [Switch ID]를 클릭하고 [New Patch] 버튼을 클릭합니다.

〈avior "patch panel" 기본 화면〉

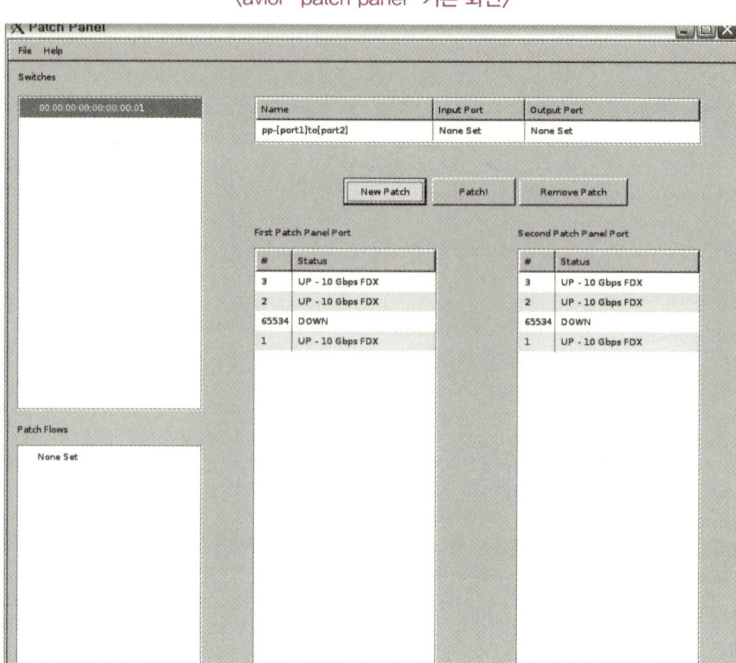

- "First Patch Panel Port"에서 port 1번을 클릭, "Second Patch Panel Port"에서 port 3을 클릭합니다. 상단에 Inport port가 1, Output Port가 3으로 변경되었습니다.

〈avior "patch panel" 설정 화면〉

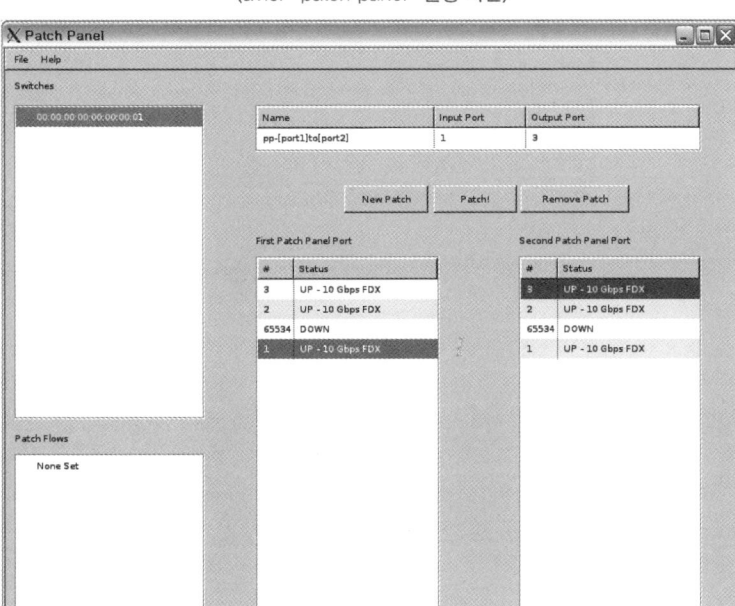

- [Patch!] 버튼을 클릭합니다.

〈avior "patch panel" 적용 화면〉

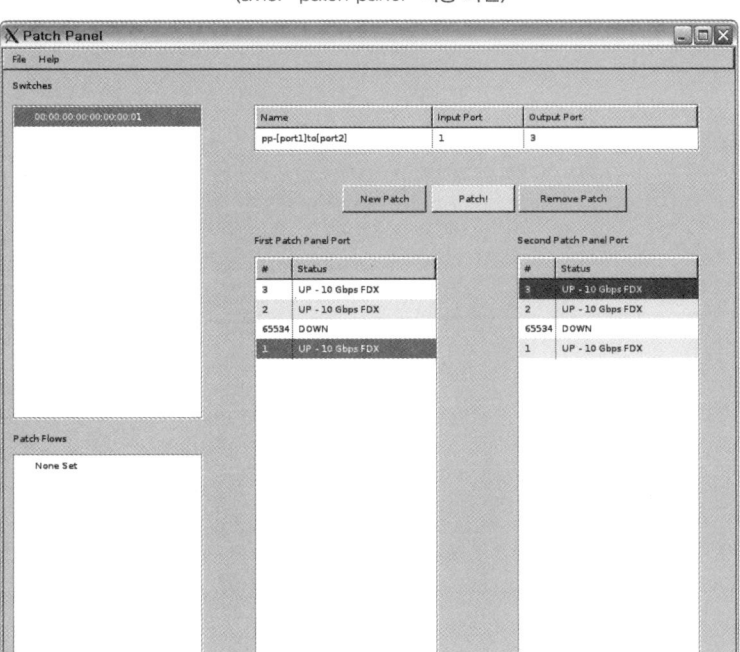

• Flow가 입력되었다는 창이 뜨면 [OK] 버튼을 클릭합니다.

〈avior "patch panel" 적용 확인 화면〉

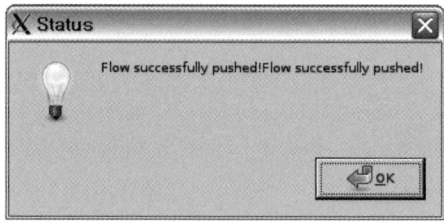

• Switch 정보에서 Flow가 2개 추가되었음을 확인합니다.

〈avior "patch panel" Switch flow entry 화면〉

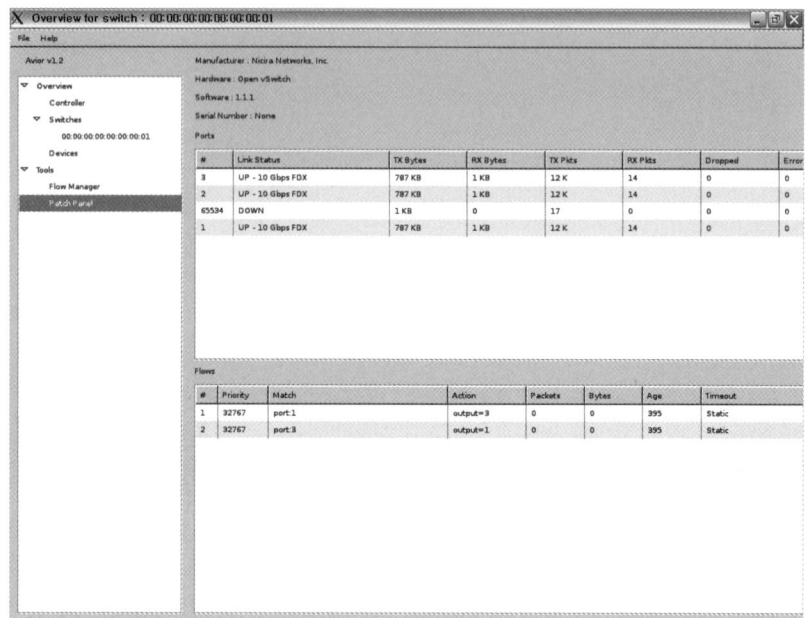

Tip --

Mininet에서 "dpctl dump-flows"로 flow entry를 확인할 수 있습니다.

```
Mininet> dpctl dump-flows
```

〈Mininet "dump-flows" 결과 화면〉

② Flow entry 삭제 : 앞에서 추가한 Flow를 삭제해보겠습니다.

- [Patch Panel] 창에서 Patch Flow [pp-1to3]를 클릭한 후 [Remove Patch] 버튼을 클릭합니다.

〈avior flow 삭제 화면〉

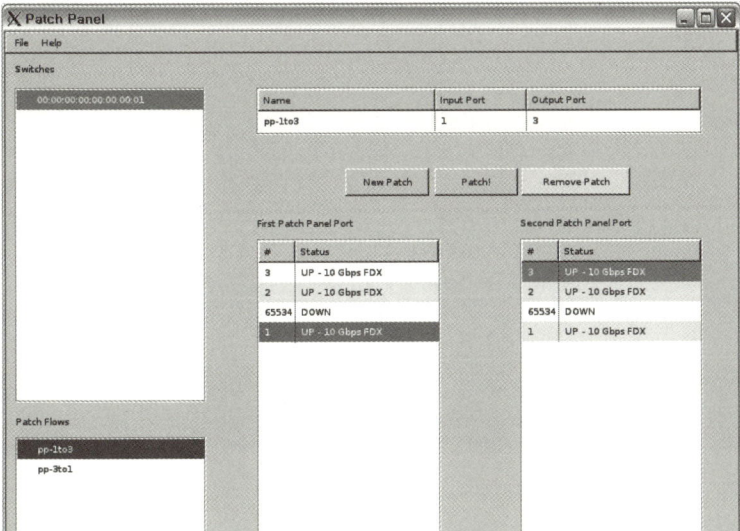

- 확인되었다는 창에서 [OK] 버튼을 클릭합니다(참고 사이트 : www.OpenFlow.marist.edu/avior/gettingstarted.html).

〈avior flow 삭제 확인 창〉

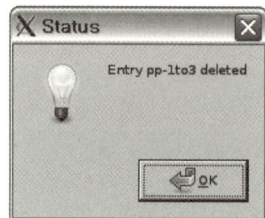

3) Static Flow Pusher API

Static Flow Pusher는 REST API를 통해서, 사용자가 OpenFlow Network에 flow entry를 삽입할 수 있게 해주는 모듈입니다.

:: curl 다운로드

```
sudo apt-get install curl
```

〈curl 설치 화면〉

:: API summary

URL	Description	Arguments
/wm/staticflowentrypusher/json	ADD/Delete static flow	HTTP POST data(add flow),HTTP DELETE (for deletion)
/wm/staticflowentrypusher/list/⟨Switch⟩/json	List static flows for a Switch or all Switches	Switch : valid Switch DPID (xx:xx:xx:xx:xx:xx:xx:xx_or "all"
/wm/staticflowentrypusher/clear/⟨Switch⟩json	Clear static flows for a Switch or all Switches	Switch : valid Switch DPID (xx:xx:xx:xx:xx:xx:xx:xx_or "all"

:: API 사용하기

① flow 추가 : 1번 Switch에서 1번 port로 유입된 packet을 2번 port로 나갈 수 있도록 설정하는 flow를 추가합니다.

```
curl -d '{"Switch": "00:00:00:00:00:00:00:01", "name":"flow-mod-1",
"cookie":"0", "priority":"32768", "ingress-port":"1","active":"true",
"actions":"output=2"}' http://<Controller_ip>:8080/wm/staticflowen-
trypusher/json
```

〈curl : flow ADD 화면〉

② flow 확인

```
curl http://<Controller_ip>:8080/wm/core/Switch/1/flow/json;
```

⟨curl : flow display 화면⟩

```
openflow@openflowtutorial:~$ curl -d '{"switch": "00:00:00:00:00:00:00:01", "name":"flow-mod-1", "cookie":"0", "priority":"32768", "ingress-port":"1","active":"true", "actions":"output=2"}' http://192.168.56.101:8080/wm/staticflowentrypusher/json
{"status" : "Entry pushed"}openflow@openflowtutorial:~$
openflow@openflowtutorial:~$
openflow@openflowtutorial:~$ curl http://192.168.56.101:8080/wm/core/switch/1/flow/json;
{"1":[{"cookie":45035996273704960,"idleTimeout":0,"hardTimeout":0,"match":{"dataLayerDestination":"00:00:00:00:00:00","dataLayerSource":"00:00:00:00:00:00","dataLayerType":"0x0000","dataLayerVirtualLan":0,"dataLayerVirtualLanPriorityCodePoint":0,"inputPort":1,"networkDestination":"0.0.0.0","networkDestinationMaskLen":0,"networkProtocol":0,"networkSource":"0.0.0.0","networkSourceMaskLen":0,"networkTypeOfService":0,"transportDestination":0,"transportSource":0,"wildcards":3678462},"durationSeconds":59,"durationNanoseconds":549000000,"packetCount":0,"byteCount":0,"tableId":0,"actions":[{"maxLength":32767,"port":2,"lengthU":8,"length":8,"type":"OUTPUT"}],"priority":-32768}]}openflow@openflowtutorial:~$
openflow@openflowtutorial:~$
openflow@openflowtutorial:~$
```

③ flow 삭제

```
curl -X DELETE -d '{"name":"flow-mod-1"}' http://<Controller_ip>:8080/wm/staticflowentrypusher/json
```

⟨curl : flow delete 화면⟩

```
openflow@openflowtutorial:~$ curl -X DELETE -d '{"name":"flow-mod-1"}' http://192.168.56.101:8080/wm/staticflowentrypusher/json
{"status" : "Entry flow-mod-1 deleted"}openflow@openflowtutorial:~$
openflow@openflowtutorial:~$
openflow@openflowtutorial:~$
openflow@openflowtutorial:~$
```

:: flow entry

Key	Value	Notes
Switch	⟨Switch ID⟩	ID of the Switch (data patch) that rule should be added to xx:xx:xx:xx:xx:xx:xx:xx
name	⟨string⟩	Name of the flow entry, this is the primary key, it Must be unique
actions	⟨key⟩=⟨value⟩	See table of actions below Specify multiple actions using a comma-separated list Specifying no actions will cause the packets to be dropped
priority	⟨number⟩	Default is 32767 Maximum value is 32767

Active	⟨boolean⟩	
Wildcards		
Ingress-port	⟨number⟩	Switch port on which the packet is received Can be hexadecimal (with leading 0x) or decimal
src-mac	⟨mac address⟩	xx:xx:xx:xx:xx:xx:xx:xx
dst-mac	⟨mac address⟩	xx:xx:xx:xx:xx:xx:xx:xx
vlan-id	⟨number⟩	Can be hexadecimal (with leading 0x) or decimal
vlan-priority	⟨number⟩	Can be hexadecimal (with leading 0x) or decimal
ether-type	⟨number⟩	Can be hexadecimal (with leading 0x) or decimal
Tos-bits	⟨number⟩	Can be hexadecimal (with leading 0x) or decimal
protocol	⟨number⟩	Can be hexadecimal (with leading 0x) or decimal
src-ip	⟨ip address⟩	xx.xx.xx.xx
dst-ip	⟨ip address⟩	xx.xx.xx.xx
src-port	⟨number⟩	Can be hexadecimal (with leading 0x) or decimal
dst-port	⟨number⟩	Can be hexadecimal (with leading 0x) or decimal

:: "action" field 값

Key		Notes
output	⟨number⟩ All Controller Local Ingress-port Normal flood	No "drop" option
enqueue	⟨number⟩ ⟨number⟩	First number is port number, second is queue ID Can be hexadecimal (with leading 0x) or decimal
strip-vlan		
set-vlan-id	⟨number⟩	Can be hexadecimal (with leading 0x) or decimal
set-vlan-priority	⟨number⟩	Can be hexadecimal (with leading 0x) or decimal
set-src-mac	⟨mac address⟩	xx:xx:xx:xx:xx:xx:xx:xx
set-dst-mac	⟨mac address⟩	xx:xx:xx:xx:xx:xx:xx:xx
set-tos-bits	⟨number⟩	
set-src-ip	⟨ip address⟩⟩	xx.xx.xx.xx
set-dst-ip	⟨ip address⟩	xx.xx.xx.xx
set-src-port	⟨number⟩	Can be hexadecimal (with leading 0x) or decimal
set-dst-port	⟨number⟩	Can be hexadecimal (with leading 0x) or decimal

10.4
Floodlight 둘러보기

Floodlight는 OpenFlow Controller인 Floodlight Controller와 Floodlight Controller 상위에 동작하는 Application들로 이루어져 있습니다.

〈"floodlight Controller", "REST Applications", "Module Applications"간의 관계도〉

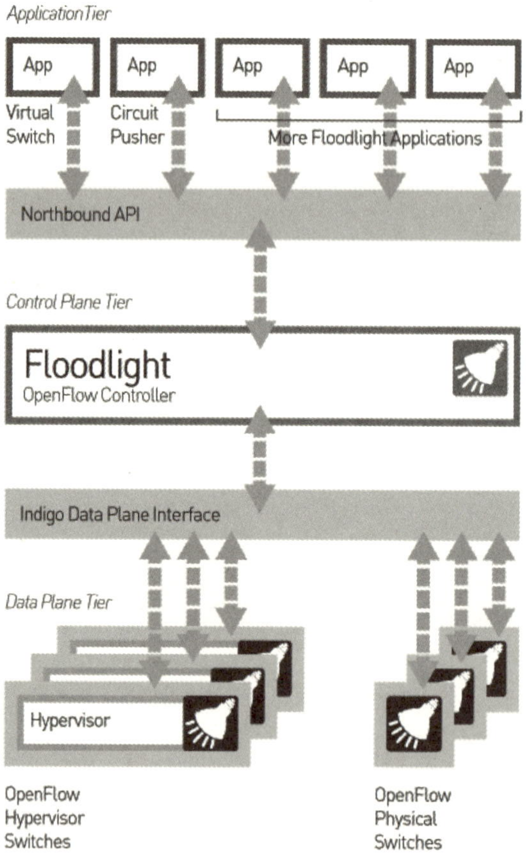

[출처 : http://www.projectfloodlight.org/floodlight/]

현재 Application들은 다음 3가지 API중 하나를 통해 Floodlight과 함께 동작하도록 구축되어 있습니다.

- REST Applications
- Module Applications
- Open Stack Applications

Name	Type	REST API Provider	Loaded/ Usable by Default	How to use & description
Circuit Pusher (python)	REST	No	Yes	직접 실행 Circuitpusher.py
OpenStack Quantum Plugin (python)	REST	No	No	Floodlightdefault.properties대신 Quantum.properties 와 함께 Floodlight를 실행한다.
Forwarding	Module			디바이스간의 packet forwarding 기능을 지원한다. Source, destination device는 IDservice에 의해 결정된다.
Static Flow Entry Pusher	Module	Yes	Yes	특정 Switch에 특정 flow entry(match + action)을 install 하기 위한 Application.
Virtual network Filter	Module	Yes	No	Floodlightdefault.properties대신 Quantum.properties 와 함께 Floodlight를 실행한다.
Learning Switch	Module	Yes	No	A common L2 learning Switch. How to use : Floodlightdefault.properties 수정 ① net.floodlightController.forwarding.Forwarding삭제 ② net.floodlightController.learningSwitch.LearningSwitch 추가
Firewall	Module	Yes	Yes	특정한 match에 의해 트래픽을 허용/거부하는 ACL 규칙을 적용하는 Application Exposes a set of REST API to enable/disable the firewall and add/remove/list rules.
Hub	Module	No	No	Packet을 모든 port로 flooding 하는 모듈 How to use : Floodlightdefault.properties 수정 net.floodlightController.forwarding.Forwarding 삭제 net.floodlightController.hub.hub 추가

[출처 : http://docs.projectfloodlight.org/display/floodlightController/Applications]

| 마치며 |

Floodlight는 최근 많은 개발자들이 참여하고 관심을 보이고 있습니다. 또한 Big Switch에서의 Open communication을 운영하여 bug fix, FAQ 등 많은 활동을 하고 있습니다. JAVA 기반에 REST API를 제공하여 확장성이 용이하다는 장점도 있습니다. OpenFlow에 관심 있는 분들이라면, 꼭 설치해 보세요.

CHAPTER 11

OpenDaylight

11.1
OpenDaylight Controller

[출처 : http://www.opendaylight.org/]

OpenDaylight는 CISCO, IBM, 레드햇, 마이크로소프트(MS) 등 데이터 센터 관련 업체 대부분이 참여한 범 개방형 네트워크 연합체입니다. 2013년 4월 7일 공식 출범을 선언했으며, 오픈소스 기반의 표준 SDN 프레임워크를 개발하겠다고 밝혔습니다. 빅스위치는 초기 참여를 같이 했으나, 2013년 6월에 OpenDaylight 이사회에서 탈퇴하였습니다. OpenDaylight는 오픈소스 SDN 컨트롤러와 가상 오버레이 네트워크, 프로토콜 플러그인, 애플리케이션, 아키텍처 및 프로그램 가능한 인터페이스 등의 개발 프로젝트를 진행하며, 2013년 4Q에 정식 코드가 공개될 예정입니다.

Tip --
OpenDaylight는 라이센스는 EPL(Eclipse Public License)입니다. 코드를 수정해 사용하거나 별도 애플리케이션을 개발했더라도, 코드 자체를 공개하지 않아도 됩니다.

OpenDaylight Controller는 OpenDaylight 설립을 주도한 시스코가 자사의 SDN 컨트롤러(Cisco ONE Controller)를 기증했으며, 향후 이를 기반으로 발전해 나가게 될 것입니다. 이번 장에서는 OpenDaylight Controller를 설치하고, 실행해보면서 OpenFlow의 flow rule 동작 방법을 알아보겠습니다.

Tip --
Controller 다운로드 및 최신 정보는 공식 사이트 및 wiki page에서 확인하세요.
• 공식 사이트(www.opendaylight.org)

〈OpenDaylight 사이트〉

- OpenDaylight Wiki site(https://wiki.opendaylight.org/view/Main_Page)

〈OpenDaylight wiki site〉

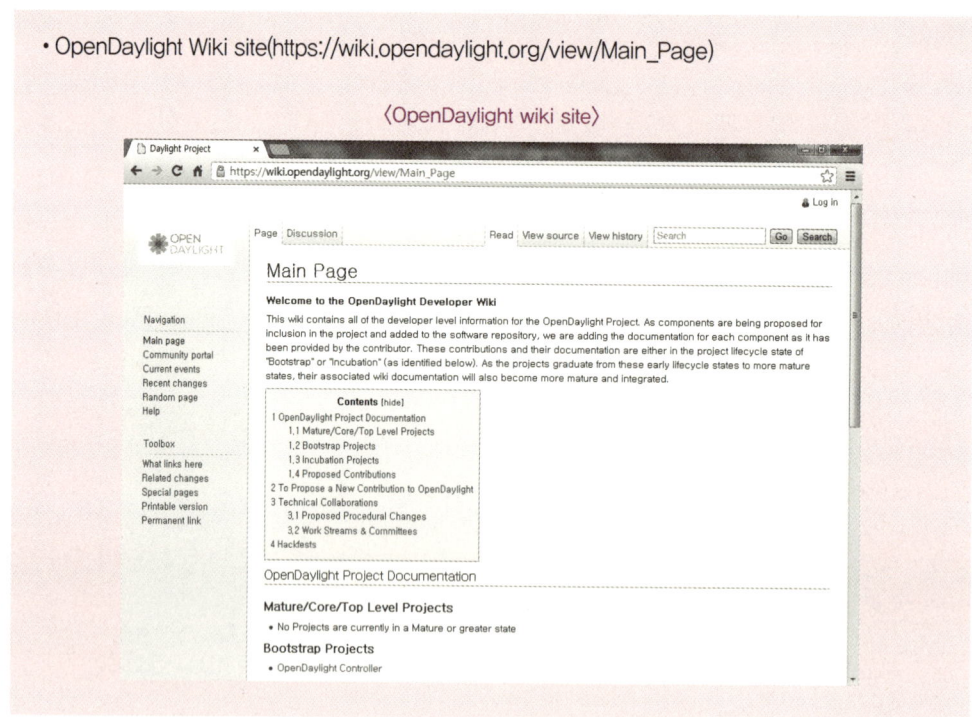

OpenDaylight는 컨트롤러 프로젝트 중심으로, 가상 네트워크, 자바 기반 프로토콜 플러그인, 애플리케이션, 아키텍처 및 프로그램 가능한 인터페이스 등의 프로젝트로 구성됩니다.

〈overview of the OpenDaylight Architecture〉

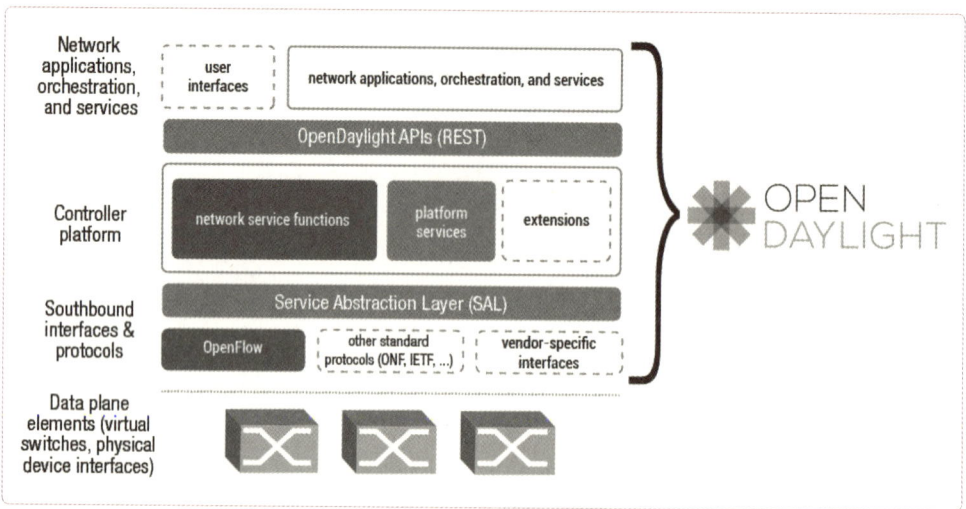

[출처 : www.opendaylight.org]

〈opendaylight framework〉

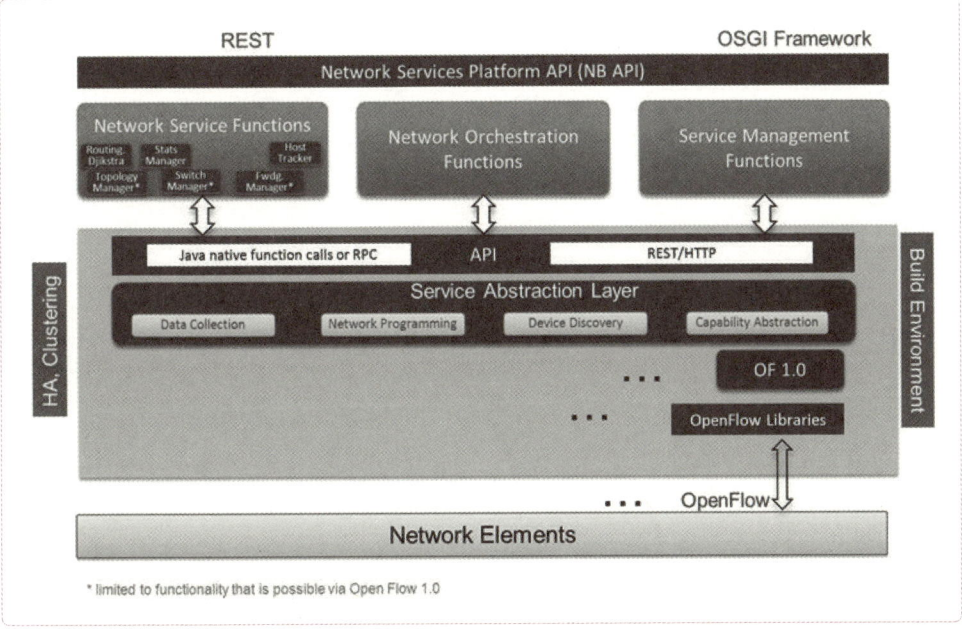

[출처 : https://wiki.opendaylight.org/, 참고자료 : http://www.zdnet.co.kr/news/news_view.asp?artice_id=20130422135700]

11.2
Download & Build

Opendaylight Controller를 download하고 실행해보겠습니다.

Ubuntu 12.04 TLS (64bit), Mininet 2.0으로 진행했습니다. 다운로드 받아서 설치하세요.

- Ubuntu download : http://www.ubuntu.com/download/desktop
- VirtualBox download : https://www.virtualbox.org/wiki/Downloads
- Mininet 2.0 download & build : http://Mininet.org/download/

> **Tip**
>
> Mininet의 download 및 설치 방법. 사용 방법은 이 책의 Part2 3장을 참고하세요.
>
> - Ubuntu 11.10 and later :
>
>   ```
>   git clone git://github.com/Mininet/Mininet
>   Mininet/util/install.sh -a
>   ```
>
> - Ubuntu 12.04 and later :
>
>   ```
>   sudo apt-get install Mininet
>   Mininet/util/install.sh
>   ```

> **Tip**
>
> VirtualBox에 Ubuntu 12.04 설치하기(VirtualBox 설치는 Part 2를 참고하세요.)
>
> [새로만들기]를 클릭한 후 아래의 순서대로 진행하세요.
>
> - 운영체제 선택 : Linux, Ubuntu(64bit)
> - 메모리 크기 : 1024 MB
> - 가상 머신 만들기 : "지금 가상 하드 드라이브 만들기" 선택
> - 하드 드라이브 파일 종류 : "VDI" 선택
> - 물리적 하드 드라이브에 저장 : "동적할당" 선택
> - 파일 위치 및 크기 : 생성 위치를 선택 후, 크기는 넉넉하게 잡아주세요.
> - [만들기] 클릭. 후 [시작]을 클릭하여 Ubuntu를 설치합니다.
> - 가상 CD/DVD 디스크 파일 선택 : 다운로드 받은 Ubuntu의 ISO파일을 선택하여 설치를 진행합니다.

1) Download & Build

① 필요한 요소들을 설치합니다.

```
$ sudo apt-get update
$ sudo apt-get install maven git openjdk-7-jre openjdk-7-jdk
$ git clone http://git.opendaylight.org/gerrit/p/Controller.git
$ cd Controller/opendaylight/distribution/opendaylight/
$ mvn clean install
$ cd target/distribution.opendaylight-0.1.0-SNAPSHOT-osgipackage/
opendaylight
```

〈"sudo apt-get install maven git openjdk-7-jre openjdk-7-jdk" 화면〉

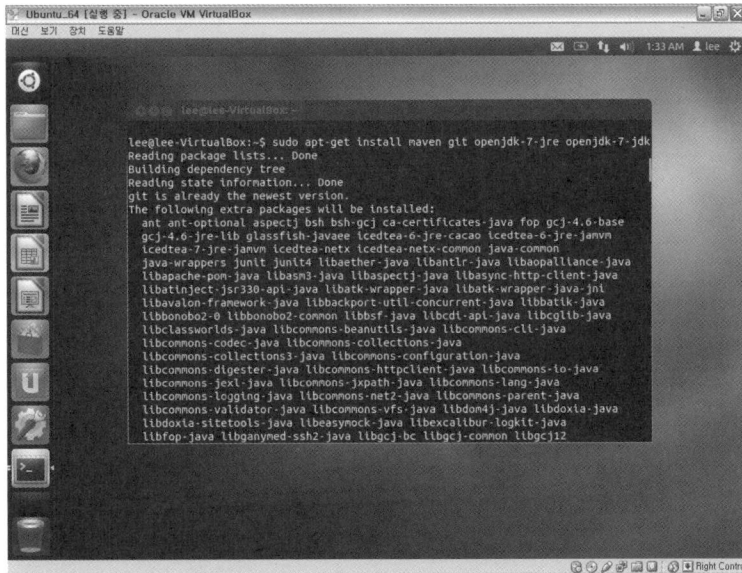

② PC 사양에 따라 몇 분 정도 진행됩니다.

〈설치 완료 화면〉

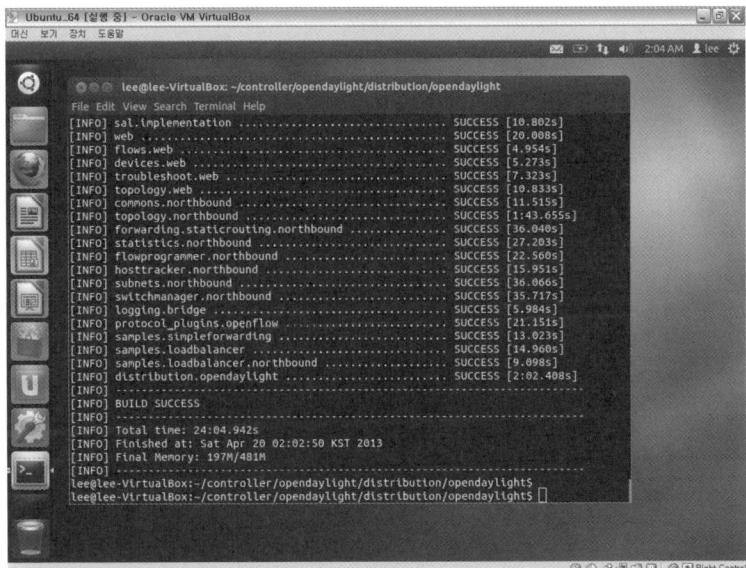

2) Setup JAVA_HOME ENV

```
$ export JAVA_HOME=/usr/lib/jvm/java-1.7.0-openjdk-amd64
$ echo JAVA_HOME=/usr/lib/jvm/java-1.7.0-openjdk-amd64>> ~/.bashrc
```

〈JAVA_HOME env setup 화면〉

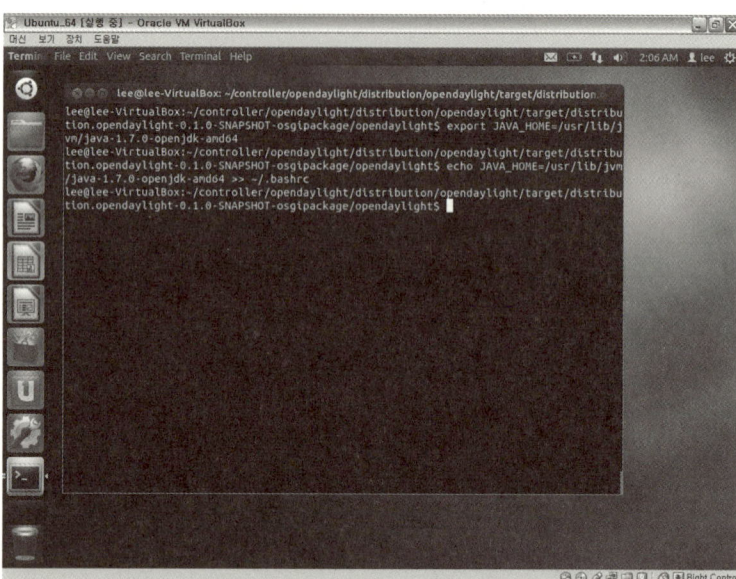

3) Start OpenDaylight Controller

'./run.sh'로 Controller를 실행합니다.

```
$cd  ~/Controller/opendaylight/distribution/opendaylight/target/dis-
tribution.opendaylight-0.1.0-SNAPSHOT-osgipackage/opendaylight
& ./run.sh
```

〈"./run.sh" 실행 화면〉

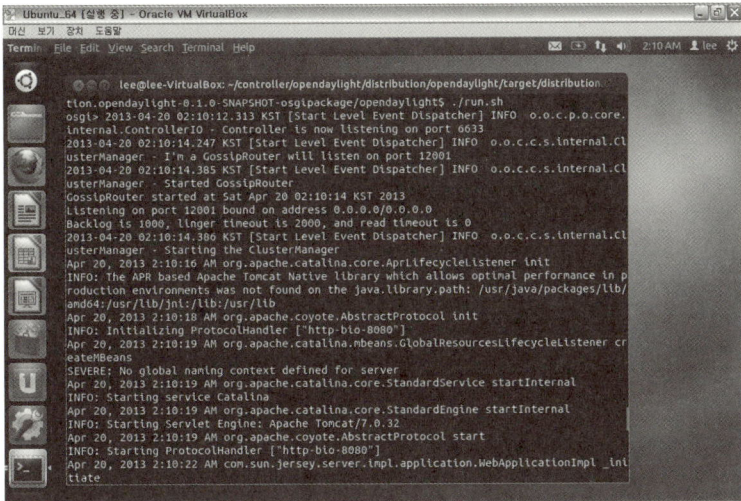

4) Mininet

Mininet을 실행합니다. Tree 구조의 '8 host-7 Switch topology'를 구성합니다.

```
$ sudo mn --mac --Controller remote, --topo tree,3
```

〈Mininet "8 host- 7 Switch topology" 실행 화면〉

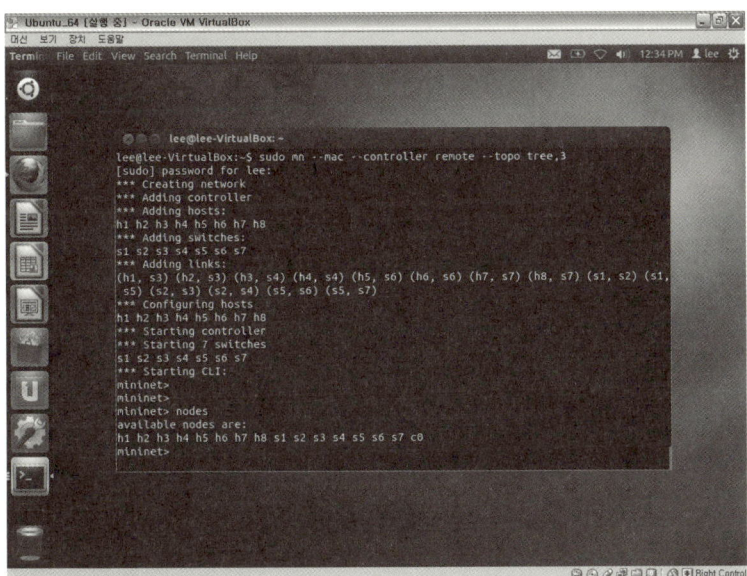

11.3
OpenDaylight GUI

1) Web GUI 접속하기

OpenDaylight과 Mininet을 구동시킨 상태에서 브라우저를 띄워서 GUI 사이트(http://Controller-ip:8080)에 접속합니다.

〈OpenDaylight GUI 메인 화면〉

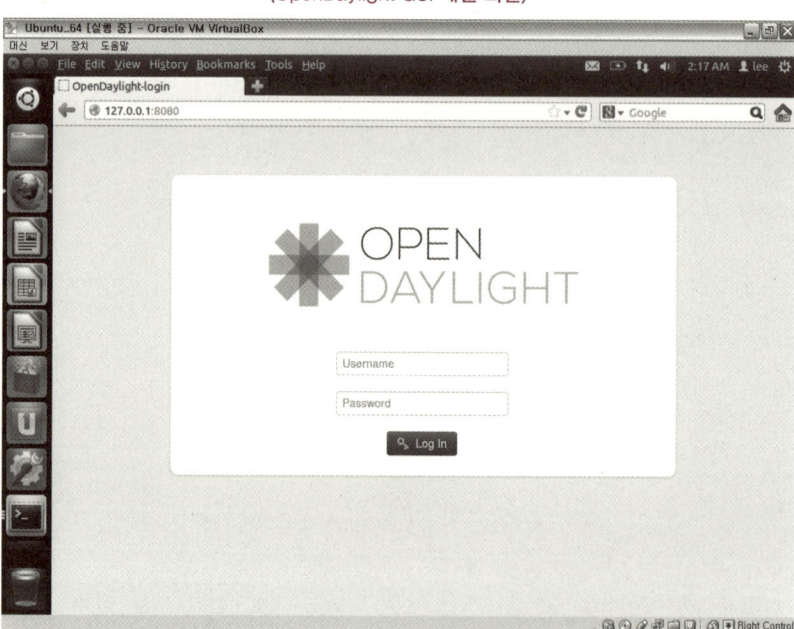

2) Login

admin/admin으로 로그인합니다.

〈OpenDaylight login 화면〉

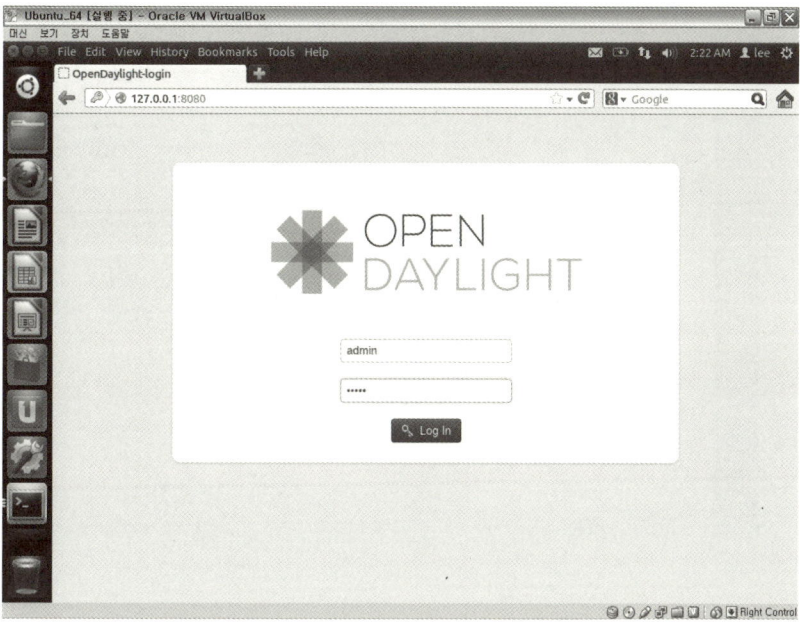

3) 화면 구성 둘러보기

admin으로 로그인 시 Network의 기본 정보가 표시됩니다.

〈OpenDaylight main 화면〉

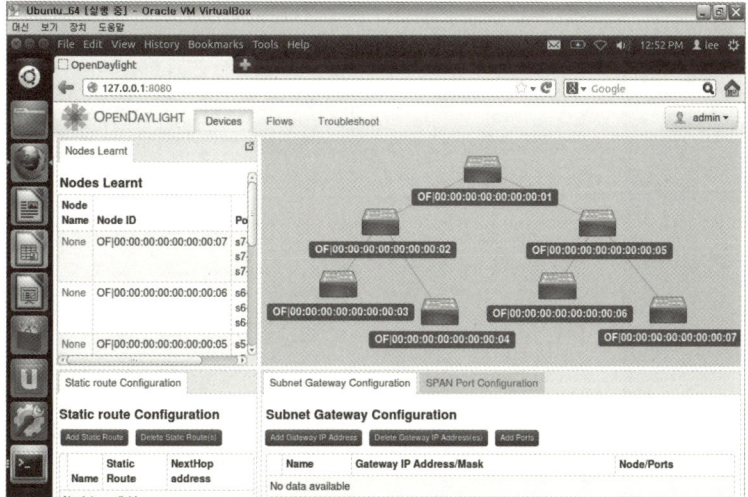

:: Topology 정보

Switch를 드래그하여 원하는 위치로 이동 후 topology display 형태를 저장할 수 있습니다.

〈topology SAVE 화면〉

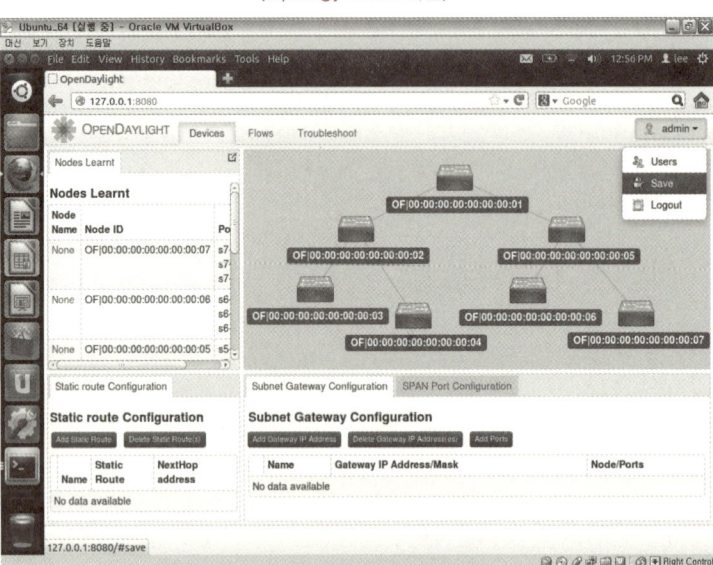

:: Node 정보

메인 화면의 왼쪽에 [Nodes Learnt] 창을 확대하면 node 정보가 표시됩니다. Node Name, Tier, Mac Address, Ports 정보를 확인할 수 있습니다.

〈node 정보 화면〉

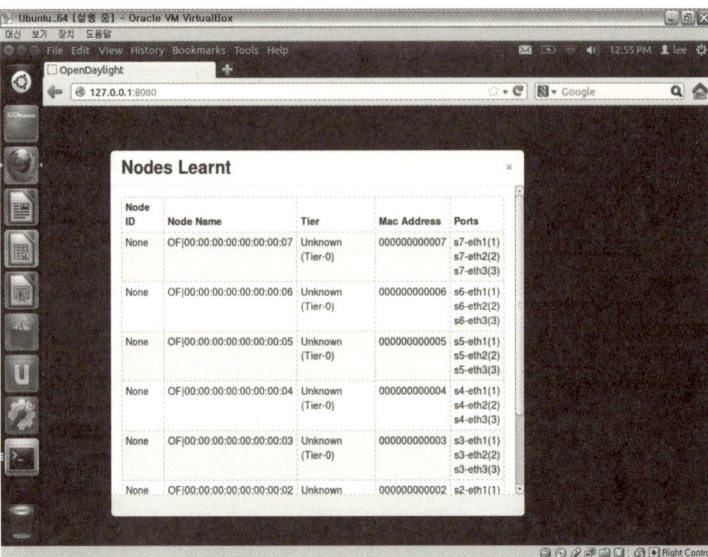

4) Add Gateway IP Address

① [Add Gateway IP Address] 버튼을 클릭합니다.

〈[Add Gateway IP Address] 버튼 클릭〉

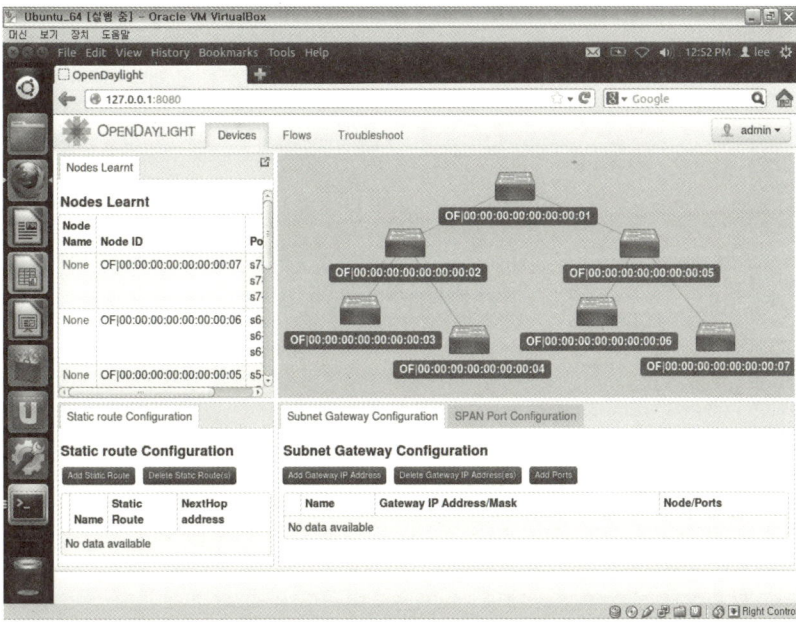

② Name은 "Subnet1"을, Gateway IP Address/Mask는 '10.0.0.254/8'을 입력하고 [Save] 버튼을 클릭합니다.

〈'Gateway IP Address/Mask' 입력〉

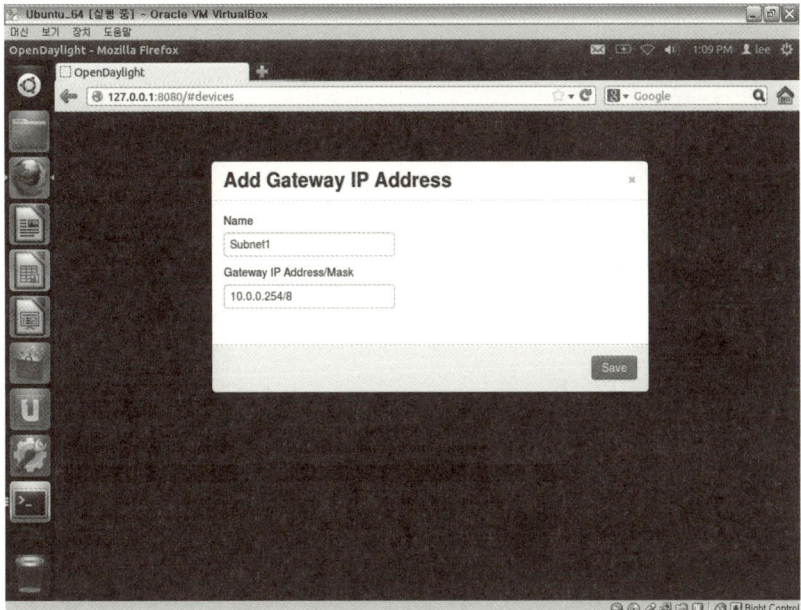

〈subnet Gateway configuration 확인〉

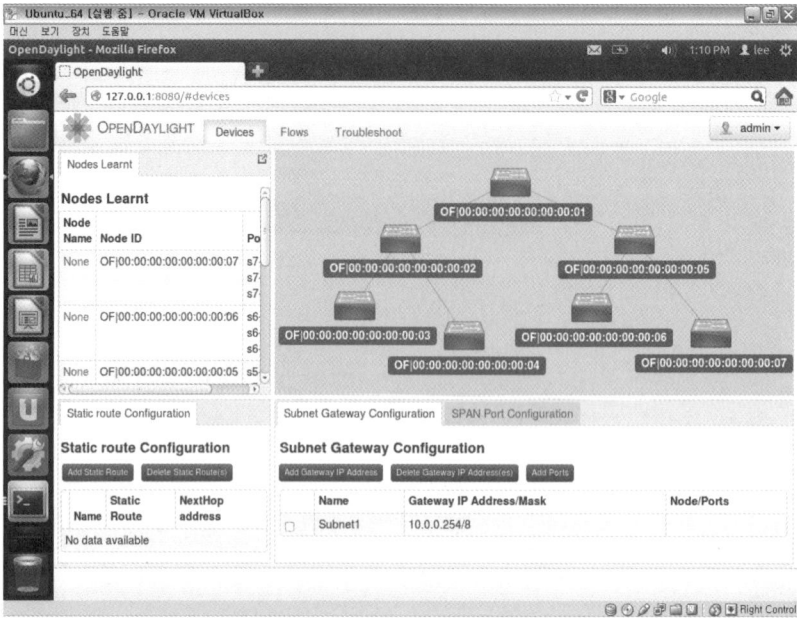

③ MININET에서 "h1 ping h7" 실행합니다.

〈h1 ping h7〉

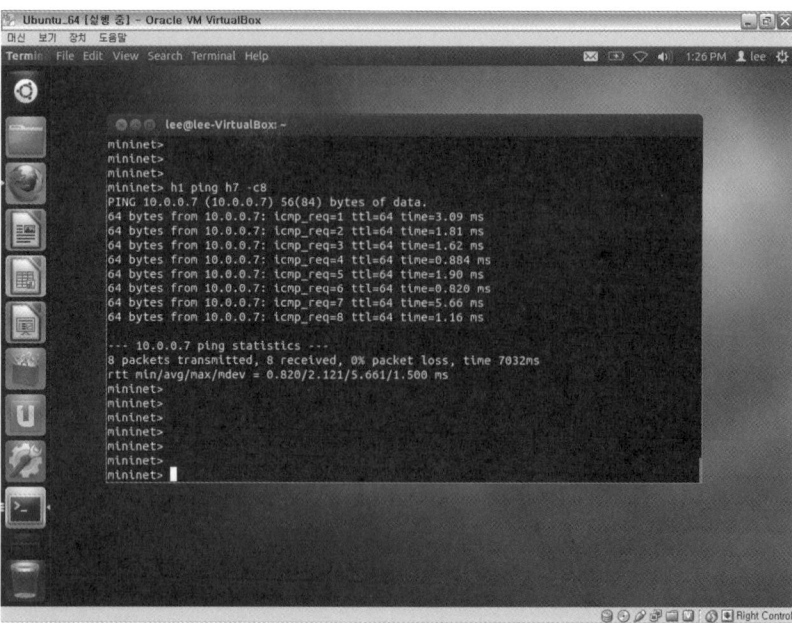

④ Topology 확인 : Host1과 Host7이 표시되었습니다.

〈"h1, h7" topology display 확인〉

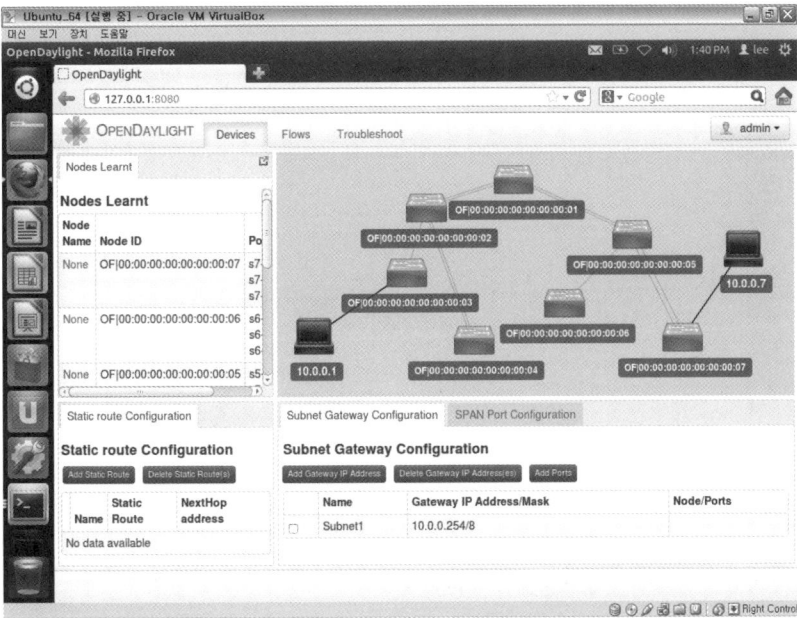

⑤ flow 확인 : 상단 메뉴에서 [Troubleshoot] 메뉴를 클릭, 왼쪽 [Existing Nodes] 창에서 [flows]를 클릭합니다.

〈troubleshoot 메인 화면〉

⑥ 오른쪽 하단에 Flow 정보가 표시됩니다.

〈"Flows" 화면〉

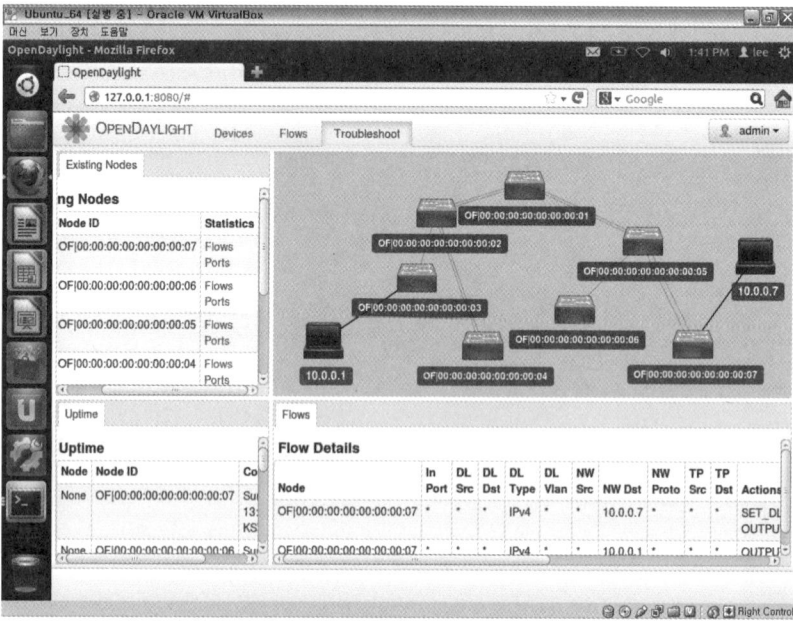

⑦ port 확인 : [Existing Nodes] 창에서 [port]를 클릭합니다. 통계 정보가 표시됩니다.

〈"Port Details" 화면〉

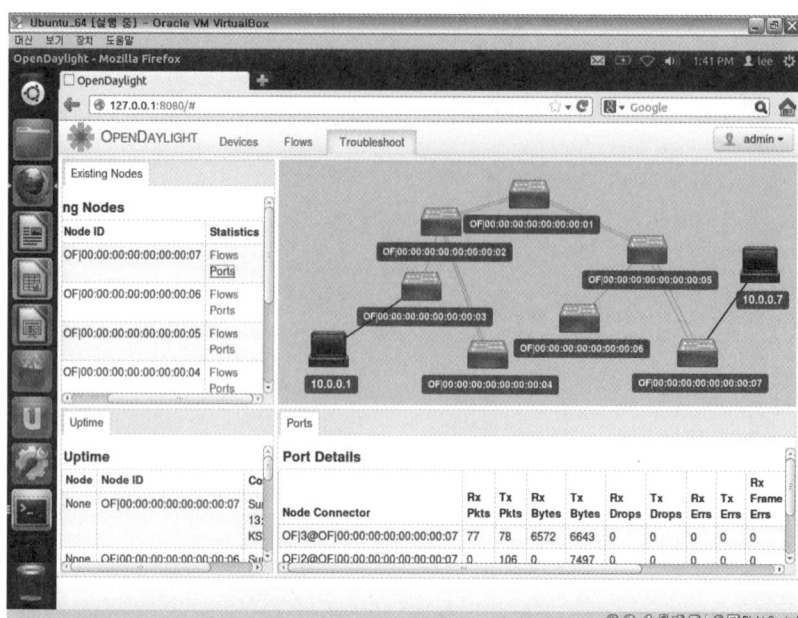

5) Add Flow

Flow entry를 추가해서 path를 설정해보겠습니다. "3 host 1 Switch" topology를 구성하여 2개의 host 간 통신이 가능하도록 패킷 경로를 설정해보겠습니다.

: : "3 host – 1 Switch topology"를 구성

① "sudo mn –c" 으로 clear하고, "sudo mn —topo single,3 —mac —Controller remote"를 실행합니다.

```
$ sudo mn -c
$ sudo mn --topo single,3 --mac --Controller remote
```

〈"3 host – 1 Switch topology" 실행 화면〉

② Mininet에서 "nodes", "dump", "net"로 연결 상태를 확인합니다.

```
Mininet> nodes
available nodes are:
h1 h2 h3 s1 c0
Mininet> dump
<RemoteController c0: 127.0.0.1:6633 pid=23345>
<OVSSwitch s1: lo:127.0.0.1,s1-eth1:None,s1-eth2:None,s1-eth3:None
pid=23368>
<Host h1: h1-eth0:10.0.0.1 pid=23357>
<Host h2: h2-eth0:10.0.0.2 pid=23361>
<Host h3: h3-eth0:10.0.0.3 pid=23363>
Mininet> net
c0
s1 lo:  s1-eth1:h1-eth0 s1-eth2:h2-eth0 s1-eth3:h3-eth0
h1 h1-eth0:s1-eth1
h2 h2-eth0:s1-eth2
h3 h3-eth0:s1-eth3
```

③ Host의 IP, Switch와의 연결 정보를 확인합니다.

〈"3 host - 1 Switch topology" 실행 화면〉

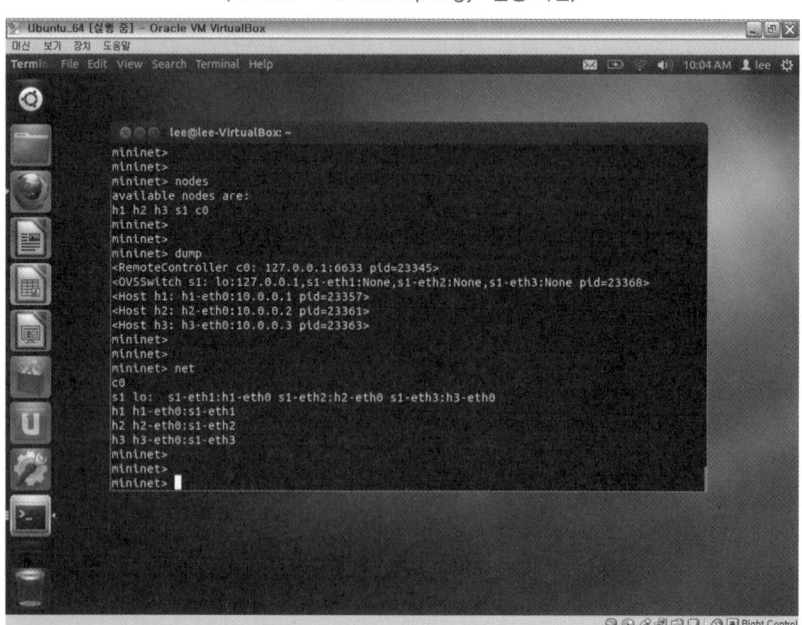

④ OpenDaylight GUI(http://Controller-ip:8080)에 접속합니다.

〈OpenDaylight GUI 접속 메인 화면〉

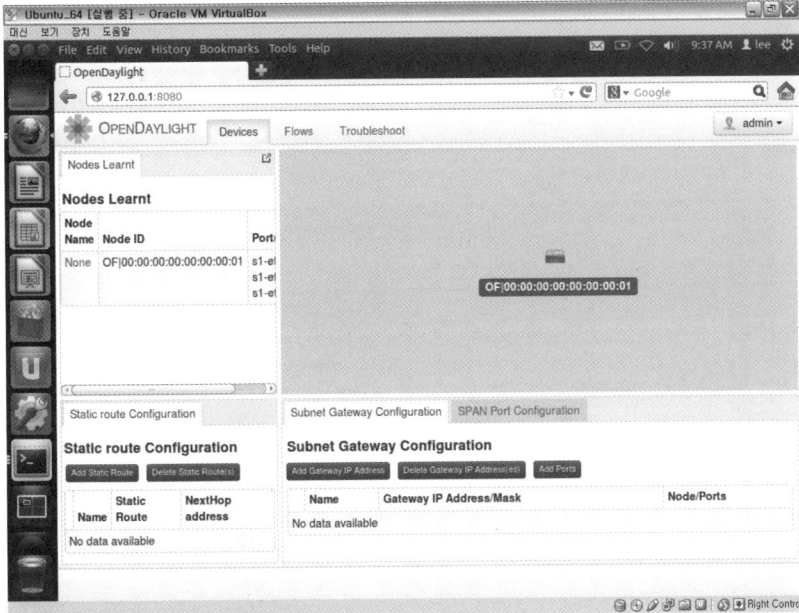

⑤ Nodes learnt를 클릭하여 Switch 1번의 port 정보를 확인합니다.

〈node 정보 확인〉

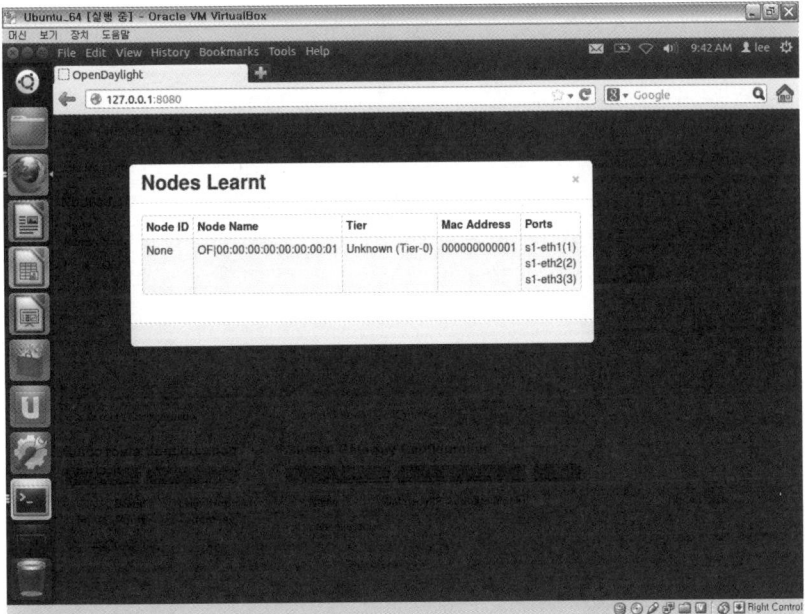

:: Flow Entry 값 입력

Switch에 flow entry를 추가하여, host1과 host3간에 communication이 가능하게 해보겠습니다.

① OpenDaylight의 [Flows] 메뉴를 클릭합니다.

〈OpenDaylight Flows 화면〉

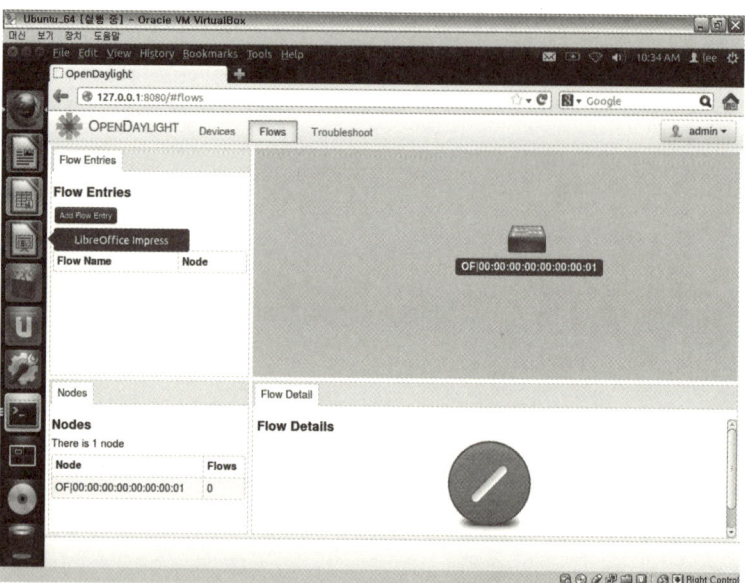

② 왼쪽 "Flow Entries"에 [Add flow Entry] 버튼을 클릭합니다.

〈OpenDaylight "Add Flow Entry" 화면〉

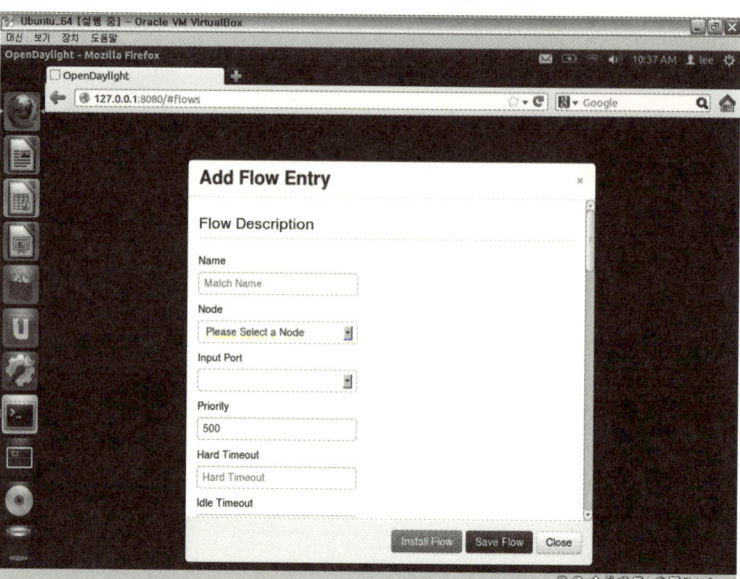

:: Host1 to Host3 flow entry

① Host1(10.0.0.1) → Host3(10.0.0.3)의 패킷 경로 설정 Table 값을 입력합니다.

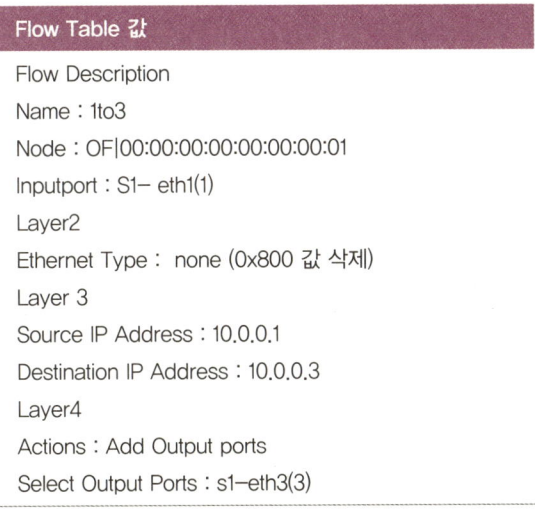

Flow Table 값

Flow Description
Name : 1to3
Node : OF|00:00:00:00:00:00:00:01
Inputport : S1- eth1(1)
Layer2
Ethernet Type : none (0x800 값 삭제)
Layer 3
Source IP Address : 10.0.0.1
Destination IP Address : 10.0.0.3
Layer4
Actions : Add Output ports
Select Output Ports : s1-eth3(3)

〈OpenDaylight "Add Flow Entry" – Flow Description 입력〉

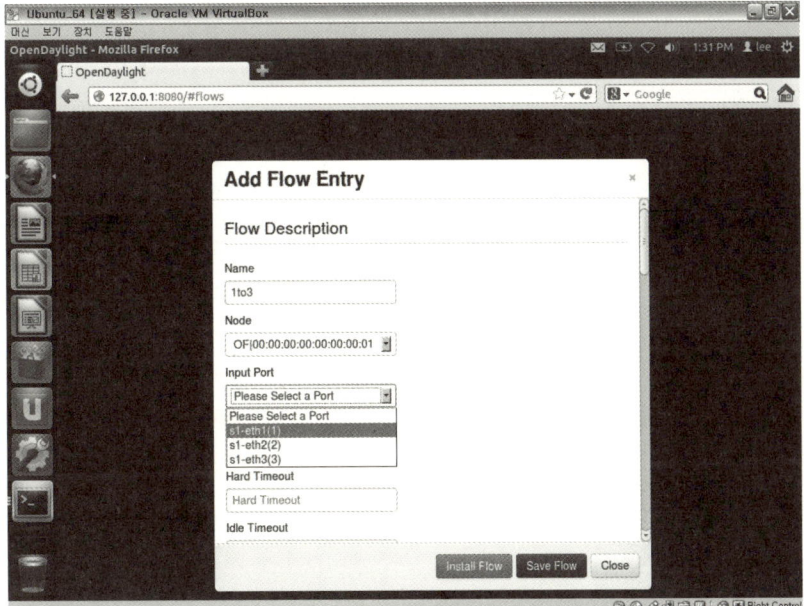

② Ethernet Type 값을 삭제합니다. Default 값이 0x800입니다.

〈OpenDaylight "Add Flow Entry" – Layer 2 입력〉

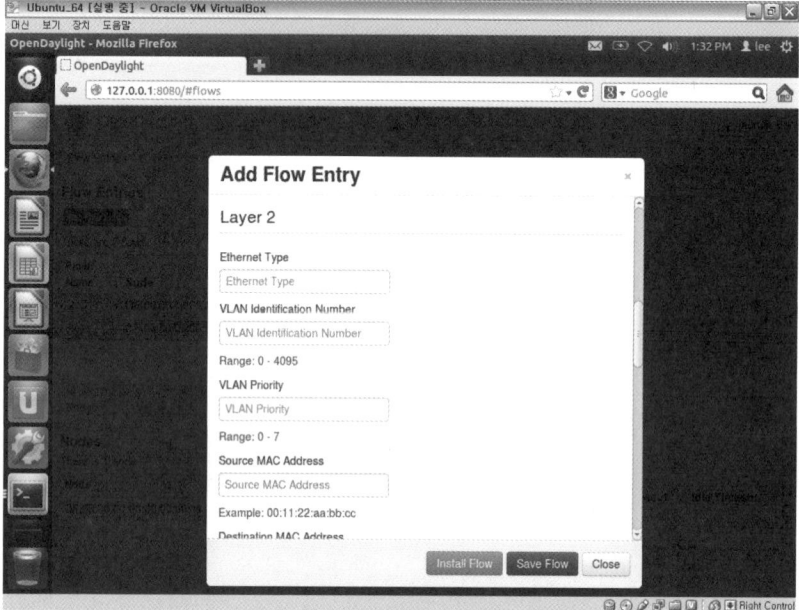

③ Source IP Address : '10.0.0.1' , Destination IP Address : '10.0.0.3'를 입력합니다.

〈OpenDaylight "Add Flow Entry"– Layer3 값 입력〉

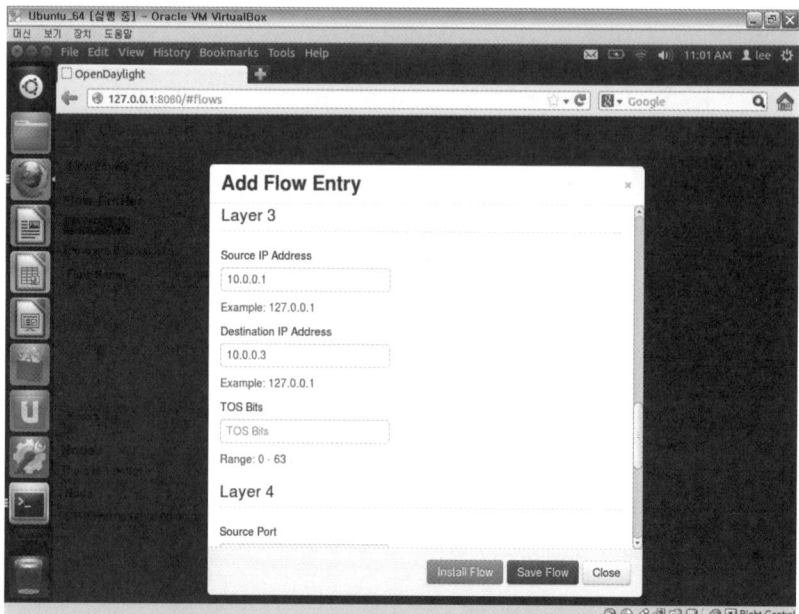

④ Actions – Add Output ports을 선택하고, Add Output Ports 값은 s1-eth3(3)을 선택합니다.

〈OpenDaylight "Add Flow Entry"– Layer4 actions 값 입력〉

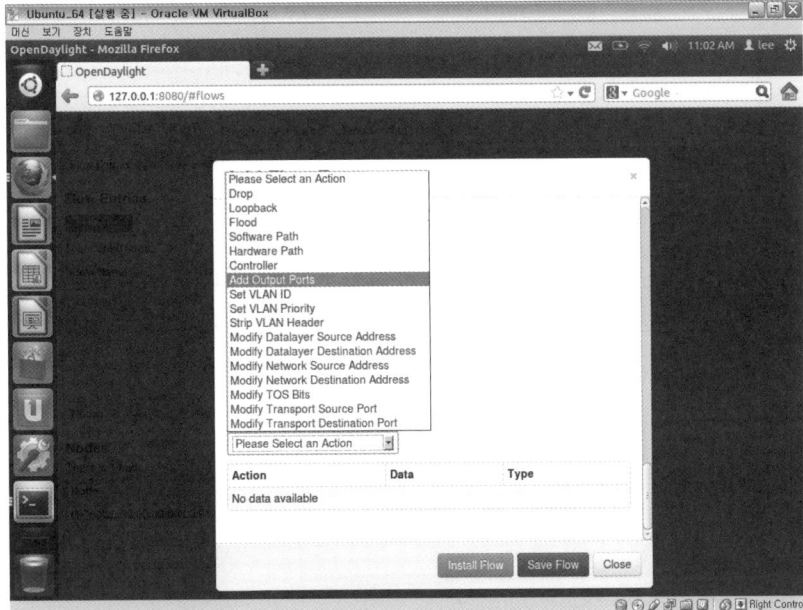

〈OpenDaylight "Add Flow Entry"– Output port 값 입력〉

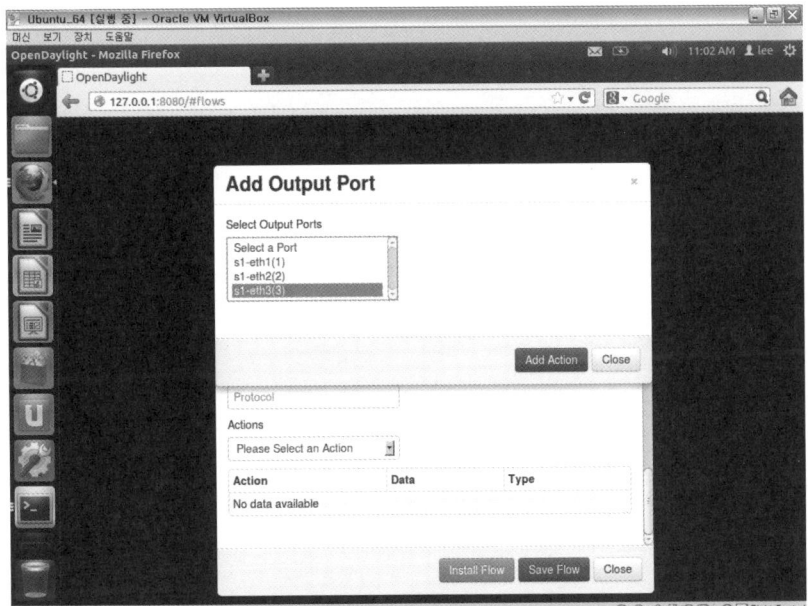

⑤ [Save Flow] 버튼을 클릭합니다. 이때 [Install Flow] 버튼을 클릭하면 바로 적용됩니다.

〈OpenDaylight Flow 1to3 Save 화면〉

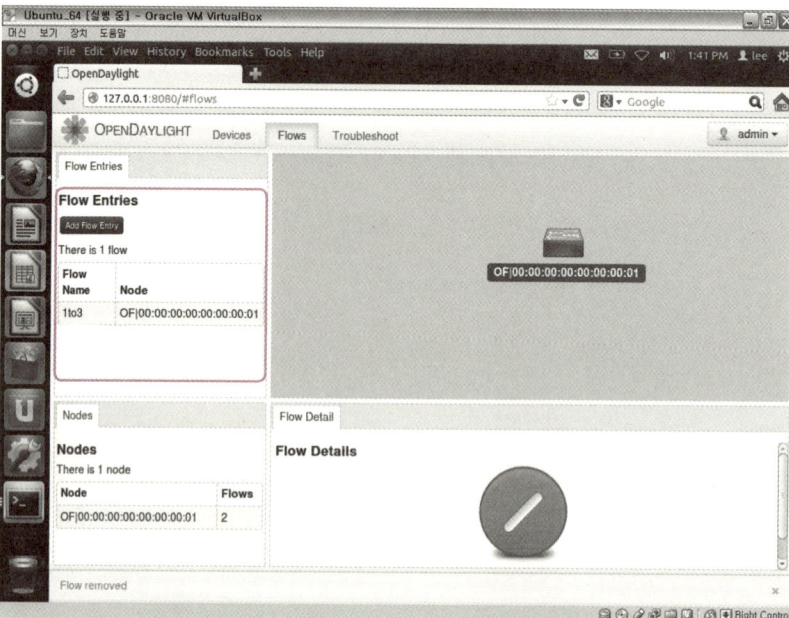

:: **host3 to host1 flow entry**

① Host3(10.0.0.3) → Host1(10.0.0.1)의 패킷 경로 설정 Table 값도 동일한 방법으로 입력합니다.

Flow Table 값
Flow Description
Name : 3 to 1
Node : OF|00:00:00:00:00:00:00:01
Inputport : S1- eth1(3)
Layer2
Ethernet Type : none (0x800 값 삭제)
Layer 3
Source IP Address : 10.0.0.3
Destination IP Address : 10.0.0.1
Layer4
Actions : Add Output ports
Select Output Ports : s1-eth3(1)

〈OpenDaylight 2개의 flow entry가 저장된 화면〉

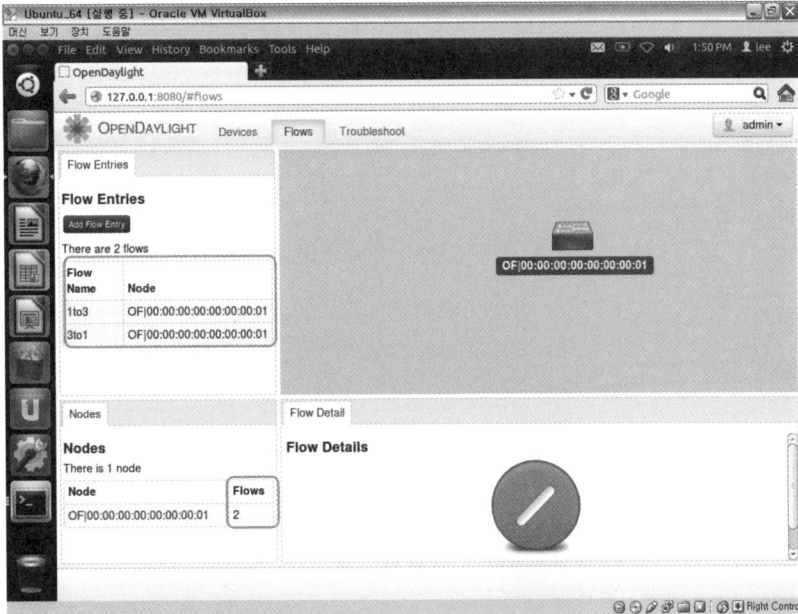

② 왼쪽 [Flow Entries] 창에서 [Flow name]을 더블 클릭하면 오른쪽 하단에 Flow의 정보가 표시됩니다. Flow name [1to3]를 클릭합니다.

〈OpenDaylight Flow datail 화면〉

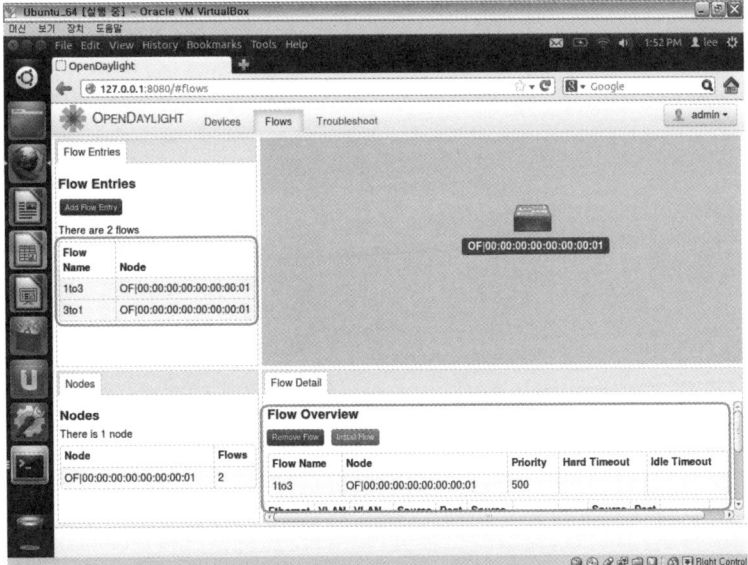

③ 스크롤바를 조절해서 Flow entry의 정보를 확인합니다.

〈OpenDaylight "Flow entry detail" 스크롤 화면〉

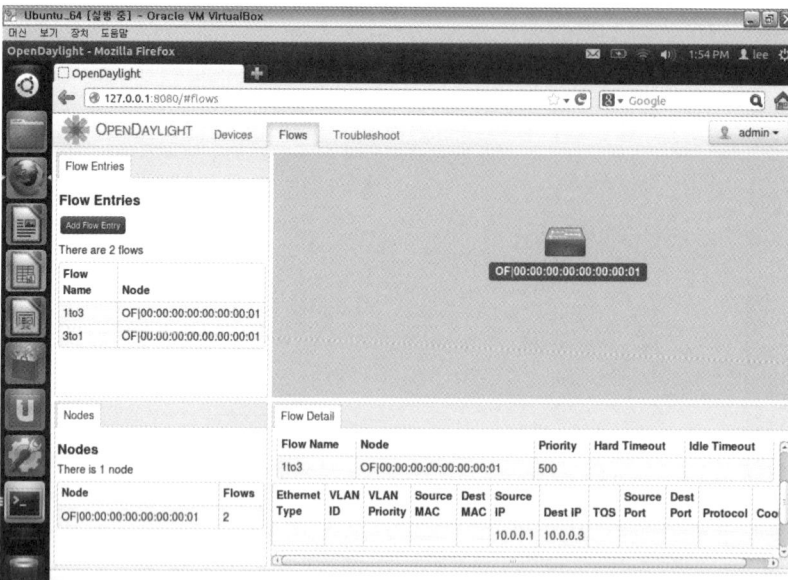

:: flow 적용하기

① [INSTALL FLOW] 버튼을 클릭합니다.

〈OpenDaylight "flow entry" 화면〉

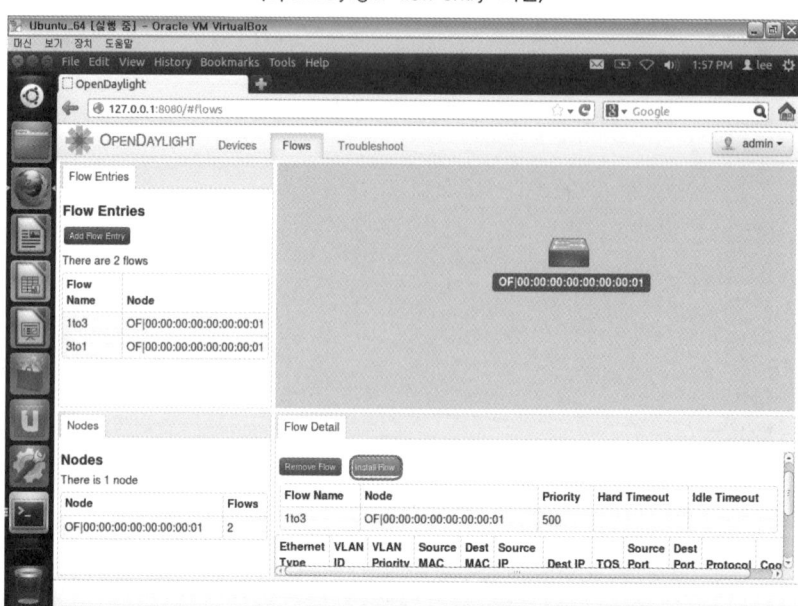

② 왼쪽 상단의 Flow Entries에서 적용된 flow가 색상이 바뀌고, 오른쪽 하단에 [Flow Over view] 창에는 [Remove Flow], [Uninstall Flow] 버튼이 활성화되었습니다.

〈OpenDaylight "flow entry" 적용 후 화면〉

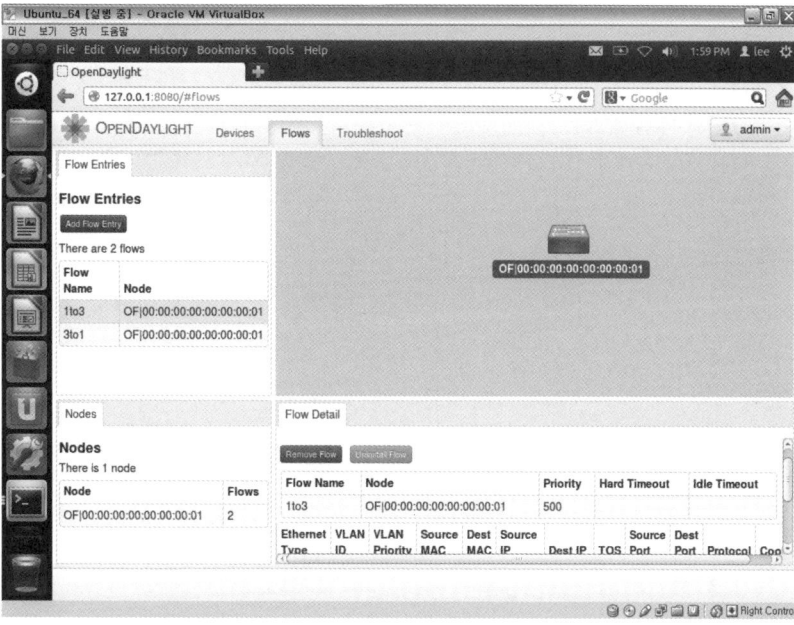

Tip

Flow "3to1"도 동일하게 적용해보세요

:: Ping test

① Mininet에서 "h1 ping h3 "을 실행해보세요. 또 "dpctl dump-flows"로 flow entry 값을 확인합니다. ether type이 0x0806이네요. ARP입니다.

```
Mininet> h1 ping h3
Mininet> dpctl dump-flows
Mininet> dpctl dump-flows
*** s1 -----------------------------------------------------------
in_port(1),eth(src=00:00:00:00:00:01,dst=00:00:00:00:00:03),eth_typ
e(0x0806),arp(sip=10.0.0.1,tip=10.0.0.3,op=2,sha=00:00:00:00:00:01,
tha=00:00:00:00:00:03), packets:0, bytes:0, used:never, actions:3
in_port(3),eth(src=00:00:00:00:00:03,dst=00:00:00:00:00:01),eth_typ
e(0x0806),arp(sip=10.0.0.3,tip=10.0.0.1,op=1,sha=00:00:00:00:00:03,
tha=00:00:00:00:00:00), packets:0, bytes:0, used:never, actions:1
```

〈Mininet "ping", "dpctl dump-flows" 결과 화면〉

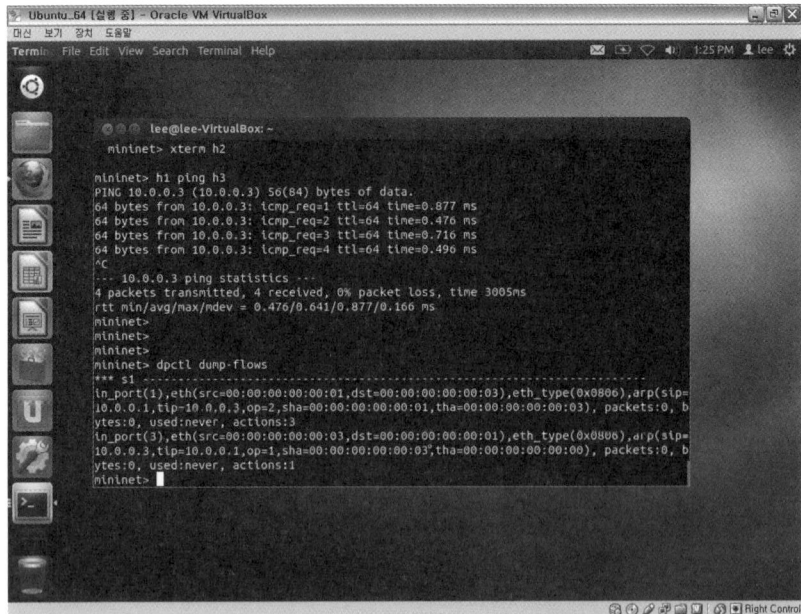

② Ping이 잘 되는 것을 확인하였으면, Troubleshoot 화면을 볼까요?

〈Troubleshoot - flows〉

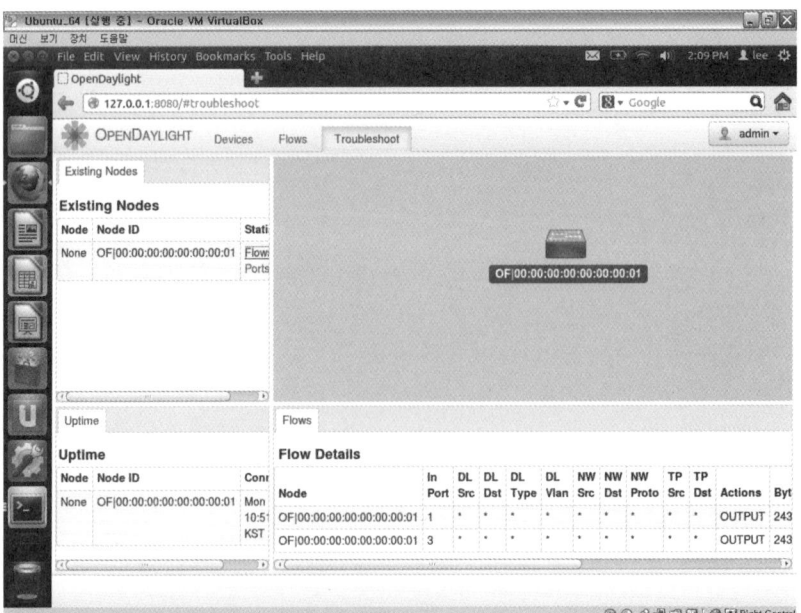

③ 통계정보를 확인합니다. TX, RX 정보를 확인할 수 있습니다(참고 사이트 https://wiki.opendaylight.org/view/OpenDaylight_Controller:Installation).

〈Troubleshoot - flows〉

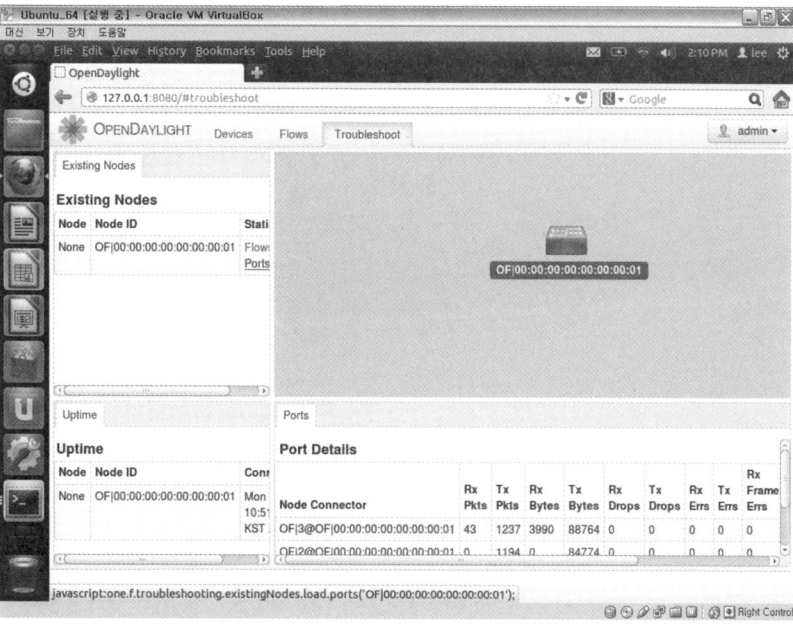

| 마치며 |

이 책을 집필하면서 ONF에서는 수많은 프로젝트들이 업데이트되고 있습니다. OpenDaylight Controller 또한 집필 중 업데이트된 내용입니다. OpenDaylight Controller는 기존에 배포된 오픈소스 프로젝트와 달리 Static flow를 제공하여 직접 사용해 볼 수 있는 장점이 있습니다. 앞으로도 OpenDaylight SDN을 익히는데 아주 좋은 프로젝트들이 지속적으로 업데이트될 것이라고 생각합니다. 참여 업체만으로도 관심을 받고 있는 Opendaylight의 행보가 기대됩니다.

Appendix

RouteFlow

[출처 : https://sites.google.com/site/routeflow/]

A.1
RouteFlow 개념

RouteFlow는 OpenFlow 망과 Legacy 망을 연동하는 기술 중 하나입니다. SDN이 발전하게 됨에 따라 Legacy 망과 OpenFlow 망이 혼재하게 될 것이라고 예상을 합니다. 서로 다른 두 개의 망을 연동 할 때는 Gateway가 반듯이 존재해야 하고, 사용되는 기술은 RouteFlow와 같은 기술들이 필요할 것입니다. 필요한 이유를 아래 그림을 참조하여 설명 드리겠습니다. OpenFlow 망의 LLDP 패킷을 Packet Out 형식으로 Legacy 망으로 전송 할 경우, Legacy 망에서는 알 수 없는 패킷이므로 Drop 처리를 하게 될 것입니다. 또한 라우팅 같은 경우도 문제가 발생을 하게 됩니다. 이러한 문제점을 인식한 브라질의 CPQD 사에서는 Control plane의 Application 개념으로 RouteFlow 기술을 발표하였습니다. 이는 서버 상에 Legacy 망 protocol의 BGP, OSPF, RIP, ISIS를 Control plane에 탑재를 하고 OpenFlow 망에서 라우팅 연산을 수행하게 하는 기능입니다.

〈RouteFlow의 기술〉

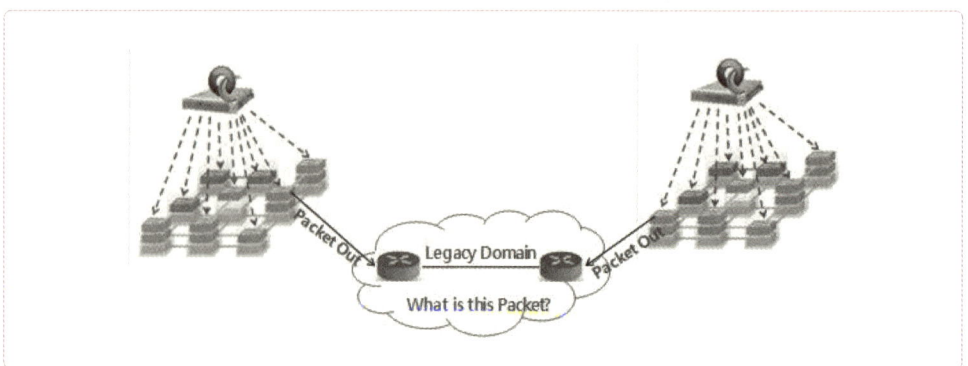

Tip

Controller 다운로드 및 최신 정보는 공식 사이트(www.https://sites.google.com/site/routeflow/) 및 wiki page에서 확인하세요.

〈RouteFlow 사이트〉

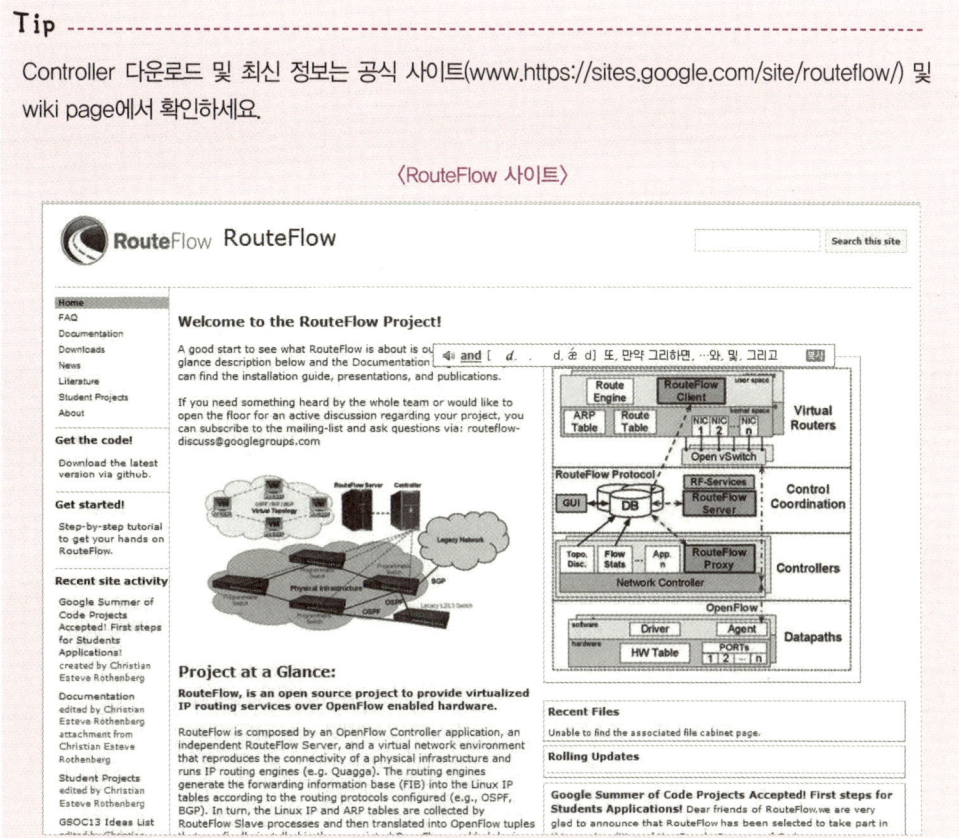

A.2
RouteFlow Download

RouteFlow를 다운로드하고 실행해보겠습니다. Ubuntu 12.04 TLS(64bit), Mininet 2.0으로 진행했습니다. 다운로드 받아서 설치하세요.

- Ubuntu download : http://www.ubuntu.com/download/desktop
- VirtualBox download : https://www.virtualbox.org/wiki/Downloads
- RouteFlow download & build : https://github.com/CPqD/RouteFlow/

1) Download & Build

① 필요한 요소들을 설치합니다.

```
$ sudo apt-get install build-essential git libboost-dev libboost-pro-
gram-options-dev libboost-thread-dev libboost-filesystem-dev iproute-
dev openvSwitch-Switch mongodb python-pymongo
$ git clone git://github.com/CPqD/RouteFlow.git
$ make rfclient
```

〈"make rfclient" 화면〉

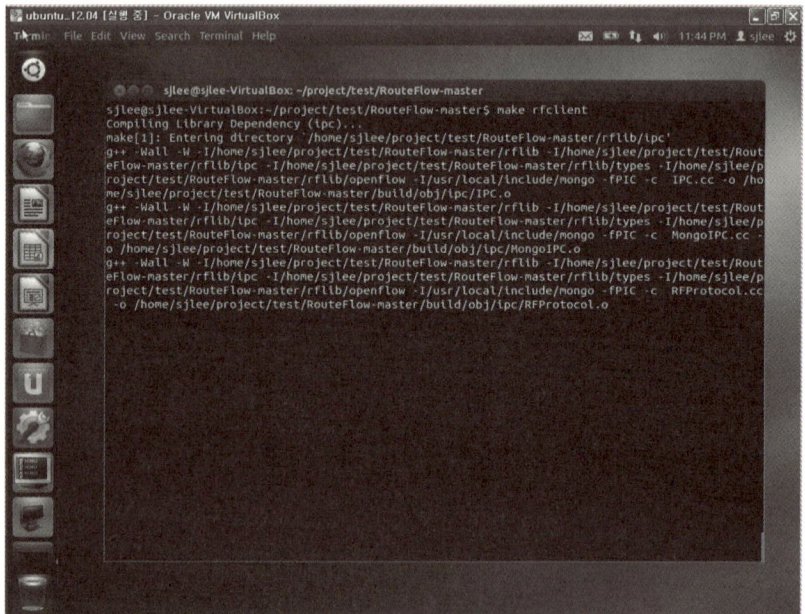

② Ubuntu LXC container를 생성하기 위해 RouteFlow-master/rftest에서 ./create를 실행을 합니다.

〈"sudo ./create" 화면〉

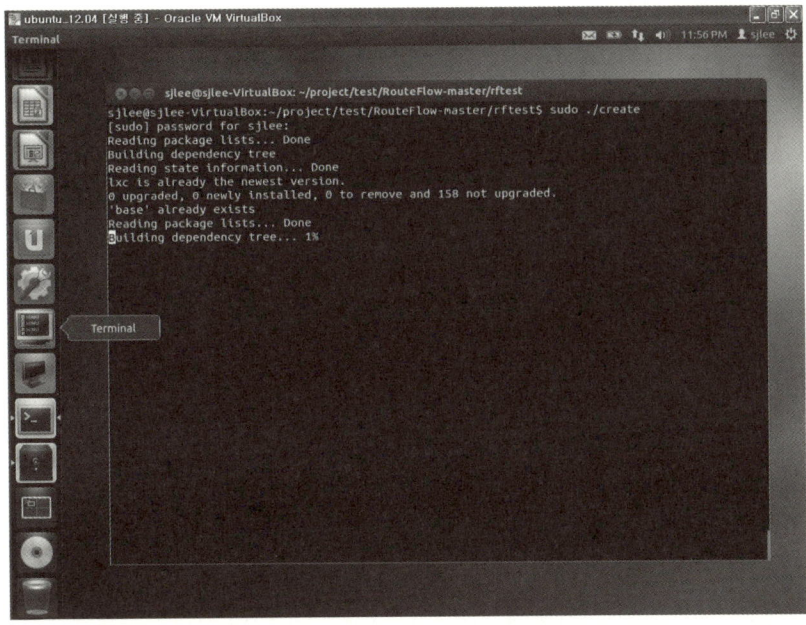

> **Tip**
> create 쉘 스크립트는 RouteFlow-master/rftest/config에 등록된 파일명으로 각각 lxc를 생성하게 됩니다. 따라서 LXC 생성은 수 분에서 수 십분 소요됩니다.

여기까지 진행이 되셨으면, RouteFlow에 필요한 구성요소들은 설치가 되었습니다. 다음 절에서는 RouteFlow의 구성 요소들을 살펴보면서 어떠한 기능들을 하는지 확인해보겠습니다.

A.3
RouteFlow 기능 소개

RouteFlow의 구성을 살펴보면, POX 기반에 rfproxy, rfclient, rfserver, mongoDB로 구성이 됩니다. 4개의 모듈을 이용하여 Legacy 망의 Router 기능을 구현하였습니다. 4개의 모듈에는 RouteFlow protocol을 정의하여 사용하고 있습니다. 이전 기능의 개요에서 설명 드렸듯이, 기존 Router 기능을 OpenFlow 망의 Application으로 구현하였습니다.

다음 그림을 보면 이해하기 도움이 될 것 같습니다.

〈기존 Router와 OpenFlow 망에서의 Routing의 차이점〉

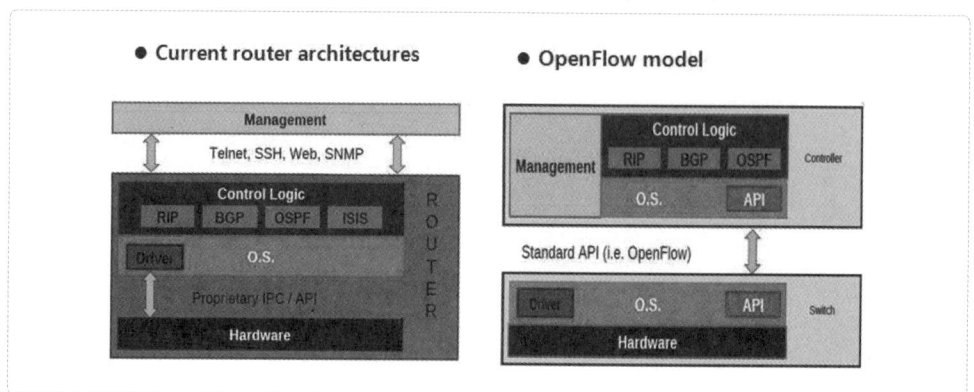

이 기능의 전체적인 기능은 Controller과 연결되어 있는 OpenFlow Switch들을 각각 VM을 구성하여 관리하고 있습니다. 각각의 VM을 구성 시에 linux routing engine인 Quagga를 사용하여 virtual network로 정보를 교환을 하고 각각의 VM에서 정보를 갱신을 하게 됩니다. 또한 리눅스에서 기본적으로 제공하는 LXC를 사용하여 경량화하였습니다.

각 모듈별 기능을 보시면, Route proxy는 Controller에서 OpenFlow protocol의 API와 RouteFlow protocol을 수용하는 Application의 Interface 역할을 합니다. RouteFlow Server는 RouteFlow의 brain입니다. OpenFlow Switch 정보 수집을 하여 VM을 생성 및 관리하고 갱신되는 라우팅 정보를 DB에 업데이트를 합니다. VM에서 관리하고 있는 라우팅 테이블의 갱신되는 정보가 있으면, OpenFlow Switch에 갱신된 정보를 업데이트 하라는 명령을 전송하는 기능을 합니다. RouteFlow client는 OpenFlow Switch와 매핑된 수만큼 VM을 생성하여 독립적으로 수행을 하게 됩니다. VM과 RouteFlow client 1:1 관계로 생성이 되고 Quagga를 통한 Routing table을 RouteFlow server에게 전달합니다.

아래 RouteFlow 구성도를 보면 이해하시는데 도움이 될 것 같습니다.

〈RouteFlow Architecture〉

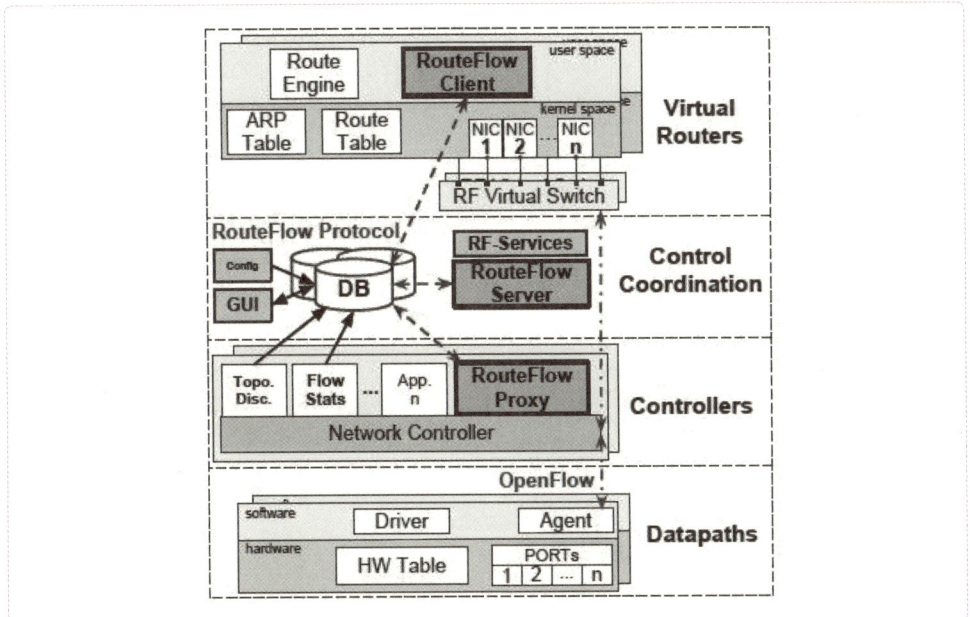

A.4
RouteFlow Test Scenario

RouteFlow OpenSource project를 설치하면 2개의 시나리오를 제공합니다. rftest1과 rftest2가 생성이 됩니다. rftest1과 rftest2를 직접 실행해 보면서 기능과 동작 원리를 살펴보겠습니다.

1) rftest1

rftest1은 하나의 OpenFlow Switch에서 다른 대역의 2개 host를 설정하여 패킷이 정상적으로 전달되는지 확인합니다. rftest1의 시나리오는 아래와 같습니다.

⟨rftest1 Architecture⟩

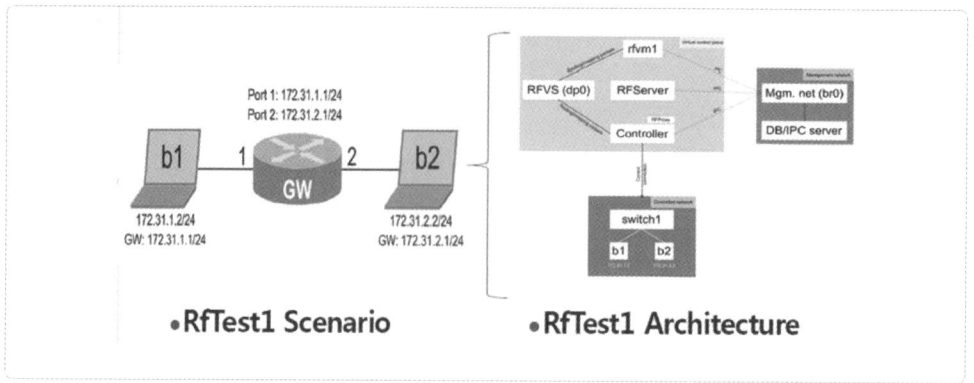

rftest1 실행 절차는 아래와 같습니다.

① lxc를 생성해야 하므로 root 권한으로 rftest1을 실행합니다.

```
$HOME/RouteFlow-master/rftest/
$HOME/RouteFlow-master/rftest/sudo ./rftest1
```

② rftest1 실행 화면은 아래와 같습니다.

⟨rftest1 실행 화면⟩

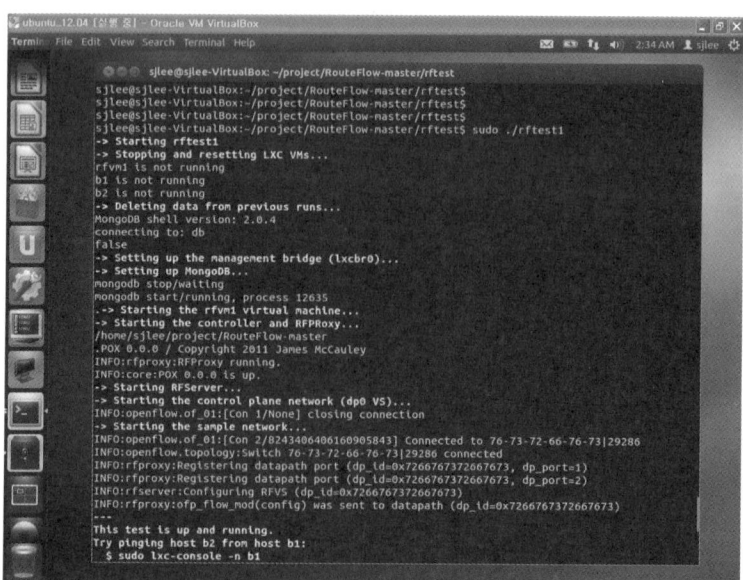

③ rftest1을 실행하면 하나의 OpenFlow Switch와 매핑되는 하나의 VM이 생성이 되었습니다. 이제, OpenFlow Switch와 연결된 호스트 b1과 b2의 ping test를 하기 위하여 호스트 b1을 접속해보겠습니다.

```
$HOME/sudo lxc-console -n b1
```

위 명령어 실행 후, 'b1 login: ubuntu , password: ubuntu'를 입력합니다.

〈sudo lxc-console -n b1 실행 화면〉

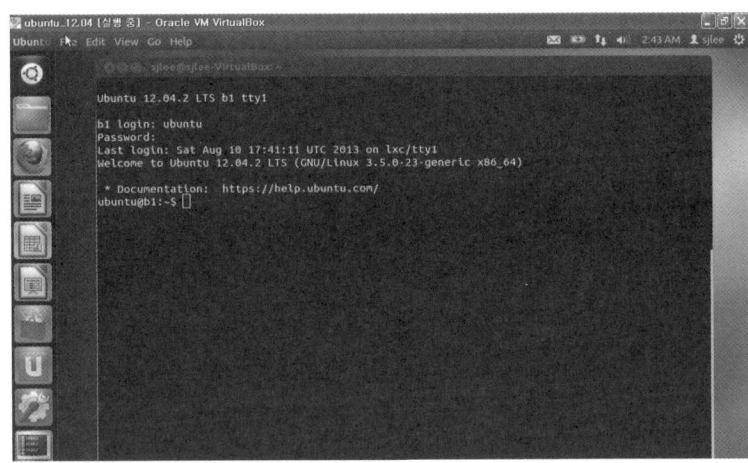

④ b1에서 b2로 ping test를 실행합니다.

〈b1->b2로 ping test 실행 화면〉

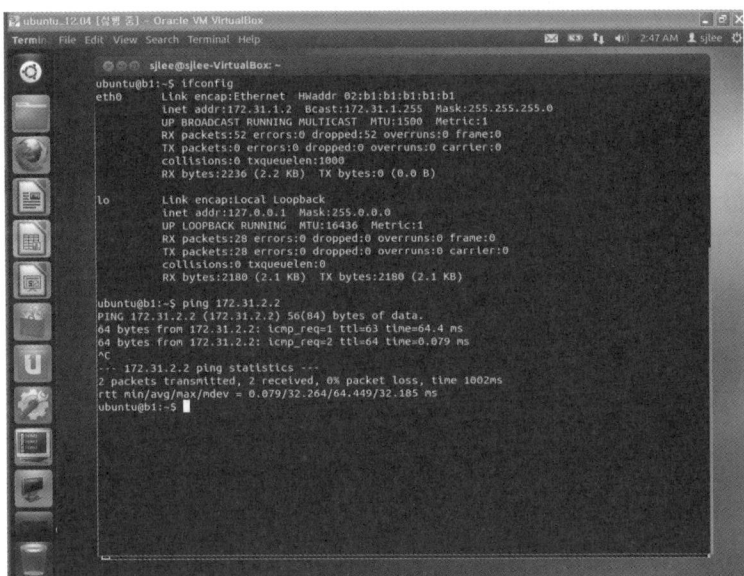

서로 다른 대역을 가진 호스트에 대해서 RouteFlow를 통하여 ping이 정상적으로 실행되는 것을 확인할 수 있습니다.

2) rftest2

rftest2는 4개의 OpenFlow Switch와 각각의 OpenFlow Switch에 연결된 호스트에 대하여 패킷 전송 테스트를 할 것입니다. rftest2의 시나리오는 아래와 같습니다.

〈rftest2 scenario 와 Architecture〉

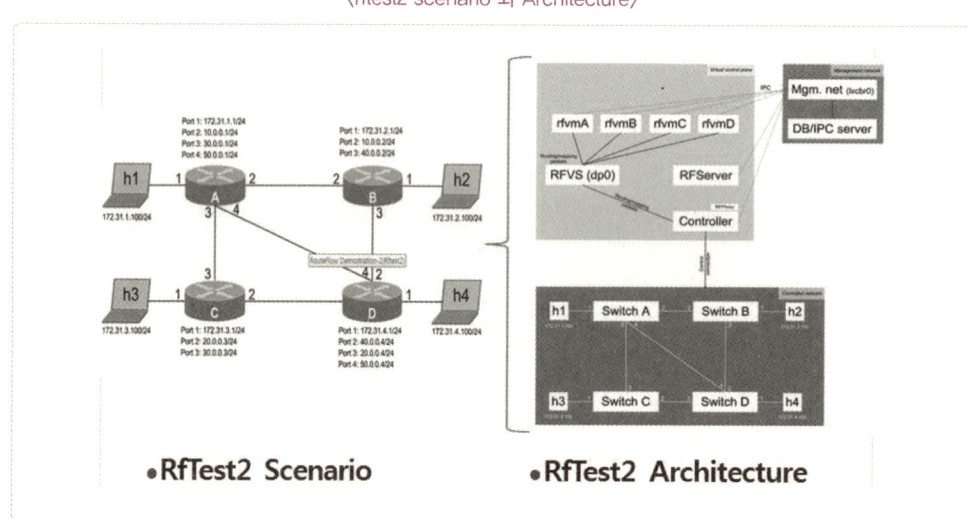

Rftest2 실행 절차는 아래와 같습니다

① Mininet과 lxc를 생성해야 하므로 root 권한으로 rftest2를 실행합니다.

```
$HOME/RouteFlow-master/rftest/
$HOME/RouteFlow-master/rftest/sudo ./rftest2
```

② rftest2 실행 화면은 아래와 같습니다.

〈rftest2 실행화면〉

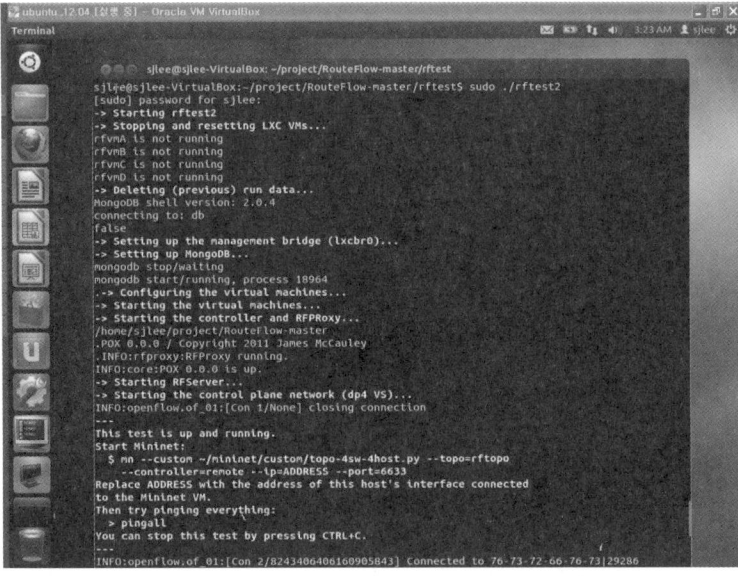

③ Mininet을 실행합니다.

〈Mininet 실행화면〉

Tip

topo-4sw-4host.py 파일을 호출 시 저장되어있는 디렉토리 위치를 명시해 주어야 합니다.

Tip

RouteFlow tutorial에 있는 실행 명령과 조금 다를 수 있습니다. POX 버전 0.0.0같은 경우 IP Address와 port 정보를 제거하고 실행할 수 있도록 합니다. NOX 사용 시 IP와 port 정보를 수록해야합니다.

④ rftest2를 실행하면 RouteFlow 내부 구조는 아래와 같이 생성됩니다.

〈rftest2 실행 화면〉

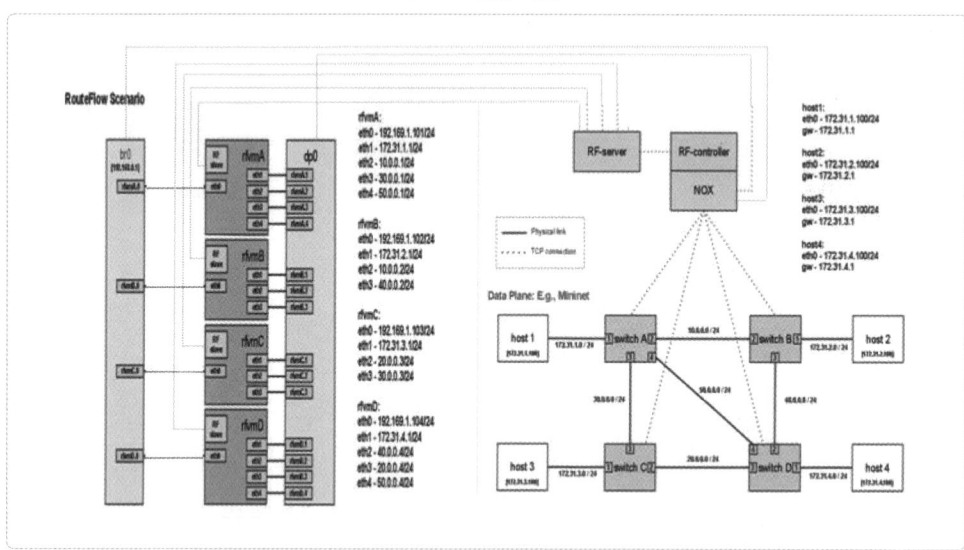

⑤ h1~h4의 IP 설정과 route 정보를 ipconf에 미리 설정 후 Mininet에서 source ipconf 명령어로 설정한 IP와 route 정보를 설정하여 줍니다.

〈rftest2 실행 화면〉

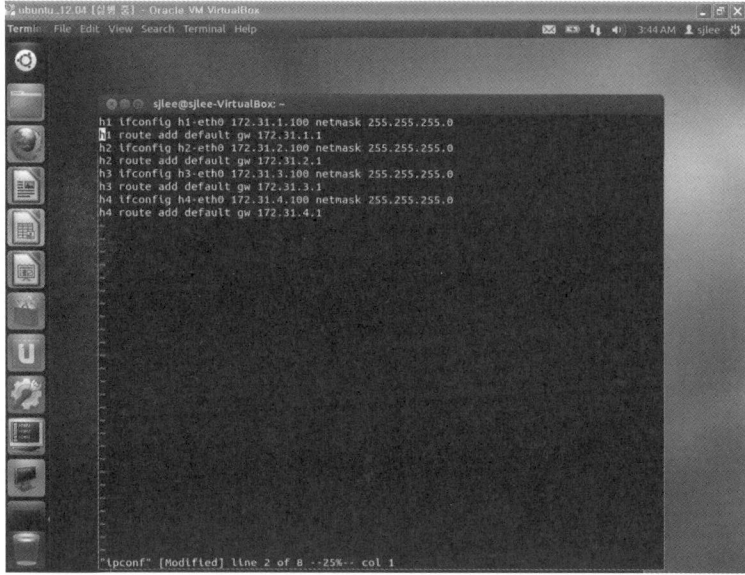

⑥ Mininet에서 source ipconf로 IP 설정을 하고, h1에서 설정한 값이 정상적으로 적용되어 있는지 확인합니다.

〈Mininet host IP 설정 후 실행 화면〉

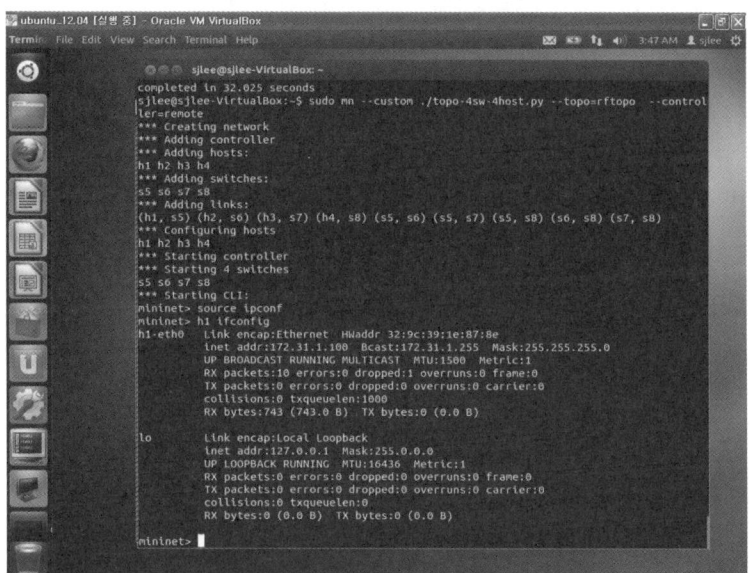

⑦ Mininet의 각 호스트에 IP와 route를 설정한 후 h1에서 h4로 ping test를 해봅시다.

〈서로 다른 대역의 h1에서 h4 ping test 결과 화면〉

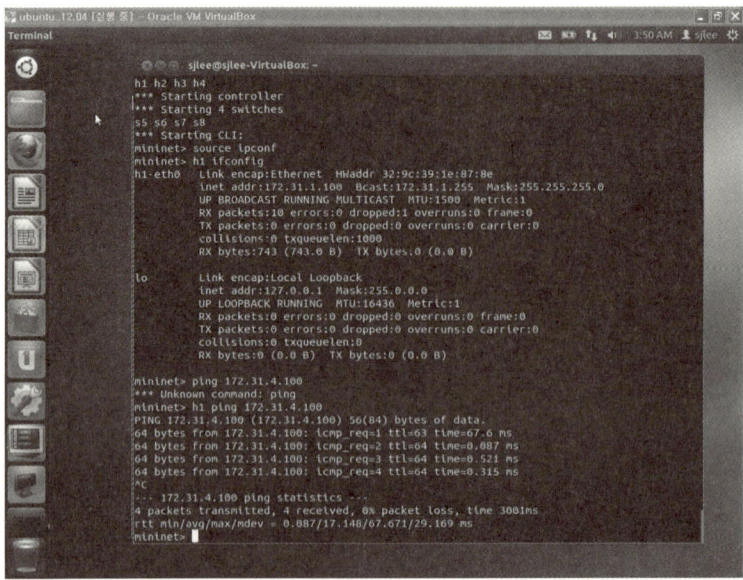

⑧ 'ovs-dpctldump-flows dp0' 명령어로 Flow Table에 라우팅 matching을 확인합니다.

〈Flow Table dump 결과〉

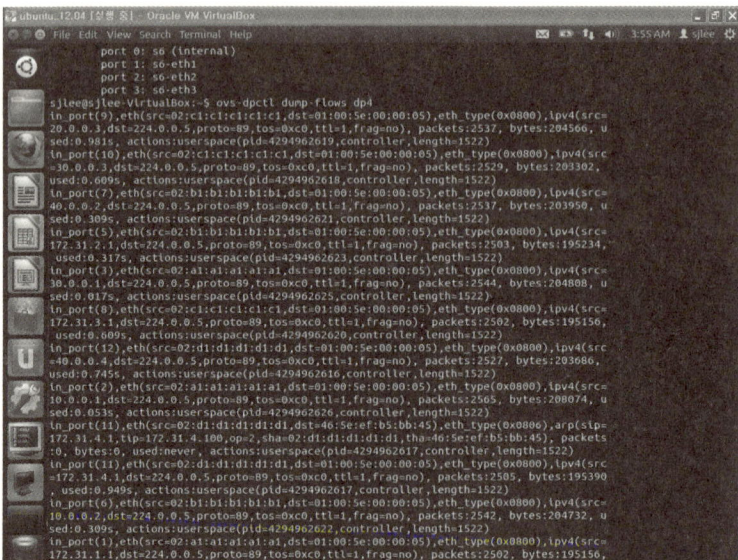

A.5
RouteFlow GUI

RouteFlow은 Web GUI 기능도 제공하고 있습니다. Web GUI를 통하여 rftest1과 rftest2의 Topology와 rfserver와 rfclient 간 상태 및 패킷 교환 정보, VM 정보 등을 확인 할 수 있습니다.

① rfweb 디렉토리에서 web server을 실행합니다.

```
$HOME/RouteFlow-master/rfweb
$HOME/RouteFlow-master/rfweb/python ./rfweb_server.py
```

② 'python ./rfweb_server.py' 실행 화면은 아래와 같습니다.

〈rfweb_server.py 실행 결과〉

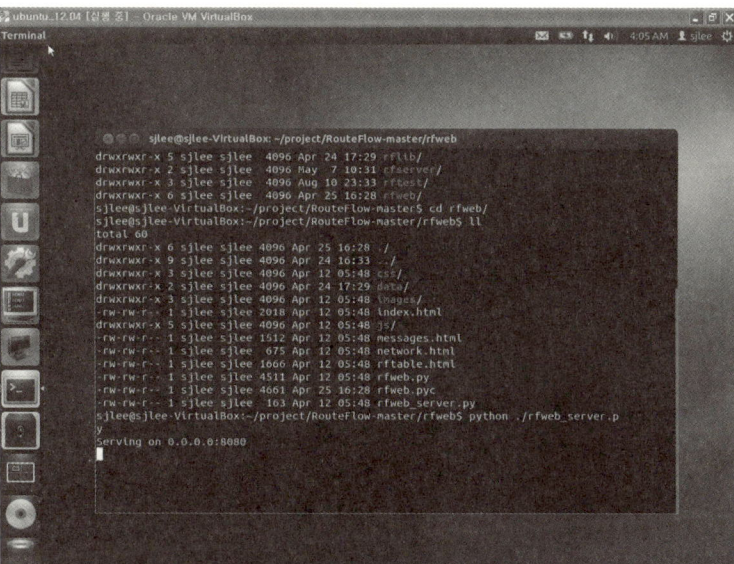

③ VM의 Mozilla를 실행하여 'http://127.0.0.1:8080/index.html'을 실행합니다.

〈RouteFlow web 화면〉

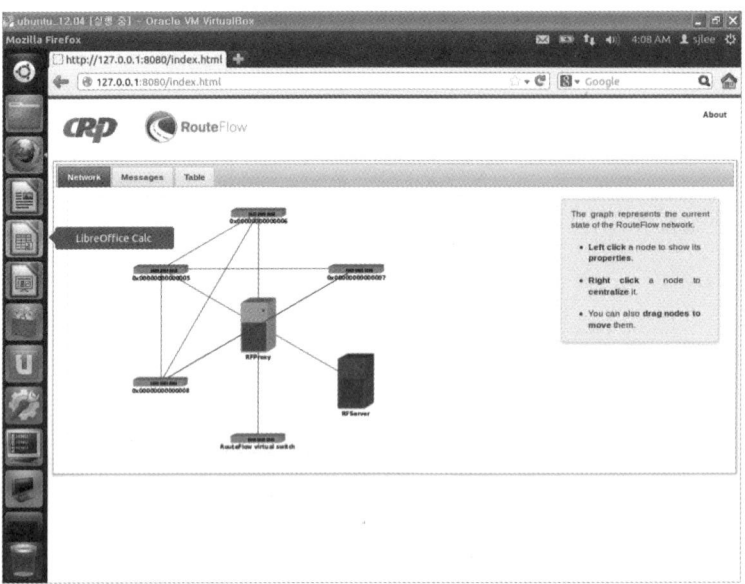

| 마치며 |

SDN 관련된 많은 OpenSource Project들이 산출되고 있습니다. 수많은 프로젝트 중 RouteFlow는 꼭 한번 분석을 해보시길 권장합니다. 앞으로 SDN의 발전에 따라 RouteFlow와 같은 개념을 적용해야 하는 부분이 많을 것입니다. 어떻게 보면 단순하지만 기존의 free software로 RouteFlow를 구축할 수 있다는 점이 매력이 있습니다. 또한 이러한 접근을 통해 새로운 Use Case를 산출할 수 있고, 또한 발전시켜 나갈 수 있을 것입니다. 앞으로 더욱더 이러한 UseCase가 개발이 되었으면 하는 바램입니다.

INDEX

영문

Action Rule 262
Active branch 267
Arista Switch 168
ARPANET 17
ARP Response 262
ASG 86
Barrier 116
Basic Spanning Tree 264
Beacon 186
BGP 160
Big Switch 52
BoF 43
branch 267
bug fix 267
Business Application 62
Campus Network 79
Centralized Controller 64
Cloud DataCenter 37
Control Plane 174
CPQD 350
Dashboard 295
Data Plane 174
Disruptive Technology 36
Distributed Controller 64
Dove 46
dpctl tool 274
DPI 장비 60
Elastic Tree 112
Enterprise DataCenter 37
Enterprise Network 79
Ethernet Type 340
Experimenter 117
Features 116
Firewall 100
Floodlight 179
Flow Setup 55
Flowvisor 61, 76, 170
GMPLS 164
Google 59

G-Scale 93
Hello 260
Hop by Hop 68
Hosts 299
Hybrid Network 73
IaaS Platform 100
IDC 82
Incoming packet 180
Infrastructure 52
IPS 경로 114
IPv6 39
I-Scale 93
Juniper 88
L2 Learning Switch 282
LAVI 264
Legacy Domain 162
Link Discovery 62
LLDP 163
LogViewer 278
lxc 356
Maestro 186
Match Rule 176
MiniEdit 222
Mobile VMs 264
Mozilla 364
Multilayer Controller 64
Native SDN 72
NEC 91
NEC 스위치 82
Network Editor 222
Network Topology 297
Next Hop 176
NFV 44
Nodes learnt 337
Northbound API 51
NOX 179
NVGRE 70
NVP 솔루션 69
OFR 포트 165
OF Switch 113
OnePK 46

ONF 41
ONS 81
OpenRoads 264
OpenStack 101
Orchestration 79
OSPF 160, 166
OVN 264
OVS 104
Patch Panel 309
Path Management 62
ping test 230
Plexxi 83
Portfolio 98
POX 179
ProActive 방식 55
Pure OpenFlow 73
Pure Overlay 73
PuTTY 195
Python 238, 266
QoS 75
Quantum Service 101
ReActive 방식 55
rfclient 363
rfserver 363
RIP 160
RipCord 264
RouteFlow 162
Route proxy 354
Routing 62
RTT 97
SDN Domain 162
SDN 관리자 43
Secure Channel 53
Security Processing 85
SFLOW 56
SNMP 56
SONET/SDH 164
Startup 37, 80
STP 27
Subnet 166

sudo mn 213
Switches 297
TableViewer 280
TAG 42
Topology 54
TopoViewer 280
Trema 186
Ubuntu 202
Unicast 71
Virtual Box 199
Virtual Server 100
VLAN 70
VMWare 77
VXLAN 68
WAN Fabrics 94
WDM 164
WDM 기술 84
White Box 35
Wildcard 55
Working Group 42
Xming 193
XMPP 90
Xterm 216

한글

가상 네트워크 76
경로 로드밸런싱 114
데이터센터 32
물리적 스위치 59
백본 스위치 63
블랙 박스 22
서버 로드밸런싱 114
서비스 체이닝 113
소프트웨어 스위치 59
시스템 개발 네트워크 18
중앙 관리 시스템 48
포워딩 플레인 86
3Tier 구조 31

오픈소스를 활용한 OpenFlow 이해하기
SDN 입문

1판 1쇄 2014년 1월 28일
1판 2쇄 2015년 10월 19일

저　자　서영석, 이미주
발 행 인　김길수
발 행 처　(주)영진닷컴
주　소　서울시 금천구 가산디지털1로 24 대륭테크노타운 13차 10층 (우)08591

등　록　2007. 4. 27. 제16-4189호

값 22,000원

ⓒ2014., 2015. (주)영진닷컴

ISBN 978-89-314-4587-9

이 책에 실린 내용의 무단 전재 및 무단 복제를 금합니다.

http://www.youngjin.com